Die private Zustimmung zu Rechtsgeschäften Dritter
im englischen, dänischen und deutschen Recht

Internationalrechtliche Studien

Beiträge zum Internationalen Privatrecht, zum Einheitsrecht und zur Rechtsvergleichung

Herausgegeben von Ulrich Magnus

Band 29

PETER LANG
Frankfurt am Main · Berlin · Bern · Bruxelles · New York · Oxford · Wien

Astrid Hillebrenner

Die private Zustimmung zu Rechtsgeschäften Dritter im englischen, dänischen und deutschen Recht

PETER LANG
Europäischer Verlag der Wissenschaften

Bibliografische Information Der Deutschen Bibliothek
Die Deutsche Bibliothek verzeichnet diese Publikation in der Deutschen Nationalbibliografie; detaillierte bibliografische Daten sind im Internet über <http://dnb.ddb.de> abrufbar.

Zugl.: Hamburg, Univ., Diss., 2003

D 18
ISSN 0947-0395
ISBN 3-631-52240-1

www.peterlang.de

Vorwort

Die vorliegende Arbeit wurde vom Fachbereich Rechtswissenschaften der Universität Hamburg im Wintersemester 2002 / 2003 als Dissertation angenommen.

Mein besonderer Dank gilt meinem Doktorvater Herrn Professor Dr. Ulrich Magnus für die Anregung zur Bearbeitung des Themas, die freundliche und hilfsbereite Betreuung sowie für die Aufnahme der Dissertation in seine Schriftenreihe. Herrn Professor Dr. Frank Peters danke ich für die Erstellung des Zweitgutachtens.

Danken möchte ich auch allen denen, die mir bei der Anfertigung der Dissertation mit Rat und Tat zur Seite gestanden sowie mit wertvollen Anregungen zu ihrem Gelingen beigetragen haben. Nennen möchte ich hier insbesondere Herrn Rechtsanwalt Søren Stenderup Jensen, Ph.D., aus Kopenhagen, der mir bei der Erörterung verschiedener Fragen zum dänischen Recht behilflich war, sowie Herrn Professor Dr. Torsten Iversen, Ph.D., Dekan der Juristischen Fakultät der Universität Aarhus, der mich in einem persönlichen Gespräch im Herbst 2001 freundlicherweise an seinem umfangreichen Fachwissen zum dänischen Privatrecht hat teilhaben lassen.

Zu danken habe ich auch dem Max-Planck-Institut für ausländisches und internationales Privatrecht in Hamburg, das mir in der Bibliothek beste Arbeitsvoraussetzungen bot und dessen Mitarbeiter mir bei der Literaturrecherche eine große Hilfe waren.

Nicht zuletzt möchte ich auch meinen Eltern danken, die mich während meiner gesamten Studien- und Promotionszeit vorbehaltlos unterstützt haben. Ihnen ist diese Arbeit gewidmet.

Hamburg, im Herbst 2003

Astrid Hillebrenner

Inhaltsübersicht

Inhaltsverzeichnis

Abkürzungsverzeichnis

Das folgende Verzeichnis enthält weniger gebräuchliche Abkürzungen des deutschen Rechts und solche des englischen bzw. dänischen Rechts. Gebräuchliche deutsche Abkürzungen sind Kirchner / Butz, Abkürzungsverzeichnis der Rechts-sprache (5. Auflage, 2003), zu entnehmen.

ABL	Anbringelses- og bestyrelseslov (Lov om anbringelse og bestyrelse af umyndiges midler m.v.; Lov Nr. 211 vom 13.05.1981); Gesetz über die Anlegung und Verwaltung von Mündelgeldern; abgedruckt in Karnovs Lovsamling (14. Auflage, 1995), S. 4918 ff.
A.C.	Law Reports Appeal Cases (1891 -)
aftl.	Aftalelov (Lov om aftaler og andre retshandler på formuerettens område; Lovbekendtgørelse Nr. 781 vom 26.08.1996); Vertragsgesetz; abgedruckt in Karnovs Lovsamling (16. Auflage, 2000), S. 4389 ff.
AL	Arvelov (Lovbekendtgørelse Nr. 727 vom 14.08.2001) Erbgesetz; abgedruckt in Karnovs Lovsamling (16. Auflage, 2000), S. 5988 ff.
All E.R.	All England Law Reports (1936 -)
AmJCL	American Journal of Comparative Law
App. Cas.	Law Reports Appeal Cases, House of Lords (1875 - 1890)
APSL	Anpartsselskabslov (Lovbekendtgørelse Nr. 10 vom 09.01.2002); Gesetz über die Anteilsgesellschaft; abgedruckt in Karnovs Lovsamling (16. Auflage, 2000), S. 5128 ff.
ASL	Aktieselskabslov (Lovbekendtgørelse Nr. 9 vom 09.01.2002); Gesetz über Aktiengesellschaften; abgedruckt in Karnovs Lovsamling (16. Auflage, 2000), S. 5093 ff.
B	Ugeskrift for Retsvæsen, Afdeling B: Juridiske afhandlinger, meddelelser m.m.; Abteilung B der UfR mit juristischen Aufsätzen und sonstigen Beiträgen
bet. 1993-1247	betænkning Nr. 1247 (1993) om værgemål af justitsministeriets myndighedslovsudvalg; Gutachten Nr. 1247 (1993) über Vormundschaft, ausgearbeitet vom myndighedslov-Ausschuß des dänischen Justizministeriums
Bing.	Bingham's Common Pleas Reports (1822 - 1834)

Bkg. Tl.	Bekendtgørelse om tinglysning i tingbogen (fast ejendom) (Bekendtgørelse Nr. 99 vom 08.02.2000); Bekanntmachung über die Eintragung in das Grundbuch; abgedruckt in Karnovs Lovsamling (16. Auflage, 2000), S. 4830 ff.
Bkg. Vm.	Bekendtgørelse om værgemål (Bekendtgørelse Nr. 1178 vom 13.12.1996); Bekanntmachung über Vormundschaft; abgedruckt in Karnovs Lovsamling (16. Auflage, 2000), S. 5895 ff.
Bkg. Æi.	Bekendtgørelse om ægteskabs indgåelse (Bekendtgørelse Nr. 662 vom 01.08.1995); Bekanntmachung über die Eingehung der Ehe; abgedruckt in Karnovs Lovsamling (16. Auflage, 2000), S. 5922 ff.
BR	Bürgerliches Recht
bzw.	beziehungsweise
CA	Children Act 1989; abgedruckt in Halsbury's Statutes of England and Wales (4. Auflage), Band 6 (1999), S. 370 ff.
C.B.N.S.	Common Bench Reports by Manning, Granger & Scott (1856 - 1865)
CECL	Commission on European Contract Law
Ch.	Law Reports Chancery Division (1891 -)
Ch.D.	Law Reports Chancery Division (1876 - 1890)
chl.	Checklov (Lovbekendtgørelse Nr. 558 vom 25.08.1986); Scheckgesetz; abgedruckt in Karnovs Lovsamling (16. Auflage, 2000), S. 4563 ff.
C.J.	Lord Chief Justice
CoA 1985	Companies Act 1985; abgedruckt in Halsbury's Statutes of England and Wales (4. Auflage), Band 8 (1999), S. 88 ff.
CoA 1989	Companies Act 1989; abgedruckt in Halsbury's Statutes of England and Wales (4. Auflage), Band 8 (1999), S. 872 ff.
ContrA	Contracts (Rights of Third Parties) Act 1999; abgedruckt in Halsbury's Statutes of England and Wales (4. Auflage), Band 11 (2000), S. 308 ff.
C.P.	Law Reports, Common Pleas (1865 - 1875)
Dow.&Ry. K.B.	Dowling & Ryland's King's Bench Reports (1821 - 1827)
E.&B.	Ellis & Blackburn's Queen's Bench Reports (1852 - 1858)
ECA	European Communities Act 1972; abgedruckt in Halsbury's Statutes of England and Wales (4. Auflage), Band 17 (1999), S. 30 ff.
Einf.	Einführung

Einl.	Einleitung
Eq.	Law Reports, Equity Cases (1865 - 1875)
Ex.	Law Reports, Exchequer Cases (1866 - 1875)
FLA	Family Law Act 1996; abgedruckt in Halsbury's Statutes of England and Wales (4. Auflage), Band 27 (2000), S. 750 ff.
F.L.R.	Family Law Reports (1980 -)
FLRA	Family Law Reform Act 1969; abgedruckt in Halsbury's Statutes of England and Wales (4. Auflage), Band 27 (2000), S. 702 f. und S. 747 f.
fml.	Forældremyndighedslov (Lov om forældremyndighed og samvær; Lov Nr. 387 vom 14.06.1995 mit späteren Änderungen); Gesetz über die elterliche Sorge; abgedruckt in Karnovs Lovsamling (16. Auflage, 2000), S. 5868 ff.
Fn.	Fußnote
FS	Festschrift
fvl.	Forsikringsvirksomhedslov (Lovbekendtgørelse Nr. 778 vom 17.08.2000); Gesetz über Versicherungstätigkeit; abgedruckt in Karnovs Lovsamling (16. Auflage, 2000), S. 4679 ff.
GCA	Geneva Convention on Agency in the International Sale of Goods; UNIDROIT-Konvention vom 17.02.1983
H	Højeste Ret (Urteil des Obersten Dänischen Gerichts, Kopenhagen)
H.L.	House of Lords
H.L. Cas.	Clark's House of Lords Cases (1847 - 1866)
IRA	Infants' Relief Act 1874; abgedruckt in Halsbury's Statutes of England (3. Auflage), Band 17 (1970), S. 412 ff.
i.R.(d.)	im Rahmen (des / der)
i.S.(d.)	im Sinne (des / der)
K.B.	Law Reports King's Bench (1901 - 1952)
lat.	lateinisch
L.J.	Lord Justice
LL	Lejelov (Lovbekendtgørelse Nr. 347 vom 14.05.2001); Miet-gesetz; abgedruckt in Karnovs Lovsamling (16. Auflage, 2000), S. 3251 ff.
Lloyd's Rep.	Lloyd's List Law Reports (1951 -)

LLR	Lov om lønmodtageres retsstilling ved virksomhedsoverdragelse (Lov Nr. 111 vom 21.03.1979 med senere ændring); Gesetz über die Rechtsposition der Arbeitnehmer bei Unternehmensübertragung; abgedruckt in Karnovs Lovsamling (16. Auflage, 2000), S. 1848 ff.
LPA	Law of Property Act 1925; abgedruckt in Halsbury's Statutes of England and Wales (4. Auflage), Band 37 (1998), S. 120 ff.
L.R.	Law Reports (1865 -)
LRA	Law Reform (Married Women and Tortfeasors) Act 1935; abgedruckt in Halsbury's Statutes of England and Wales (4. Auflage), Band 27 (2000), S. 738 ff.
L.T.	Law Times Reports (1859 - 1947)
LTA	Landlord and Tenant (Covenants) Act 1995; abgedruckt in Halsbury's Statutes of England and Wales (4. Auflage), Band 23, S. 713 ff.
LÆLLR	Lov om ændring af lov om lønmodtageres retsstilling ved virksomhedsoverdragelse (Lov Nr. 441 vom 07.06.2001); Gesetz zur Änderung des Gesetzes über die Rechtsposition der Arbeitsnehmer bei Unternehmensübertragung
Man.&G.	Manning & Granger's Common Pleas Reports (1840 - 1844)
MCA	Minors' Contracts Act 1987; abgedruckt in Halsbury's Statutes of England and Wales (4. Auflage), Band 6 (1999), S. 350 ff.
MHA	Mental Health Act 1983; abgedruckt in Halsbury's Statutes of England and Wales (4. Auflage), Band 28 (2001), S. 829 ff.
MatHA 1967	Matrimonial Homes Act 1967; abgedruckt in Halsbury's Statutes of England, (3. Auflage), Band 17 (1970), S. 139 ff.
MatHA 1983	Matrimonial Homes Act 1983; abgedruckt in Halsbury's Statutes of England and Wales (4. Auflage), Band 27 (1992), S. 614 ff.
ml.	Myndighedslov (Lov om umyndighed og værgemål; Lovbekendtgørelse Nr. 443 vom 03.10.1985 mit späteren Änderungen); Gesetz über Geschäftsunfähigkeit und Vormundschaft; abgedruckt in Karnovs Lovsamling (14. Auflage, 1995), S. 4879 ff.
Mod.Rep.	Modern Reports (1669 - 1755)

Moo.P.C.	Moore´s Privy Council Cases (1836 - 1862)
M.R.	Master of the Rolls
M.&W.	Meeson & Welsby´s Exchequer Reports (1836 - 1847)
MWPA	Married Women´s Property Act 1882; abgedruckt in Halsbury´s Statutes of England and Wales (4. Auflage), Band 27 (2000), S. 732 ff.
P.D.	Law Reports, Probate, Divorce and Admiralty Division (1875 - 1890)
P.&D.	Law Reports, Probate & Divorce (1865 - 1875)
PECL	Principles of European Contract Law der Commission on European Contract Law
pkt.	punktum (deutsch: Satz)
Pt.	part
Q.B.	Law Reports, Queen´s Bench (1891 - 1901; 1952 -)
Re.	In Sachen
reg.	regulation(s)
Rn.	Randnummer
Rob. Eccl.	Robertson´s Ecclesiastical Reports (1844 - 1853)
RVL	Retsvirkningslov (Lov om ægteskabets retsvirkninger; Lovbekendtgørelse Nr. 37 vom 05.01.1995 mit späteren Änderungen); Gesetz über die ehelichen Rechtswirkungen; abgedruckt in Karnovs Lovsamling (16. Auflage, 2000), S. 5938 ff.
s.	section
S.	Seite
sog.	sogenannte (r / s)
SCA	Supreme Court Act 1981; abgedruckt in Halsbury´s Statutes of England and Wales (4. Auflage), Band 11 (2000), S. 1043 ff.
SGA	Sale of Goods Act 1979; abgedruckt in Halsbury´s Statutes of England and Wales (4. Auflage), Band 39 (1988), S. 106 ff.
Sid.	Siderfin´s King´s Bench Reports (1657 - 1670)
stk.	stykke (Absatz)
Str.	Stange´s King´s Bench Reports (1716 - 1749)
Taunt.	Taunton´s Common Pleas Reports (1808 - 1819)

TL	Tinglysningslov (Lovbekendtgørelse Nr. 622 vom 15.09.1986 mit späteren Änderungen); Grundbuchgesetz; abgedruckt in Karnovs Lovsamling (16. Auflage, 2000), S. 4778 ff.
T.L.R.	Times Law Reports (1884 - 1952)
TUR	Transfer of Undertakings (Protection of Employment) Regulations 1981; abgedruckt in Halsbury's Statutory Instruments, SI 1981/1794 (Band 7 (2001), S. 275 ff.)
Überbl.	Überblick
UfR	Ugeskrift for Retsvæsen
ULR	Uniform Law Review
v.	versus
V	Vestre Landsret (Urteil des westlichen Landgerichts, Viborg)
Ves.Jun.	Vesey Junior's Chancery Reports (1789 - 1817)
vml.	Værgemålslov (Lov Nr. 388 vom 14.06.1995); Vormundschaftsgesetz; abgedruckt in Karnovs Lovsamling (16. Auflage, 2000), S. 5877 ff.
Vorbem.	Vorbemerkung(-en)
vxl.	Veksellov (Lovbekendtgørelse Nr.559 vom 25.08.1986); Wechselgesetz; abgedruckt in Karnovs Lovsamling (16. Auflage, 2000), S. 4552 ff.
W.L.R.	Weekly Law Reports (1953 -)
z.B.	zum Beispiel
ZEuP	Zeitschrift für Europäisches Privatrecht
ZVglRW	Zeitschrift für die Vergleichende Rechtswissenschaft
ÆL	Ægteskabslov (Lov om ægteskabs indgåelse og opløsning; Lovbekendtgørelse Nr. 147 vom 09.03.1999 mit späteren Änderungen); Gesetz über die Eingehung und die Beendigung der Ehe; abgedruckt in Karnovs Lovsamling (16. Auflage, 2000), S. 5911 ff.
Ø	Østre Landsret (Urteil des östlichen Landgerichts, Kopenhagen)

1 Einleitung

1.1 Umfang der Arbeit

Die vorliegende Arbeit befaßt sich mit der privatrechtlichen Zustimmung zu dem von einem Dritten vorgenommenen Rechtsgeschäft in den Rechtsordnungen Englands, Dänemarks und Deutschlands. Unter einer solchen Zustimmung ist eine Willenserklärung zu verstehen, die das Einverständnis des Erklärenden zum Rechtsgeschäft ausdrückt[1]. Während die vor Vornahme des Rechtsgeschäfts erteilte Zustimmung Einwilligung genannt wird, bezeichnet man das nachträglich geäußerte Einverständnis als Genehmigung[2].

Grundsätzlich steht es jeder Person frei, selbständig und in dem von ihr gewünschten Umfang vertragliche Rechte zu erwerben und Pflichten zu begründen (Grundsatz der Privatautonomie). Diese, aus dem Recht zur freien Entfaltung der Persönlichkeit fließende Befugnis zu selbstbestimmtem Handeln schränkt das Gesetz jedoch dort ein, wo dies zum Schutz der handelnden Person oder zum Schutz von Interessen Dritter notwendig ist. Sofern der Dritte, dessen schutzwürdige Interessen beeinträchtigt werden, über diese frei verfügen darf, ist die Nichtigkeit des getätigten Rechtsgeschäfts nicht erforderlich. Für die Wahrung seiner Interessen genügt es vielmehr, daß ein Zustimmungserfordernis die Veränderung der Rechtsposition ohne seine Mitwirkung verhindert[3]. Das Erfordernis einer Zustimmung bewirkt, daß das Rechtsgeschäft erst dann volle Wirksamkeit erlangt, wenn der Zustimmungsberechtigte mit der Beeinträchtigung seiner Interessen einverstanden ist[4]. Der in seiner Rechtssphäre betroffene Dritte entscheidet über die Erteilung der Zustimmung somit wiederum im Ausübung der ihm zustehenden Privatautonomie[5].

Im Folgenden sollen nacheinander vier Bereiche, in denen ein Handeln mit Zustimmung in Betracht kommt, untersucht werden: die Zustimmung beim Handeln eines Minderjährigen bzw. eines psychisch Kranken, beim Abschluß eines Rechtsgeschäfts durch einen vollmachtlosen Vertreter, bei der Schuld- bzw. der Vertragsübernahme und die Zustimmung beim Handeln eines Ehegatten.

Der auf die Einleitung folgende zweite Teil der Arbeit handelt von der Zustimmung beim Tätigwerden eines Minderjährigen bzw. einer psychisch kranken

---

1 MünchKomm-Schramm Vor § 182 Rn.2.

2 Palandt-Heinrichs Einf. vor § 182 Rn.1; Weimar MDR 1967, 374, 374; Palm, Nachträgliche Erteilung, S.12; Anton, Genehmigung von Rechtsgeschäften und Prozeßhandlungen, S.25.

3 Vgl. Palm, Nachträgliche Erteilung, S.9.

4 Anton, Genehmigung von Rechtsgeschäften und Prozeßhandlungen, S.27; Thiele, S.177.

5 Anton, Genehmigung von Rechtsgeschäften und Prozeßhandlungen, S.27 und 71; Thiele, Zustimmungen, S.76.

Person. Er befaßt sich, über die grundsätzliche Möglichkeit des Handelns mit Zustimmung hinaus, insbesondere mit der Frage, wann ein getätigtes Rechtsgeschäft der Zustimmung bedarf bzw. wann es ausnahmsweise auch ohne die Erteilung einer solchen Erklärung volle Wirksamkeit entfaltet. Weiterhin wird untersucht, inwiefern dem Vertragspartner des beschränkt Geschäftsfähigen in den drei Rechtsordnungen ein Widerrufs- bzw. ein Aufforderungsrecht zusteht und welche Personen als Empfänger der Zustimmungserklärung in Betracht kommen. Letztlich werden in diesem zweiten Teil einzelne Voraussetzungen einer wirksamen Zustimmung und Besonderheiten bei der Erteilung einer Genehmigung dargestellt.

Die Zustimmung des Vertretenen zum Handeln eines vollmachtlosen Vertreters wird im dritten Teil besprochen. Hierbei wird insbesondere auf die Voraussetzungen für die Genehmigungsfähigkeit des Rechtsgeschäfts und die Rechtsfolgen, die bei der Erteilung bzw. der Verweigerung der Erklärung eintreten, Gewicht gelegt. Darüber hinaus beinhaltet dieser Teil zwei Kapitel, in denen mit der „ultra-vires-Lehre" und der „doctrine of privity of contract" Besonderheiten des englischen Rechts dargestellt werden. Letztlich soll auch im Bereich der vollmachtlosen Vertretung der Frage nachgegangen werden, inwiefern der Dritte ein Widerrufs- oder ein Aufforderungsrecht ausüben kann.

Der vierte Teil der vorliegenden Arbeit beschäftigt sich mit der Zustimmung bei der Schuld- bzw. Vertragsübernahme. Zunächst wird untersucht werden, inwiefern eine Übertragung von Pflichten bzw. von Schuldverhältnissen in den drei Rechtsordnungen überhaupt möglich ist, und welche der betroffenen Parteien an der Schuld- bzw. Vertragsübernahme mitwirken müssen. Desweiteren erfolgt eine Darstellung von gesetzlichen Normierungen, die eine Zustimmungserteilung entweder ausdrücklich vorschreiben oder in bestimmten Fällen entbehrlich machen. Nach Untersuchung der Frage, inwiefern bei der Schuldübernahme im englischen Recht eine „consideration" (Gegenleistung) erfolgen muß, wird die Rechtslage vor Erteilung bzw. bei Verweigerung der erforderlichen Genehmigung dargelegt. Auch am Ende des vierten Teils wird auf die Frage nach dem Bestehen eines Aufforderungsrechts eingegangen.

Die Zustimmung eines Ehegatten beim Handeln des anderen wird im fünften Teil diskutiert. Einleitend wird zunächst auf den in den drei Rechtsordnungen bestehenden gesetzlichen Güterstand und der hieraus resultierenden Frage nach der Möglichkeit eines Handelns mit Zustimmung eingegangen. Nach Darstellung der Besonderheiten des englischen Familienrechts in einem gesonderten Kapitel, erfolgt die Betrachtung der im dänischen und deutschen Recht normierten Zustimmungserfordernisse. Darüber hinaus werden Handlungsmöglichkeiten der Ehegatten bei grundloser Verweigerung der Zustimmung bzw. bei einem

Tätigwerden ohne die erforderliche Zustimmung beschrieben. Abschließend wird auch hier auf die Möglichkeit eines Widerrufs bzw. einer Aufforderung durch den Vertragspartner eingegangen.

Während am Ende eines jeden dieser vier Teile die wesentlichen Unterschiede und Gemeinsamkeiten hinsichtlich des betreffenden Zustimmungserfordernisses zusammengefaßt und rechtsvergleichend begutachtet werden, beinhaltet der sechste und letzte Teil der Arbeit eine abschließende Zusammenfassung und Gesamtwürdigung des Themas. Hier soll aufgrund der gewonnenen Ergebnisse eine Antwort auf die Frage gefunden werden, wie groß die Bedeutung der privaten Zustimmung in den untersuchten Rechtsordnungen ist und ob von der Existenz einer „Rechtsfigur der Zustimmung" überhaupt gesprochen werden kann. Abschließend soll aufgrund der Tatsache, daß die Rechtsordnungen Englands, Dänemarks und Deutschlands jede für sich einen Rechtskreis[6] repräsentieren, für den eine Harmonisierung des Vertragsrechts in Europa von Bedeutung ist, ein Blick in die Zukunft geworfen und beurteilt werden, inwiefern eine Vereinheitlichung der in dieser Arbeit besprochenen Zustimmungserfordernisse bzw. der Zustimmung als solcher sinnvoll wäre.

Von der vorliegenden rechtsvergleichenden Untersuchung ausgenommen sind die öffentlich-rechtlichen Genehmigungen als Mittel zur Kontrolle durch die Behörden und die Genehmigungen von Prozeßhandlungen[7]. Darüber hinaus bleiben auch die sogenannten „unechten" Zustimmungen (z.B. die Mitwirkung bei Beschlüssen, die Einwilligung zu nicht-rechtsgeschäftlichen Handlungen oder die Bestätigung eines Rechtsgeschäfts i.S.d. §§ 141 bzw. 144 BGB), die privatrechtlichen Bewilligungen, Billigungen und Erlaubnisse außer Betracht[8]. Letztlich wird i.R.d. zweiten Teils über Minderjährige und psychisch Kranke nur die Zustimmung der gesetzlichen Vertreter, nicht jedoch die familiengerichtliche Genehmigung begutachtet.

1.2 Auswahl der Rechtsordnungen

Das deutsche Recht wurde in die vorliegende Untersuchung einbezogen, weil es eine große Anzahl an gesetzlich normierten Zustimmungserfordernissen beinhaltet, die einerseits über das BGB verteilt, andererseits in Spezialgesetzen[9] enthalten sind. Es ist hier der „numerus clausus" der Zustimmungstatbestände zu beachten, der besagt, daß Zustimmungserfordernisse Eingang in das Gesetz

---

6 Insbesondere kann das dänische Recht aufgrund der engen nordischen Zusammenarbeit auf dem Gebiet des Vertragsrechts als den skandinavischen Rechtskreis repräsentierend angesehen werden.

7 Zu letzteren vgl. Anton, Genehmigung von Rechtsgeschäften und Prozeßhandlungen.

8 Vgl. hierzu aber Thiele, Zustimmungen, S.177 ff.

9 Vgl. § 503 II HGB, §§ 15, 17 GmbHG, § 68 II AktG, § 12 I WEG.

gefunden haben müssen, da ihre rechtsgeschäftliche Schaffung durch die Vertragsparteien ausgeschlossen ist[10]. Eine Besonderheit des deutschen Zivilrechts liegt außerdem darin, daß das BGB in den §§ 182 - 184 eine allgemeine Normierung der Zustimmung enthält, und diese somit - ergänzend zu den Spezialregelungen hinsichtlich eines bestimmten Zustimmungserfordernisses - einer gesetzlichen Regelung unterliegt.

Die Auswahl des dänischen Rechts erfolgte aufgrund der Erkenntnis, daß die untersuchten Zustimmungserfordernisse denen des deutschen Rechts zwar grundsätzlich ähnlich sind, diese in Dänemark jedoch auf andere Art und Weise Eingang in das Recht gefunden haben. So sind diese nicht immer gesetzlich geregelt, sondern bestehen oftmals als ungeschriebene Rechtsgrundsätze. Soweit die Zustimmungserfordernisse normiert sind, sind diese mangels einer umfassenden Kodifikation wie dem BGB über eine große Anzahl von Einzelgesetzen verteilt. Eine allgemeine Regelung der Zustimmung als solcher hat im dänischen Recht - im Gegensatz zum deutschen Recht - nicht stattgefunden.

Letztlich wurde das englische Recht für den vorliegenden Vergleich herangezogen, weil es von den kontinental-europäischen Rechtsordnungen Dänemarks und Deutschlands erheblich abweicht. Wie die vorliegende Arbeit aufzeigen wird, verzichtet das Common Law z.T. auf Zustimmungserfordernisse, die in den beiden anderen Ländern als grundlegend angesehen werden. Soweit Zustimmungserfordernisse im englischen Recht bestehen, sind diese noch seltener als im dänischen Recht normiert. Vielmehr werden sie - dem Common Law typisch - als Rechtsprinzipien aus Präzedenzfällen abgeleitet. Interessant am englischen Recht ist darüber hinaus, daß z.T. besondere Rechtsgrundsätze zu beachten sind, die den restlichen kontinental-europäischen Rechtsordnungen fremd sind.

1.3 Einbeziehung der PECL

Neben dem englischen, dänischen und deutschen Recht finden auch die „Principles of European Contract Law“ (PECL) in der vorliegenden Arbeit Berücksichtigung.

Geschaffen wurden diese Regeln zum Vertragsrecht von der „Commission on European Contract Law“ (CECL), einer im Jahre 1980 auf Initiative des dänischen Privatrechtlers Ole Lando gegründeten privaten Vereinigung von Juristen aus allen Mitgliedsstaaten der Europäischen Union, die nach seinem Gründer häufig auch als „Lando-Kommission“ bezeichnet wird. Die Mitglieder dieser Gruppe, die überwiegend als Rechtswissenschaftler, zum Teil aber auch als Anwälte oder Richter tätig sind, wurden nicht von ihren jeweiligen Regierungen entsandt und unterliegen daher keinerlei Weisungen im Hinblick auf die Vertre-

10 MünchKomm-Schramm Vor § 182 Rn.13.

tung der nationalen Interessen ihres Heimatlandes. Auch eine offizielle Beauftragung seitens der Europäischen Gemeinschaft liegt nicht vor; erst in den Jahren 1989[11] und 1994[12] hatte das Europäische Parlament in zwei Resolutionen gefordert, daß „mit den erforderlichen Vorbereitungsarbeiten zur Ausarbeitung eines einheitlichen Europäischen Gesetzbuches für das Privatrecht" begonnen wird. Praktisch nimmt die CECL jedoch die Aufgabe des nach Ansicht des Parlaments einzusetzenden Ausschusses aus kompetenten Wissenschaftlern wahr.

Die Intention der CECL war, auf der Grundlage der Vertragsrechte der Mitgliedsstaaten zweckmäßige, sachgemäße und moderne Grundregeln für ein Europäisches Vertragsrecht auszuarbeiten. Hierbei sollten die gemeinsamen Prinzipien und übereinstimmenden Grundregeln (sog. „common core") der nationalen Vertragsrechte herausgefiltert werden, wobei Einigkeit darüber bestand, daß alle Rechtsordnungen im Grundsatz gleichermaßen Berücksichtigung finden müßten, aber kein nationales Recht als Ausgangspunkt dienen dürfe. Die Kommission beabsichtigte nicht, auf der Grundlage der nationalen Vertragsrechte einen Kompromiß an Grundregeln zu schaffen. Vielmehr war es ihr Ansinnen, unter Zugrundelegung der wirtschaftlichen und sozialen Verhältnisses in Europa die zweckmäßigste und praktisch am besten funktionierende Regel zu wählen[13], auch wenn diese in der gewählten Ausprägung bisher in keinem Mitgliedsstaat existiert.

Bei ihrer Arbeit an den PECL orientierte sich die Kommission nicht lediglich an den nationalen Rechtsordnungen der Mitgliedsstaaten, sondern ebenfalls an dem Recht der USA und bereits existierendem Einheitsrecht. Trotz im Einzelnen unterschiedlicher Ziel- und Zwecksetzung im Vergleich zu den PECL[14] dienten insbesondere die amerikanischen „Restatements of the Law" des American Law Institute, hier vor allem das „Restatement of the Law of Contracts"[15], als Vorbild. Darüber hinaus wurden bei der Ausarbeitung der PECL der „Uniform Commercial Code" der USA, die „Principles of International Commercial Contracts" („UNIDROIT-Principles") und das Wiener UN-Kaufrecht („United Nations Convention on Contracts for the International Sales of Goods" - CISG) zu Rate gezogen.

---

11 Abgedruckt in Amtsblatt EG Nr.C 158 vom 28.06.1989, 400. Vgl. auch die Anmerkungen von Tilmann in ZEuP 1993, 613, 613 und ZEuP 1995, 534, 534 f.

12 Abgedruckt in Amtsblatt EG Nr.C 205 vom 25.07.1994, 519. Siehe hierzu Tilmann ZEuP 1995, 534, 535 ff.

13 Lando AmJCL 31 (1983), 653, 657; Lando RabelsZ 56 (1992), 261, 267.

14 Vgl. hierzu Drobnig in FS Steindorff, S.1150; Zimmermann JZ 1995, 477, 478; Lando AmJCL 31 (1983), 653, 657 und Blase, Grundregeln des Europäischen Vertragsrechts, S.115 ff.

15 American Law Institute, Restatement of the Law. Second. Contracts (3 Bände, 1981).

Die von der „Lando-Kommission“ erarbeiteten PECL stellen unverbindliche Regeln ohne Gesetzeswirkung (sog. „soft law“) dar, die den Rechtsanwender aus sich heraus inhaltlich überzeugen sollen. Aufgrund der ausschließlichen Behandlung genereller und allgemeiner Fragen zum Vertragsrecht sollen sie größtmögliche Flexibilität gewährleisten und eine zukünftige Weiterentwicklung des Vertragsrechts ermöglichen. Obwohl für den grenzüberschreitenden Handel in Europa geschaffen, ist die Anwendung der PECL, im Gegensatz z.B. zu den „UNIDROIT-Principles“, auch auf rein nationale Sachverhalte möglich. Darüber hinaus beziehen sich die PECL auf sämtliche Verträge, unabhängig davon, ob es sich bei den Parteien etwa um Kaufleute oder Verbraucher handelt. Insofern stehen sie im Gegensatz zu den „UNIDROIT-Principles“ und dem UN-Kaufrecht, welche ausschließlich auf Verträge zwischen Kaufleuten Anwendung finden[16]. Wie die amerikanischen Restatements sind die PECL jeweils in drei Teile gegliedert: An erster Stelle steht die erarbeitete Regel, welche sich durch ihre kurze und verständliche Formulierung auszeichnet. Den zweiten Teil bildet ein Kommentar („comment“) zu dem aufgestellten Grundsatz, der dessen Sinn und Zweck erläutert und Beispielsfälle aus der Rechtsprechung der Mitgliedsstaaten aufführt. Den abschließenden 3. Teil stellen rechtsvergleichende Anmerkungen („notes“) dar, die als Hintergrundinformationen die Regelung in den Mitgliedsstaaten und gegebenenfalls das internationale Einheitsrecht erläutern.

Nach Auffassung der CECL können die Principles kurzfristig und langfristig in vielerlei Hinsicht dienen: Zum einen wird im Falle ihrer unmittelbaren Inkoorporierung in einen, zwischen zwei Parteien aus unterschiedlichen Mitgliedsstaaten der Europäischen Union geschlossenen Vertrag der grenzüberschreitende Handel gefördert. In diesem Fall muß sich keine der Parteien auf die Anwendbarkeit eines für sie fremden Rechts einlassen; das Vertragsverhältnis unterliegt vielmehr den für beide Parteien „neutralen“ PECL. Zum anderen können in Fällen, in denen die Geltung der „lex mercatoria“ vereinbart wurde, Schiedsgerichtsverfahren dadurch erleichtert werden, daß mit den Principles allgemeine Grundsätze des Vertragsrechts nunmehr normiert sind und hinsichtlich der anwendbaren Vorschriften somit Klarheit und Rechtssicherheit besteht. Der CECL zufolge könnten die PECL darüber hinaus den nationalen Gesetzgebern, insbesondere denen der osteuropäischen Staaten, als Vorbild für eine Neuschaffung bzw. eine Reform des Rechts dienen. Der europäische Gesetzgeber hingegen könnte sich der Formulierungen und der Systematik der Principles als Grundlage für den Erlaß neuer Richtlinien und Verordnungen der Gemeinschaft bedienen und hierdurch erheblich zu einer Harmonisierung des Vertragsrechts in Europa beitragen.

---

16 Zum sachlichen, räumlichen, zeitlichen und personalen Anwendungsbereich der PECL vgl. ausführlich Blase, Grundregeln des Europäischen Vertragsrechts, S.103 ff.

Desweiteren könnten die Principles den nationalen und europäischen Gerichten bei der Füllung von Regelungslücken und der Entscheidung von Zweifelsfragen sowohl hinsichtlich des nationalen als auch bezüglich des Einheitsrechts helfen. Letztlich dürften die PECL langfristig gesehen einen wesentlichen Beitrag zur Harmonisierung des Vertragsrechts in Europa leisten, welche durch den Erlaß von Richtlinien bisher nur hinsichtlich spezieller Bereiche verwirklicht wurde. Die von der Lando-Kommission aufgestellten Regeln könnten als Grundlage für eine gemeineuropäische Kodifikation des Vertragsrechts dienen und stellen demnach einen - wenn auch im Moment noch kleinen - Schritt auf dem Weg zu einem Europäischen Zivilgesetzbuch dar[17].

Seit dem Beginn der Arbeiten an den PECL im Jahre 1982 wurde zunächst 1995 der von der 1. Kommission ausgearbeitete 1. Teil veröffentlicht[18]. Im Jahre 2000 erschien sodann der von der 2. Kommission erarbeitete 2. Teil, mit dessen Schaffung eine Überarbeitung des 1. Teils einherging[19]. Auf ihrer Sitzung im Febraur 2001 hat die 3. Kommission den 3. und letzten Teil der PECL verabschiedet, welcher voraussichtlich Anfang 2003 veröffentlicht werden wird[20]. Trotz der nicht unerheblichen Zeitspanne von 20 Jahren, in der die CECL bereits tätig ist, sind nur wenige personelle Veränderungen zu verzeichnen. Als Vertreter Deutschlands nahmen Prof. Ulrich Drobnig vom Max-Planck-Institut für Ausländisches und Internationales Privatrecht in Hamburg (1.-3. Kommission), Prof. Christian von Bar von der Universität Osnabrück und Koordinator der „Study Group on a European Civil Code" (2.-3. Kommission) und Prof. Reinhard Zimmermann von der Universität Regensburg (3. Kommission) an den Beratungen der Kommission teil.

---

17 Zur Arbeit der CECL, der Entstehungsgeschichte der PECL, deren Inhalt und Bedeutung für eine Harmonisierung des europäischen Vertragsrechts vgl. insbesondere Lando/Beale, PECL Part I and II, S.XXi ff.; von Bar/Zimmermann, Grundregeln des Europäischen Vertragsrechts: Teile I und II, Einführung; Blase, Grundregeln des Europäischen Vertragsrechts, S.65 ff. Siehe außerdem Lando AmJCL 31 (1983), 653 ff.; Lando RabelsZ 56 (1992), 261 ff.; Zimmermann ZeuP 2000, 671 ff.; Zimmermann JZ 1995, 477 ff.; Remien ZVglRW 87 (1988), 105, 116 ff.; Drobnig in FS Steindorff, S.1141, 1149 ff.; Brownsword, Contract Law, S.147 ff.; Hirte, Wege zu einem europäischen Zivilrecht, S.36 ff.; Hartkamp, Towards a European Civil Code, S.105 ff.; Bonell ULR 1996, 229 ff.; Busch/Hondius ZEuP 2001, 223 ff.

18 Lando/Beale (Hrsg.), Principles of European Contract Law, Part I, 1995.

19 Lando/Beale (Hrsg.), Principles of European Contract Law, Parts I and II, The Hague, Boston, London 2000. Die deutsche Übersetzung des 1. und 2. Teils der PECL ist bei Drobnig/Zimmermann/Wicke in ZEuP 2000, 675 ff. bzw. in von Bar/Zimmermann, Grundregeln des Europäischen Vertragsrechts: Teile I und II zu finden.

20 Teil 3 der PECL wurde der Verfasserin freundlicherweise bereits vorab von Prof. Matthias E. Storme, Universität Lleuven, zur Verfügung gestellt.

Aufgrund der Tatsache, daß die private Zustimmung zum Rechtsgeschäft eines Dritten auch in den PECL Berücksichtigung findet, sollen die von der CECL aufgestellten Grundsätze in die vorliegende Arbeit Eingang finden. Das Handeln mit Zustimmung bei vollmachtloser Vertretung ist in den von der 2. Kommission ausgearbeiteten Art. 3:204, Art. 3:207 und Art. 3:208 PECL geregelt; diese Artikel werden daher in den rechtsvergleichenden Abschnitten des 3. Teils besprochen. Der Vertragsschluß mit Zustimmung bei der Schuldübernahme ist in Art.13:101 PECL, das Handeln mit Zustimmung bei der Vertragsübernahme in Art.13:102 PECL normiert, die beide von der 3. Kommission entworfen wurden. Diese Vorschriften werden i.R.d. der rechtsvergleichenden Abschnitte des 4. Teils begutachtet.

Ausschließlich Grundsätze für ein europäisches Vertragsrecht aufstellend, betreffen die PECL nicht das in dieser Arbeit ebenfalls behandelte Minderjährigen- bzw. Eherecht. Im Gegensatz zum Vertragsrecht, im Bereich dessen aufgrund des grenzüberschreitenden Handelsverkehrs in der EU ein besonders hoher Bedarf an Harmonisierung besteht, ist im Familienrecht eine Vereinheitlichung der Rechtsvorschriften noch in weiterer Ferne[21]. Grund hierfür sind die auf länderspezifischen Anschauungen und Traditionen beruhenden und z.T. erheblichen Unterschiede der nationalen Regelungen. Aus diesem Grund kann auf die Frage nach einer Vereinheitlichung des Vertragsrechts in Europa lediglich in den Teilen 3 und 4 der Arbeit eingegangen werden.

---

21 So auch von Bar in FS Henrich, S.3.

2 Die Zustimmung bei beschränkt geschäftsfähigen Personen

2.1 Die Zustimmung beim Handeln des Minderjährigen

2.1.1 Die grundsätzliche Möglichkeit des rechtlichen Handelns eines Minderjährigen mit Zustimmung eines Dritten

2.1.1.1 Die Regelung des englischen Rechts

In England kommt den Eltern bzw. dem Vormund zwar die Personensorge, nicht jedoch die Sorge über das Vermögen des Minderjährigen zu. Dieses wird i.d.R. in einem „trust“[22] verwaltet[23]. Auch ist dem englischen Recht das Prinzip der gesetzlichen Vertretung des Minderjährigen durch die Eltern bzw. den Vormund fremd[24]. Dementsprechend hat der Minderjährige auch keine Möglichkeit, bereits vor Erreichen der Volljährigkeit die Wirksamkeit eines von ihm getätigten Rechtsgeschäfts durch Einholung der Zustimmung seiner gesetzlichen Vertreter herbeizuführen[25]. Der von einem Minderjährigen geschlossene Vertrag ist im englischen Recht daher nur wirksam, wenn es sich um einen für ihn vorteilhaften Vertrag, d.h. um eine Vereinbarung über „necessaries“ (einen Vertrag über nützliche Güter oder Dienstleistungen)[26] oder um einen Arbeits- oder Lehrvertrag („beneficial contract of service“)[27] handelt[28].

Der oben genannte Grundsatz ist im englischen Recht unabhängig vom Alter des Minderjährigen anwendbar, da eine Differenzierung zwischen geschäfts-

---

22 Zum Begriff des „trust“ vgl. Graf v. Bernstorff, S.147 ff.

23 Vgl. hierzu ausführlich Menold-Weber, Verträge Minderjähriger, S.84 ff.

24 Kötz, S. 336; Zweigert/Kötz, S.344, 432. In s.2 (1) CA (Children Act 1989) wird zwar von der „parental responsability“ der Eltern gesprochen, die in s.3 (1) CA als „all the rights, duties, powers, reponsibilities and authority which by law a parent of a child has in relation to the child and his property“ definiert ist. Diese Verantwortlichkeit der Eltern ist jedoch mit der gesetzlichen Vertretung im kontinental-europäischen Sinne nicht zu vergleichen.

25 Upex, Davies on Contract, S.159; Treitel, S.499; Jentsch, Geschäftsfähigkeit Minderjähriger, S.55; Menold-Weber, Verträge Minderjähriger, S.62.

26 Zum Begriff der „necessaries“ vgl. unten 2.1.2.2.1.1.

27 Siehe unten 2.1.2.2.1.2.

28 Die sog. „voidable contracts“ sollen in der vorliegenden Arbeit außer Betracht bleiben. Dies sind Vereinbarungen, die dann volle Wirksamkeit erlangen, wenn der Minderjährige sie nicht - entweder noch während der Minderjährigkeit oder innerhalb einer angemessenen Zeit nach Erreichen der Volljährigkeit - zurückweist („contracts binding unless repudiated“; vgl. Edwards v. Carter (1893) AC 360). Typischerweise handelt es sich hierbei um Verträge über Grundstücke, über den Kauf von Aktien, über die Beteiligung an einer Personengesellschaft („partnership agreements“) und Güterrechtsverträge über treuhänderische Zuwendungen anläßlich der Eheschließung („marriage settlements“); vgl. hierzu Koffman/Mcdonald, S.347; Stone, S.124; Treitel, S.505 f.; Menold-Weber, Verträge Minderjähriger, S. 37 ff.

unfähigen und beschränkt geschäftsfähigen Minderjährigen nicht stattfindet. Alle Personen, die das Volljährigkeitsalter von 18 Jahren[29] noch nicht erreicht haben, werden als nicht voll geschäftsfähig angesehen. Lediglich besonders junge Minderjährige, denen man noch keine hinreichende Einsichtsfähigkeit zuspricht, haben überhaupt keine Möglichkeit, rechtlich wirksame Handlungen vorzunehmen[30].

2.1.1.2 Das Handeln des Minderjährigen mit Zustimmung im dänischen Recht

Im Gegensatz zum englischen Recht obliegt den Eltern in Dänemark nicht nur die Personensorge, sondern gemäß §§ 24 ff. vml.[31] auch die Sorge über das Vermögen des Minderjährigen[32]. Gemäß § 4, 1.pkt. fml.[33] steht ihnen die Sorge über ihr Kind grundsätzlich gemeinschaftlich zu; sie sind § 2 stk.1, 1.pkt. vml. zufolge beide seine gesetzlichen Vertreter[34]. Im dänischen Recht ist daher ein rechtswirksames Handeln des Minderjährigen mit Zustimmung der gesetzlichen Vertreter möglich. Die Zustimmung kann dabei sowohl als vorherige Einwilligung als auch als Genehmigung erteilt werden, wobei in der dänischen Rechtsliteratur fast ausschließlich von der Genehmigung als dem weitaus häufigeren Fall gesprochen wird.

Wie auch im englischen Recht findet in Dänemark eine Einteilung der Minderjährigen in geschäftsunfähige und beschränkt geschäftsfähige Kinder und Jugendliche nicht statt. Gemäß § 1 stk.1 vml. wird jede Person als beschränkt geschäftsfähig angesehen, die das 18. Lebensjahr[35] noch nicht vollen-

29 Die Herabsetzung des Volljährigkeitsalters von 21 auf 18 Jahre erfolgte durch s.1 (1) FLRA (Family Law Reform Act 1969).

30 Scott L.J. in R. v. Oldham Metropolitan Borough Council [1993] 1 F.L.R. 645, 661: "If a minor is to enter into a contract with the limited efficacy that the law allows, the minor must at least be old enough to understand the nature of the transaction and, if the transaction involves obligations on the minor of a continuing nature, the nature of those obligations".

31 Værgemålslov; Lov Nr.388 vom 14.06.1995. Das am 01.01.1997 in Kraft getretene Gesetz faßt alle Regeln über die Vormundschaft, Betreuung, Pflegschaft und gesetzliche Vertretung in einem Gesetz zusammen. Ml. (Lov om umyndighed og værgemål; Lovbekendtgørelse Nr.443 vom 03.10.1985 mit späteren Änderungen) und ABL (Lov om anbringelse og bestyrelse af umyndiges midler m.v.; Lov Nr.211 vom 13.05.1981) traten demnach zu diesem Zeitpunkt außer Kraft.

32 Vgl. Koktvedgaard/Møller/Pontoppidan, S.4.

33 Lov om forældremyndighed og samvær (forældremyndighedslov); Lov Nr.387 vom 14.06.1995.

34 Taksøe-Jensen, S.38.

35 Vor Erlaß des ml. 1922 lag die Volljährigkeitsgrenze bei 25 Jahren, wurde hierdurch aber auf 21 Jahre herabgesetzt. 1969 erfolgte dann die Herabsetzung auf 20 Jahre, 1976 letztlich auf 18 Jahre. Diese Altersgrenze wurde auch nach Ersetzung des ml. durch das vml. 1995 beibehalten.

det hat und nicht verheiratet ist[36]. Obwohl die Normierung einer Mindestaltersgrenze im dänischen Recht nicht zu finden ist, ist auch hier anzunehmen, daß eine bestimmte Einsichtsfähigkeit des Minderjährigen in sein Handeln vorhanden sein muß. Bei welchem Alter die erforderliche Einsichtsfähigkeit anzusiedeln ist, muß im konkreten Einzelfall entschieden werden.

2.1.1.3 Vergleich zur Rechtslage in Deutschland

Ebenso wie das dänische Recht geht auch das deutsche Zivilrecht vom Grundsatz aus, daß die Eltern zur Sorge über die Person und das Vermögen ihres Kindes berechtigt und verpflichtet sind, vgl. § 1626 I BGB. Teil der elterlichen Sorge ist gemäß § 1629 I 1 BGB die gesetzliche Vertretung des Minderjährigen, die laut § 1629 I 2 BGB grundsätzlich von den Eltern gemeinschaftlich wahrgenommen wird[37]. Folglich ist auch im deutschen Recht die Herbeiführung der Wirksamkeit eines vom Minderjährigen geschlossenen Rechtsgeschäfts durch Erteilung der Zustimmung möglich. Es handelt sich hier um ein Zustimmungserfordernis kraft Aufsichtsrecht[38].

Im Gegensatz zum englischen und dänischen Recht findet im deutschen Recht hinsichtlich der Möglichkeit, einem Rechtsgeschäft des Minderjährigen durch Zustimmung Wirksamkeit zu verleihen, eine Differenzierung nach dem Alter des Kindes statt. Minderjährige, die das siebte Lebensjahr noch nicht vollendet haben, sind gemäß § 104 Nr.1 BGB geschäftsunfähig und ihre Willenserklärung aus diesem Grund nichtig, vgl. § 105 I BGB. Diese starre Altersgrenze ist unabdingbar und gilt auch in dem Fall, in dem der Minderjährige bereits zu einem früheren Zeitpunkt die erforderliche geistige Reife erreicht hat[39]. Ein selbständiges rechtswirksames Handeln dieser Minderjährigen ist daher auch mit Zustimmung der Eltern nicht möglich[40]. Soweit das Kind aber das siebte, nicht jedoch das 18. Lebensjahr[41] vollendet hat, ist es gemäß § 106 BGB in der Geschäftsfähigkeit lediglich beschränkt. Im Gegensatz zum dänischen Recht liegt diese Einschränkung der Geschäftsfähigkeit unabhängig davon vor, ob der

---

36 Die Neuregelung, daß verheiratete Minderjährige grundsätzlich als unbeschränkt geschäftsfähig angesehen werden, wurde 1995 durch das vml. eingeführt (vgl. bet. 1993-1247, S.331). § 1 fml. enthält eine identische Definition der beschränkten Geschäftsfähigkeit. Zur alten Rechtslage siehe § 1 ml. und Lunn, S.17.

37 Zur gesetzlichen Vertretung vgl. Schwab, S.259 ff.

38 Palandt-Heinrichs Einf. vor § 182 Rn.5; MünchKomm-Schramm Vor § 182 Rn.7; Soergel-Leptien Vor § 182 Rn.6; Erman-Palm Vor § 182 Rn.1; Larenz/Wolf, S.967; Brox AT, S.229; Graba, Bestätigung und Genehmigung, S.121 und ausführlich Thiele, Zustimmungen, S.158 ff.

39 Palandt-Heinrichs § 104 Rn.2; Brox JA 1989, 441, 442; Coester-Waltjen Jura 1994, 331, 332.

40 Vgl. auch Jentsch, Geschäftfähigkeit Minderjähriger, S.42.

41 Vgl. § 2 BGB. Vor Herabsetzung des Volljährigkeitsalters zum 01.01.1975 auf 18 Jahre lag die Altersgrenze bei 21 Jahren.

Minderjährige bereits die Ehe eingegangen ist[42]. Auf Rechtsgeschäfte einer beschränkt geschäftsfähigen Person sind die §§ 107 bis 113 BGB anwendbar, die bestimmen, unter welchen Voraussetzungen ein Wirksamwerden eines Rechtsgeschäfts des Minderjährigen durch Zustimmung möglich ist. Ein Handeln des Minderjährigen mit Einwilligung oder Genehmigung der gesetzlichen Vertreter kommt im deutschen Recht demnach nur dann in Betracht, soweit es sich um einen beschränkt geschäftsfähigen Minderjähigen handelt.

2.1.1.4 Rechtsvergleichende Würdigung

Dem englischen Recht ist das Prinzip der gesetzlichen Vertretung des Minderjährigen fremd. Soweit nicht ein Vertrag über „necessaries" oder ein „beneficial contract of service" vorliegt, hat das Kind bzw. der Jugendliche keine Möglichkeit, bereits vor Erreichen der Volljährigkeit die Wirksamkeit eines von ihm getätigten Rechtsgeschäfts herbeizuführen. Bis zur Vollendung des 18. Lebensjahres bleibt der Vertrag jedoch schwebend wirksam, so daß der nunmehr unbeschränkt Geschäftsfähige die Möglichkeit zur Ratifikation der Vereinbarung hat.

Ein Vorteil der englischen Regelung ist, daß der Minderjährige in Ermangelung eines gesetzlichen Vertreters zu selbständigem, eigenverantwortlichen Handeln erzogen wird. Ihm ist es, besser als im dänischen oder deutschen Recht, möglich, beim Abschluß von Rechtsgeschäften seine eigenen Interessen zu berücksichtigen, die mit denen der Eltern bzw. des Vormunds u.U. nicht identisch sind. Während im dänischen und deutschen Recht der gesetzliche Vertreter ein ihm nicht genehmes Rechtsgeschäft durch die Verweigerung der Genehmigung zu Fall bringen kann, entscheidet im englischen Recht der Minderjährige nach Erreichen der Volljährigkeit selbst, ob er den Vertrag genehmigt oder nicht.

Das dänische und das deutsche Recht hingegen folgen, als einem wichtigen Grundsatz im Familienrecht, dem Prinzip der gesetzlichen Vertretung des Minderjährigen durch die Eltern bzw. den Vormund. In beiden Rechtsordnungen wird diese Vertretung des Kindes als aus der elterlichen Sorge über das Vermögen und die Person fließend angesehen. Der gesetzliche Vertreter hat in den obengenannten Ländern nicht nur die Möglichkeit, in eigenem Namen für den Minderjährigen Rechtsgeschäfte abzuschließen, sondern kann einem Vertrag, der auf ein selbständiges Handeln des Minderjährigen zurückgeht, durch Erteilung der Zustimmung Wirksamkeit verleihen.

Das Prinzip der gesetzlichen Vertretung des Minderjährigen ist im Hinblick auf seine Teilnahme am Rechtsverkehr ein wichtiges Mittel der elterlichen Erziehung. Insbesondere bei noch jungen Minderjährigen kann der gesetzliche

---

42 MünchKomm-Gitter § 2 Rn.2 f.; Staudinger-Dilcher § 106 Rn.6; Staudinger-Strätz § 1303 Rn.12.

Vertreter so bis zum Erreichen der Volljährigkeit die Kontrolle über das rechtsgeschäftliche Handeln seines Mündels behalten. Aufgrund der Tatsache, daß es ihm freisteht, die erforderliche Zustimmung zu erteilen oder zu verweigern[43], kann er auf der Grundlage seiner Lebenserfahrung und Einsichtsfähigkeit die Folgen der konkreten rechtsgeschäftlichen Verpflichtung beurteilen und sich für die, für das Wohl des Minderjährigen bessere Lösung entscheiden. Darüber hinaus besteht durch die Mitwirkung des gesetzlichen Vertreters die Möglichkeit, daß ein Vertrag, der für den Minderjährigen zwar nicht lediglich rechtlich, aber doch wirtschaftlich vorteilhaft ist, sofortige Wirksamkeit erlangt. Soweit eingewendet wird, daß der Minderjährige dem Risiko einer Fehlentscheidung durch die gesetzlichen Vertreter ausgesetzt sei[44], ist dem entgegenzuhalten, daß dieser zu besonders risikoreichen Rechtsgeschäften der Genehmigung des Familiengerichts bedarf und somit eine Kontrolle der gesetzlichen Vertreter gewährleistet ist. Aus diesen Gründen ist die Regelung des dänischen und deutschen Rechts vorzuziehen.

Auch hinsichtlich des erforderlichen Alters bzw. der Einsichtsfähigkeit des Minderjährigen als Voraussetzung für das Wirksamwerden des Rechtsgeschäfts durch Zustimmung unterscheiden sich die drei untersuchten Rechtsordnungen. Während das deutsche Recht eine Einteilung in geschäftsunfähige und beschränkt geschäftsfähige Minderjährige vornimmt, findet im englischen und dänischen Recht keine solche Differenzierung statt. Diese beiden Rechtsordnungen setzen lediglich eine hinreichende Einsichtsfähigkeit voraus, was zur Folge hat, daß geistig besonders gut entwickelte Kinder bereits in einem geringen Alter am Rechtsverkehr teilnehmen können. Ein erheblicher Nachteil dieser Regelung besteht jedoch darin, daß die Beurteilung der Einsichtsfähigkeit im konkreten Fall schwierig sein kann. Da nur durch die Normierung einer starren Altersgrenze die Verkehrssicherheit nicht gefährdet wird, ob ein Wirksamwerden des geschlossenen Vertrages möglich ist, hält das deutsche Recht die vorzugswürdige Lösung bereit.

---

43 Ein Anspruch des Minderjährigen bzw. des Vertragspartners auf Erteilung wird im deutschen Recht von der ganz überwiegenden Ansicht abgelehnt, vgl. nur Soergel-Hefermehl § 108 Rn.4; Staudinger-Dilcher § 107 Rn.8; Palandt-Heinrichs § 107 Rn.11; Münch-Komm-Gitter § 108 Rn.14. Sofern die Untätigkeit des gesetzlichen Vertreters jedoch das Kindeswohl gefährdet, kann das Familiengericht die Erklärung des Inhabers der elterlichen Sorge ersetzen, vgl. § 1666 III BGB.

44 So Menold-Weber, Verträge Minderjähriger, S.107.

2.1.2 Die Erforderlichkeit der Zustimmung bei Rechtsgeschäften des Minderjährigen

2.1.2.1 Der Grundsatz der Unwirksamkeit von Rechtsgeschäften ohne Zustimmung

2.1.2.1.1 Darstellung der Rechtslage in England

Schließt der Minderjährige einen Vertrag, so ist im englischen Recht im Grundsatz davon auszugehen, daß diese Vereinbarung für den Minderjährigen keine rechtliche Bindungswirkung entfaltet[45]. Wirksamkeit und damit rechtliche Durchsetzbarkeit gegenüber dem Minderjährigen kann ein solcher Vertrag jedoch dadurch erlangen, daß er durch diesen selbst nach Erreichen der Volljährigkeit ratifiziert wird („contract not binding unless ratified")[46]. Bei dieser Form der Genehmigung ist jedoch zu beachten, daß es sich nicht um die Zustimmung zum Rechtsgeschäft eines Dritten, sondern um die Ratifikation eines, vom Minderjährigen selbst getätigten Vertragsschlusses handelt[47].

2.1.2.1.2 Die Unwirksamkeit im dänischen Recht

Der Grundsatz, daß Minderjährige des Schutzes vor den Folgen ihres rechtlichen Handelns bedürfen, hat im dänischen Recht in § 1 stk.2 vml. seinen Niederschlag gefunden. Dieser Vorschrift zufolge kann sich ein Minderjähriger durch eigenes Handeln nicht wirksam verpflichten oder über sein Vermögen verfügen, soweit nicht ein anderes bestimmt ist. Da es sich bei der fehlenden Geschäftsfähigkeit im dänischen Recht um einen sog. „starken Unwirksamkeitsgrund" handelt, ist das im Widerspruch zu § 1 stk.2 vml. getätigte Rechtsgeschäft auch dann ungültig, wenn der Vertragspartner in gutem Glauben war[48]. Ein durch einen Minderjährigen selbständig geschlossenes Rechtsgeschäft ist

---

45 Elliott/Quinn, S.45.

46 Southerton v. Whitlock (1726) 2 Str. 690; Williams v. Moor (1843) 11 M.&W. 256; Beale, Chitty I, S.477; Cheshire/Fifoot/Furmston, S.451.
Die Möglichkeit der Ratifikation durch den Minderjährigen selbst stellt eine allgemeine Regel des Common Law dar, die jedoch durch den IRA (Infants' Relief Act 1874) für unwirksam erklärt wurde. Um den Minderjährigen nach Erreichen der Volljährigkeit vor Versuchen seines Vertragspartners zu schützen, ihn zur Ratifizierung eines für ihn ungünstigen Vertrages zu bewegen, konnte eine Genehmigung durch den Minderjährigen dem Vertrag keine Wirksamkeit verleihen. Der Abschluß eines neuen Vertrages mit gleichem Inhalt war jedoch möglich. Erst seit Erlaß des MCA (Minors' Contracts Act 1987) kann dieser Grundsatz wieder zur Anwendung kommen, weil durch s.1 (a) MCA die s.2 des IRA aufgehoben wird. Vgl. zur alten Rechtslage Jentsch, Geschäftsfähigkeit Minderjähriger, S.51 f.; Schenk, Die rechtliche Fähigkeit Minderjähriger, S.84 ff.; Kurzwelly, Haftung Minderjähriger, S.16 ff.

47 Vgl. Treitel, S.670.

48 Im Gegensatz hierzu kann bei den sog. „schwachen Unwirksamkeitsgründen" die Gutgläubigkeit des Vertragspartners dem Rechtsgeschäft zur Wirksamkeit verhelfen.

somit nur dann vollgültig, wenn es sich um eine Ausnahme zum Grundsatz der Unwirksamkeit handelt[49], oder wenn die Eltern bzw. der Vormund dem Vertrag zugestimmt, d.h. eingewilligt oder genehmigt, haben[50]. Darüber hinaus ist nach Erreichen der Volljährigkeit eine Ratifikation durch den Minderjährigen selbst möglich[51].

2.1.2.1.3 Vergleich zur Rechtslage in Deutschland

Auch im deutschen Recht bedarf ein beschränkt geschäftsfähiger Minderjähriger zur wirksamen Abgabe einer Willenserklärung grundsätzlich der Einwilligung seiner gesetzlichen Vertreter, vgl. § 107 BGB. Ausnahmsweise kann eine durch den Minderjährigen getroffene Vereinbarung jedoch wirksam sein, soweit eine Ausnahme vom Grundsatz der Unwirksamkeit vorliegt[52]. Wurde eine Einwilligung vor Vornahme des Rechtsgeschäfts nicht erteilt, so ist der Vertrag grundsätzlich schwebend unwirksam. Eine Ausnahme bilden lediglich die einseitigen Rechtsgeschäfte, die beim Fehlen der Einwilligung gemäß § 111 BGB endgültig unwirksam sind[53]. Sinn und Zweck dieser Regelung ist es, denjenigen, der aufgrund der Einseitigkeit des Rechtsgeschäfts keinen Einfluß auf die Veränderung seiner Rechtslage nehmen kann, vor einer Ungewißheit über den Eintritt der Rechtsfolge zu bewahren[54].

Erfolgt nach Abschluß des Rechtsgeschäfts gemäß § 108 I BGB eine Genehmigung durch die gesetzlichen Vertreter[55], wird der Vertrag mit dem vereinbarten Inhalt wirksam. Bei Verweigerung der Genehmigung i.S.d. § 108 I oder II BGB oder bei Ausübung des Widerrufsrechts durch den Vertragspartner[56] tritt endgültige Unwirksamkeit des Rechtsgeschäfts ein[57]. Nach Erreichen der Voll-

---

49 Vgl. unten 2.1.2.2.2.

50 In besonderen Fällen ist darüber hinaus die Zustimmung des „statsamt“ (dänische Staatskreisbehörde) erforderlich, vgl. § 39 vml. und §§ 6 ff. Lbkg. Vm. Die dänische Staatskreisbehörde nimmt hinsichtlich ihrer Zustimmungbefugnis bei bestimmten Rechtsgeschäften des Minderjährigen die Funktion des Familiengerichts im deutschen Recht ein.

51 Vgl. UfR 1963.214 V (Genehmigung erteilt); UfR 1939.216 Ø und UfR 1976.65 H (Genehmigung verweigert).

52 Vgl. unten 2.1.2.2.3.

53 Vgl. Palandt-Heinrichs § 111 Rn.2 f.; Coester-Waltjen Jura 1994, 331, 333; Anton, Genehmigung von Rechtsgeschäften und Prozeßhandlungen, S.27.

54 Graba, Bestätigung und Genehmigung, S.229.

55 Bei bestimmten außergewöhnlichen Rechtsgeschäften ist zusätzlich zur Zustimmung der gesetzlichen Vertreter die Genehmigung des Familiengerichts Voraussetzung für die Wirksamkeit des Rechtsgeschäfts, vgl. für die Eltern §§ 1643, 1629 II, für den Vormund §§ 1795, 1819 ff. BGB.

56 Vgl. hierzu unten 2.1.4.2.3.

57 Zum umstrittenen Problem, ob nach anfänglicher Verweigerung der Genehmigung doch noch eine nachträgliche Erteilung möglich ist, vgl. Anton, Genehmigung von Rechtsgeschäften und Prozeßhandlungen, S.116 ff.; Graba, Bestätigung und Genehmigung, S.163 ff. und ausführlich Palm, Nachträgliche Erteilung. Zur Beseitung der schwebenden

jährigkeit hat auch der Minderjährige gemäß § 108 III BGB die Möglichkeit, das von ihm getätigte Rechtsgeschäft zu genehmigen[58]. Wie bei der Ratifikation durch den Minderjährigen im englischen Recht stellt diese Handlung jedoch keine Genehmigung im eigentlichen Sinne dar, da es sich hier nicht um eine Ratifizierung eines fremden, sondern eines vom Minderjährigen selbst getätigten Rechtsgeschäfts handelt[59].

Der Regelung der §§ 107 ff. BGB nachgebildet ist § 131 II BGB für die Entgegennahme einer Willenserklärung durch eine beschränkt geschäftsfähige Person. Gemäß § 131 II 1, I BGB wird die Erklärung grundsätzlich nur dann wirksam, wenn sie dem gesetzlichen Vertreter zugeht. Soweit der gesetzliche Vertreter jedoch in den Abschluß des Vertrages eingewilligt hat, wird die Willenserklärung bereits in dem Zeitpunkt wirksam, in welchem sie der beschränkt geschäftsfähigen Person zugeht, vgl. § 131 II 2 BGB.

2.1.2.2 Ausnahme: unmittelbar vollwirksame Rechtsgeschäfte

2.1.2.2.1 Fallgruppen im englischen Recht

2.1.2.2.1.1 Verträge über nützliche Güter und Dienstleistungen („necessaries")

Soweit ein Vertrag eines Minderjährigen nach englischem Recht als ein Vertrag über nützliche Güter und Dienstleistungen angesehen werden kann, wird dieser nicht erst durch die spätere Ratifikation wirksam, sondern entfaltet rechtliche Bindungswirkung bereits ab Vertragsschluß. „Necessaries" i.S.d. englischen Rechts sind gemäß s.3 (3) SGA[60] solche Güter und Dienstleistungen, die der betreffende Minderjährige benötigt und die seinen Bedürfnissen und finanziellen Verhältnissen zum Zeitpunkt des Verkaufs und der Lieferung der Waren angemessen sind[61]. Unter diesen Begriff fallen insbesondere Nahrungsmittel, Kleidung, Medikamente und ärztliche Dienstleistungen[62], egal ob der Minderjährige diese für sich oder für seine Familie anschafft. Der Minderjährige hat für die erhaltenen Waren oder Dienstleistungen nicht den vertraglichen, sondern

---

Unwirksamkeit durch Genehmigungsverweigerung vgl. ausführlich Schmidt AcP 189, 1 ff.

58 Ausführlich zur Frage der Empfangsbedürftigkeit einer vom Minderjährigen selbst erteilten Genehmigung (und ihrer Verweigerung): Norpoth/Dittberner JA 1996, 642 ff.

59 So auch Graba, Bestätigung und Genehmigung, S.125.

60 Sale of Goods Act 1979.

61 Vgl. die Definition in s.3 (3) SGA: „goods suitable to the condition in life of the minor and to the actual requirements at the time of sale and delivery". Vgl. auch Nash v. Inman [1908] 2 K.B. 1; Chapple v. Cooper (1844) 13 M.&W. 252; Clyde Cycle Co. v. Hargreaves (1898) 78 L.T. 296; ausführlich hierzu Menold-Weber, Verträge Minderjähriger, S.5 ff.; Hettesheimer, Fähigkeit Minderjähriger, S.112 ff.

62 Für weitere Beispiele siehe Jentsch, Geschäftsfähigkeit Minderjähriger, S.82 f.

lediglich einen angemessenen Preis zu zahlen[63]. Diese Zahlungsverpflichtung wird ganz überwiegend als quasi-vertraglich angesehen, da sie nicht schon mit Vertragsschluß, sondern erst mit Lieferung der Ware entsteht[64].

2.1.2.2.1.2 Arbeits- und Lehrverträge („beneficial contracts of service")

Die zweite Kategorie der unmittelbar vollwirksamen Rechtsgeschäfte bilden Arbeits- und Lehrverträge. Grund hierfür ist die Überlegung, daß auch eine minderjährige Person die Möglichkeit haben muß, durch den Abschluß eines Arbeits- oder Lehrvertrages ihren Lebensunterhalt zu bestreiten. Voraussetzung dafür, daß ein solcher Vertrag sofortige Wirksamkeit erlangt, ist jedoch, daß es sich bei der Vereinbarung um einen für den Minderjährigen vorteilhaften und nützlichen Vertrag, d.h. um einen „beneficial contract" handelt[65]. Enthält ein Vertrag sowohl vorteilhafte als auch nachteilige Klauseln, ist auf den Vertrag als Ganzes abzustellen. In Einzelfällen kann jedoch auch eine einzelne Klausel so nachteilig sein, daß sie die Wirksamkeit des ganzen Vertrages zu Fall bringt.

Obwohl Lehr- und Arbeitsverträge den Minderjährigen binden, gilt dies nicht für Verträge, die der Jugendliche im Rahmen eines von ihm betriebenen Gewerbes schließt[66]. Diese werden als für den Minderjährigen erheblich risikoreicher angesehen[67].

2.1.2.2.2 Die Regelung im dänischen Recht

2.1.2.2.2.1 Die Wirksamkeit von Rechtsgeschäften i.S.d. §§ 42, 43 des dänischen Vormundschaftsgesetzes (§§ 42, 43 værgemålslov)

Gemäß § 42 stk.1, nr.1 vml. kann ein Minderjähriger über die finanziellen Mittel, die er durch eigene Arbeit nach Vollendung des 15. Lebensjahres erworben hat, auch ohne Zustimmung seiner gesetzlichen Vertreter frei verfügen. Hierzu

---

63 Koffman/Mcdonald, S.349; Whincup, S.90; vgl. s.3 (2) SGA: „Where necessaries are sold and delivered to a minor...he must pay a reasonable price for them.".

64 Die Gegenauffassung, die die Verpflichtung als vertraglich ansieht, kann nicht erklären, wieso der Minderjährige gemäß s.3 SGA nur einen angemessenen, nicht aber den von ihm zugestimmten Preis zahlen muß. Vgl. zur Diskussion Cheshire/Fifoot/Furmston, S.443 und Treitel, S.501.

65 Kay L.J. in Clements v. London and North Western Rail Co. [1894] 2 Q.B. 482, 491: „It has been clearly held that contracts of apprenticeship and with regard to labour are not contracts to an action on which the plea of infancy is a complete defence, and the question has always been, both at law and in equity, whether the contract, when carefully examined in all its terms, is for the benefit of the infant. If it is so, the court before which the question comes will not allow the infant to repudiate it.". Bzgl. eines nicht vorteilhaften und daher nicht durchsetzbaren Vertrages vgl. De Francesco v. Barnum (1890) 45 Ch.D. 430.

66 Sog. „trading contracts"; vgl. Mercatile Union Guarantee Corp. v. Ball [1937] 2 K.B. 498; Whywall v. Campion (1738) 2 Str. 1083; Menold-Weber, Verträge Minderjähriger, S.113; Hettesheimer, Fähigkeit Minderjähriger, S.175.

67 Whincup, S.90; Jentsch, Geschäftsfähigkeit Minderjähriger, S.125.

gehören sowohl die unmittelbar erworbenen Mittel als auch an ihre Stelle getretene Surrogate[68]. Der Minderjährige kann das Geld einerseits für sich selbst verwenden, andererseits rechtsgeschäftlich darüber verfügen, d.h. eine Übereignung an Dritte vornehmen, eine Kündigung aussprechen oder Gewährleistungsrechte gegenüber dem Vertragspartner geltend machen[69].

Darüber hinaus kann der Minderjährige gemäß § 42 stk.1, nr.2 vml. über das Vermögen, welches er durch Schenkung oder durch testamentarische Erbfolge[70] zur freien Verfügung erhalten hat, selbstverantwortlich disponieren. Voraussetzung ist hier, daß der Schenker oder Erblasser bestimmt hat, daß die Zuwendung zur freien Verfügung stehen soll. Bei Geschenken wird dies i.d.R. den Umständen bzw. dem Anlaß des Geschenks zu entnehmen sein; bei einer Zuwendung durch Testament muß die freie Verfügbarkeit irgendwie aus der Verfügung hervorgehen[71]. Die Altersgrenze von 15 Jahren, die i.R.d. nr.1 zu beachten ist, gilt im Falle der Schenkung bzw. des Erwerbs durch Verfügung von Todes wegen nicht; es genügt, daß der Minderjährige die Einsichtsfähigkeit besitzt, zu beurteilen, worauf sich das betreffende Rechtsgeschäft richtet[72].

Eine weitere Ausnahme vom Grundsatz der Unwirksamkeit von Verträgen Minderjähriger ist in § 42 stk.1, nr.3 vml. normiert. Dieser Vorschrift zufolge kann der Minderjährige über die finanziellen Mittel, die sein gesetzlicher Vertreter ihm i.S.d. § 25 stk.3 vml. überlassen hat, auch ohne Zustimmung disponieren. Geld i.S.d. § 25 stk.3 vml. ist solches, welches die Eltern bzw. der Vormund dem Minderjährigen zur Deckung der eigenen Bedürfnisse überlassen haben, weil sie es für verantwortlich hielten, den Minderjährigen selbst hiermit zu betrauen.

Gemäß § 42 stk.2, 1.pkt vml. umfaßt die Verfügungsbefugnis des Minderjährigen nicht lediglich das Erworbene selbst, sondern auch das durch das Erworbene Verdiente und etwaige Surrogate, wie z.B. ein für das Erworbene angeschaffter Gegenstand, eine Versicherungssumme oder ein Schadensersatzanspruch für die Sache. Ausgenommen sind gemäß 2.pkt. jedoch ausdrücklich Verbindlichkeiten, so z.B. die Aufnahme eines Kredits oder ein Abzahlungs-

---

68 Als problematisch kann sich hier die Frage erweisen, ob Lottogewinne und ähnliche Prämien, die auf einen durch selbsterworbene Mittel bewirkten Einsatz zurückgehen, noch als von § 42 stk.1, nr.1 vml. gedeckt angesehen werden können, da neben dem Handeln des Minderjährigen i.d.R. der Zufall eine wesentliche Rolle gespielt hat. Vgl. zu dieser Frage Andersen/Iversen/Nørgaard, S.160.

69 Karnov vml., Fn.118. Sofern die Verfügung jedoch nur teilweise durch selbst erwirtschaftete Mittel gedeckt ist, findet § 42 stk.1, nr.1 vml. keine Anwendung, vgl. UfR 1959.227 V.

70 Bei dem Erbe muß es sich demnach um sog. „friarv“ handeln, d.h. nicht um einen Pflichtteil („tvangsarv“).

71 Vgl. Andersen/Iversen/Nørgaard, S.174.

72 Andersen/Iversen/Nørgaard, S.175; Koktvedgaard/Møller/ Pontoppidan, S.1.

kauf[73]. Demnach ist erforderlich, daß es sich bei dem vom Minderjährigen vorgenommenen Rechtsgeschäft um ein Bargeschäft handelt, und daß dieser die ihm obliegende Leistung sofort vollständig mit den ihm zur Verfügung gestellten Mitteln bewirkt[74].

Letztlich kann dem Minderjährigen, der das 15. Lebensjahr vollendet hat, von seinem gesetzlichen Vertreter und mit Zustimmung des „statsamtet" erlaubt werden, selbständig ein Gewerbe oder ein anderes Unternehmen zu betreiben, vgl. § 43 stk.1 vml.[75]. Gemäß stk.2 hat der Minderjährige dann die Möglichkeit, innerhalb des Geschäftsbetriebes anfallende Rechtsgeschäfte, hierunter auch die Eingehung von Verbindlichkeiten wie z.B. Kreditkaufsgeschäfte, selbständig vorzunehmen[76].

Ebenso wie die Erlaubnis gemäß § 42 stk.1 vml. kann die Ermächtigung nach § 43 vml. durch die Eltern bzw. den Vormund mit Zustimmung des „statsamtet" zurückgenommen werden, vgl. § 42 stk.3 bzw. § 43 stk.3 vml.

2.1.2.2.2.2 Die Wirksamkeit von Arbeitsverträgen i.S.d. §§ 20, 21 des Gesetzes über die elterliche Sorge (§§ 20, 21 forældremyndighedslov)

Die §§ 20 und 21 fml. betreffen die Möglichkeit des unter elterlicher Sorge bzw. Vormundschaft stehenden Minderjährigen, unter bestimmten Voraussetzungen selbständig Arbeitsverträge zu schließen[77]. Hat ein Kind oder Jugendlicher sich durch eigenes Handeln aber mit Zustimmung seiner gesetzlichen Vertreter zu einer Dienstleistung oder einer anderen persönlich zu erbringenden Leistung verpflichtet, wodurch er in der Lage ist, selbst für seinen Unterhalt zu sorgen, kann er, vorausgesetzt, er hat das 15. Lebensjahr vollendet, den Vertrag selbst kündigen und sich zu einer vergleichbaren Arbeit verpflichten, soweit die

---

73 Vgl. UfR 1964.684 Ø: Ein 18-jähriger Minderjähriger (zum Zeitpunkt der Entscheidung lag die Volljährigkeitsgrenze noch bei 21 Jahren) hatte eine Immobilie erworben, die er z.T. mit selbst erwirtschafteten Mitteln, z.T. durch die Ausstellung von Schuldbriefen finanzierte. Aufgrund der Tatsache, daß die erforderliche Zustimmung des „statsamt" nicht vorlag, wurde die Eintragung des Eigentümerwechsels in das Grundbuch verweigert.

74 Es genügt folglich nicht, daß der Minderjährige seine Verpflichtung zwar insgesamt komplett mit Hilfe des Selbsterworbenen, jedoch im Wege der Ratenzahlung tilgt, vgl. Koktvedgaard/Møller/Pontoppidan, S.1.

75 Daß nunmehr auch Minderjährigen gestattet werden kann, ein Gewerbe oder ein Unternehmen zu betreiben, ist neu: § 43 stk.1 vml. ersetzt § 49 ml., nach dem diese Möglichkeit nur volljährigen unmündigen Personen eingeräumt werden konnte, vgl. Danielsen/Black, S.128.

76 Taksøe-Jensen, S.26.

77 Grund für die Plazierung dieser Vorschriften im fml. und nicht im vml. war, daß im dänischen Recht der Inhaber der elterlichen Sorge bei der Eingehung von Arbeitsverträgen eine entscheidende Rolle spielt, da es sich bei dieser Frage um eine persönliche Angelegenheit des Minderjährigen handelt, vgl. bet. 1993-1247, S.328.

gesetzlichen Vertreter dem nicht widersprechen[78]. Unabdingbare Voraussetzung für die Anwendbarkeit dieser Vorschrift ist, daß der ursprüngliche Vertragsschluß überwiegend auf das Handeln des Minderjährigen zurückgeht und der gesetzliche Vertreter nur seine Zustimmung zu der vom Minderjährigen ausgehandelten Vereinbarung erklärt hat. Erfolgte der Vertragsschluß hingegen zwar für den Minderjährigen aber letztlich durch ein Handeln der gesetzlichen Vertreter, ist ein Berufen auf § 21 fml. nicht möglich[79]. Voraussetzung für die Anwendbarkeit dieser Vorschrift ist außerdem, daß der Minderjährige sowohl durch die ursprüngliche, als auch durch die neue Tätigkeit seinen Lebensunterhalt bestreiten kann[80].

Sofern der Minderjährige selbst i.S.d. § 20 fml. wirksam einen neuen Arbeitsvertrag geschlossen hat, können die gesetzlichen Vertreter gemäß § 21 1.pkt. fml. dennoch den Vertrag kündigen, sofern dies für die Erziehung und das Wohl des Kindes erforderlich ist[81]. Die Kündigung soll gemäß § 21 2.pkt. fml. möglichst unter Einhaltung einer angemessenen Frist ausgesprochen werden; dem Vertragspartner kann, soweit dies angemessen erscheint, ein Schadensersatz, z.B. für eine erneute Stellenausschreibung, zugesprochen werden.

2.1.2.2.2.3 Die Wirksamkeit von Verträgen i.S.d. § 11 stk.2 des Gesetzes über die ehelichen Rechtswirkungen (§ 11 stk.2 ægteskabsretsvirkningslov)

Gemäß § 11 stk.2 RVL[82] kann ein verheirateter Minderjähriger durch eigenes Handeln sich selbst und seinen Ehegatten wirksam verpflichten, soweit es sich um ein Rechtsgeschäft handelt, welches den täglichen Bedarf der Familie sowie die Bedürfnisse der Kinder bzw. der Ehefrau decken soll. Seit der Ersetzung des ml. durch das vml. werden Minderjährige nunmehr grundsätzlich mit der Heirat

---

78 Die Vorschrift war ursprünglich für die Fälle gedacht, wo Jugendliche von zu Hause weggezogen, um sich Arbeit zu suchen. Der dänische Gesetzgeber sah es in einem solchen Fall als unpraktisch an, wenn der Minderjährige beim Unterzeichnen jedes weiteren Arbeitsvertrages die Zustimmung der Eltern einholen müßte, vgl. Lunn, S.17 und Danielsen, fml., S.420.

79 Vgl. UfR 1926.749 V, wo ein Arbeitgeber sich nicht auf die wirksame Aufhebung des ursprünglichen Vertrages berufen konnte. Da der ursprüngliche Arbeitsvertrag zwischen ihm und dem Vater des Minderjährigen geschlossen worden war, fand § 20 fml. (hier im Fall noch der fast identische § 35 stk.2 ml.) keine Anwendung.

80 Eine unentgeltliche Leistung sowie Nebenjobs, die nur eine geringe Anzahl von Stunden oder Tagen andauern, werden von § 20 fml. demnach nicht erfaßt, vgl. Danielsen, fml., S.420.

81 Dies wird z.B. insbesondere dann der Fall sein, wenn die Arbeit sich über einen längeren Zeitraum erstreckt, es sich herausstellt, daß die Verpflichtung die Kräfte des Minderjährigen übersteigt oder sich die Gelegenheit einer geeigneteren Ausbildung bietet.

82 Retsvirkningslov; Lovbekendtgørelse Nr.37 vom 05.01.1995.

unbeschränkt geschäftsfähig[83], so daß § 11 stk.2 RVL nun noch geringere Relevanz als vorher zugesprochen wird[84]. Diese Vorschrift erlangt inzwischen nur noch in den Fällen Bedeutung, wo das „statsamt" den verheirateten Minderjährigen i.S.d. § 1 stk.1, 2.pkt. vml.[85] ausdrücklich unter elterlicher Sorge bzw. Vormundschaft hat belassen wollen.

2.1.2.2.2.4 Die sog. "Geldregel" ("pengereglen")

In der dänischen Rechtspraxis ist mit der sog. „Geldregel" eine weitere Ausnahme zum Grundsatz der Unwirksamkeit von Rechtsgeschäften Minderjähriger geschaffen worden. Diese Regel besagt, daß eine gutgläubige Person, der von einem Minderjährigen in dessen Eigentum stehendes Geld oder Geldsurrogate übertragen werden, über das dieser aufgrund seiner beschränkten Geschäftsfähigkeit jedoch nicht verfügen durfte, hieran Eigentum erwirbt[86]. Ein Rechtsgeschäft, welches unmittelbar nach Vertragsschluß durch den Minderjährigen erfüllt wird[87], wird folglich wirksam, wenn der Vertragspartner weder wußte noch hätte wissen können, daß die mit ihm kontrahierende Person nicht über die Geldmittel verfügen durfte. Hierbei ist unerheblich, ob die andere Partei zu Recht von der unbeschränkten Geschäftsfähigkeit seines Vertragspartners ausging oder ob er wußte, daß es sich bei seinem Gegenüber um einen Minderjährigen handelt, jedoch berechtigterweise von seiner Verfügungsbefugnis ausging[88]. Die sog. „pengeregel" des dänischen Rechts schützt demnach den guten Glauben des Vertragspartners an die Verfügungsbefugnis des Minderjährigen.

2.1.2.2.3 Vergleich zur Rechtslage in Deutschland

2.1.2.2.3.1 Lediglich vorteilhafte Rechtsgeschäfte i.S.d. § 107 BGB

Auch im deutschen Recht gilt der Grundsatz der Unwirksamkeit von Rechtsgeschäften beim selbständigen Handeln eines Minderjährigen nicht ausnahmslos. Gemäß § 107 BGB ist eine Zustimmung der gesetzlichen Vertreter dann nicht erforderlich, wenn das vorgenommene Rechtsgeschäft für den Minderjährigen lediglich rechtlich vorteilhaft und dieser daher nicht schützenswert ist[89]. Schließt der Minderjährige einen Vertrag, der nicht mit einem rechtlichen Nach-

---

83 Vgl. oben Fn.36.

84 Karnov RVL, Fn.17.

85 Vgl. auch § 1 stk.1, 1.pkt. ÆL (Lov om ægteskabets indgåelse og opløsning; Lovbekendtgørelse Nr.147 vom 09.03.1999).

86 Karnov vml., Fn.3; Andersen, Privatret, S.68; Andersen/Iversen/Nørgaard, S.179 ff.

87 Dies ist insb. bei Barzahlung der Fall, nicht jedoch z.B. beim Kreditkauf, vgl. Gomard, S. 151, Fn.4.

88 Andersen/Iversen/Nørgaard, S.180 f. Vgl. auch UfR 1928.615 Ø, wo die sog. "pengeregel" zur Rückabwicklung des Rechtsgeschäfts führte.

89 Vgl. Brox JA 1989, 441, 442.

teil verbunden ist, tritt sofortige Wirksamkeit des Rechtsgeschäfts ein[90]. Bei der Beurteilung, ob ein solcher Vorteil gegeben ist, ist aus Gründen der Rechtssicherheit allein auf rechtliche, nicht jedoch auf wirtschaftliche Aspekte abzustellen[91].

2.1.2.2.3.2 Der beschränkte Generalkonsens i.S.d. § 110 BGB

Eine weitere Möglichkeit des Minderjährigen, selbständig rechtlich zu handeln, ist in § 110 BGB, dem sog. „Taschengeldparagraphen", normiert. Hiernach gilt ein vom Minderjährigen ohne Zustimmung der gesetzlichen Vertreter geschlossener Vertrag als von Anfang an wirksam, wenn dieser die vertragsmäßige Leistung mit Mitteln bewirkt, die ihm zu diesem Zwecke oder zur freien Verfügung von dem Vertreter oder mit dessen Zustimmung von einem Dritten überlassen worden sind. Trotz der Formulierung „ohne Zustimmung" handelt es sich bei § 110 BGB jedoch nicht um eine Ausnahme zum Grundsatz der Unwirksamkeit, sondern vielmehr um einen Sonderfall des § 107 BGB[92]. Der Grund hierfür ist, daß die Überlassung der Geldmittel bzw. die Zustimmung zur Überlassung durch einen Dritten als eine konkludente Einwilligung der gesetzlichen Vertreter zu verstehen ist[93]. Ob diese Generaleinwilligung sich auch auf das konkrete, vom Minderjährigen getätigte Rechtsgeschäft bezieht, muß jedoch für jeden Fall gesondert untersucht werden[94]. Im Gegensatz zum Abschluß eines lediglich rechtlich vorteilhaften Vertrages gemäß § 107 BGB tritt beim Handeln des Minderjährigen gemäß § 110 BGB nicht sofortige Wirksamkeit des Rechtsgeschäfts ein. Diese ist erst dann zu bejahen, wenn der beschränkt Geschäftsfähige die ihm obliegende Leistung mit den überlassenen Mitteln bewirkt hat, d.h. wenn Erfüllung gemäß § 362 BGB eingetreten ist[95].

2.1.2.2.3.3 Die Teilgeschäftsfähigkeit i.S.d. §§ 112, 113 BGB

Zwei weitere Fälle im deutschen Recht, in denen der Minderjährige zum konkreten Rechtsgeschäft nicht der Zustimmung seines gesetzlichen Vertreters bedarf, sind die §§ 112, 113 BGB. Gemäß § 112 BGB ist ein Minderjähriger beim Abschluß solcher Rechtsgeschäfte, die der selbständige Betrieb eines Erwerbs-

---

90 Gemäß § 131 II 2 BGB gilt dies auch für die Entgegennahme einer Willenserklärung durch eine beschränkt geschäftsfähige Person: Entgegen § 131 II 1 BGB wird eine lediglich rechtlich vorteilhafte Willenserklärung in dem Zeitpunkt wirksam, in dem sie dem Minderjährigen zugeht.

91 Vgl. nur Palandt-Heinrichs § 107 Rn.2; Staudinger-Dilcher § 107 Rn.10; Brox AT, S.138 f.; Brox JA 1989, 441, 447; Coester-Waltjen Jura 1994, 668, 668; a.A. Stürner AcP 173 (1973), 402 ff.

92 Staudinger-Dilcher § 110 Rn.1; MünchKomm-Schmitt § 110 Rn.4 f.

93 MünchKomm-Schmitt § 110 Rn.2 ff.; Brox AT, S.141; Köhler, S.156; Coester-Waltjen Jura 1994, 668, 669.

94 Brox JA 1989, 441, 444; Coester-Waltjen Jura 1994, 668, 670.

95 Palandt-Heinrichs § 110 Rn.4; Medicus BR, S.116; Larenz/Wolf, S.494.

geschäfts mit sich bringt, unbeschränkt geschäftsfähig, sofern er hierzu von seinem gesetzlichen Vertreter mit Genehmigung des Vormundschaftsgerichts ermächtigt wurde[96]. Dieselben Rechtsfolgen treten gemäß § 113 BGB hinsichtlich der Eingehung und Aufhebung von Dienst- und Arbeitsverhältnissen und der Erfüllung der sich aus diesem Verhältnis ergebenden Pflichten ein, sofern dem Minderjährigen die Eingehung des Dienst- bzw. Arbeitsverhältnisses von seinem gesetzlichen Vertreter gestattet worden war[97]. Im Gegensatz zur Überlassung von Geldmitteln i.S.d. § 110 BGB wird durch die o.g. Normen die Geschäftsfähigkeit des Minderjährigen erweitert[98]; er ist hinsichtlich der betreffenden Rechtsgeschäfte partiell geschäftsfähig.

2.1.2.2.3.4 Die Schlüsselgewalt i.S.d. § 1357 I BGB

In Betracht käme desweiteren eine rechtsgeschäftliche Verpflichtung des Minderjährigen, sofern dieser verheiratet ist und es sich bei dem in Frage stehenden Rechtsgeschäft um ein Geschäft zur Deckung des Lebensbedarfs der Familie i.S.d. § 1357 I BGB handelt. Nimmt der Minderjährige ein solches Rechtsgeschäft vor, so wird er nach ganz überwiegender Ansicht in der Literatur[99] jedoch nicht berechtigt oder verpflichtet[100], da es sich nicht um ein für ihn lediglich rechtlich vorteilhaftes Rechtsgeschäft handelt. Auch i.R.d. § 1357 I BGB sollen demnach die für das Handeln eines Minderjährigen aufgestellten allgemeinen Grundsätze Anwendung finden. Eine Verpflichtung bzw. Berechtigung des Minderjährigen durch sein eigenes Handeln kommt i.R.d. § 1357 BGB demnach nur mit Zustimmung seiner gesetzlichen Vertreter in Frage. Ob durch sein selbständiges Handeln eine Verpflichtung und Berechtigung des unbeschränkt ge-

---

96 Ausgenommen sind gemäß § 112 I 2 BGB jedoch solche Geschäfte, zu denen der Vertreter der Genehmigung des Vormundschaftsgerichts bedarf.

97 Im Gegensatz zu § 112 BGB ist hier die Genehmigung des Vormundschaftsgerichts nicht erforderlich. Gemeinsam ist den Normen jedoch, daß Geschäfte, zu denen der Vertreter der Genehmigung des Vormundschaftsgerichts bedarf, von der Ermächtigung ausgenommen sind, vgl. § 113 I 2 BGB.

98 MünchKomm-Schmitt § 107 Rn.9, § 112 Rn.1; Soergel-Hefermehl § 112 Rn.1; Staudinger-Dilcher § 112 Rn.2, § 113 Rn.2; Palandt-Heinrichs § 107 Rn.1, § 112 Rn.1; Coester-Waltjen Jura 1994, 668, 670.

99 Soergel-Lange § 1357 Rn.6; MünchKomm-Wacke § 1357 Rn.15; Giesen, S.115; Käppler AcP 179 (1979), 245, 276; Erman-Heckelmann § 1357 Rn.8.

100 Hiervon ist die Frage zu unterscheiden, ob der minderjährige Ehegatte beim Handeln des unbeschränkt geschäftsfähigen Ehegatten mitberechtigt und -verpflichtet wird: Dagegen (nur mit Zustimmung der gesetzlichen Vertreter) MünchKomm-Wacke § 1357 Rn.15; Soergel-Lange § 1357 Rn.6; Giesen, S.115; dafür Erman-Heckelmann § 1357 Rn.8; Staudinger-Hübner/Voppel § 1357 Rn.31; Käppler AcP 179 (1979), 245, 277; Gernhuber/Coester-Waltjen, S.197.

schäftsfähigen Ehepartners eintritt, ist umstritten[101], soll hier jedoch nicht näher behandelt werden.

2.1.2.2.4 Rechtsvergleichende Würdigung

Sowohl das englische als auch das dänische und deutsche Recht gehen im Grundsatz von der Unwirksamkeit von Rechtsgeschäften Minderjähriger aus. Um die beschränkt geschäftsfähige Person möglichst umfassend vor den Folgen ihres rechtsgeschäftlichen Handelns zu schützen, ist sie grundsätzlich nicht an von ihr getroffene Vereinbarungen gebunden.

Einigkeit besteht auch darüber, daß ein Wirksamwerden des vom Minderjährigen geschlossenen Vertrages zu einem späteren Zeitpunkt möglich sein muß. Hinsichtlich der Frage, wie und von wem die Wirksamkeit herbeigeführt werden kann, unterscheidet sich die Rechtslage in England jedoch von derjenigen in Dänemark und Deutschland. Im englischen Recht kann der Schwebezustand nur durch die Genehmigung des Rechtsgeschäfts durch den Minderjährigen selbst beendet werden, sofern dieser volljährig und somit unbeschränkt geschäftsfähig geworden ist. Im dänischen und deutschen Recht besteht hingegen zusätzlich zur Genehmigung durch den inzwischen Volljährigen die Möglichkeit der Einwilligung oder Genehmigung durch die gesetzlichen Vertreter.

Trotz der o.g. Unterschiede stimmen die untersuchten Rechtsordnungen wiederum dahingehend überein, daß bestimmte Rechtsgeschäfte des Minderjährigen als Ausnahme vom Grundsatz der Unwirksamkeit sofortige Wirksamkeit erlangen müssen. Im englischen Recht sind hier insbesondere Verträge über „necessaries“ zu nennen. Während die Nützlichkeit des Vertrages anhand wirtschaftlicher Kriterien gemessen wird, kommt die Beurteilung der Vorteilhaftigkeit im deutschen Recht nur anhand rein juristischer Kriterien in Frage. Für die Lösung des englischen Rechts spricht zwar, daß es dem Vertragspartner des Minderjährigen i.d.R. leichter fallen wird zu beurteilen, ob ein wirtschaftlicher Vorteil gegeben ist. Hingegen führt die Lösung des deutschen Rechts zu größerer Rechtssicherheit, weil die Beurteilung eines juristischen, im Gegensatz zu einem wirtschaftlichen Vorteil im Grundsatz zweifelsfrei möglich ist.

Die zweite Ausnahme im englischen Recht stellen die sog. „beneficial contracts of service“ dar. Wie bei den Verträgen über „necessaries“ wird hier auf die Nützlichkeit und Vorteilhaftigkeit des Vertrages für den beschränkt Geschäftsfähigen abgestellt. Auch im dänischen und deutschen Recht hat der Minderjährige die Möglichkeit, unter bestimmten Voraussetzungen Verträge der o.g. Art selbständig abzuschließen, jedoch gilt dies nicht nur bzgl. vorteilhafter Verein-

[101] Dafür MünchKomm-Wacke § 1357 Rn.15; Käppler AcP 179 (1979), 245, 276; Erman-Heckelmann § 1357 Rn.8; Soergel-Lange § 1357 Rn.6; Giesen, S.115; dagegen Gernhuber/Coester-Waltjen, S.197; Staudinger-Hübner/Voppel § 1357 Rn. 33 f.

barungen. Der Grund hierfür ist, daß durch die Ermächtigung des Minderjährigen durch seine gesetzlichen Vertreter eine Erweiterung der Geschäftsfähigkeit stattfindet, die es ihm in dem betreffenden Bereich ermöglicht, wie eine unbeschränkt geschäftsfähige Person zu handeln.

Eine Erweiterung der Geschäftsfähigkeit findet im dänischen und deutschen Recht ebenfalls statt, sofern der Minderjährige durch die gesetzlichen Vertreter mit Zustimmung des Familiengerichts bzw. des „statsamt" zum Betrieb eines Erwerbsgeschäfts ermächtigt wurde. Eine vergleichbare Möglichkeit des selbständigen Handelns ist im englischen Recht nicht anerkannt, da Verträge, die vom Minderjährigen i.R.e. Gewerbes geschlossen werden, als zu risikoreich angesehen werden.

Über die genannten Fälle hinaus normiert das dänische Recht in §§ 42, 43 vml. Ausnahmen zum Grundsatz der Unwirksamkeit, die mit §§ 107, 110 BGB vergleichbar sind. § 110 BGB erfaßt im Wesentlichen die Fälle, die im dänischen Recht unter § 42 stk.1, nr.1 und nr.3 vml. fallen. Verträge, die in Dänemark als Ausnahme i.S.d. § 42 stk.1 nr.2 vml. gelten, würden im deutschen Recht i.d.R. als lediglich rechtlich vorteilhafte Rechtsgeschäfte i.S.d. § 107 BGB eingestuft werden.

Unterschiede bestehen im dänischen und deutschen Recht jedoch hinsichtlich der Möglichkeit des verheirateten Minderjährigen, Geschäfte für den täglichen Bedarf der Familie mit Wirkung für und gegen sich selbst und seinen Ehegatten vorzunehmen. Während im dänischen Recht dem Minderjährigen diese Möglichkeit auch ohne Zustimmung seiner gesetzlichen Vertreter eingeräumt wird[102], stellt § 1357 BGB keine Ausnahme zum Grundsatz der Unwirksamkeit dar. Das dänische Recht berücksichtigt somit in höherem Maße die Interessen des Vertragspartners an einer rechtswirksamen Vereinbarung und gibt dem verheirateten Minderjährigen die Möglichkeit, alltägliche Rechtsgeschäfte auch ohne die u.U. umständliche Einholung einer Zustimmung selbständig vornehmen zu können. Die Regelung des deutschen Rechts berücksichtigt hingegen in höherem Maße die Schutzbedürftigkeit des Minderjährigen und differenziert diesbezüglich nicht zwischen Rechtsgeschäften lediger und verheirateter Jugendlicher.

Letztlich beinhaltet das dänische Recht mit der sog. „pengeregel" ein Rechtsinstitut, welches im deutschen Recht keine Entsprechung findet. Da der gute Glaube an die Verfügungsbefugnis einer Person im BGB nicht geschützt

---

102 Sofern der Minderjährige, wie es i.d.R. der Fall ist, durch die Heirat unbeschränkt geschäftsfähig geworden ist (vgl. § 1 stk.1 vml.), ist eine Zustimmung der gesetzlichen Vertreter ohnehin nicht erforderlich.

wird[103], findet eine Zurückstellung des Minderjährigenschutzes hinter die Verkehrsinteressen im deutschen Recht nicht statt.

2.1.3 Erforderlichkeit einer Gegenleistung („consideration“) im englischen Recht

Einen wesentlichen Grundsatz des englischen Vertragsrechts stellt die sog. „doctrine of consideration“[104] dar. Ihr zufolge ist das Versprechen einer Vertragspartei nur dann bindend und durchsetzbar, wenn diesem Leistungsversprechen eine Gegenleistung der anderen Partei gegenübersteht. Der Grund hierfür ist, daß das Common Law von einem Geschäft („bargain“) i.S. eines Gegenseitigkeitsverhältnisses zwischen den Parteien ausgeht. Demzufolge kann ein Versprechen, für das sich der Erklärende nicht eine Gegenleistung hat zusichern lassen und somit die Ernsthaftigkeit dieses Versprechens nicht zum Ausdruck gebracht hat, nicht rechtlich durchgesetzt werden. Eine Ausnahme von diesem Grundsatz wird nur dann zugelassen, wenn das Versprechen in der Form des „deed“ [105] abgegeben wurde[106].

Hat der Minderjährige einen Vertrag geschlossen, der weder einen Vertrag über „necessaries“ oder noch einen „beneficial contract of service“ darstellt und somit den Minderjährigen nicht bindet, stellt sich die Frage, ob er durch die Ratifikation nach Volljährigkeit auch dann an den Vertrag gebunden wird, wenn der Vertragspartner zwar bei Vertragsschluß, nicht jedoch erneut zum Zeitpunkt der Genehmigung eine Gegenleistung versprochen hat. Diese Frage ist zu bejahen: Ausnahmsweise ist für die Ratifizierung nach Vollendung des 18. Lebensjahres vom Vertragspartner keine Gegenleistung i.S.d. englischen „consideration-Lehre“ zu erbringen[107].

---

[103] Palandt-Bassenge Vorbem. vor § 929 Rn.6; Baur/Stürner, S.603 f. Geschützt wird der gute Glaube an die Verfügungsbefugnis lediglich i.R.d. § 366 HGB.

[104] Zum Begriff der „consideration“ und den verschiedenen sie betreffenden Grundsätzen vgl. Cheshire/Fifoot/Furmston, S.73 ff.

[105] Es handelt sich hierbei um eine schriftliche Erklärung, die unterschrieben, versiegelt und zugestellt sein muß („signed, sealed and delivered“). Vgl. Atiyah, S.41 f.; Treitel, S.162.

[106] Treitel, S.145; Beatson, Anson´s Law of Contract, S.90; Koffman/Mcdonald, S.41; Kötz, S.86.

[107] Southerton v. Whitlock (1726) 2 Str. 690; Williams v. Moor (1843) 11 M.&W. 256, 298. Diese Common Law-Regel wurde 1874 mit Erlaß des IRA abgeschafft; der Minderjährige wurde ab diesem Zeitpunkt auch bei Genehmigung des Vertrages ohne die erneute Erbringung einer Gegenleistung nicht rechtlich gebunden. Nach Aufhebung des IRA durch s.1 des MCA 1987 besteht nun die alte Rechtslage i.S.d. Common Law fort.

2.1.4 Die rechtliche Situation der Vertragsparteien vor Erteilung der Genehmigung

2.1.4.1 Schutz des Minderjährigen durch mangelnde Durchsetzbarkeit des Vertrages

Allen drei untersuchten Rechtsordnungen ist gemein, daß der Minderjährigenschutz eines der wichtigsten Prinzipien des Zivilrechts darstellt. Personen, die aufgrund ihres noch geringen Alters keine hinreichende Einsichtsfähigkeit in ihr Handeln und dessen rechtliche Folgen haben, werden vom Gesetz geschützt. Diesen Schutz verwirklichen das englische, das dänische und das deutsche Recht dadurch, daß der Minderjährige an die von ihm getroffene Vereinbarung nicht gebunden ist, und diese daher keine Rechtswirkungen für und gegen ihn entfaltet[108]. Unter Berufung auf seine fehlende Geschäftsfähigkeit kann der Minderjährige in allen drei Rechtsordnungen den Vertrag somit für unwirksam erklären und hierdurch die Durchsetzung von Ansprüchen seitens des Vertragspartners vereiteln. Sofern es sich bei dem in Frage stehenden Rechtsgeschäft nicht um eine Ausnahme vom Grundsatz der Unwirksamkeit handelt, hängt die Wirksamkeit des geschlossenen Vertrages von der Genehmigung der gesetzlichen Vertreter ab.

2.1.4.2 Das Widerrufsrecht des Vertragspartners

2.1.4.2.1 Die einseitige Unwirksamkeit von Verträgen im englischen Recht

Im Gegensatz zum Minderjährigen ist der Vertragspartner im englischen Recht regelmäßig an die getroffene Vereinbarung gebunden. Eine ihm zur Seite stehende Möglichkeit, die Durchführung des Vertrags durch Widerruf zu verhindern, existiert nicht[109]. Soweit der Minderjährige den Vertrag nicht vor Erreichen der Volljährigkeit oder innerhalb eines angemessenen Zeitraums danach zurückweist[110], ist die andere Partei vollumfänglich gebunden. Da die Durchführung des Vertrages ausschließlich durch den Minderjährigen, nicht aber durch den Vertragspartner herbeigeführt werden kann, wird die zwischen den Parteien getroffene Vereinbarung als „einseitig unwirksam" bezeichnet.

---

[108] Vgl. Treitel, S.498; Whincup, S.91; Andersen/Madsen/Nørgaard, S.194; MünchKomm-Gitter Vor § 104 Rn.2; Coester-Waltjen Jura 1994, 331, 333; Kötz, S.150.

[109] Farnham v. Atkins (1670) 1 Sid. 446; Bruce v. Warwick (1815) 6 Taunt. 118; Beale, Chitty I, S.463 und 478; Koffman/Mcdonald, S.347 und 351; Treitel, S.508; Zweigert/Kötz, S.346.

[110] Vgl. zu den voidable contracts Fn.28.

2.1.4.2.2 Darstellung der Rechtslage in Dänemark

2.1.4.2.2.1 Das Widerrufsrecht bei Gutgläubigkeit des Vertragspartners

Das dänische Recht versucht den Interessen des Vertragspartners, der sich einem Minderjährigen als Partei gegenüber sieht, dadurch Rechnung zu tragen, daß es dem, an die getroffene Vereinbarung gebundenen Geschäftsfähigen unter bestimmten Voraussetzungen ein Widerrufsrecht einräumt. Gemäß § 44 stk.1, 1.pkt. vml. kann dieser von einer Vereinbarung, die der Minderjährige ohne die erforderliche Zustimmung seiner gesetzlichen Vertreter geschlossen hat, solange zurücktreten, wie der Vertrag nicht genehmigt oder „bindend erfüllt“[111] wurde. Entscheidender Zeitpunkt für den Ausschluß des Widerrufsrechts bei Genehmigungserteilung ist der Zugang der Genehmigungserklärung beim Vertragspartner[112]. Unabdingbare Voraussetzung für die Anwendbarkeit des § 44 stk.1, 1.pkt. vml. ist, daß der Vertragspartner gutgläubig hinsichtlich der fehlenden Geschäftsfähigkeit war[113]. Gemäß § 44 stk.1, 2.pkt. vml. kann der Widerruf sowohl dem gesetzlichen Vertreter als auch dem Minderjährigen mitgeteilt werden.

2.1.4.2.2.2 Das Widerrufsrecht bei Bösgläubigkeit des Vertragspartners

Wußte die andere Vertragspartei, daß sie mit einem Minderjährigen kontrahiert und hatte sie auch keinen Grund zu vermuten, daß diesem sein rechtliches Handeln gestattet worden war, ist nicht § 44 stk.1 vml., sondern § 44 stk.2 vml. anwendbar. Dieser Vorschrift zufolge kann der Vertragspartner erst nach Ablauf der Frist zurücktreten, die bei Vertragsschluß für die Einholung der Genehmigung bestimmt worden war. Wurde zwischen den Parteien keine Frist vereinbart, ist der Widerruf erst nach einer angemessen langen Zeit, die für die Einholung der Genehmigung erforderlich gewesen wäre, möglich[114]. Grund für die Einschränkung des Rücktrittsrechts ist, daß der Vertragspartner von vorne her-

---

[111] Vgl. Andersen, Privatret, S.69. Die sog. „bindende opfyldelse“ ist immer dann gegeben, wenn der Minderjährige oder sein gesetzlicher Vertreter eine Leistung erbracht hat, die vom Vertragspartner nicht mehr zurückgefordert werden kann. Dies ist z.B. dann der Fall, wenn der beschränkt Geschäftsfähige den Vertrag mit Mitteln erfüllt hat, über die er selbst verfügen kann, vgl. oben 2.1.2.2.2.1.

[112] Karnov vml., Fn.126.

[113] In dänischen Lehrbüchern wird gelegentlich auf die Mißbrauchsgefahr durch den Vertragspartner hingewiesen: War dieser gutgläubig, so eröffnet sich ihm die Möglichkeit, vom Vertrag mit dem Minderjährigen zurückzutreten, obwohl es nicht die mangelnde Geschäftsfähigkeit, sondern eine für ihn ungünstige Vereinbarung ist, die ihn zum Widerruf bewegt. Ein solches Vorgehen des Dritten wird durch §§ 33 und 36 aftl. verhindert. Vgl. Andersen/Iversen/Nørgaard, S.205; allgemein Kötz, S.157.

[114] Vgl. Gomard, S.151.

ein die Minderjährigkeit seines Vertragspartners in Kauf nahm und er sich insofern keinen enttäuschten Erwartungen gegenübersieht[115].

2.1.4.2.2.3 Das Widerrufsrecht bei Verträgen über persönlich zu erbringende Arbeit

In bestimmten Konstellationen versagt das dänische Recht dem Vertragspartner jedoch die Ausübung des Widerrufsrechts. Gemäß § 44 stk.3 vml. ist dies dann der Fall, wenn es sich um einen Vertrag handelt, in dem sich der Minderjährige zur Leistung von persönlich zu erbringender Arbeit verpflichtet hat. Die rechtliche Bindung des Vertragspartners ist in diesem Fall dadurch gerechtfertigt, daß es ihm bei Vertragsschluß primär auf die Bewirkung der versprochenen Leistung durch den Minderjährigen, nicht jedoch auf die Erlangung einer gesicherten Rechtsposition diesem gegenüber ankam[116]. Ist der beschränkt Geschäftsfähige in einem solchen Fall auch ohne das Zutun seines gesetzlichen Vertreters in der Lage, den Vertrag ordnungsgemäß zu erfüllen, ist ein Widerruf nicht möglich[117]. Obwohl in der Vorschrift nicht ausdrücklich angeordnet, kann § 44 stk.3 vml. nur im Falle der Bösgläubigkeit der anderen Vertragspartei Anwendung finden. Der Ausschluß des Widerrufsrechts einem gutgläubigen Vertragspartner gegenüber erschiene nicht gerechtfertigt[118].

2.1.4.2.3 Vergleich zur Rechtslage in Deutschland

2.1.4.2.3.1 Das Widerrufsrecht bei Gutgläubigkeit des Vertragspartners

Ebenso wie das dänische Recht trägt das deutsche Recht den Interessen des durch den Vertrag mit dem Minderjährigen rechtlich gebundenen Dritten dadurch Rechnung, daß es diesem unter bestimmten Voraussetzungen das Recht einräumt, sich von der getroffenen Vereinbarung zu lösen. Gemäß § 109 I 1 BGB ist gutgläubige Vertragspartner bis zur Genehmigungserteilung, d.h. solange auch der Minderjährige nicht rechtlich gebunden ist, zum Widerruf berechtigt[119]. Der Widerruf kann in Abweichung von § 131 II BGB gemäß § 109 I 2 BGB auch dem Minderjährigen gegenüber erklärt werden und bedarf

---

[115] Taksøe-Jensen, S.32; Andersen/Madsen/Nørgaard, S.195.

[116] Andersen/Iversen/Nørgaard, S.209; Andersen, Grundlæggende aftaleret, S.297.

[117] Danielsen/Black, S.109; Andersen, Grundlæggende aftaleret, S.297. Es handelt sich hierbei um sog. „haltende retsforhold“ (deut. hinkende Rechtsverhältnisse).

[118] Karnov, vml. Fn.128. Die vor Erlaß des vml. geltende Regelung des § 43 stk.2, 2.pkt. ml., bei der sich die Worte „heller ikke“ (deut. „auch nicht“) auf das Widerrufsrecht bei Bösgläubigkeit in pkt.1 bezogen, war eindeutiger. Da eine Änderung Voraussetzungen der Vorschrift jedoch nicht beabsichtigt war, gilt die alte Rechtslage i.R.d. § 44 stk.3 vml. fort.

[119] Die Einführung der Widerrufsmöglichkeit setzte sich erst in der 2. BGB-Kommission durch. Die Arbeiten der 1. Kommission sahen noch eine Bindung des Vertragspartners an die Vereinbarung wie im englischen Recht vor, vgl. Staudinger-Dilcher § 109 Rn.1; Wilhelm NJW 1992, 1666, 1667.

wie die Zustimmung selbst nicht der Form. Der Ausschluß des Widerrufsrechts ab Genehmigungserteilung gilt auch dann, wenn diese lediglich dem Minderjährigen, nicht jedoch dem Vertragspartner gegenüber erklärt wurde[120].

2.1.4.2.3.2 Das Widerrufsrecht bei Bösgläubigkeit des Vertragspartners

Ausgeschlossen ist das Widerrufsrecht jedoch gemäß § 109 II BGB dann, wenn die andere Partei die Minderjährigkeit seines Vertragspartners positiv kannte. Fahrlässige Unkenntnis von der beschränkten Geschäftsfähigkeit des Vertragspartner genügt demnach nicht[121]. Trotz positiver Kenntnis von der Minderjährigkeit kommt ein Widerruf gemäß § 109 II 1 BGB jedoch dann in Betracht, wenn der Minderjährige das Bestehen der Einwilligung des gesetzlichen Vertreters wahrheitswidrig behauptet hat. Voraussetzung hierfür ist aber wiederum, daß die andere Partei vom Fehlen der Einwilligung keine Kenntnis hatte, vgl. § 109 II 2 BGB.

2.1.4.2.4 Rechtsvergleichende Würdigung

Sowohl in Dänemark als auch in Deutschland wird den Interessen des gutgläubigen Vertragspartners, der sich der Minderjährigkeit des anderen Teils nicht bewußt war, dadurch Rechnung getragen, daß dieser sich bis zur wirksamen Genehmigungserteilung jederzeit vom Vertrag lösen kann. Die Regelungen dieser beiden Rechtsordnungen sind bei Gutgläubigkeit des Vertragspartners fast identisch. Unterschiede bestehen jedoch, soweit der Dritte hinsichtlich der Minderjährigkeit bösgläubig war. Während im deutschen Recht ein Rücktritt in diesem Fall, außer bei wahrheitswidrigem Vorspiegeln einer Einwilligung und Gutgläubigkeit des Vertragspartners diesbezüglich, nicht möglich ist, kann dieser in Dänemark nach Ablauf der vereinbarten Frist bzw. nach angemessen langer Zeit noch erfolgen. Bis auf in den Fällen, in denen im dänischen Recht ein Vertrag über persönlich zu erbringende Arbeit vorliegt, wird demnach den Interessen der volljährigen Vertragspartei größere Bedeutung beigemessen.

Vollständig anders stellt sich die Rechtslage in England dar. Hier werden die Interessen des Vertragspartners dem Minderjährigenschutz komplett untergeordnet, da diesem auch bei Gutgläubigkeit ein Widerrufsrecht nicht zusteht. Diese Regelung des englischen Rechts bedeutet für die Vertragspartei, daß sie u.U. eine sehr lange Schwebezeit in Kauf nehmen und abwarten muß, ob der Minderjährige sich nach Erreichen der Volljährigkeit zur Ratifizierung des Vertrages entschließt. Für den Vertragspartner kann es eine erhebliche Härte bedeuten, wenn er z.B. über die dem Minderjährigen versprochenen Waren während

---

[120] In diesem Fall hat der Vertragspartner jedoch durch Ausübung des Aufforderungsrechts gemäß § 108 II BGB die Möglichkeit, die schwebende Unwirksamkeit des Rechtsgeschäfts wiederherzustellen, vgl. unten 2.1.5.3. Ob nach einer solchen Aufforderung des gesetzlichen Vertreters die Ausübung des Widerrufsrechts noch möglich ist, ist umstritten, vgl. unten Fn.127.

[121] Jauernig-Jauernig § 109 Rn.2; Soergel-Hefermehl § 109 Rn.2.

der Schwebezeit nicht disponieren kann und somit einen drohenden finanziellen Verlust in Kauf nehmen muß.

2.1.5 Das Recht des Vertragspartners zur Aufforderung des Zustimmungsberechtigten zur Entscheidung über die Genehmigungserteilung

2.1.5.1 Darstellung der Rechtslage in England

Das englische Minderjährigenrecht geht von der einseitigen Unwirksamkeit von Verträgen des Minderjährigen aus, wonach der Vertragspartner des beschränkt Geschäftsfähigen an die Vereinbarung gebunden ist[122]. Für den Minderjährigen gilt dies erst, sofern er nach Erreichen der Volljährigkeit den Vertrag ratifiziert hat. Da eine Genehmigung der Vereinbarung durch den Minderjährigen vor Vollendung des 18. Lebensjahres überhaupt nicht in Betracht kommt, ist eine Aufforderung des Minderjährigen durch den Vertragspartner vor diesem Zeitpunkt sinnlos und daher auch nicht möglich[123].

Auch nach Erreichen des Volljährigkeitsalters sieht das englische Recht jedoch kein Aufforderungsrecht zugunsten des Vertragspartners vor. Seinem Interesse an Rechtssicherheit und -klarheit wird somit ein erheblich niedrigerer Stellenwert eingeräumt als dem Schutz des Minderjährigen.

2.1.5.2 Darstellung der Rechtslage im dänischen Recht

Während die Möglichkeit des Vertragspartners, vom Vertrag mit dem Minderjährigen zurückzutreten, in § 44 vml. normiert ist[124], ist eine gesetzliche Regelung eines Aufforderungsrechts des Vertragspartners gegenüber dem gesetzlichen Vertreter bzw. dem inzwischen Volljährigen nicht erfolgt. Auch ein allgemeiner Rechtsgrundsatz[125], der der anderen Partei diese Gelegenheit zur Herbeiführung der Genehmigung gibt, ist im dänischen Recht nicht vorhanden. Der Vertragspartner hat demnach keine andere Möglichkeit, zur baldigen Beendigung des Schwebezustands beizutragen, als sich i.S.d. § 44 vml. gegen die Durchführung des geschlossenen Vertrages zu entscheiden.

2.1.5.3 Die Normierung des Aufforderungsrechts in Deutschland

Im Gegensatz zum englischen und dänischen Recht räumt das BGB dem Vertragspartner in § 108 II BGB die Möglichkeit ein, den gesetzlichen Vertreter zur

---

[122] Vgl. oben 2.1.4.2.1.

[123] Menold-Weber, S.70.

[124] Vgl. oben 2.1.4.2.2.

[125] Nicht normierte Rechtsregeln nehmen im dänischen Recht einen hohen Stellenwert ein, da zwar eine Vielzahl von Einzelgesetzen existiert, diese das Zivilrecht aber nur in den betreffenden Bereichen regeln. Die Lückenschließung erfolgt dann mit Hilfe allgemeiner Rechtsgrundsätzen.

Erklärung über die Genehmigung[126] aufzufordern. Erfolgt eine solche Aufforderung, wird für den Fall, daß die Genehmigung dem Minderjährigen gegenüber bereits erteilt wurde, der ursprünglich bestehende Schwebezustand wiederhergestellt[127]. Gemäß § 108 II 2 BGB muß der Vertreter innerhalb von 2 Wochen nach Zugang[128] der Aufforderung eine Entscheidung über die Wirksamkeit des Rechtsgeschäfts treffen, da die Genehmigung anderenfalls als verweigert gilt. Durch diese Regelung wird ein Ausgleich der Interessen dafür geschaffen, daß vom Genehmigungsberechtigten eine Frist bei der Entscheidung über die Erteilung nicht eingehalten werden muß. Abweichend von § 182 I BGB kann die Erklärung über die Genehmigung gemäß § 108 II 1, 1.Hs. BGB nur dem Vertragspartner gegenüber erfolgen[129].

2.1.5.4 Rechtsvergleichende Würdigung

Hinsichtlich des Bestehens des Aufforderungsrechts steht die Rechtslage in Deutschland im Gegensatz zu derjenigen in England und Dänemark. Während das BGB dem Vertragspartner des Minderjährigen neben dem Widerrufsrecht auch ein Recht zur Aufforderung einräumt, verfolgt das englische Recht konsequent die Linie des umfassenden Minderjährigenschutzes, indem es dem Vertragspartner keinerlei Handlungsmöglichkeiten hinsichtlich der Beendigung der Schwebelage zugesteht. Das dänische Recht hingegen räumt der volljährigen Vertragspartei zwar ein Widerrufsrecht ein, verneint jedoch die Möglichkeit der Aufforderung, obwohl eine solche aufgrund der Ähnlichkeit zum deutschen Recht durchaus denkbar erschiene. Durch die Einräumung eines Aufforderungsrechts erhielte die andere Vertragspartei die Möglichkeit, zu einer baldigen Beendigung des Schwebezustands beizutragen, ohne sich sofort von sich aus gegen die Fortführung des Vertrages entscheiden zu müssen. Es ist davon auszugehen, daß der dänische Gesetzgeber ein Aufforderungsrecht mit einer Fiktion der Genehmigungsverweigerung deshalb nicht eingeführt hat, um der anderen

[126] Dem Wortlaut nach besteht das Aufforderungsrecht nur hinsichtlich der Erklärung über die Genehmigung, nicht jedoch im Hinblick auf die Einwilligung. Darüber, ob eine analoge Anwendung der Norm geboten ist, besteht Uneinigkeit: Für die entsprechende Anwendung Jauernig-Jauernig § 108 Rn.3; Erman-Palm § 108 Rn.7; Palandt-Heinrichs § 108 Rn.7; Weimar MDR 1967, 374, 375; dagegen mit der h.M. MünchKomm-Schmitt § 108 Rn.23; Staudinger-Dilcher § 108 Rn.15; Soergel-Hefermehl § 108 Rn.8.

[127] Staudinger-Dilcher § 108 Rn.14. Ob unmittelbar nach Ausübung des Aufforderungsrechts die Geltendmachung des Widerrufsrechts noch möglich ist, ist umstritten: Bejahend Wilhelm NJW 1992, 1666, 1667; Staudinger-Dilcher § 109 Rn.4; Soergel-Hefermehl § 109 Rn.1; Erman-Palm § 109 Rn.2; Palandt-Heinrichs § 108 Rn.6, § 109 Rn.3; Jauernig-Jauernig § 109 Rn.1; MünchKomm-Schmitt § 109 Rn.9; verneinend Musielak, S.143 (Abwarten einer Frist erforderlich, sonst Fall des „venire contra factum proprium").

[128] Der Zugang richtet sich nach § 130 BGB. Die Berechnung der Erklärungsfrist erfolgt gemäß §§ 187 I, 188 II BGB.

[129] Vgl. hierzu unten 2.1.6.3.2.

Partei kein Druckmittel gegenüber dem gesetzlichen Vertreter in die Hand zu geben. Die Regelung des dänischen Rechts führt dazu, daß sich der volljährige Vertragspartner entweder sofort gegen die Wirksamkeit des Rechtsgeschäfts entscheiden und das Widerrufsrecht ausüben muß, oder gezwungen ist, solange abzuwarten, bis die Eltern des Minderjährigen von sich aus eine Erklärung über die Genehmigung abgeben. Den Interessen des gesetzlichen Vertreters, sich in Ruhe Gedanken über die Erteilung bzw. Verweigerung der Genehmigung zu machen, wird somit, mehr als im deutschen Recht, Rechnung getragen.

2.1.6 Die Person des Zustimmungsempfängers

2.1.6.1 Die Rechtslage in England

Das englische Recht unterscheidet sich von den Rechtsordnungen Dänemarks und Deutschlands dadurch, daß es das Prinzip der gesetzlichen Vertretung durch die Eltern und somit auch das selbständige Handeln des Minderjährigen unter Mitwirkung seiner gesetzlichen Vertreter nicht kennt. Dementsprechend stellt die Ratifikation eines Vertrages nach Erreichen der Volljährigkeit auch keine Zustimmung im eigentlichen Sinne dar, da es sich hierbei gerade nicht um die Genehmigung eines fremden Rechtsgeschäfts handelt. Aufgrund der Tatsache, daß die Mitwirkung eines Dritten beim Vertragsschluß von vorneherein nicht in Betracht kommt, handelt es sich hier um ein Zwei-Personen-Verhältnis zwischen dem Minderjährigen und seinem Vertragspartner. Demnach kommt als Empfänger der Zustimmungserklärung nur letzterer in Betracht.

2.1.6.2 Darstellung des dänischen Rechts

Im dänischen Recht handelt es sich hingegen um ein Drei-Personen-Verhältnis zwischen dem Minderjährigen, seinem gesetzlichen Vertreter und dem Vertragspartner. Als Empfänger der Zustimmungserklärung kommen folglich sowohl der Minderjährige als auch der Vertragspartner in Betracht. Zwar steht den Eltern bzw. dem Vormund die Möglichkeit offen, die Zustimmung dem Minderjährigen gegenüber zu erklären[130], jedoch tritt die rechtliche Bindung des Vertragspartners erst mit Zugang der Genehmigung bei ihm ein[131]. Grund hierfür ist die fehlende Möglichkeit des Vertragspartners, durch Aufforderung eine direkt an ihn gerichtete Erklärung des gesetzlichen Vertreters herbeizuführen. Die Eltern bzw. der Vormund sollten demnach dafür Sorge tragen, daß, bei einer Erklärung der Genehmigung gegenüber dem Minderjährigen, dieser sie dem Vertragspartner unverzüglich weiterleitet[132]. Um die Geltendmachung des Wider-

---

[130] Lassen, Obligationsret, S.169.

[131] Karnov, vml. Fn.126.

[132] Danielsen/Black, S.108. In dem Fall, daß der Minderjährige die Genehmigung der Eltern bzw. des Vormunds eingeholt hat, dies dem Vertragspartner, der glaubt, mit einem be-

rufsrechts durch den Vertragspartner auszuschließen, sollte die Erklärung der Zustimmung mithin unmittelbar diesem gegenüber erfolgen.

2.1.6.3 Vergleich zur Regelung in Deutschland

2.1.6.3.1 Das Wahlrecht des Zustimmenden

Ebenso wie in Dänemark handelt es sich im deutschen Recht um ein Drei-Personen-Verhältnis zwischen dem Minderjährigen, seinem gesetzlichen Vertreter und dem Vertragspartner. In Betracht kommt folglich sowohl eine Erklärung über die Zustimmung dem Minderjährigen als auch der anderen Partei gegenüber. Das deutsche eröffnet ebenso wie das dänische Recht dem Zustimmungsberechtigten eine Wahlmöglichkeit hinsichtlich des Zustimmungsadressaten; gemäß § 182 I BGB kann die Erklärung grundsätzlich sowohl dem Vertragspartner als auch dem Minderjährigen gegenüber erfolgen. Im Gegensatz zum dänischen Recht tritt jedoch auch bei einer internen Erklärung des gesetzlichen Vertreters dem Minderjährigen gegenüber eine rechtliche Bindung des Vertragspartners an die Vereinbarung ein. Diese Regelung des deutschen Rechts vernachlässigt die Interessen der anderen Vertragspartei deshalb nicht über das zumutbare Maß hinaus, weil der Dritte durch die Ausübung des Aufforderungsrechts die Möglichkeit hat, die zuvor bestehende Schwebelage wiederherzustellen[133].

2.1.6.3.2 Die Einschränkung des Wahlrechts nach Aufforderung zur Genehmigung

Hat der Vertragspartner die allein im deutschen Recht bestehende Möglichkeit genutzt, den gesetzlichen Vertreter zur Erklärung über die Genehmigung aufzufordern, besteht das o.g. Wahlrecht hinsichtlich des Zustimmungsadressaten nicht. Gemäß § 108 II 1 BGB kann eine wirksame Erteilung bzw. Verweigerung der Genehmigung dann ausschließlich der anderen Partei gegenüber erfolgen. Der Grund für diese gesetzliche Ausnahme von der Wahlmöglichkeit ist die Tatsache, daß die rechtlichen Interessen des unmittelbar Handelnden bzw. des Genehmigungsberechtigten hier geringer zu bewerten sind als das Interesse des Dritten, nach spätestens zwei Wochen Klarheit über die vorliegende Rechtslage zu erhalten. In Ausnahme zum gesetzlichen Grundsatz des § 182 I BGB erhält der Vertragspartner durch das Recht zur Genehmigungsaufforderung die Möglichkeit, sich zum alleinigen Adressaten der Erklärung zu machen[134]. Hätte der gesetzliche Vertreter auch hier die Möglichkeit, die Erklärung über die Genehmigung dem Minderjährigen gegenüber abzugeben, würde das Aufforderungsrecht des Vertragspartners erheblich an Wirkung einbüßen.

---

schränkt Geschäftsfähigen zu kontrahieren, aber nicht mitgeteilt hat, gilt für das Widerrufsrecht § 44 stk.1 vml.

133 Vgl. oben 2.1.5.3.

134 Anton, Genehmigung von Rechtsgeschäften und Prozeßhandlungen, S.141 f.

2.1.7 Weitere Voraussetzungen einer wirksamen Zustimmung

2.1.7.1 Die Form der Zustimmungserklärung

Alle drei untersuchten Rechtsordnungen sind dahingehend identisch, daß die Zustimmung keiner bestimmten Form unterliegt, insbesondere nicht der für das zugrundeliegende Rechtsgeschäft bestimmten Form[135]. Demnach kann eine formlos erteilte Genehmigung die Wirksamkeit eines formbedürftigen Rechtsgeschäfts schon dann herbeiführen, wenn die Parteien bei Vertragsschluß die erforderliche Form eingehalten haben[136]. Im englischen Recht gilt jedoch die Besonderheit, daß die Form des Vertrages dann die Form der Zustimmung bestimmt, wenn der Vertrag die Form des „deed" einhalten muß[137].

2.1.7.2 Die Art und Weise der Erteilung der Zustimmung

Die Erteilung der Zustimmung als eine private Willenserklärung kommt auf verschiedene Art und Weise in Betracht: Möglich erscheinen eine ausdrückliche Erklärung, eine konkludente Erteilung der Zustimmung oder die Annahme einer Zustimmung trotz Schweigens des Zustimmungsberechtigten.

Die ausdrückliche Erklärung der Zustimmung ist in allen drei Rechtsordnungen möglich. Sie ist die eindeutigste und zweifelsfreiste Form der Billigung des von einer Person vorzunehmenden bzw. vorgenommenen Rechtsgeschäfts. Probleme bei der Beurteilung der Frage, ob in einem konkreten Fall eine solche erteilt wurde oder nicht, werden i.d.R. kaum entstehen. Darüber hinaus ist sowohl in England als auch in Dänemark und Deutschland die konkludente Zustimmungserteilung durch ein entsprechendes Verhalten anerkannt[138]. Voraussetzung für das Wirksamwerden des Vertrages ist jedoch, daß der Wille des Zustimmungsberechtigten, die Einwilligung bzw. Genehmigung zu erteilen, eindeutig erkennbar ist.

---

135 Mclean v. Dunn and Watkins (1828) 4 Bing. 722; Soames v. Spencer (1822) 1 Dow.&Ry. K.B. 32; Koenigsblatt v. Sweet [1923] 2 Ch. 314; Taksøe-Jensen, S.29; Andersen/Iversen/Nørgaard, S.187; Staudinger-Gursky § 182 Rn.23 ff.; Menold-Weber, S.67.

136 Dieser Grundsatz führte im deutschen Schrifttum zur Herausbildung einer Auffassung, daß in bestimmten Fällen, in denen die Warnfunktion des Formerfordernisses im Vordergrund steht, eine teleologische Reduktion des § 182 II BGB angezeigt sei. Für eine solche Reduktion Thiele, S.136 (Fn.25); Flume AT II, S.891; Anton, Genehmigung von Rechtsgeschäften und Prozeßhandlungen, S.136; dagegen die h.M.: MünchKomm-Schramm § 182 Rn.17; Palandt-Heinrichs § 182 Rn.2; Soergel-Leptien § 182 Rn.5; Staudinger-Gursky § 182 Rn.27; Graba, Bestätigung und Genehmigung, S.140; mit ausführlicher Begründung Larenz/Wolf, S.934.

137 Hunter v. Parker (1840) 7 M.&W. 322; Kidderminster Corp. v. Hardwick (1873) L.R. 9 Ex. 13; Oxford Corp. v. Crow [1893] 3 Ch. 535.

138 Brown v. Harper (1893) 68 L.T. 488; Beale, Chitty I, S.478; Treitel, S.508; Danielsen/Black, S.77; Lassen, Obligationsret, S.165; BGH NJW 1988, 1199, 1200; BGH WM 1990, 1573, 1575; Palandt-Heinrichs § 182 Rn.3; Staudinger-Gursky § 182 Rn.9 ff.

Hingegen ist die Annahme einer Zustimmung aufgrund Schweigens des Zustimmungsberechtigten in allen drei Rechtsordnungen grundsätzlich nicht möglich[139]. Nur in Ausnahmefällen kann der Vertrag einmal auf diese Weise Wirksamkeit erlangen[140].

2.1.8 Besonderheiten hinsichtlich der Genehmigung

2.1.8.1 Wirkung der Genehmigung

2.1.8.1.1 Die Bindung der Vertragsparteien an die vertragliche Vereinbarung

Durch die Erteilung der Genehmigung wird der Vertrag in allen drei untersuchten Rechtsordnungen endgültig wirksam. Einerseits wird derjenige, der auf Seiten des Zustimmungsberechtigten aus dem Vertrag berechtigt und verpflichtet werden soll, rechtlich gebunden. Andererseits gilt dies ab dem Zeitpunkt der Genehmigungserteilung auch für seinen Vertragspartner, da diesem die im dänischen und deutschen Recht bestehende Widerrufsmöglichkeit nunmehr entzogen ist.

2.1.8.1.2 Der Grundsatz der ex-tunc-Wirkung der Genehmigung im englischen und deutschen Recht

Ist festgestellt, daß die Genehmigung rechtliche Bindungswirkung der Vertragsparteien an den Vertrag erzeugt, stellt sich nun die Frage, ab welchem Zeitpunkt die ratifizierte Vereinbarung Gültigkeit erlangt. In Betracht kommt einerseits eine Wirkung ab dem Zeitpunkt der Genehmigungserteilung, andererseits eine Rückwirkung der Genehmigung zum Zeitpunkt des Vertragsschlusses. Sowohl das englische[141] als auch das deutsche Recht[142] entscheiden sich im Grundsatz zugunsten der letztgenannten Möglichkeit, d.h. gehen von einer ex-tunc-Wirkung der Ratifikation aus. Die Genehmigung wirkt demnach grundsätzlich auf den Zeitpunkt der Vornahme des Rechtsgeschäfts zurück und versetzt die Vertragsparteien in die Lage, in der sie sich befänden, wäre der Vertrag von Anfang an wirksam gewesen[143].

---

139 Beale, Chitty II, S.16; Karnov vml. Fn.3; Taksøe-Jensen, S.29; UfR 1932.833 Ø; Palandt-Heinrichs § 182 Rn.3; Erman-Palm § 182 Rn.6.

140 Z.B. dann, wenn der Zustimmungsberechtigte verpflichtet gewesen wäre, eine gegenteilige, ablehnende Erklärung abzugeben, vgl. zum deutschen Recht: Palandt-Heinrichs § 182 Rn.3; MünchKomm-Schramm § 182 Rn.11. Ausführlich zum Schweigen als Genehmigung Philipowski BB 1964, 1069 ff.

141 Bolton Partner v. Lambert (1889) 41 Ch.D. 295; Presentaciones Musicales S.A. v. Secunda [1994] Ch. 271; Boston Deep Sea Fishing and Ice Co. Ltd v. Farnham (Inspector of Taxes) [1957] 1 W.L.R. 1051.

142 Vgl. § 184 I BGB.

143 Im englischen Recht wird die Rückwirkung der Genehmigung als sog. „doctrine of relation back" bezeichnet: „Ratification is retrospective in its effect, and the original contract

2.1.8.1.3 Ausnahmen von der ex-tunc-Wirkung im deutschen Recht

Die Rückwirkung der Genehmigung gilt jedoch im deutschen Recht nicht ausnahmslos[144]. Einerseits kann sie gemäß § 184 I a.E. BGB durch Vereinbarung zwischen den Parteien ausgeschlossen werden, was dazu führt, daß die Genehmigung nunmehr lediglich ex-nunc-Wirkung entfaltet[145]. In diesem Fall stellt die Genehmigung eine aufschiebende Bedingung i.S.d. §§ 158 ff. BGB dar. Andererseits ist eine teleologische Reduktion der Norm und somit eine Wirkung vom Genehmigungszeitpunkt an dann angezeigt, wenn die Rückwirkung dazu führen würde, daß vom Schuldner einzuhaltende Fristen in ungerechtfertigter Weise verkürzt würden. Auch wäre der Sinn von Fristen, Rechtsicherheit zu schaffen, bei einer Veränderung der Sachlage durch Rückwirkung der Genehmigung nicht mehr gewährleistet. Eine ex-nunc-Wirkung kommt insbesondere bei Verjährungsfristen für vertragliche Ansprüche, Anfechtungsfristen nach dem Anfechtungsgesetz und hinsichtlich der Widerrufsfristen gemäß §§ 312 I 1, 355 bzw. §§ 495 I, 355 BGB in Betracht. Zwar entsteht die vertraglich vereinbarte Frist zum Zeitpunkt des Vertragsschlusses, jedoch beginnt ihr Ablauf erst mit der Erteilung der Genehmigung[146]. Auch ein Schuldner- oder Gläubigerverzug kann nur mit Wirkung vom Genehmigungszeitpunkt eintreten[147]. Letztlich kommt eine ex-tunc-Wirkung auch dann nicht in Betracht, wenn für die Vornahme eines Rechtsgeschäfts die Einhaltung einer vertraglichen oder gesetzlichen Frist bestimmt ist[148]. Läßt die betreffende Vertragspartei die Frist ungenutzt verstreichen, ist ein Wirksamwerden der Vereinbarung durch eine spätere Genehmigung nicht mehr möglich.

2.1.8.1.4 Die ex-nunc-Wirkung der Genehmigung in Dänemark

Im Gegensatz zum englischen und deutschen Recht wird im dänischen Recht im Grundsatz davon ausgegangen, daß der Genehmigung keine ex-tunc-, sondern

---

must be treated as if it had been authorised from the start". In der englischen Literatur wird auch häufig die lateinische Maxime „omnis ratihabitio retrotrahitur et priori mandato aequiparatur" zitiert.

Zum deutschen Recht vgl. MünchKomm-Schramm § 184 Rn.11; Soergel-Leptien § 184 Rn.5; Staudinger-Gursky § 184 Rn.31 ff.; Brox AT, S.232; Jauernig-Jauernig § 184 Rn.2; Erman-Palm § 184 Rn.2; Larenz/Wolf, S.971; Medicus AT, S.402; Flume AT II, S.898.

144 Zu einer Ausnahme im englischen Recht vgl. unten 3.6.1.2.

145 Palandt-Heinrichs § 184 Rn.2; Flume AT II, S.900.

146 Siehe hierzu Soergel-Leptien § 184 Rn.7; Staudinger-Gursky § 184 Rn.38; Brox AT, S.232; Larenz/Wolf, S.972; Erman-Palm § 184 Rn.8 und die Entscheidungen RGZ 65, 245, 248; 88, 216, 217; BGH NJW 1979, 102, 103; BGH NJW 1995, 2290, 2292 f. Zur Verjährung vgl. auch Jacobi, Rückwirkungsanordnungen, S.166.

147 OLG Karlsruhe NJW-RR 1986, 57, 57; OLG Rostock NJW 1995, 3127, 3128; MünchKomm-Schramm § 184 Rn.12a; Palandt-Heinrichs § 184 Rn.2; Medicus AT, S.403.

148 Erman-Palm § 184 Rn.8; Larenz/Wolf, S.972; Soergel-Leptien § 184 Rn.8.

lediglich ex-nunc-Wirkung zukommt. Es wird angenommen, daß die Genehmigung wie eine neue Disposition behandelt werden müsse, die den Versprechenden erst ab dem Zeitpunkt der Genehmigungserklärung bindet[149]. Zwar wird insofern oft von einer „Rückwirkung“ gesprochen, als daß die Genehmigung eine mit der ursprünglichen Willenserklärung identische Erklärung darstellt und somit der Vereinbarung mit dem ursprünglichen Inhalt zur Wirksamkeit verhilft. Eine ex-tunc-Wirkung, die dazu führt, daß der Vertrag vom Zeitpunkt des Vertragsschlusses an Rechtswirkungen entfaltet, wird im dänischen Recht jedoch nur in ganz besonderen Fällen als denkbar erachtet[150].

2.1.8.2 Der rechtliche Fortbestand von während der Schwebezeit getroffenen Verfügungen

2.1.8.2.1 Die Regelung des englischen Rechts

Im englischen Recht ist anerkannt, daß die ex-tunc-Wirkung der Genehmigung nicht zum Untergang von Rechten, die einer außerhalb des Vertrages stehenden Person vor der Ratifikation übertragen wurden, führen kann[151]. Soweit demnach während der Schwebezeit über den Gegenstand des genehmigungsbedürftigen Vertrages verfügt wurde, behält diese Disposition ihre Wirksamkeit, während die ursprünglich erforderliche Ratifikation ins Leere geht.

2.1.8.2.2 Darstellung der Rechtslage in Dänemark

Auch im dänischen Recht gilt der Grundsatz, daß Rechte Dritter am Gegenstand, die während der Schwebezeit erworben wurden, durch die Genehmigung der früheren Verfügung nicht untergehen[152]. Da im dänischen Recht von einer ex-nunc-Wirkung der Genehmigung, d.h. von einem Wirksamwerden der Vereinbarung ab dem Zeitpunkt der Genehmigungserteilung, ausgegangen wird, käme die Verdrängung einer jüngeren Verfügung durch die Genehmigung einer vorherigen Disposition jedoch ohnehin nur in Ausnahmefällen in Betracht.

2.1.8.2.3 Vergleich zur Normierung im deutschen Recht

Letztlich normiert auch das deutsche Recht, daß eine jüngere Verfügung nicht durch die Genehmigung einer älteren zunichte gemacht werden kann. Gemäß § 184 II BGB werden durch die Rückwirkung der Genehmigung Verfügungen

---

[149] Ussing, Aftaler, S.247, 267; Lassen, Obligationsret, S.163 ff.; Andersen/Madsen/Nørgaard, S.169, Fn.19; Jørgensen, Kontraktsret I, S.158, 160; Andersen/Iversen/Nørgaard, S.187, 206; Gomard, S.142; Illum UfR 1946 B 120; differenzierend Andersen, Grundlæggende aftaleret, S.161.

[150] Jørgensen I, S.160; Ussing, Aftaler, S.247. Welche Fälle dies sind bzw. sein könnten, wird jedoch nicht erwähnt.

[151] Bird v. Brown (1850) 4 Ex. 786; Presentaciones Musicales S.A. v. Secunda [1994] Ch. 271, 285.

[152] Ussing, Aftaler, S.267; Lassen, Obligationsret, S.165, 169.

nicht unwirksam, die vor der Genehmigung über den Gegenstand des Rechtsgeschäfts von dem Genehmigenden getroffen worden oder im Wege der Zwangsvollstreckung oder der Arrestvollziehung oder durch den Insolvenzverwalter erfolgt sind. Sinn der o.g. Vorschrift ist es, zu verhindern, daß der Zustimmungsberechtigte durch die Genehmigung einer von ihm getätigten[153] früheren Verfügung der späteren, inzwischen wirksamen Zwischenverfügung wieder den Boden entzieht[154]. Hat der Genehmigungsberechtigte demnach eine wirksame Zwischenverfügung getroffen, kann das zustimmungsbedürftige Rechtsgeschäft keine Wirksamkeit mehr erlangen[155]. Obwohl § 184 II BGB dem Schutz des redlichen Rechtsverkehrs dient, gilt dies auch dann, wenn der durch die Zwischenverfügung Begünstigte vom schwebend unwirksamen Rechtsgeschäft wußte, d.h. diesbezüglich bösgläubig war[156].

2.1.8.3 Rechtsvergleichende Würdigung

Nach Gegenüberstellung der Regelungen in den drei untersuchten Rechtsordnungen fällt auf, daß das dänische Recht, welches eine ex-nunc-Wirkung der Genehmigung annimmt, einen Gegensatz zum englischen und deutschen Recht bildet. Zwar ist hier ebenso wie in England und Deutschland anerkannt, daß durch Erteilung der Genehmigung die Vereinbarung mit ihrem ursprünglichen Inhalt wirksam wird, jedoch soll diese rechtliche Wirkung erst ab dem Zeitpunkt der Genehmigungserteilung eintreten. Grund hierfür ist die Tatsache, daß das Rechtsgeschäft bis zu diesem Zeitpunkt nicht voll wirksam ist und Rechtsfolgen für die Parteien somit nicht entstehen können.

Das englische und das deutsche Recht hingegen messen der Genehmigung ex-tunc-Wirkung bei. Während in England eine Abbedingung der Rückwirkung wohl nicht möglich ist, ist die Lösung des deutschen Rechts flexibel. Im Grundsatz geht § 184 I BGB von einer ex-tunc-Wirkung der Genehmigung aus, weil es dem Willen der Parteien entspricht, daß das Rechtsgeschäft ab Vertragsschluß Wirkung entfaltet. Hätte eine Genehmigung nicht erteilt werden müssen bzw. im Falle des Vorliegens einer Einwilligung, wäre die Vereinbarung ebenfalls vom Zeitpunkt des Vertragsschlusses an wirksam gewesen. Sollte die ex-

---

153 Die analoge Anwendung des § 184 II BGB auf Verfügungen des Vertragspartners wird von der ganz überwiegenden Ansicht abgelehnt, vgl. Erman-Palm § 184 Rn.10; Hübner, S.557 m.w.N..; MünchKomm-Schramm § 184 Rn.32 ff.; Larenz/Wolf, S.974.

154 Soergel-Leptien § 184 Rn.10; Brox AT, S.232; Erman-Palm § 184 Rn.9.

155 Aus welchem Grund dies der Fall ist, ist jedoch umstritten: Zum Teil wird i.S.d. Wortlauts davon ausgegangen, daß § 184 II BGB die Rückwirkung der Genehmigung begrenze. Die h.M. geht hingegen davon aus, daß die Genehmigung unwirksam sei, weil der Genehmigende nach Vornahme der Zwischenverfügung seine Verfügungs- und Genehmigungsbefugnis verloren habe, vgl. Soergel-Leptien § 184 Rn.10; MünchKomm-Schramm § 184 Rn.30.; Jauernig-Jauernig § 184 Rn.5; Flume AT II, S.909.

156 Palandt-Heinrichs § 184 Rn.5; Staudinger-Gursky § 184 Rn.50; MünchKomm-Schramm § 184 Rn.30.

tunc-Wirkung einmal nicht dem Parteiwillen entsprechen, eröffnet § 184 I BGB die Möglichkeit, diese abzubedingen und dem Rechtsgeschäft eine Wirkung ab dem Zeitpunkt der Genehmigungserteilung beizulegen. Da durch diese Lösung den Interessen der Vertragsparteien am ehesten Rechnung getragen wird, ist hinsichtlich dieser Frage dem deutschen Recht der Vorzug zu geben.

Was die Aufrechterhaltung von Zwischenverfügungen betrifft, unterscheiden sich die drei Rechtsordnungen hingegen nicht in hohem Maße. Gleichgültig, ob von einer ex-tunc- oder einer ex-nunc-Wirkung der Genehmigung ausgegangen wird, so ist überall anerkannt, daß Rechte Dritter, die während der schwebenden Unwirksamkeit des genehmigungsbedürftigen Rechtsgeschäfts erworben wurden, durch die Erteilung der Genehmigung nicht zum Untergang gebracht werden können. Zwar ist das deutsche Recht das einzige, in dem diese Regel gesetzlich normiert wurde, jedoch erreichen das englische und dänische Recht das gleiche Ergebnis mit Hilfe einer allgemeinen Rechtsregel.

2.2 Die Zustimmung beim Handeln einer psychisch kranken Person

2.2.1 Die grundsätzliche Möglichkeit des rechtlichen Handelns eines psychisch Kranken mit Zustimmung eines Dritten

2.2.1.1 Die Regelung des englischen Rechts

Zur Klärung der Frage, inwieweit im englischen Recht ein Handeln psychisch Kranker[157] mit Zustimmung überhaupt möglich ist, bedarf es zunächst eine Einteilung dieser Personen in verschiedene Kategorien.

Als erste Gruppe sind diejenigen psychisch Kranken zu nennen, bei denen das „Court of Protection“[158] die Besorgung ihrer Angelegenheiten vollständig übernommen hat. Eine solche Person, die gemäß pt. VII des MHA unter dem Schutz und dessen Vermögen unter der Verwaltung des Gerichts steht, besitzt keine Fähigkeit zu rechtlichem Handeln. Eine, von einem solchen psychisch Kranken getroffene Vereinbarung ist für ihn auch dann nicht bindend, wenn der Vertragsschluß in einem lichten Moment erfolgte[159]. Ein Handeln der o.g. psychisch Kranken mit Zustimmung eines Dritten kommt demnach nicht in Betracht.

---

157 Der Begriff der „psychischen Krankheit“ wird im Folgenden stellvertretend für sämtliche körperliche, geistige und seelische Erkrankungen verwendet. Zu den Begriffsbestimmungen vgl. Creifels, Rechtswörterbuch, S.221 ff.

158 Dieses besteht gemäß s.93 (1) und (2) MHA (Mental Health Act 1983) aus einem oder mehreren ernannten Richtern des „Supreme Court“ (zu diesem Begriff siehe s. 151 (4) SCA (Supreme Court Act 1981)).

159 Re Walker [1905] 1 Ch. 160; Re Marshall [1920] 1 Ch. 284; Williams, S.231; Stone, S.127.

Die zweite Kategorie bilden Personen, die die Tragweite ihres rechtlichen Handelns zwar voll erkennen, aber dennoch mehr als andere Personen gefährdet sind, ein für sie nachteiliges Rechtsgeschäft abzuschließen. Da diese Gruppe von psychisch Kranken am wenigsten Schutz vor den Folgen ihres rechtlichen Handelns bedarf, ist eine von ihnen getroffene Vereinbarung grundsätzlich bindend, außer es liegt ein Fall von „unzulässiger Beeinflussung" („undue influence")[160] vor. Aufgrund der Wirksamkeit des Rechtsgeschäfts ist auch hier ist ein Handeln mit Zustimmung nicht denkbar.

Die dritte, in der Mitte zwischen den o.g. Gruppen anzusiedelnde Kategorie umfaßt letztlich psychisch Kranke, bei denen das „Court of Protection" zwar nicht die Kontrolle der persönlichen Angelegenheiten übernommen hat, die Person aber dennoch unfähig ist, die Konsequenzen ihres rechtlichen Handelns einzusehen. Eine unter diesen Voraussetzungen getroffene Vereinbarung ist für den psychisch Kranken zwar grundsätzlich bindend. Ausnahmsweise kann der Vertrag jedoch schwebend unwirksam sein, so daß er in bestimmten Fällen einem Wirksamwerden durch Genehmigung zugänglich ist[161]. Hierbei ist jedoch zu beachten, daß allein eine Genehmigung durch den volljährigen Kranken selbst in Betracht kommt, da wie im englischen Minderjährigenrecht ein Handeln mit Zustimmung einer dritten Person auch hier nicht möglich ist.

2.2.1.2 Die Regelung im dänischen Recht

Neben den unter elterlicher Sorge bzw. unter Vormundschaft stehenden Minderjährigen stellen die psychisch Kranken die zweite Gruppe der sog. „umyndige" dar[162]. Zwar ist wie im englischen Recht auch in Dänemark zwischen verschiedenen Formen des rechtlichen Schutzes zu differenzieren, jedoch wird dieser Schutz durch die Anordnung einer Betreuung erreicht. Kapitel 2 des vml. beinhaltet in § 5 stk.1 zunächst die wesentliche Bestimmung über die Anordnung einer Betreuung für psychisch Kranke und beschreibt die Voraussetzungen, unter denen eine solche eingerichtet werden kann. Im Gegensatz zur Vormundschaft im Minderjährigenrecht kann die Betreuung den Gegebenheiten im konkreten Fall angepaßt werden[163]; sie kann gemäß § 5 stk.3 vml. sowohl auf die wirtschaftlichen als auch auf die persönlichen Angelegenheiten der betreffenden Person begrenzt werden. In § 5 stk.5 vml. ist geregelt, daß Personen, die dieser Vorschrift zufolge unter Betreuung stehen, als Grundsatz nicht geschäftsunfähig sind, solange ihnen nicht gemäß § 6 vml. die Fähigkeit zum

---

160 Zu Begriff der „undue influence" vgl. Beatson, Anson's Law of Contract, S.277 ff.; Stone, S.228.

161 Zu den Voraussetzungen des Handelns mit Zustimmung vgl. unten 2.2.2.1.

162 Karnov vml., Fn.116; Andersen, Privatret, S.66; Andersen/Madsen/Nørgaard, S.186.

163 Die Vormundschaft umfaßt regelmäßig sämtliche Angelegenheiten des Minderjährigen; eine Anpassung auf den konkreten Fall ist nicht möglich, vgl. bet. 1993-1247, S.326.

rechtlichen Handeln aberkannt wurde[164]. Aufgrund des einschneidenden Charakters dieser Maßnahme kann die Entscheidung über die Aberkennung der Geschäftsfähigkeit gemäß § 13 stk.3 vml. nur von einem Gericht getroffen werden[165]. Ein Handeln mit Zustimmung kommt dementsprechend nur in den Fällen in Betracht, in denen zusätzlich zu einer Betreuung hinsichtlich der wirtschaftlichen Angelegenheiten gemäß § 5 vml. eine Anordnung gemäß § 6 stk.1 vml. getroffen wurde.

Darüber hinaus ist auch in § 7 vml. eine Form der Betreuung, das sog. „samværgemål" geregelt. Auch bei dieser Form der Betreuung, die regelmäßig auf ein Gesuch der hilfebedürftigen Person zurückgehen muß, behält die betreffende Person gemäß § 7 stk.4 vml. ihre volle Geschäftsfähigkeit, so daß hier wiederum ein Handeln mit Zustimmung eines Dritten nicht denkbar ist[166].

Über die Anordnung der Betreuung gemäß §§ 5, 6 vml. hinaus regelt § 46 vml. einen weiteren Fall, in dem die Zustimmung eines Dritten einer zunächst unwirksamen Willenserklärung zur Wirksamkeit verhelfen kann[167].

2.2.1.3 Vergleich zur Rechtslage in Deutschland

Auch im deutschen Recht ist beim Handeln eines psychisch Kranken ein Wirksamwerden eines Rechtsgeschäfts mit Zustimmung möglich. Soweit eine volljährige Person nicht in der Lage ist, seine Angelegenheiten ganz oder teilweise zu besorgen, bestellt das Vormundschaftsgericht von Amts wegen oder auf Antrag einen Betreuer, vgl. § 1896 I 1 BGB[168]. Ebenso wie im dänischen Recht hat die Betreuung an sich grundsätzlich keinen Einfluß auf die Geschäftsfähigkeit des psychisch Kranken[169]. Ein Handeln des Betreuten mit Zustimmung kommt demnach nur in den Fällen in Betracht, in denen das Vormundschaftsgericht

---

164 Dies geschieht jedoch verhältnismäßig selten, da eine solche Maßnahme eine erhebliche Einschränkung der Handlungsfähigkeit bedeutet und eine individuell auf die Person zugeschnittene Form der Betreuung nicht mehr möglich ist. Vgl. hierzu aber die Entscheidung UfR 1998.1213 V.

165 Taksøe-Jensen, S.13.

166 Diese Form der Betreuung ersetzt das ehemals in §§ 54-56 ml. normierte „lavværgemål". Im Unterschied zu heute war der psychisch Kranke nach früherer Rechtslage nicht voll geschäftsfähig, so daß Verträge, die er ohne die erforderliche Zustimmung des Betreuers tätigte, unwirksam waren.

167 Vgl. zu § 46 vml. unten 2.2.2.2.1.1.

168 Zu den Voraussetzungen der Betreuung vgl. Schwab, S.383 ff.; Lüderitz, S.469 ff.

169 MünchKomm-Schwab Vor § 1896 Rn.15, § 1902 Rn.6; Staudinger-Bienwald Vorbem. zu §§ 1896 ff. Rn.40; Coester-Waltjen Jura 1994, 331, 333. Seit Inkrafttreten des Betreuungsgesetzes am 01.01.1992 gibt es keine volljährigen beschränkt geschäftsfähigen Personen mehr. Nach früherer Rechtslage entmündigte Personen sind nunmehr Betreute, für die ein Einwilligungsvorbehalt angeordnet ist. Zwar verweist § 1903 I 2 BGB auf einzelne Vorschriften aus dem Minderjährigenrecht, jedoch fallen auch solche Betreuten, die der Einwilligung ihres Betreuers bedürfen, nicht mehr unter den Begriff der beschränkt geschäftsfähigen Personen, vgl. Schwab, S.389.

zusätzlich zur Bestellung eines Betreuers einen Einwilligungsvorbehalt gemäß § 1903 I 1 BGB angeordnet hat, weil dies zur Abwendung einer erheblichen Gefahr für die Person oder das Vermögen des Betreuten erforderlich ist. Sinn dieser Regelung ist es, dem psychisch Kranken den erforderlichen Schutz im Rechtsverkehr zukommen zu lassen, ihn jedoch nur insoweit in seiner Handlungsfreiheit einzuschränken wie dies erforderlich ist (vgl. § 1896 II 1 BGB). Der Einwilligungsvorbehalt wird daher i.d.R. nur hinsichtlich bestimmter Bereiche angeordnet, so daß der Betreute im Gegensatz zu einem minderjährigen beschränkt Geschäftsfähigen partiell geschäftsfähig bleibt[170].

Voraussetzung für das Wirksamwerden einer Willenserklärung durch Zustimmung ist jedoch, daß diese nicht nichtig ist. Die Rechtsfolge der Nichtigkeit gemäß § 105 I BGB tritt zum einen dann ein, wenn sich die volljährige Person i.S.d. § 104 Nr.2 BGB in einem, die freie Willensbildung ausschließenden Zustand krankhafter Geistestätigkeit befindet, da dies die Geschäftsunfähigkeit der betreffenden Person zur Folge hat[171]. Andererseits ist die Zustimmungserteilung dann wirkungslos, wenn die Willenserklärung einer Person aufgrund eines Zustands der Bewußtlosigkeit bzw. vorübergehender Störung der Geistestätigkeit gemäß § 105 II BGB nichtig ist[172]. Sofern die o.g. Konstellationen nicht vorliegen, hat der Betreute in Bereichen, für die ein Einwilligungsvorbehalt angeordnet ist, die Möglichkeit, unter Mitwirkung seines Betreuers rechtswirksam zu handeln.

2.2.2 Die Erforderlichkeit der Zustimmung bei Geschäften eines psychisch Kranken

2.2.2.1 Die Regelung im englischen Recht

2.2.2.1.1 Die grundsätzliche Wirksamkeit des Rechtsgeschäfts

Solange das Gericht nicht i.S.d. pt. VII MHA die Kontrolle über die Angelegenheiten des psychisch Kranken übernommen hat, sind Rechtsgeschäfte, die die betreffende Person getätigt hat, grundsätzlich wirksam. Sowohl der Ver-

---

170 Vgl. Palandt-Diederichsen § 1903 Rn.1; Erman-Holzhauer § 1896 Rn.25.

171 Zu beachten ist in diesem Zusammenhang der mit Wirkung zum 01.08.2002 geschaffene § 105a BGB, demzufolge von volljährigen Geschäftsunfähigen getätigte Geschäfte des täglichen Lebens unter bestimmten Voraussetzungen als wirksam angesehen werden können. Vgl. hierzu im Einzelnen Palandt-Heinrichs § 105a Rn.1 ff. und kritisch Jauernig-Jauernig § 105a Rn.1 ff.

172 In Betracht kommen hier insbesondere starker Alkoholkonsum, Drogeneinfluß und z.B. Epileptiker zum Zeitpunkt eines Anfalls. Bei einer nur vorübergehenden Störung der Geistestätigkeit gemäß § 105 II BGB ist die abgegebene Willenserklärung zwar nichtig, die betreffende Person ist jedoch nicht geschäftsunfähig, vgl. MünchKomm-Gitter § 105 Rn.43; Jauernig-Jauernig § 105 Rn.1.

tragspartner als auch der psychisch Kranke sind demnach verpflichtet, die vertragsgemäßen Leistungen zu erbringen.

2.2.2.1.1.1 Der Nachweis der Erkrankung und der diesbezüglichen Bösgläubigkeit beim Vertragspartner

Die psychisch kranke Person hat jedoch trotz der Wirksamkeit des Rechtsgeschäfts eine Möglichkeit, sich vom Vertrag zu lösen bzw. eine zumindest vorübergehende Unwirksamkeit herbeizuführen. Hierfür obliegt es dem psychisch Kranken zu beweisen, daß ihm bei Vertragsschluß die erforderliche Einsicht fehlte und sein Vertragspartner dies wußte oder hätte wissen müssen[173]. Gelingt dieser Nachweis, ist der psychisch Kranke nicht an die Vereinbarung gebunden[174]. Nach Überwindung der Krankheit bzw. in einem lichten Moment kommt jedoch eine Ratifikation des zunächst unwirksamen Vertrages durch den psychisch Kranken selbst und somit die Herbeiführung der Vollwirksamkeit in Betracht[175].

2.2.2.1.2 Volle Geschäftsfähigkeit bei Verträgen über nützliche Güter oder Dienstleistungen („necessaries")

Der obengenannte Nachweis der Bösgläubigkeit und die hierdurch bedingte Herbeiführung der Unwirksamkeit ist jedoch dann nicht möglich, wenn es sich bei der vom psychisch Kranken getroffenen Vereinbarung um einen Vertrag über „necessaries" handelt. Es ist davon auszugehen, daß dieser Begriff ebenso wie im Minderjährigenrecht, d.h. als Güter oder Dienstleistungen, die die betreffende psychisch kranke Person benötigt und die ihren Bedürfnissen und finanziellen Verhältnissen zum Zeitpunkt des Verkaufs und der Lieferung der Waren angemessen sind, verstanden werden muß[176]. Im Falle eines über „necessaries" geschlossenen Vertrages ist der psychisch kranke Volljährige auch bei Kenntnis des Vertragspartners von der Krankheit rechtlich gebunden und verpflichtet, einen angemessenen Preis zu bezahlen[177].

---

173 Imperial Loan Co. Ltd. v. Stone (1892) 1 Q.B. 599; Niell v. Morley (1804) 9 Ves.Jun. 478; Molton v. Camroux (1849) 4 Ex. 17; Hart v. O´Connor [1985] 2 All E.R. 880 (Judicial Comittee of the Privy Council); vgl. auch Elliott/Quinn, S.50; Zweigert/Kötz, S.346.

174 Lord Esher M.R. in Imperial Loan Co. Ltd. v. Stone, S.601: "When a person enters into a contract, and afterwards alleges that he was so insane at the time that he did not know what he was doing, and proves the allegation, the contract is as binding on him in every respect, whether it is executory or executed, as if he had been sane when he made it, unless he can prove further that the person with whom he contracted knew him to be so insane as not to be capable of understanding what he was about.".

175 Matthews v. Baxter (1873) L.R. 8 Ex. 132; Birkin v. Wing (1890) 63 L.T. 80; Downes, S.154; Koffman/Macdonald, S.353.

176 So Stone, S.128.

177 Vgl. s. 3 (2) SGA; Re Rhodes (1890) 44 Ch.D. 94; Beale, Chitty I, S.489; Upex, Davies on Contract, S.166; Koffman/Macdonald, S.352.

Die obengenannten Grundsätze gelten gleichermaßen für Personen, die ihre Einsichtsfähigkeit aufgrund von Alkohol- oder Drogengenusses verloren haben (Fälle von sog. „intoxication")[178].

2.2.2.2 Darstellung der Rechtslage in Dänemark und Deutschland

2.2.2.2.1 Der Grundsatz der Unwirksamkeit von Rechtsgeschäften ohne Zustimmung

2.2.2.2.1.1 Darstellung des dänischen Rechts

Gemäß § 6 stk.2 vml. ist eine Person, der die Geschäftsfähigkeit aberkannt wurde, „umyndig" und kann sich weder rechtsgeschäftlich verpflichten noch über sein Vermögen verfügen, soweit nicht ein anderes bestimmt ist[179]. Obwohl es sich bei der „inhabilitet" um einen starken Unwirksamkeitsgrund handelt, muß im Gegensatz zur beschränkten Geschäftsfähigkeit Minderjähriger die Aberkennung der Geschäftsfähigkeit gemäß § 6 stk.3 vml., § 48 TL[180] an dem Ort in das sog. „personbog" eingetragen werden[181], wo der psychisch Kranke zum Zeitpunkt der Aberkennung seinen Wohnsitz hatte[182]. Nur dann kann die fehlende Geschäftsfähigkeit einem gutgläubigen[183] Vertragspartner gegenüber geltend gemacht werden[184].

Um einem Rechtsgeschäft eines gemäß §§ 5, 6 vml. unter Betreuung stehenden psychisch Kranken Wirksamkeit zu verleihen, ist demnach die Genehmigung seines Betreuers oder die sog. „bindende Erfüllung"[185] erforderlich. Ebenso wie im dänischen Minderjährigenrecht kommt die Herbeiführung der

---

178 Imperial Loan Co. Ltd. v. Stone [1892] 1 Q.B. 599; Gore v. Gibson (1845) 13 M.&W. 623; Matthews v. Baxter (1873) L.R. 8 Ex. 132; Hart v. O'Connor [1985] 2 All E.R. 880; Stone, S.128; Beatson, Anson's Law of Contract, S.230.

179 Die Bestimmung ist fast identisch mit der Regelung im Minderjährigenrecht, vgl. § 1 stk.2 vml.

180 Tinglysningslov; Lovbekendtgørelse Nr.622 vom 15.09.1986.

181 Die Eintragung ins „personbog" ist bei sämtlichen Entscheidungen erforderlich, die die Anordnung einer Betreuung zum Gegenstand haben, nicht nur bei Urteilen eines Gerichts, vgl. Karnov TL, Fn.328. Dies gilt auch dann, wenn die Maßnahme gemäß § 21 vml. nur vorläufiger Natur ist, vgl. Karnov vml., Fn.24; Koktvedgaard/Møller/Pontoppidan, S.3. Für die Eintragung ist gemäß § 5 stk.1 Bkg. Vm. (Bekendtgørelse om værgemål, Nr.1177 vom 13.12.1996) der Betreuer zuständig.

182 Andersen, Privatret, S.67; Koktvedgaard/Møller/Pontoppidan, S.3; Andersen/Madsen/Nørgaard, S.187.

183 Gutgläubig i.S.d. § 5, 1.pkt. TL ist ein Erwerber dann, wenn er das nicht bekanntgemachte Recht weder kennt noch grob fahrlässig nicht kennt. Der maßgebliche Zeitpunkt hierfür ist gemäß § 5, 2.pkt. TL der Antrag auf Eintragung.

184 Vgl. Gomard, S.150; Andersen/Iversen/Nørgaard, S.37; Andersen, Grundlæggende aftaleret, S.296.

185 Vgl. oben 2.1.4.2.2.1 (Fn.211).

Wirksamkeit jedoch nur dann in Betracht, wenn die andere Partei den Vertrag nicht vor diesem Zeitpunkt gemäß § 44 vml. widerrufen hat.

Auch bei Personen, denen die Fähigkeit zum rechtlichen Handeln nicht aberkannt wurde, besteht aber die Möglichkeit, mit Zustimmung eines Dritten die Gültigkeit des Rechtsgeschäfts herbeizuführen. Gemäß § 46 stk.1 vml.[186] ist ein Vertrag nämlich als unwirksam anzusehen, wenn er von einer Person, der zum Zeitpunkt des Vertragsschlusses aufgrund einer psychischen Krankheit die erforderliche Einsichtsfähigkeit fehlte, geschlossen wurde[187]. Da es sich bei § 46 vml. um einen starken Unwirksamkeitsgrund handelt, tritt diese auch bei Gutgläubigkeit des Vertragspartners ein[188]. Um den Vertrag aufrechtzuerhalten, besteht jedoch für den psychisch Kranken, sofern er eine hinreichende Einsichtsfähigkeit wiedererlangt hat, bzw. im Falle der Betreuung für den Betreuer die Möglichkeit, die Vereinbarung zu genehmigen und somit sämtliche Rechtswirkungen herbeizuführen. Auch hier ist die Genehmigung aber nur solange möglich, wie der gutgläubige Vertragspartner sein Widerrufsrecht[189] nicht ausgeübt hat[190].

---

186 § 46 vml. ersetzt § 65 ml. Da nunmehr eine Betreuung gemäß § 5 vml. auch ohne Einschränkung der Geschäftsfähigkeit angeordnet werden kann, und die psychisch kranke Person auch beim „samværgemål" gemäß § 7 vml. unbeschränkt geschäftsfähig bleibt, ist anzunehmen, daß § 46 vml. im Vergleich zur ursprünglichen Regelung an Bedeutung gewinnen wird, vgl. bet. 1993-1247, S.343. § 46 vml. findet insbesondere in Fällen Anwendung, wo ein Rechtsgeschäft des psychisch Kranken ausnahmsweise wirksam ist bzw. im Falle der fehlenden Einsichtsfähigkeit aufgrund von Drogen- oder Alkoholgenusses.

187 Wegen der schwer zu beweisenden Voraussetzungen des § 46 vml. (Beweis der fehlenden Einsichtsfähigkeit zum Zeitpunkt des Vertragsschlusses und Beweis der Tatsache, daß ausschließlich die fehlende Einsichtsfähigkeit ursächlich für den Vertragsschluß war, vgl. Andersen, Grundlæggende aftaleret, S.299) wird diese Norm selten vor Gericht geltend gemacht. Darüber hinaus sind die Gerichte mit der Bejahung des § 46 vml. restriktiv, vgl. bet.1993-1247, S.341 und Skovby, S.111. Aus der Rspr. vgl. UfR 1943.568 H, UfR 1957.129 H (Unwirksamkeit des Rechtsgeschäfts bejaht); UfR 1966.833 H, UfR 1967.329 H (Unwirksamkeit verneint).

188 Karnov vml., Fn.140; Danielsen/Black, S.169. Aus diesem Grund wird in der dänischen Literatur angenommen, daß § 46 ml. - soweit dessen Voraussetzungen erfüllt sind - vor § 31 bzw. §§ 33, 36 aftl. geltend gemacht werden muß, vgl. Andersen/Nørgaard, S.171; Andersen/Iversen/Nørgaard, S.237; Andersen/Madsen/ Nørgaard, S.223, Fn.134.

189 Vor Erlaß des vml. wurde das Widerrufsrecht des Vertragspartners auf eine Analogie zu § 43 stk.1 vml. gestützt, da eine ausdrückliche Regelung bzgl. Personen, die nicht unter den Begriff „umyndig" fielen, fehlte. Da auch im vml. eine Normierung des Rücktrittsrechts i.R.d. § 46 vml. nicht enthalten ist, ist anzunehmen, daß dieses nunmehr auf eine Analogie zu der mit § 43 stk.1 ml. fast identischen Vorschrift des § 44 stk.1, 1.pkt. vml. zurückgeführt werden wird.

190 Andersen/Iversen/Nørgaard, S.242 f.; Danielsen/Black, S.169.

2.2.2.2.1.2 Vergleich zum Einwilligungsvorbehalt im deutschen Recht

Ebenso wie das dänische Recht macht auch das BGB die Wirksamkeit einer Willenserklärung des psychisch Kranken von der Zustimmung des Betreuers abhängig, soweit ein Einwilligungsvorbehalt angeordnet ist. Gemäß § 1903 I 1 BGB bedarf der Betreute zu Willenserklärungen, die den Aufgabenbereich des Betreuers betreffen, seiner Einwilligung. Wurde eine solche vor Vornahme des Rechtsgeschäfts nicht erteilt, ist der Vertrag wie im deutschen Minderjährigenrecht zunächst schwebend unwirksam[191]. Eine Ausnahme bilden lediglich die einseitigen Rechtsgeschäfte, die, sofern sie ohne die erforderliche Einwilligung vorgenommen werden, gemäß §§ 1903 I 2, 111 BGB endgültig unwirksam sind. Aufgrund der Tatsache, daß § 1903 I 2 BGB u.a. auf § 108 I BGB verweist, eröffnet sich dem Betreuer nach Vertragsschluß die Möglichkeit der Genehmigung der Vereinbarung[192]. Auch durch den psychisch Kranken selbst ist gemäß § 1903 I 2 i.V.m. § 108 III BGB analog eine Genehmigung möglich, soweit die schwebende Unwirksamkeit zu einem Zeitpunkt, in dem der Einwilligungsvorbehalt aufgehoben wird, noch fortbesteht[193]. Gemäß § 1903 I 2 BGB gelten auch die §§ 108 II, 109 BGB entsprechend, so daß der Vertragspartner des psychisch Kranken die Möglichkeit hat, dessen Betreuer zur Erklärung über die Genehmigung aufzufordern bzw. den Vertrag mit dem Betreuten zu widerrufen.

Im Gegensatz zum dänischen Recht besteht für den Betreuer als gesetzlichen Vertreter jedoch nicht die Möglichkeit, einem Rechtsgeschäft, das unter §§ 104 Nr.2, 105 I bzw. § 105 II BGB fällt, durch Erteilung der Zustimmung zur Wirksamkeit zu verhelfen[194]. Nichtige Rechtsgeschäfte entfalten im deutschen Recht keinerlei Rechtswirkungen und können daher auch durch Genehmigung nicht wirksam werden.

2.2.2.2.2 Ausnahme: unmittelbar vollwirksame Rechtsgeschäfte

2.2.2.2.2.1 Die Regelung im dänischen Recht

Vom Grundsatz, daß Rechtsgeschäfte von nicht voll geschäftsfähigen Personen keine rechtlichen Wirkungen entfalten, gibt es auch im Bereich der psychisch Kranken einige Ausnahmen. Da diese Personengruppe zusammen mit minderjährigen Personen als „umyndige" bezeichnet wird, sind die Ausnahmen von der im Grundsatz geltenden Unwirksamkeit ähnlich. Zunächst sind §§ 42, 43 vml.

---

191 Erman-Holzhauer § 1903 Rn.19; Jürgens-Jürgens § 1903 Rn.21, § 108 Rn.1.

192 In bestimmten Fällen ist darüber hinaus die Genehmigung des Vormundschaftsgerichts bzw. des Gegenbetreuers erforderlich, vgl. insbesondere §§ 1812 III, 1821 f. i.V.m. §§ 1907, 1908 BGB.

193 MünchKomm-Schwab § 1903 Rn.53; kritisch hierzu Staudinger-Bienwald § 1903 Rn.67.

194 Palandt-Diederichsen § 1903 Rn.19; Erman-Holzhauer § 103 Rn.20; MünchKomm-Schwab § 1903 Rn.54.

zu nennen, die nicht nur im dänischen Minderjährigenrecht, sondern auch beim Handeln einer unter Betreuung stehenden volljährigen Person anwendbar sind. Darüber hinaus erlangt ein Rechtsgeschäft dann volle Wirksamkeit, wenn die sog. „Geldregel" einschlägig ist[195].

Von der Anwendung beim Handeln eines psychisch Kranken ausgeschlossen sind hingegen §§ 20, 21 fml. Die Normen dieses Gesetzes erfassen ausschließlich Kinder und Jugendliche, die unter elterlicher Sorge stehen. Es stellt sich daher die Frage, ob es auch für erwachsene, beschränkt geschäftsfähige Personen eine Möglichkeit gibt, ohne Zustimmung ihres Betreuers Arbeitsverträge zu schließen. Vor Erlaß des vml. bestimmte § 38 stk.1, 1.pkt. ml., daß eine unter Betreuung stehende Person selbständig Arbeits- und Dienstverträge eingehen und kündigen konnte, soweit nicht durch das zuständige Gericht eine abweichende Regelung zum Wohl des psychisch Kranken getroffen wurde[196]. Im neuen vml. ist eine entsprechende Vorschrift nicht enthalten. Grund hierfür ist zum einen die Tatsache, daß trotz der langjährigen Geltung des ml. Gerichtsurteile, die eine von § 38 stk.1, 1.pkt. ml. abweichende Bestimmung zum Gegenstand haben, nicht existieren[197]. Zum anderen war es die Bestrebung des Gesetzgebers, eine möglichst flexible Regelung der Betreuung zu schaffen, die nur aus wenigen speziellen Vorschriften besteht[198]. Auch nach der neuen Rechtslage hat der psychisch Kranke die Möglichkeit, Arbeitsverträge einzugehen: Wurde eine Betreuung hinsichtlich der wirtschaftlichen Angelegenheiten gemäß §§ 5, 6 vml. angeordnet, kann der psychisch Kranke auch ohne Zustimmung seines Betreuers solche Vereinbarungen treffen, da es sich beim Abschluß von Arbeitsverträgen um eine persönliche, nicht um eine wirtschaftliche Angelegenheit handelt. Erstreckt sich die Betreuung i.S.d. § 5 stk.3 vml. jedoch auch auf die persönlichen Angelegenheiten, so fällt der Abschluß von Arbeitsverträgen in den Zuständigkeitsbereich des Betreuers, und seine Zustimmung muß eingeholt werden[199]. Inwiefern der psychisch Kranke selbständig Arbeitsverträge schließen kann, wird demnach durch das Gericht entschieden, das die Betreuung anordnet.

Ebenfalls nicht auf psychisch kranke Personen anwendbar ist § 11 stk.2 RVL. Diese Norm soll in Fällen des § 1 stk.1, 2.pkt. vml., in denen der Minderjährige trotz Heirat nicht voll geschäftsfähig geworden ist, ein rechtswirksames Handeln und somit eine Mitverpflichtung des anderen Ehegatten ermöglichen.

---

195 Hinsichtlich der genannten Ausnahmen wird auf die Ausführungen zu 2.1.2.2.2.1 und 2.1.2.2.2.4 verwiesen.

196 Vgl. zu § 38 ml. Danielsen/Black, S.95 f.

197 Bet. 1993-1247, S.334.

198 Bet. 1993-1247, S.144 f., 334; Karnov vml., Fn.17.

199 Bet. 1993-1247, S.335.

Schließt jedoch eine psychisch kranke Person, der die Geschäftsfähigkeit gemäß § 6 vml. aberkannt wurde, einen Vertrag, so wird weder sie noch ihr Ehegatte wirksam verpflichtet[200].

2.2.2.2.2.2 Vergleich zum deutschen Recht

Auch im deutschen Recht bewirkt die Anordnung eines Einwilligungsvorbehalts nicht, daß sämtliche Rechtsgeschäfte, die der psychisch Kranke ohne die erforderliche Zustimmung seines Betreuers tätigt, unwirksam sind. Soweit ein Rechtsgeschäft dem Betreuten lediglich einen rechtlichen Vorteil[201] bringt, ist dieses gemäß § 1903 III 1 BGB zustimmungsfrei. Gemäß § 1903 III 2 BGB soll dies auch für geringfügige Angelegenheiten des täglichen Lebens[202] gelten, soweit das Gericht den Einwilligungsvorbehalt nicht ausnahmsweise auch auf solche Rechtsgeschäfte erstreckt hat. Bei dieser Ausnahme vom Grundsatz der Unwirksamkeit ist jedoch zu beachten, daß ein „Bewirken" der Leistung wie dies i.R.d. § 110 BGB erforderlich ist, nicht gegeben sein muß[203]. Das Rechtsgeschäft ist demnach auch dann wirksam, wenn der psychisch Kranke den Vertrag noch nicht gemäß § 362 BGB erfüllt hat, z.B. weil ein Kreditkauf vorliegt.

Darüber hinaus erklärt § 1903 I 2 BGB die §§ 110 bis 113 und § 131 II BGB für entsprechend anwendbar, mit der Folge, daß das Handeln eines unter Einwilligungsvorbehalt stehenden Betreuten wie das Handeln eines beschränkt geschäftsfähigen Minderjährigen zu beurteilen ist. Gerade im Bereich der Betreuung dürften die §§ 112, 113 BGB jedoch kaum Bedeutung erlangen, da die Erweiterung der Geschäftsfähigkeit im Hinblick auf ein Erwerbsgeschäft bzw. ein Dienst- oder Arbeitsverhältnis i.d.R. im Widerspruch zu der Anordnung eines Einwilligungsvorbehalt stehen wird[204].

Hinsichtlich der Anwendbarkeit des § 1357 BGB stellt sich die Frage, ob die Rechtslage beim Handeln eines unter Einwilligungsvorbehalt stehenden Betreuten anders zu beurteilen ist als beim Tätigwerden eines Minderjährigen. Da bei psychisch Kranken im Gegensatz zu beschränkt geschäftsfähigen Personen Rechtsgeschäfte, die auf die Eingehung der Ehe gerichtet sind, zustimmungsfrei

---

200 Taksøe-Jensen, S.26/27; Karnov RVL, Fn.17; Danielsen/Hornslet, S.72.

201 Der Begriff des „rechtlichen Vorteils" ist hier genauso zu verstehen wie i.R.d. § 107 BGB, vgl. MünchKomm-Schwab § 1903 Rn.44; Jürgens-Jürgens § 1903 Rn.23.

202 Hierunter sind solche Rechtsgeschäfte zu verstehen, die von der Verkehrsauffassung als alltägliche Geschäfte angesehen werden, vgl. BTDrucks. 11/4528, S.139. Vgl. hierzu ausführlich Mitko, Einwilligungsvorbehalt, S.90 ff.

203 Palandt-Diederichsen § 1903 Rn.18; Damrau/Zimmermann-Damrau § 1903 Rn.20; a.A. MünchKomm-Schwab § 1903 Rn.47, der auch hier eine Beschränkung auf Bargeschäfte annimmt.

204 Vgl. Staudinger-Bienwald § 1903 Rn.75; MünchKomm-Schwab § 1903 Rn.55; so auch Knieper, Geschäftsunfähige, S.101; Mitko, Einwilligungsvorbehalt, S.101.

sind[205], könnte man meinen, daß auch solche Rechtsgeschäfte, die sich als Folge der Eheschließung darstellen, dem Einwilligungsvorbehalt nicht unterliegen. Dies ist hinsichtlich höchstpersönlicher Rechtsgeschäfte, wie sie die in § 1903 II BGB genannten darstellen, auch der Fall[206]. Soweit das getätigte Rechtsgeschäft jedoch vermögensrechtlicher Natur ist und sich der Einwilligungsvorbehalt auch auf Angelegenheiten dieser Art erstreckt, kommt ein selbständiges Handeln des psychisch Kranken allenfalls dann in Betracht, wenn es sich um ein lediglich rechtlich vorteilhaftes Rechtsgeschäft handelt. Da der Betreute i.R.d. § 1357 BGB auch selbst berechtigt und verpflichtet werden würde, ist ein selbständiges Handeln ohne Zustimmung ebenso wie bei minderjährigen Ehegatten nicht möglich.

2.2.2.3 Rechtsvergleichende Würdigung

Es herrscht in den untersuchten Ländern Einigkeit darüber, daß psychisch Kranke ebenso wie Minderjährige des Schutzes vor möglichen nachteiligen Folgen ihres Handelns bedürfen. Zur Verwirklichung dieses Schutzes wählen die drei Rechtsordnungen jedoch unterschiedliche Ansätze. Während das englische Recht wie beim Handeln eines Minderjährigen die Mitwirkung einer dritten Person nicht zuläßt, befürworten das dänische und das deutsche Recht die Bestellung eines Betreuers, die jedoch in beiden Rechtsordnungen keinen Einfluß auf die Geschäftsfähigkeit der psychisch kranken Person hat. Ist jedoch eine Aberkennung der Geschäftsfähigkeit gemäß § 6 vml. bzw. ein Einwilligungsvorbehalt gemäß § 1903 I 1 BGB angeordnet, erlangt ein vom psychisch Kranken getätigtes Rechtsgeschäft nur mit Hilfe einer Zustimmung seines Betreuers Wirksamkeit.

Im englischen Recht ist das Rechtsgeschäft des psychisch Kranken hingegen grundsätzlich wirksam, es sei denn, diesem gelingt der Nachweis der Erkrankung und der Bösgläubigkeit des Vertragspartners diesbezüglich. Durch die Ansiedlung der Beweislast beim psychisch Kranken wird den Interessen des Vertragspartners, der die Erkrankung der anderen Partei oftmals nicht erkennen kann, in besonderem Maße Rechnung getragen. Gelingt der psychisch kranken Person der o.g. Beweis, kann er dem Rechtsgeschäft durch spätere Ratifikation Wirkung verleihen.

Während im englischen Recht lediglich Verträge des psychisch Kranken über „necessaries" sofortige Wirksamkeit erlangen, besteht im dänischen und deutschen Recht annähernd dieselbe Vielzahl von Ausnahmen vom Grundsatz der Unwirksamkeit wie im Minderjährigenrecht. Hinsichtlich der Vergleichbarkeit

---

205 Vgl. unten 2.2.3.1.3.

206 Vgl. Schwab, FS Rebmann, S.685, 699 und Damrau/Zimmermann-Damrau § 1903 Rn.14, die das Einvernehmen über die Haushaltsführung (§ 1356 I BGB) und die Bestimmung des Ehenamens (§ 1355 I 1 BGB) anführen.

der dänischen und deutschen Regelungen wird auf die im Rahmen des Minderjährigenrechts erfolgten Ausführungen verwiesen[207].

Trotz der Ähnlichkeit der Rechtsordnungen Dänemarks und Deutschlands bestehen Unterschiede hinsichtlich zweier Aspekte. Zum einen erfordert die Aberkennung der Geschäftsfähigkeit im dänischen Recht die Eintragung dieser Anordnung im „personbog", um gegenüber einem gutgläubigen Vertragspartner Wirkung zu entfalten. Da eine solche Bekanntmachung im deutschen Recht nicht notwendig ist, und die Unwirksamkeit des Rechtsgeschäfts hier auch einer gutgläubigen Vertragspartei jederzeit entgegengehalten werden kann, wird den Interessen des Vertragspartners ein wesentlich niedrigerer Stellenwert beigemessen als denen der schutzbedürftigen Partei. Zum anderen unterscheidet sich das dänische dahingehend vom deutschen Recht, daß es dem Genehmigungsberechtigten die Möglichkeit einräumt, einem aufgrund einer Störung der Geistestätigkeit unwirksamen Rechtsgeschäft durch Genehmigung zur Wirksamkeit zu verhelfen. Sofern im deutschen Recht eine Willenserklärung gemäß §§ 104 Nr.2, 105 I bzw. § 105 II BGB nichtig ist, kann dieser nicht durch nachträgliche Genehmigungserteilung zur Wirksamkeit verholfen werden.

2.2.3 Volle Geschäftsfähigkeit bei bestimmten höchstpersönlichen Rechtsgeschäften

2.2.3.1 Rechtsgeschäfte, die auf Eingehung der Ehe gerichtet sind

2.2.3.1.1 Die Rechtslage in England

Im Bereich des Minderjährigenrechts und dem Recht der Betreuung ist dem englischen Recht das Wirksamwerden eines Vertrages durch Zustimmung einer dritten Person fremd. Eine Ausnahmeregelung, die es dem psychisch Kranken ermöglicht, auch ohne das Mitwirken des Betreuers die Ehe einzugehen, ist demnach nicht erforderlich. Ebenso wie alle sonstigen Verträge von psychisch Kranken, die nicht unter pt. VII MHA fallen, ist auch ein Rechtsgeschäft, welches auf die Eingehung der Ehe gerichtet ist, grundsätzlich wirksam. Anfechtbar („voidable") ist es nur dann, wenn einer der Ehegatten zum Zeitpunkt der Zeremonie nicht die nötige Einsichtsfähigkeit hatte, um die Eheschließung als solche und die damit verbundene Pflicht und Verantwortung zu verstehen[208]. Da an die erforderliche Einsichtsfähigkeit jedoch keine hohen Anforderungen gestellt werden[209], wird dieser Anfechtungsgrund nur äußerst selten anzunehmen sein.

---

[207] Vgl. oben 2.1.2.2.4.

[208] Cretney, S.39; Dodds, S.22.

[209] Sir James Hannen P. in Durham v. Durham (1885) 10 P.D. 80, 81: „Marriage is a very simple contract, which it does not require a high degree of intelligence to understand.".

2.2.3.1.2 Darstellung des dänischen Rechts

Im dänischen Recht sind Rechtsgeschäfte, die auf die Eingehung der Ehe gerichtet sind, nicht von der Zustimmungsbedürftigkeit ausgenommen. Gemäß § 3 ÆL bedürfen sowohl Personen, die gemäß § 5 vml. unter Betreuung stehen als auch solche, denen gemäß § 6 vml. die Fähigkeit zum rechtlichen Handeln aberkannt wurde, zur wirksamen Eheschließung der Zustimmung ihres Betreuers[210]. Die Anforderungen an eine Zustimmungserklärung sind hoch: Diese soll gemäß § 3 Bkg. Æi.[211] auf einem speziellen Formular erteilt werden, darf § 7 Bkg. Æi. zufolge nicht älter als 4 Wochen sein, muß sich auf einen konkreten Ehepartner beziehen und muß auch dann erteilt werden, wenn die psychisch kranke Person bereits verheiratet gewesen ist[212]. Gemäß § 6 Bkg. Æi. obliegt es dem psychisch Kranken, der zuständigen Behörde gegenüber zu beweisen, daß die erforderliche Zustimmung des Betreuers erteilt wurde.

Begründet wird die Zustimmungsbedürftigkeit dieses höchstpersönlichen Geschäfts mit der Annahme, daß die betreffenden Personen aufgrund ihrer verminderten Einsichtsfähigkeit einer erhöhten Gefahr der Ausnutzung insbesondere im Hinblick auf die Eheschließung ausgesetzt sind[213].

2.2.3.1.3 Vergleich zur Regelung in Deutschland

Hinsichtlich der Ehefähigkeit eines psychisch Kranken ähnelt das deutsche Recht dem Englands, nicht aber dem dänischen Recht. Gemäß § 1903 II BGB kann sich ein Einwilligungsvorbehalt nicht erstrecken auf Willenserklärungen, die auf Eingehung einer Ehe gerichtet sind[214]. Im Bereich der Eheschließung ist ein Handeln des psychisch Kranken mit Zustimmung bzw. ein Handeln des Betreuers als gesetzlicher Vertreter aufgrund der aus § 1311 I 1 BGB folgenden Höchstpersönlichkeit des Rechtsgeschäfts nicht möglich[215]; eine solche Erklärung kann demnach nur der Betreute selbst abgeben. Sie ist wirksam, soweit der psychisch Kranke nicht gemäß § 104 Nr.2 BGB i.V.m. § 1304 BGB geschäftsunfähig ist.

2.2.3.2 Verfügungen von Todes wegen

2.2.3.2.1 Darstellung des englischen Rechts

Ebenso wie bei Rechtsgeschäften, die auf die Eingehung der Ehe gerichtet sind, sind Verfügungen von Todes wegen, die eine psychisch kranke Person getroffen

---

210 Lund-Andersen, Familieret, S.168.

211 Bekendtgørelse om ægteskabets indgåelse, Nr.662 vom 01.08.1995.

212 Vgl. Karnov ÆL, Fn.5; Danielsen/Hornslet/Knudsen, S.33.

213 Karnov ÆL, Fn.5.

214 Soweit er sich ausdrücklich auch auf die o.g. Willenserklärungen erstreckt, ist die vormundschaftsgerichtliche Anordnung wirkungslos, vgl. MünchKomm-Schwab § 1903 Rn.21.

215 Erman-Holzhauer § 1903 Rn.25; Staudinger-Bienwald § 1903 Rn.44.

hat, im Grundsatz wirksam. Voraussetzung für den Eintritt rechtlicher Bindungswirkung ist lediglich, daß er im Moment der Errichtung des Testaments hinreichend zurechnungsfähig und geistig gesund war[216]. Dies wiederum ist dann der Fall, wenn die betreffende Person zum Zeitpunkt der Disposition darüber im Klaren ist, daß sie über ihr Vermögen verfügt und weiß, welchen Umfang dieses Vermögen hat. Darüber hinaus ist erforderlich, daß der psychisch Kranke die Forderungen, die im Testament bedachte bzw. nicht bedachte Personen geltend machen könnten, in ihre Überlegungen mit einbezieht[217]. Die oben genannten Kriterien dienen zur konkreten Beurteilung eines jeden Falles und sind auch auf Personen, die vom MHA erfaßt werden, anwendbar[218]. Die Frage, ob eine wirksame Testamentserrichtung stattgefunden hat, ist folglich unabhängig von der Einteilung der psychisch Kranken in die drei Kategorien[219] zu beurteilen.

2.2.3.2.2 Die Rechtslage in Dänemark

Gemäß § 39 AL[220] kann nur eine Person, die das 18. Lebensjahr vollendet oder die Ehe eingegangen ist[221], ein Testament errichten. Obwohl die oben genannten Voraussetzungen darauf hindeuten, ist Geschäftsfähigkeit keine Voraussetzung für eine wirksame Verfügung von Todes wegen[222]. Auch wenn für die psychisch kranke Person ein Betreuer gemäß § 5 vml. bestellt ist bzw. ihr sogar gemäß § 6 vml. die Fähigkeit zum rechtswirksamen Handeln aberkannt wurde, so hat sie dennoch die Möglichkeit, aufgrund der Höchstpersönlichkeit dieses Rechtsgeschäfts ohne Zustimmung des Betreuers eine Verfügung von Todes wegen zu treffen[223]. Zu beachten ist hierbei jedoch, daß eine wirksame Testamentserrichtung von vorneherein dann nicht in Betracht kommt, wenn der betreffenden

---

216 Palmer and Brown v. Dent (1850) 2 Rob. Eccl. 284; Arthur v. Bokenham (1708) 11 Mod. Rep. 148; Clark/Ross Martyn, Theobald on Wills, S.32; Miller, S.130.

217 Cockburn C.J. in Banks v. Goodfellow (1870) L.R. 5 Q.B. 549, 565: „It is essential to the exercise of such a power that a testator shall understand the nature of the act and its effects; shall understand the extent of the property of which he is disposing; shall be able to comprehend and appreciate the claims to which he ought to give effect; and with a view to the latter object, that no disorder of the mind shall poison his affections, pervert his sense of right, or prevent the exercise of his natural faculties - that no insane delusion shall influence his will in disposing of his property and bring about a disposal of it which, if the mind had been sound, would not have been made.“; vgl. auch Harwood v. Baker (1840) 3 Moo.P.C. 282 ff.; Boughton v. Knight (1873) 3 P.D. 64, 65 ff.

218 Williams, S.36; Miller, S.128.

219 Vgl. oben 2.2.1.1.

220 Arvelov; Lovbekendtgørelse Nr.584 vom 01.09.1986.

221 Diese altersmäßige Abgrenzung ist dieselbe wie in § 1 fml. und § 1 vml.

222 Diese - im Ergebnis nicht richtige - Schlußfolgerung kommt erst seit Erlaß des vml. in Betracht, da nunmehr auch Minderjährige, die die Ehe eingehen, gemäß § 1 stk.1, 1.pkt. vml. unbeschränkt geschäftsfähig werden, vgl. Karnov vml. Fn.1.

223 Danielsen, Arvelov, S.349, 425; Taksøe-Jensen, Lærebog i Arveret, S.178.

Person gemäß § 51 AL aufgrund einer psychischen Krankheit die Fähigkeit fehlt, vernunftgemäß über ihr Vermögen zu verfügen[224]. Aufgrund der bisherigen restriktiven Praxis bei der Anordnung der Betreuung ist anzunehmen, daß diese fehlende Einsichtsfähigkeit bei der überwiegenden Anzahl der Betreuten zu bejahen sein wird. Hinsichtlich dieser Personen liegt daher i.d.R. eine Ausnahme vom Grundsatz der nicht-zustimmungsbedürftigen Testamentserrichtung vor[225].

2.2.3.2.3 Vergleich zum deutschen Recht

Auch Verfügungen von Todes wegen können im deutschen Recht gemäß § 1903 II BGB einem Einwilligungsvorbehalt nicht unterliegen. Ebenso wie bei Rechtsgeschäften, die auf die Eheschließung gerichtet sind, ist auch hier die Höchstpersönlichkeit des Rechtsgeschäfts Grund dafür, daß hinsichtlich einseitiger Verfügungen (§ 1937 BGB) und Erbverträgen (§ 1941 BGB) weder ein Handeln des psychisch Kranken mit Zustimmung des Betreuers noch eine gesetzliche Vertretung des Betreuten in Betracht kommt[226]. Für das Testament folgt die Höchstpersönlichkeit aus § 2064 BGB, für den Erbvertrag aus § 2274 BGB. Darüber hinaus kann sich ein Einwilligungsvorbehalt gemäß § 1903 II BGB ebenfalls nicht auf Willenserklärungen erstrecken, zu denen ein beschränkt Geschäftsfähiger nach den Vorschriften des Vierten und Fünften Buches nicht der Zustimmung seines gesetzlichen Vertreters bedarf. Zu diesen höchstpersönlichen Rechtsgeschäften zählen z.B. Willenserklärungen, die der Betreute als gesetzlicher Vertreter seiner Kinder entgegennimmt, Einwilligungen zu ärztlichen Eingriffen und religiöse Fragen betreffende Willenserklärungen[227].

Voraussetzung für eine wirksame Verfügung von Todes wegen ist jedoch, daß die psychisch kranke Person nicht gemäß § 2229 IV BGB von der Errichtung eines Testaments bzw. gemäß § 2275 I BGB vom Abschluß eines Erbvertrages ausgeschlossen ist. Ist dies nicht der Fall, erlangt die vom psychisch Kranken getroffene Verfügung auch ohne die Zustimmung seines Betreuers sofortige Wirksamkeit.

2.2.3.3 Rechtsvergleichende Würdigung

Vergleicht man die Regelungen der untersuchten Rechtsordnungen, so ist hinsichtlich der Willenserklärungen, die auf die Eingehung der Ehe gerichtet sind, festzustellen, daß das dänische Recht von dem Englands und Deutschlands abweicht. Während die Zustimmungsfreiheit im englischen Recht den Grundsatz

---

224 Andersen/Iversen/Nørgaard, S.24, Fn.28; Nørgaard/Nørgaard/Vesterdorf, S.119; genauer zum Begriff des „vernunftgemäßen Handelns" vgl. Karnov AL, Fn.119.

225 Vgl. Danielsen, Arvelov, S.349.

226 Staudinger-Bienwald § 1903 Rn.46; MünchKomm-Schwab § 1903 Rn.21.

227 Hierzu ausführlich Mitko, Einwilligungsvorbehalt, S.55 ff.

darstellt, erreicht das deutsche Recht dasselbe Ergebnis durch die Normierung von Ausnahmen vom Zustimmungserfordernis in § 1903 II BGB. Im dänischen Recht sind Rechtsgeschäfte, die auf die Eingehung der Ehe gerichtet sind, hingegen nicht vom Zustimmungserfordernis ausgenommen. Zwar ist es durchaus denkbar, daß eine unter Betreuung stehende Person einer erhöhten Gefahr der Ausnutzung im Hinblick auf solche Rechtsgeschäfte ausgesetzt ist, jedoch dürften diese Fälle die Ausnahme sein. Vielmehr erscheint es bzgl. der Regelung des dänischen Rechts nicht hinnehmbar, daß der Betreute Rechtsgeschäfte, die auf die Eingehung der Ehe gerichtet sind, nicht selbständig vornehmen kann. Durch die Erteilung bzw. Verweigerung der Zustimmung kann der Betreuer auf die Wahl des zukünftigen Ehegatten Einfluß nehmen, was bei einem solch höchstpersönlichen Rechtsgeschäft nicht akzeptabel erscheint.

Was Verfügungen von Todes wegen betrifft, so geht auch das dänische Recht davon aus, daß zu ihrer Vornahme eine Zustimmung nicht erforderlich bzw. ein Handeln unter Mitwirkung des Betreuers nicht möglich ist. Ebenso wie im englischen und deutschen Recht wird davon ausgegangen, daß die Mitwirkung einer dritten Person mit der Natur dieses höchstpersönlichen Rechtsgeschäfts unvereinbar ist und daher ausschließlich der psychisch Kranke selbst eine solche Willenserklärung abgeben kann.

2.3 Zusammenfassung und Bewertung

Nach Untersuchung des Zustimmungserfordernisses beim Handeln eines Minderjährigen lassen sich einige Gemeinsamkeiten, jedoch auch grundlegende Unterschiede zwischen den untersuchten Rechtsordnungen feststellen.

Gemein ist dem englischen, dänischen und deutschen Recht, daß das von einem Minderjährigen selbständig getätigte Rechtsgeschäft im Grundsatz als unwirksam anzusehen ist. Lediglich in bestimmten, in den Rechtsordnungen im Einzelnen unterschiedlichen Ausnahmefällen tritt eine sofortige Wirksamkeit des geschlossenen Vertrages ein. Während Übereinstimmung auch dahingehend besteht, daß der Minderjährige durch die mangelnde Durchsetzbarkeit von Ansprüchen des Vertragspartners geschützt werden muß, unterscheiden sich die Rechtsordnungen hinsichtlich der Rechte des Vertragspartners. Im Gegensatz zum englischen Recht, welches von dessen strenger, rechtlicher Bindung bis zur Entscheidung über die Genehmigung ausgeht, stehen das dänische und deutsche Recht. Diese Rechtsordnungen sehen eine flexiblere Regelung vor und ermöglichen es dem Dritten, seine Erklärung vor Erteilung der Genehmigung zu widerrufen. Von den untersuchten Rechtsordnungen trägt das deutsche Recht den Interessen des Dritten jedoch am umfassendsten Rechnung, da es dem Vertragspartner des Minderjährigen über die Möglichkeit der Aufforderung hinaus auch ein Recht zur Aufforderung des Zustimmungsberechtigten einräumt.

Die Erteilung der Zustimmung zu einem vom Minderjährigen selbständig eingegangenen Rechtsgeschäft hat in allen drei untersuchten Rechtsordnungen das Wirksamwerden des Vertrages zur Folge. Der Minderjährige wird hierdurch an die getroffene Vereinbarung gebunden und ist verpflichtet, die ihm obliegende Leistung zu erbringen. Einigkeit besteht auch darüber, daß die Zustimmung keiner bestimmten Form, insbesondere nicht derjenigen des zugrundeliegenden Rechtsgeschäfts bedarf, und ihre Erteilung in ausdrücklicher oder in konkludenter Form erfolgen kann. Die Wirkung der Genehmigung betreffend stimmen jedoch lediglich das englische und das deutsche Recht überein. Während sie von einer Rückwirkung der Genehmigung ausgehen, mißt das dänische Recht dieser Erklärung nur eine Wirkung ex-nunc bei. Vom rechtlichen Fortbestand von während der Schwebezeit getätigten Verfügungen gehen die drei Rechtsordnungen jedoch wiederum übereinstimmend aus.

Auch im Bereich des Rechts betreffend psychisch Kranker kommt in allen hier untersuchten Rechtsordnungen ein Handeln mit Zustimmung grundsätzlich in Betracht. Voraussetzung hierfür ist jedoch, daß das Rechtsgeschäft nach den unterschiedlichen Regelungen im englischen, dänischen und deutschen Recht nicht bereits als vollwirksam anzusehen ist. Trotz der grundsätzlichen Zustimmungsbedürftigkeit von Rechtsgeschäften psychisch kranker Personen, sind in allen drei Rechtsordnungen jedoch wiederum bestimmte, denen im Minderjährigenrecht ähnelnde Ausnahmen zu beachten. Liegt eine solche Ausnahme vor, erlangt das Rechtsgeschäft auch bei selbständigem Tätigwerden der psychisch kranken Person volle Wirksamkeit. Diese Rechtsfolge tritt in den drei untersuchten Rechtsordnungen gleichfalls bei höchstpersönlichen Rechtsgeschäften ein. Eine - m.E. nicht hinreichend begründbare - Ausnahme bilden lediglich auf die Eingehung der Ehe gerichtete Rechtsgeschäfte im dänischen Recht, bei denen der psychisch Kranke regelmäßig der Zustimmung seines Betreuers bedarf[228].

Hinsichtlich der Einordnung der Zustimmung an sich bestehen zwischen dem englischen Recht auf der einen und dem dänischen und deutschen Recht auf der anderen Seite gravierende Unterschiede. Aufgrund der Tatsache, daß das englische Recht eine gesetzliche Vertretung des Minderjährigen bzw. des psychisch Kranken und somit sein rechtliches Handeln unter Mitwirkung einer dritten Person ablehnt, kann von einer Zustimmung zum Rechtsgeschäft eines Dritten nicht gesprochen werden. Zum einen ist die Verwendung des Begriffs der Zustimmung in diesem Zusammenhang deshalb nicht unangreifbar, weil lediglich ein Wirksamwerden durch Genehmigungserteilung, nicht jedoch durch Einwilligung in das betreffende Rechtsgeschäft in Betracht kommt. Zum anderen han-

[228] Vgl. oben 2.2.3.1.2.

delt es sich bei dem zu genehmigenden Vertrag nicht um denjenigen einer dritten Person, da der Minderjährige bzw. der kranke Volljährige eine von ihm selbst zu einem früheren Zeitpunkt getroffene Vereinbarung ratifiziert. Aus diesem Grund kommt als Empfänger der Genehmigungserklärung im englischen Recht auch lediglich der Vertragspartner der nicht voll geschäftsfähigen Person in Betracht. Die Genehmigung durch die schutzbedürftige Person selbst ist zwar auch im dänischen und deutschen Recht anerkannt, jedoch handelt es sich hierbei nicht um die am häufigsten eintretende Konstellation. Da der Regelfall in diesen beiden Rechtsordnungen die Zustimmungserteilung durch die gesetzlichen Vertreter ist, stellt die Ratifizierung durch den Minderjährigen bzw. den psychisch Kranken lediglich eine zusätzliche Möglichkeit dar, einer getroffenen Vereinbarung zur Wirksamkeit zu verhelfen.

Aufgrund des oben beschriebenen unterschiedlichen Ansatzes weichen die kontinental-europäischen Rechtsordnungen auch im Bereich der Rechtsgeschäfte, die für den Minderjährigen bzw. den psychisch Kranken sofortige Bindungswirkung entfalten, von derjenigen Englands ab. Während die Ausnahmen vom Grundsatz der Unwirksamkeit im englischen Recht darauf abzielen, daß der Minderjährige bzw. psychisch Kranke bestimmte Rechtsgeschäfte zur Bestreitung seines Lebensunterhalts selbständig muß vornehmen können, haben die Ausnahmen im dänischen und deutschen Recht im Blick, daß in bestimmten Fällen eine wirksame Verpflichtung der betreffenden Person auch ohne „Einmischung“ ihrer gesetzlichen Vertreter möglich sein muß.

Trotz der großen Ähnlichkeit des dänischen und deutschen Rechts, die die Zustimmung des Dritten zum Rechtsgeschäft gleichermaßen als Mittel der Aufsicht und Kontrolle der minderjährigen bzw. unter Betreuung stehenden Person verstehen, differieren diese Rechtsordnungen hinsichtlich der Normierung der Zustimmung im Gesetz. Während das BGB die Möglichkeit des Wirksamwerdens durch Zustimmungserteilung sowohl im Minderjährigenrecht als auch im Betreuungsrecht mehrmals ausdrücklich erwähnt, und die §§ 182 ff. BGB darüber hinaus allgemeine, ergänzende Regelungen enthalten, ist das dänische Recht diesbezüglich zurückhaltend. Obwohl im dänischen Recht unbestritten anerkannt, ist das Wirksamwerden eines Rechtsgeschäfts durch Zustimmungserteilung im dänischen Minderjährigen- und Betreuungsrecht praktisch nicht normiert. Lediglich im Zusammenhang mit dem Ausschluß des Rücktrittsrechts bei Genehmigungserteilung (§ 44 vml.) wird der Begriff der Genehmigung überhaupt erwähnt. Die umfassende Regelung der Zustimmung im deutschen Recht ist auf die Tendenz des Gesetzgebers zurückzuführen, annähernd sämtliche Rechtsfragen und –grundsätze gesetzlich zu normieren. Daß dem dänischen Recht eine solche Intention nicht zugrundeliegt, werden die folgenden Teile dieser Arbeit noch verdeutlichen.

3 Die Zustimmung beim Handeln eines vollmachtlosen Vertreters (falsus procurator)

3.1 Voraussetzungen für die Genehmigungsfähigkeit des Rechtsgeschäfts

3.1.1 Offenkundigkeit der Stellvertretung

3.1.1.1 Die offenbarte Stellvertretung („disclosed agency“) im englischen Recht

Erste Voraussetzung für die Genehmigungsfähigkeit des vom vollmachtlosen Vertreter vorgenommenen Rechtsgeschäfts ist die Offenkundigkeit der Stellvertretung. Nur solche Rechtsgeschäfte, bei deren Vornahme der Vertreter vorgegeben hat, im Namen des Vertretenen zu handeln (sog. „disclosed agency“), können von letzteren - und nur von diesem[229] - ratifiziert werden[230]. Hierbei ist nicht erforderlich, daß der vollmachtlose Vertreter wirklich beabsichtigte, im Namen des Vertretenen zu handeln; entscheidend ist, wie eine außenstehende Person das Verhalten des Vertreters auffassen mußte[231]. Soweit die andere Vertragspartei annimmt, der Handelnde wolle sich selbst verpflichten, liegt der Fall des „undisclosed principal“ vor[232]. Ein Wirksamwerden des Vertrages durch Genehmigung ist dann nicht möglich[233]. Das Erfordernis der Offenlegung der Stellvertretung geht jedoch nicht soweit, daß die namentliche Nennung des Vertretenen erforderlich ist[234]. Es genügt für die Genehmigungsfähigkeit des Rechtsgeschäfts, daß die vertretene Person irgendwie identifiziert werden kann[235].

229 Vgl. nur Fridman, S.88.

230 Wilson v. Tumman (1843) 6 Man.&G. 236; Treitel, S.668; Beatson, Anson´s Law of Contract, S.626; Downes, S.350; Markesinis/Munday, S.73.

231 Vgl. Re Tiedemann & Ledermann Frères [1899] 2 Q.B. 66; Treitel, S.669; Beatson, Anson´s Law of Contract, S.626; Beale, Chitty II, S.16; Billins, A5.21; Fridman, S.94 f.

232 Diese Konstellation ist streng von der vollmachtlosen Vertretung zu unterscheiden, da bei der „undisclosed agency“ der Dritte beabsichtigt, mit der ihm bekannten Person zu kontrahieren. Diesen hält er für seinen Vertragspartner, obwohl diese Person in Wirklichkeit lediglich Vertreter ist.

233 Keighley Maxted & Co. v. Durant [1901] A.C. 240 H.L.; Beale, Chitty II, S.16; Billins, A5.17; Kötz, S.353.

234 National Oilwell (U.K.) Ltd. v. Davy Offshore Ltd. [1993] 2 Lloyd´s Rep. 582, 595 ff.; Treitel, S.669; Beatson, Anson´s Law of Contract, S.626; Beale, Chitty II, S.17; Billins, A5.17; Bowstead/Reynolds, S.62.

235 Watson v. Swann (1862) 11 C.B.N.S. 756; Southern Water Authority v. Carey [1985] 2 All E.R. 1077 Q.B.; Beatson, Anson´s Law of Contract, S.625; Koffman/Mcdonald, S.494; Markesinis/Munday, S.68.

3.1.1.2 Darstellung des dänischen Rechts

Die Vollmacht ist im dänischen Recht in den §§ 10 bis 27 aftl.[236] normiert. Während § 11 aftl. den Fall betrifft, daß der Bevollmächtigte die ihm eingeräumte Vertretungsmacht überschreitet, hat eine Normierung des Falles, daß dem Vertreter die erforderliche Vertretungsmacht gänzlich fehlt, nicht stattgefunden. Da die Möglichkeit einer Bindung des Vertretenen durch Genehmigung im dänischen Recht jedoch anerkannt ist[237], muß hier auf die allgemeinen Grundsätze des Vertretungsrechts zurückgegriffen werden.

Eine dieser Regeln, die im aftl. in § 10 stk.1 niedergelegt ist, besagt, daß eine Verpflichtung des Bevollmächtigenden durch das rechtsgeschäftliche Handeln des Vertreters nur dann in Betracht kommt, wenn letzterer bei Abschluß des Vertrages mit dem Dritten im Namen des Vertretenen gehandelt, d.h. das Vertretungsverhältnis offenbart hat[238]. Zwar betrifft § 10 stk.1 aftl. ausdrücklich den Fall, daß der Vertreter sich innerhalb der Grenzen der Vollmacht bewegt hat. Da jedoch durch nachträgliche Zustimmung dieselbe Rechtslage entsteht wie wenn der Vertreter von Anfang an bevollmächtigt gewesen wäre[239], ist auch i.R.d. vollmachtlosen Vertretung mit anschließender Genehmigung Offenkundigkeit erforderlich[240]. Es ist davon auszugehen, daß das dänische Recht an die Offenlegung der Stellvertretung keine höheren Anforderungen als das englische Recht stellt, so daß auch hier lediglich die Identifizierbarkeit, nicht jedoch die namentliche Nennung des Vertretenen gegeben sein muß.

3.1.1.3 Vergleich zur Rechtslage in Deutschland

Auch im deutschen Recht stellt das Offenkundigkeitsprinzip einen wesentlichen Grundsatz des Rechts der Stellvertretung dar. Die Wirkung des Rechtsgeschäfts für und gegen den Vertretenen tritt - sowohl im Falle des Handelns mit Vertretungsmacht als auch beim Wirksamwerden des Rechtsgeschäfts durch Genehmigung - nur dann ein, wenn der Vertreter erkennbar in dessen Namen tätig geworden ist[241]. Wie im englischen Recht erfordert der Offenheitsgrundsatz jedoch nicht die namentliche Nennung des Vertretenen gegenüber dem Dritten[242].

---

[236] Lov om aftaler og andre retshandler på formuerettens område (aftalelov); Lovbekendtgørelse Nr.781 vom 26.08.1996.

[237] Vgl. nur Andersen/Nørgaard, S.130.

[238] Gomard, S.238; Andersen/Nørgaard, S.69; Jørgensen, S.101 und 107; Andersen, Privatret, S.86; Ussing, Aftaler, S.280; Andersen/Madsen/Nørgaard, S.316.

[239] Vgl. zu den Folgen der Genehmigungserteilung unten 3.2.2.

[240] Vgl. Andersen/Nørgaard, S.136.

[241] Vgl. den Wortlaut des § 177 I BGB und Soergel-Leptien Vor § 164 Rn.21 ff.; Erman-Palm § 164 Rn.3, § 177 Rn.2; Larenz/Wolf, S.863, 877.

[242] RGZ 140, 335, 338; BGH NJW 1989, 164, 166; Staudinger-Schilken Vorbem. zu § 164 Rn.35.

Für die Genehmigungsfähigkeit des Vertrages genügt seine Individualisierbarkeit zum Zeitpunkt des Vertreterhandelns[243].

Im Gegensatz zur Zustimmung beim Handeln eines Minderjährigen bzw. eines psychisch Kranken stellt die Genehmigung des von einem vollmachtlosen Vertreter geschlossenen Vertrages eine sog. Zustimmung kraft Vornahme eines Rechtsgeschäfts in Arbeitsteilung dar[244]. Der Unterschied zu den übrigen in dieser Arbeit untersuchten Fallgruppen besteht darin, daß die handelnde Person das Rechtsgeschäft nicht in eigenem, sondern in fremdem Namen abschließt. Die Rechtsfolgen der Vereinbarung treffen in diesem Fall somit nicht den Handelnden, sondern den Genehmigungsberechtigten.

3.1.2 Existenz des Vertretenen zum Zeitpunkt des Vertragsschlusses

3.1.2.1 Die Rechtslage in England

Zur Wirksamkeit eines Vertrages im Falle des Handelns eines vollmachtlosen Vertreters sind zwei Rechtsakte erforderlich, d.h. einerseits der Vertragsschluß durch den Vertreter und andererseits die darauf folgende Genehmigungserteilung durch den Vertretenen. Bei diesem zweiaktigen Geschehen stellt sich die Frage, ob ein Wirksamwerden durch Genehmigung auch dann in Betracht kommt, wenn der Vertretene zwar zum Zeitpunkt der Genehmigungserteilung, nicht jedoch schon zum Zeitpunkt des Vertragsschlusses durch den vollmachtlosen Vertreter existent war. Diese Fallkonstellation tritt insbesondere dann auf, wenn es sich bei der vertretenen Person um eine juristische handelt, und die Firmengründer bereits vor dem Entstehen des Rechtssubjekts als Repräsentanten der zukünftigen juristischen Person agieren. Das englische Recht verneint die Möglichkeit einer wirksamen Genehmigung durch die inzwischen entstandene juristische Person, soweit diese nicht bereits zum Zeitpunkt des Vertragsschlusses Bestand hatte[245]. Liegt die oben beschriebene Fallkonstellation vor und geht die Genehmigung aus diesem Grund ins Leere, haftet der vollmachtlose Vertreter gemäß s. 36C (1) des CoA 1985[246] persönlich[247].

---

243 Palandt-Heinrichs § 164 Rn.1; MünchKomm-Schramm § 164 Rn.18 f.

244 MünchKomm-Schramm Vor § 182 Rn.5 und Thiele, Zustimmungen, S.145 ff. Gelegentlich wird der Fall des § 177 I BGB auch als Zustimmungserfordernis kraft Rechts-oder Interessenbeteiligung angesehen, vgl. Soergel-Leptien Vor § 182 Rn.6.

245 Kelner v. Baxter (1866) L.R. 2 C.P. 174; Treitel, S.670; Upex, Davies on Contract, S.197; Stone, S.357; Billins, A5.15; Markesinis/Munday; S.67; Fridman, S.86.

246 Companies Act 1985.

247 S.36C (1) CoA 1985: „A contract which purports to be made by or on behalf of a company at a time when the company has not been formed has effect, subject to any agreement to the contrary, as one made with the person purporting to act for the company or as agent for it, and he is personally liable on the contract accordingly.“. Dieser Absatz wurde durch s.130 (4) CoA 1989 (Companies Act 1989) eingeführt.

3.1.2.2 Die Normierung im dänischen Recht

Im Gegensatz zum englischen Recht ist in Dänemark die Existenz des Vertretenen für die Genehmigungsfähigkeit eines Rechtsgeschäfts nicht Voraussetzung. Zwar bestimmen § 12 stk.1, 1.pkt. ASL[248] bzw. § 12 stk.1, 1.pkt. APSL[249] ausdrücklich, daß eine Gesellschaft, die nicht oder noch nicht bei der Gewerbe- und Gesellschaftsdirektion des dänischen Gewerbeministeriums („Erhvervs- og Selskabsstyrelsen") registriert ist, als solche keine Rechte erwerben oder Verpflichtungen eingehen kann, d.h. kein eigenständiges Rechtssubjekt darstellt[250]. Dies bedeutet jedoch nicht, daß nicht andere Personen vor dem Zeitpunkt der Eintragung für die Gesellschaft tätig werden könnten, wie §§ 12 stk.2 ASL bzw. 12 stk.2 APSL entnommen werden kann. Die zukünftige juristische Person und ihr Vertragspartner werden durch das Handeln des Vertreters gebunden; die Ansprüche sind jedoch durch die Eintragung der Gesellschaft bedingt[251]. Erfolgt ein solches Handeln für die Gesellschaft, haften die Personen, die die Verpflichtung eingegangen sind bzw. diejenigen, die für das Handeln im Namen der noch nicht entstandenen juristischen Person sonst mitverantwortlich sind, solidarisch, vgl. jeweils § 12 stk.2, 1.pkt. ASL bzw. APSL. Als haftende Personen kommen hier insbesondere die Gründer der Gesellschaft, Vorstandsmitglieder, Prokuristen oder andere Personen in Betracht, die im Namen der Gesellschaft aufgetreten sind. Entscheidend ist nicht allein, ob die betreffende Person selbst rechtsgeschäftliche Handlungen vorgenommen hat, sondern ob sie am Entschluß, Verpflichtungen im Namen der Gesellschaft einzugehen, beteiligt war und wußte oder hätte wissen müssen, daß vor der Eintragung der Gesellschaft Rechtsgeschäfte in deren Namen getätigt wurden[252].

§ 12 stk.2, 2.pkt. ASL (§ 12 stk.2, 2.pkt. APSL) bestimmt, daß die Verpflichtungen, die vor der Eintragung der Gesellschaft in ihrem Namen eingegangen wurden, mit der Registrierung automatisch auf diese übergehen. Zu dieser Sukzession von Pflichten ist weder die Zustimmung des Gläubigers noch eine solche der Gesellschaft erforderlich[253]. Die bis zur Eintragung haftenden Personen werden unmittelbar von ihrer Verantwortung frei, sofern nicht etwas

---

248 Aktieselskabslov; Lovbekendtgørelse Nr.324 vom 07.05.2000.

249 Anpartsselskabslov; Lovbekentgørelse Nr.325 vom 07.05.2000. Die „anpartsselskab" ist eine Gesellschaft mit beschränkter Haftung (nach dänischem Recht).

250 Gomard, Selskabsret, S.3; Friis Hansen/Krenchel, Lærebog i selskabsret II, S.82; Werlauff, S.258.

251 Karnov ASL, Fn.79; APSL, Fn.58; Andersen, Aktie- og Anpartsselskabsret, S.146; Rosenberg/Sneholt/Thomsen, S.123.

252 Vgl. Karnov ASL, Fn.81; APSL, Fn.61; Gomard, AS&APS, S.114; Andersen, Aktie- og Anpartsselskabsret, S.146; Friis Hansen/Krenchel, Lærebog i selskabsret II, S.82.

253 Friis Hansen/Krenchel, Lærebog i selskabsret II, S.84; Rosenberg/Sneholt/Thomsen, S.133.

anderes vereinbart wurde[254]. Aufgrund der Tatsache, daß auch hier das dänische allgemeine Vertretungsrecht Anwendung findet[255], kann das oben Gesagte jedoch nur dann gelten, wenn die Vertreter der Gesellschaft zur Zeitpunkt ihres Handelns die erforderliche Vertretungsmacht besaßen[256]. Sofern dies, wie beim Vertragsschluß durch einen falsus procurator, nicht der Fall ist, kommt ein automatischer Übergang der Pflichten ohne deren Anerkennung durch die Gesellschaft nicht in Betracht. Im Falle der vollmachtlosen Vertretung ist eine Bindung der nunmehr entstandenen juristischen Person an das in Namen der Gesellschaft getätigte Rechtsgeschäft demnach lediglich im Fall einer wirksamen Genehmigungserteilung möglich.

3.1.2.3 Vergleich zur Rechtslage in Deutschland

Das deutsche Recht ähnelt hinsichtlich der Möglichkeit, nach der Gründung aber bereits vor Eintragung der Gesellschaft im Handelsregister für diese rechtsgeschäftlich tätig zu werden, in hohem Maße der Rechtsordnung Dänemarks. Auch in Deutschland wird die Genehmigungsfähigkeit eines Rechtsgeschäfts, welches von einem Vertreter im Namen einer noch nicht entstandenen juristischen Person (Vorgesellschaft) getätigt wurde, heute bejaht[257]. Zwar gilt sowohl für die AG gemäß § 41 I 1 AktG als auch für die GmbH gemäß § 11 I GmbHG, daß die Gesellschaft vor ihrer Eintragung ins Handelsregister als solche nicht besteht, d.h. keine eigene Rechtspersönlichkeit besitzt[258]. § 41 I 1 AktG bzw. § 11 II GmbHG läßt sich jedoch entnehmen, daß ein Vertreterhandeln im Namen der Gesellschaft grundsätzlich möglich ist, und daß die Handelnden bis zum Zeitpunkt der Eintragung persönlich und gesamtschuldnerisch haften. In Betracht kommt insbesondere eine Haftung des Vorstands der AG und der Geschäftsführer der GmbH. Sofern eine Person gehandelt hat, die weder Organmitglied ist noch sich als ein solches verhalten hat, finden § 41 I 2 AktG bzw. §§ 11 II GmbHG keine Anwendung[259].

Wird ein Vertreter der Vorgesellschaft für die gegründete, aber noch nicht entstandene juristische Person tätig, so tritt nach neuerer Rechtsprechung des

---

254 Karnov ASL, Fn.83; APSL, Fn.62; Friis Hansen/Krenchel, S.54; Friis Hansen/Krenchel, Lærebog i selskabsret II, S.84; Gomard, AS&APS, S.113; Rosenberg/Sneholt/Thomsen, S.133.

255 Karnov ASL, Fn.81.

256 Andersen, Aktie- og Anpartsselskabsret, S.146.

257 Vgl. BGHZ 63, 45, 48; 69, 95, 101; 91, 148, 151; BGH NJW 1973, 798, 798 mit Anm. Schmidt NJW 1973, 1595 ff.; BGH NJW 1998, 62, 63; MünchKommAktG-Pentz § 41 Rn.135; Baumbach/Hueck § 11 Rn.49; Palandt-Heinrichs § 164 Rn.1. Zur früheren Rechtslage, nach der ein genehmigungsfähiges Rechtsgeschäft nicht vorlag, vgl. überblicksmäßig MünchKommAktG-Pentz § 41 Rn.135, 154.

258 Hüffer § 41 Rn.1 f.; Baumbach/Hueck § 11 Rn.1 f.

259 Vgl. Hüffer § 41 Rn.20; MünchKommAktG-Pentz § 41 Rn.135; Lutter/Hommelhoff § 11 Rn.14.

BGH[260] die juristische Person mit Erlangung der Rechtsfähigkeit automatisch an die Stelle der Vorgesellschaft[261]. Eine solche Universalsukzession kann jedoch nur dann stattfinden, wenn die Vorgesellschaft durch das Handeln des Vertreters wirksam verpflichtet worden ist[262]. Dies kann einerseits dadurch erfolgt sein, daß der für die Gesellschaft tätig gewordene Vertreter mit bzw. im Rahmen seiner Vertretungsmacht gehandelt oder daß die Vorgesellschaft sein Handeln gemäß § 177 I BGB genehmigt hat. Sofern eine Bindung der Vorgesellschaft hingegen nicht eingetreten ist und die Gesamtrechtsnachfolge daher ins Leere geht, besteht die Möglichkeit der Genehmigung des Rechtsgeschäfts durch die nunmehr existente Gesellschaft[263]. Die Handelndenhaftung gemäß § 41 I 2 AktG bzw. § 11 II GmbHG endet in diesem Fall erst mit der rechtlichen Bindung der Gesellschaft durch die Zustimmungserklärung. Im Recht der AG kann eine Bindung der entstandenen Gesellschaft auch durch Abschluß eines Schuldübernahmevertrages mit dem bzw. den Handelnden gemäß § 41 II AktG erfolgen.

3.1.3 Rechtsmacht des Vertretenen

3.1.3.1 Darstellung des englischen Rechts

Im englischen Recht ist weiterhin Voraussetzung, daß der Vertretene die erforderliche Rechtsmacht besitzt, um den betreffenden Vertrag zu schließen. Fraglich ist jedoch, zu welchem Zeitpunkt diese vorliegen muß, da einerseits der Zeitpunkt des Vertragsschlusses, andererseits der der Genehmigungserteilung in Betracht kommt. Sofern der Vertretene zum Zeitpunkt der Genehmigungserteilung nicht hinreichend legitimiert ist, kommt ein Wirksamwerden durch Genehmigung schon von vorneherein nicht in Betracht[264]. Darüber hinaus geht das

---

260 Der grundlegende Fall BGHZ 80, 129, 137 ff. betrifft den Fall der Nachfolge einer GmbH in die Rechte und Pflichten einer Vor-GmbH. Nach heute wohl herrschender Ansicht finden diese Grundsätze jedoch auch auf die AG Anwendung, vgl. Hüffer § 41 Rn.16; MünchKommAktG-Pentz § 41 Rn.107. Vgl. auch BGHZ 80, 182, 183; 91, 148, 151; BGH NJW 1982, 932, 932.

261 Wie dieser Eintritt in die Rechte und Pflichten der Vorgesellschaft exakt erfolgt, ist im Einzelnen umstritten. Es stehen sich hier die Vertreter der Identitätstheorie, die davon ausgehen, daß es sich bei der Vorgesellschaft und der entstehenden juristischen Person um ein einheitliches Rechtssubjekt handelt, und die Anhänger der Theorie der Gesamtrechtsnachfolge gegenüber. Letztere differenzieren zwischen der Vorgesellschaft und der juristischen Person und gehen von zwei verschiedenen Rechtsträgern aus. Zum Meinungsstand vgl. MünchKommAktG-Pentz § 41 Rn.104 ff.; Hüffer § 41 Rn.16 ff., beide m.w.N.

262 Hüffer § 41 Rn.28; Baumbach/Hueck § 11 Rn.52.

263 MünchKommAktG-Pentz § 41 Rn.155; Hüffer § 41 Rn.12; Scholz-Schmidt § 11 Rn.134; Staudinger-Schilken § 177 Rn.20 und Erman-Palm § 177 Rn.1, alle m.w.N.

264 Grover and Grover v. Matthews [1910] 2 K.B. 401; Firth v. Staines [1897] 2 Q.B. 70, 75; Stone, S.358.

englische Recht davon aus, daß eine Genehmigung der getroffenen Vereinbarung nur dann möglich ist, wenn der Vertretene zum Zeitpunkt des Vertragsschlusses die erforderliche Rechtsmacht aufwies[265]. War dies nicht der Fall, entfaltet eine später erteilte Genehmigung keinerlei Rechtswirkungen.

3.1.3.2 Die Rechtslage in Dänemark

Im dänischen Recht finden sich keine eindeutigen Aussagen zu der Frage der Rechtsmacht des Vertretenen. Sofern das Problem der fehlenden Rechtsmacht einer Person in der Literatur einmal angesprochen wird, geschieht dies nicht in Verbindung mit der Vertretung, sondern lediglich in Fällen, in denen der Handelnde selbst verpflichtet werden wollte. Die Frage, zu welchem Zeitpunkt Verfügungsmacht des das Handeln des vollmachtlosen Vertreters Genehmigenden vorgelegen haben muß, ist wohl weder in der Rechtslehre bisher diskutiert worden, noch hat diese Frage den Gerichten vorgelegen.

Wie in England ist auch im dänischen Recht davon auszugehen, daß der Vertretene in jedem Fall zum Zeitpunkt der Genehmigungserteilung die erforderliche Rechtsmacht besitzen muß. Ohne eine solche hinreichende Legitimierung kann die Erklärung des Genehmigenden dem Rechtsgeschäft nicht zur Wirksamkeit verhelfen.

Fraglich und bisher ungeklärt ist jedoch, ob der Genehmigende auch zum Zeitpunkt des Handelns des vollmachtlosen Vertreters Verfügungsmacht gehabt haben muß. Nach eingehender Betrachtung des dänischen Vertretungsrechts ist anzunehmen, daß eine solche zusätzliche Voraussetzung für die Genehmigungsfähigkeit des Rechtsgeschäfts nicht zu erfüllen ist. Sofern der Vertretene jedenfalls zum Zeitpunkt der Genehmigungserteilung Rechtsmacht besitzt, entfaltet das vom vollmachtlosen Vertreter getätigte Rechtsgeschäft demnach auch dann Rechtswirkungen für und gegen den Genehmigenden, wenn dieser erst zu einem Zeitpunkt nach Vertragsschluß Verfügungsmacht erlangt hat[266]. Den Grund für diese Annahme bildet die Tatsache, daß das dänische Recht im Hinblick auf Formerfordernisse und andere Wirksamkeitsvoraussetzungen nicht besonders streng, insbesondere weniger streng als das deutsche Recht, ist. Sofern nicht wesentliche Unwirksamkeitsgründe entgegenstehen, zielt es primär darauf ab, dem Willen der Parteien Rechnung zu tragen und einen Vertragsschluß als wirksam anzusehen. Sollte das oben bezeichnete Problem den Gerichten einmal zur Entscheidung vorliegen, würden diese das genehmigungsbedürftige Rechts-

---

[265] Boston Deep Sea Fishing and Ice Co. v. Farnham (Inspector of Taxes) [1957] 1 W.L.R. 1051; Firth v. Staines [1897] 2 Q.B. 70; Kelner v. Baxter (1866) L.R. 2 C.P. 174; Beatson, Anson's Law of Contract, S.626; Cheshire/Fifoot/Furmston, S.488; Downes, S.351; Bowstead/Reynolds, S.63; Markesinis/Munday, S.70; Fridman, S.93.

[266] So auch Prof. Dr. Torsten Iversen, LL.M., Ph.D., Aarhus Universität, im persönlichen Gespräch am 12.09.2001.

geschäft daher wohl als wirksam ansehen, sofern dies mit den Interessen der Parteien im konkreten Fall vereinbar wäre.

Fraglich ist jedoch, ob sich das Problem der fehlenden Rechtsmacht zum Zeitpunkt des Vertragsschlusses im dänischen Recht überhaupt stellen würde, weil im Gegensatz zum englischen und deutschen Recht hinsichtlich der Rechtsfolgen der Genehmigungserteilung von einer ex-nunc-Wirkung der Erklärung ausgegangen wird. Da die Genehmigung demnach ohnehin erst ab dem Zeitpunkt ihrer Erteilung Wirkung zwischen den Parteien entfaltet, bestünde für ein solches zusätzliches Erfordernis wohl auch kein Grund. Demnach steht das dänische Recht bzgl. dieser Frage im Gegensatz zum englischen Recht; es genügt, daß der Genehmigende zum Zeitpunkt seiner eigenen Erklärung die erforderliche Rechtsmacht aufweist.

3.1.3.3 Vergleich zum deutschen Recht

Auch im deutschen Recht muß der Genehmigungsberechtigte zum Zeitpunkt der Ratifikation des vom vollmachtlosen Vertreter getätigten Rechtsgeschäfts legitimiert sein[267]. In dem Fall, in dem der Vertretene die Genehmigung erteilt, ohne ausreichende Verfügungsmacht zu besitzen, würde er in das Recht eines anderen, z.B. des wahren Eigentümers einer Sache, eingreifen. Eine wirksame Ratifikation ist dann aufgrund mangelnder Rechtsausübungsbefugnis über das von der Vereinbarung betroffene Recht nicht möglich[268].

Umstritten ist jedoch, ob der Genehmigende außerdem im Zeitpunkt der Vornahme des Rechtsgeschäfts durch den Vertreter ohne Vertretungsmacht verfügungsbefugt gewesen sein muß bzw. ob dies nicht der allein entscheidende Zeitpunkt für die Beurteilung der Genehmigungsfähigkeit des Rechtsgeschäfts ist. Die Befürworter einer in der Literatur vertretenen Ansicht[269] bejahen diese Frage und argumentieren mit der ex-tunc-Wirkung der Genehmigung. Der Zustimmende müsse deshalb schon bei Vertragsschluß hinreichend legitimiert sein, weil er ansonsten durch Genehmigung in das Recht desjenigen, der im Moment der Vornahme des Rechtsgeschäfts Berechtigter war, eingreifen würde[270].

Mit der h.L.[271] ist dem jedoch entgegenzuhalten, daß überzeugende Gründe für eine solche qualifizierte Verfügungsbefugnis nicht bestehen. Vielmehr muß das Vorliegen der Verfügungsmacht zum Zeitpunkt der Genehmigungserteilung entscheidend und ausreichend sein. Um nicht nachträglich die Rechtsposition

---

267 So die h.M. in Rspr. und Literatur: BGHZ 56, 131, 132 f.; 107, 340, 341; MünchKomm-Schramm § 184 Rn.23; Soergel-Leptien § 184 Rn.7; Flume AT II S.909; Palandt-Heinrichs § 184 Rn.3. Anders hingegen Pfister JZ 1969, 623 ff.

268 Graba, Bestätigung und Genehmigung, S.191.

269 Erman-Palm § 184 Rn.3; Larenz/Wolf, S.973; Pfister JZ 1969, 623, 624.

270 Vgl. hierzu ausführlich Pfister JZ 1969, 623 ff.

271 Soergel-Leptien § 184 Rn.7; MünchKomm-Schramm § 184 Rn.22, 25; Flume AT II S.911.

des ehemals Berechtigten zu beeinträchtigen, schränken die Vertreter der überwiegenden Ansicht jedoch die Rückwirkung der Genehmigung ein. Sofern der Genehmigungsberechtigte seine Rechtsposition erst nach Vornahme des Rechtsgeschäfts erlangt hat, wirkt die Genehmigung lediglich auf den Zeitpunkt des Rechtserwerbs durch den Genehmigungsberechtigten zurück[272]. Darüber hinaus führt die Lösung der Gegenansicht zu unpraktischen Ergebnissen. Im Falle der Verfügung eines Nichtberechtigten nach § 185 BGB könnte dessen Handeln weder vom ehemaligen Eigentümer noch von der Person, die zeitlich nach Vornahme der Verfügung das Eigentum erworben hat, allein, sondern allenfalls gemeinsam genehmigt werden[273].

Aus den o.g. Gründen ist die Lösung der h.L. vorzuziehen. Im Gegensatz zum englischen und im Einklang mit dem dänischen Recht ist in Deutschland Rechtsmacht des Genehmigungsberechtigten zum Zeitpunkt der Vornahme des Rechtsgeschäfts nicht erforderlich.

3.1.4 Einhaltung einer Frist für die Genehmigungserteilung

3.1.4.1 Darstellung des englischen Rechts

Eine gesetzlich normierte Frist, innerhalb derer die Genehmigungserteilung erfolgen muß, ist im englischen Recht nicht zu finden. In Betracht kommt jedoch, daß die Vertragsparteien die Einhaltung einer Frist vertraglich festgelegt haben. In einem solchen Fall muß die Genehmigungserteilung innerhalb dieser „time set for acceptance" erfolgen, um die Wirksamkeit des Rechtsgeschäfts herbeiführen zu können[274].

Soweit der vollmachtlose Vertreter und sein Vertragspartner keine Vereinbarung über eine einzuhaltende Frist getroffen haben, ist eine Genehmigungserteilung innerhalb einer angemessenen Zeit nach Abgabe der Willenserklärung („within a reasonable time of the acceptance") erforderlich[275]. Nur dann kann die Genehmigung der getroffenen Vereinbarung zur Wirksamkeit verhelfen[276].

---

272 Vgl. nur MünchKomm-Schramm § 184 Rn.25 m.w.N.

273 Staudinger-Gursky § 184 Rn.24.

274 Dibbins v. Dibbins (1876) 2 Ch. 348; Treitel, S.671; Koffman/Mcdonalds, S.495.

275 Metropolitan Asylums Board Managers v. Kingham & Sons (1890) 6 T.L.R. 217, 218; Re Portuguese Consolidated Copper Mines (1890) 45 Ch.D. 16; Stone, S.358; vgl. auch Kötz, S.353 f. Zur Frage, ob dieser Zeitpunkt regelmäßig vor Beginn bzw. Ausführung des Vertrages („commencement date of the contract") liegen muß, vgl. Fridman, S.103; Bowstead/Reynolds, S.80 f.; Billins, A5.25.

276 Fry L.J. in Metropolitan Asylums Board Managers v. Kingham & Sons: „If the ratification is to bind it must be made within a reasonable time after acceptance by an unauthorised person.".

3.1.4.2 Die Rechtslage in Dänemark

Auch im dänischen Recht ist eine Frist, nach Ablauf derer das vom vollmachtlosen Vertreter vorgenommene Rechtsgeschäft als genehmigungsunfähig anzusehen ist, nicht normiert. Ebenso wie in England stellt sich jedoch die Frage, bis zu welchem Zeitpunkt dem gutgläubigen Vertragspartner die anhaltende Schwebelage und die damit verbundene Unsicherheit über die Wirksamkeit des Vertrages zugemutet werden kann.

Sofern der vollmachtlose Vertreter dem Dritten zu erkennen gegeben hat, daß ihm die erforderliche Vertretungsmacht fehlt, und die Parteien aus diesem Grund die Einholung der Genehmigung innerhalb einer bestimmten Frist vereinbart haben, muß das Rechtsgeschäft bis zum Ablauf dieser Frist genehmigungsfähig sein. In diesem Fall, in dem Bösgläubigkeit hinsichtlich der vollmachtlosen Vertretung vorliegt, ist ein Schutz des Dritten nicht erforderlich. Wurde eine Abrede jedoch nicht getroffen, hat die Erklärung über die Genehmigung wie im englischen Recht innerhalb einer angemessenen Zeit nach Abschluß des Vertrages durch den vollmachtlosen Vertreter zu erfolgen[277]. Die Bemessung der Dauer dieses Zeitraums muß im Einzelfall erfolgen und hängt unter anderem von der Schwere des Nachteils ab, den der Dritte durch die Unwirksamkeit der Vereinbarung erleiden würde[278].

3.1.4.3 Vergleich zum deutschen Recht

Letztlich kennt auch das deutsche Recht grundsätzlich keine Frist, innerhalb derer die Genehmigungserteilung erfolgen muß, um dem Rechtsgeschäft Wirksamkeit zu verleihen[279]. Selbstverständlich steht es den Vertragspartnern i.S.d. Privatautonomie frei, eine Frist, nach Ablauf derer eine positive Erklärung über die Genehmigung nicht mehr erfolgen kann, zu vereinbaren[280]. Sofern eine solche Absprache nicht getroffen wurde, kommt allerdings nach Ablauf einer im Einzelfall zu bestimmenden Zeit die Verwirkung des Rechts auf Genehmigungserteilung in Betracht[281]. Grund für die Heranziehung dieses auf § 242 BGB gestützten Rechtsinstituts ist das berechtigte Interesse des Vertragspartners, sich nach einer angemessenen Zeit in Sicherheit über die rechtliche Situation wiegen zu können.

---

277 Dieser im dänischen Vertretungsrecht geltende Grundsatz entspricht der im Minderjährigenrecht in § 44 stk.2 vml. normierten Regelung des Rücktrittsrechts (vgl. hierzu oben 2.1.3.2.2.2).

278 Andersen, Grundlæggende aftaleret, S.161.

279 OLG Stuttgart NJW 1954, 36, 36; MünchKomm-Schramm § 177 Rn.17; Jauernig-Jauernig § 184 Rn.4; Palandt-Heinrichs § 184 Rn.1; Anton, Genehmigung von Rechtsgeschäften und Prozeßhandlungen, S.111.

280 Zur hiervon zu unterscheidenden Frage, ob eine wirksame Genehmigungserteilung noch erfolgen kann, wenn die Frist, die für die Annahme des Angebots bestimmt war, abgelaufen ist, vgl. Jauernig, FS Niederländer, S.285 ff.

281 Erman-Palm § 177 Rn.17; MünchKomm-Schramm § 177 Rn.17.

3.1.5 Umfang der Kenntnis des Vertretenen vom genehmigungsbedürftigen Rechtsgeschäft

3.1.5.1 Die Rechtslage in England

Hinsichtlich der Genehmigungsfähigkeit eines vom vollmachtlosen Vertreter getätigten Rechtsgeschäfts stellt sich letztlich die Frage, wie genau der Vertretene den Inhalt und die Rechtsfolgen des konkreten Geschäfts kennen muß, um eine wirksame Genehmigung vornehmen zu können. Im englischen Recht wird diesbezüglich insbesondere bei der konkludent erteilten Genehmigung davon ausgegangen, daß der Geschäftsherr volle Kenntnis der dem Vertragsschluß zugrundeliegenden Fakten haben muß[282]. Sein Wissen hinsichtlich des genehmigungsbedürftigen Rechtsgeschäfts soll demnach sämtliche, dem vollmachtlosen Vertreter bekannte Fakten, ohne die eine durchdachte Entscheidung über die Genehmigung nicht möglich ist, umfassen[283]. Ausnahmsweise können geringere Anforderungen an die Kenntnis des Genehmigenden u.U. dann gestellt werden, wenn dieser ausdrücklich den Willen geäußert hat, für sämtliche rechtsgeschäftlichen Akte des vollmachtlosen Vertreters einstehen zu wollen[284].

Nicht erforderlich ist hingegen, daß der Vertretene die rechtlichen Folgen des zu genehmigenden bzw. genehmigten Rechtsgeschäfts einsieht[285]. Letztlich ist für eine wirksame Ratifikation des Rechtsgeschäfts Voraussetzung, daß der Vertretene in seiner Entscheidung, die Vereinbarung zu genehmigen oder nicht, völlig frei ist[286]. Sofern dieser sich in einer Position befindet, in der er sich zu einer von beiden möglichen Entscheidungen gezwungen sieht, kann die Äußerung des Genehmigungsberechtigten nicht als Ratifikation angesehen werden.

3.1.5.2 Die Kenntnis vom Rechtsgeschäft in Dänemark

Wie auch das Problem der Rechtsmacht des Vertretenen ist die Frage, wie genau der Vertretene Kenntnis des genehmigungsbedürtigen Rechtsgeschäfts haben muß, bislang in Rechtsprechung und Lehre offensichtlich nicht aufgetaucht. Zwar ist im dänischen Recht anerkannt, daß die Zustimmung sowohl ausdrücklich als auch konkludent erteilt werden kann, jedoch bleibt im Einzelnen unklar, auf welche Tatsachen sich die Erklärung beziehen muß, damit das getätigte Rechtsgeschäft wirksam wird. Abgesehen davon, daß der Umfang der erforderlichen Kenntnis sicherlich im konkreten Fall zu entscheiden ist, lassen sich dennoch einige Voraussetzungen aufstellen, ohne deren Vorliegen insbesondere

---

[282] Savery v. King (1856) 5 H.L.Cas. 627; Royal Albert Hall Corp. v. Winchilsea (1891) 7 T.L.R. 362; Bedford Insurance Co. Ltd. v. Instituto de Resseguros do Brasil [1985] Q.B. 966, 987; Fridman, S.91; Beale, Chitty II, S.17.

[283] Fridman, S.91, Fn.8.

[284] Treitel, S.668.

[285] Powell v. Smith (1872) L.R. 14 Eq. 85; Lewis v. Read (1845) 13 M.&W. 834; Beale, Chitty II, S.17.

[286] Koffman/Mcdonald, S.494; Treitel, S.668.

eine konkludente Genehmigung keine Rechtswirkungen entfalten kann. Es ist zunächst davon auszugehen, daß der Genehmigende in jedem Fall die Art des geschlossenen Vertrages und den Vertragsgegenstand kennen muß. Darüber hinaus muß er wissen, welche ihm zustehenden wesentlichen Rechte und welche ihm obliegenden Pflichten die Vereinbarung beinhaltet. Sofern der vom vollmachtlosen Vertreter geschlossene Vertrag außergewöhnliche Umstände oder bestimmte Vorbehalte enthält, ist zudem Kenntnis dieser Tatsachen erforderlich. Es ist somit anzunehmen, daß sich die Erklärung des Genehmigenden jedenfalls auf die essentialia negotii beziehen muß, damit das Rechtsgeschäft endgültig wirksam wird. Wissen des Vertretenen hinsichtlich sämtlicher Rechtsfolgen der von ihm genehmigten Vereinbarung bedarf es wie im englischen Recht hingegen nicht[287].

3.1.5.3 Vergleich zum deutschen Recht

Auch im deutschen Recht kommt insbesondere bei konkludentem Handeln des Vertretenen eine wirksame Genehmigung nur unter bestimmten Voraussetzungen in Betracht. So muß die Ratifikation im Bewußtsein der schwebenden Unwirksamkeit erfolgen bzw. der Vertretene muß zumindest damit gerechnet haben, daß das durch den vollmachtlosen Vertreter getätigte Rechtsgeschäft noch seiner Genehmigung bedarf[288]. Folglich muß die Genehmigungserklärung den Willen des Vertretenen zum Ausdruck bringen, dem konkreten Vertrag zur Wirksamkeit zu verhelfen[289]. Hinsichtlich der dem Rechtsgeschäft zugrundeliegenden Fakten ist wie im dänischen Recht Kenntnis der „essentialia negotii", nicht jedoch das Wissen um sämtliche rechtliche Einzelheiten erforderlich. Insbesondere die Rechtsfolgen des konkreten Geschäfts muß der Genehmigende nicht kennen[290]. Selbst wenn diesbezüglich das Bewußtsein des Vertretenen fehlt, kann eine wirksame Genehmigungserteilung erfolgen.

3.2 Rechtsfolgen der vollmachtlosen Vertretung und der Erklärung über die Genehmigung

3.2.1 Die Rechtslage unmittelbar nach Abschluß des genehmigungsbedürftigen Rechtsgeschäfts durch den vollmachtlosen Vertreter

Tritt eine Person im Namen einer anderen Person, d.h. als dessen Vertreter, auf, ohne die erforderliche Vertretungsmacht zu besitzen, wird der Vertretene durch dessen rechtsgeschäftliches Handeln nicht gebunden. Der o.g. Grundsatz ist so-

[287] Gespräch mit Prof. Dr. Torsten Iversen, LL.M., Ph.D., Aarhus Universität, am 12.09.2001.

[288] BGHZ 47, 341, 351; BGH NJW 1997, 312, 313; NJW 1998, 1482, 1484; Staudinger-Schilken § 177 Rn.10; Flume S.74.

[289] MünchKomm-Schramm § 177 Rn.27; Soergel-Leptien § 177 Rn.24; Erman-Palm § 182 Rn.5.

[290] Staudinger-Schilken § 177 Rn.10.

wohl im englischen[291] als auch im dänischen[292] und deutschen Recht[293] anerkannt. Hintergrund dieser Regelung ist, daß die rechtsgeschäftliche Begründung einer Verpflichtung zu Lasten einer dritten Person nicht in Betracht kommen kann.

In allen drei untersuchten Rechtsordnungen hängt die Wirksamkeit des vom vollmachtlosen Vertreter getätigten Rechtsgeschäfts von der Genehmigung durch den Vertretenen ab. Bis zu ihrer Erteilung oder der Verweigerung der Ratifikation ist der Vertrag somit schwebend unwirksam.

3.2.2 Rechtsfolgen bei Erteilung der Genehmigung

Durch Erteilung der Genehmigung hat der Vertretene die Möglichkeit, der durch den vollmachtlosen Vertreter getroffenen Vereinbarung Wirksamkeit zu verleihen[294]. Nimmt der Genehmigungsberechtigte diese Gelegenheit wahr, hat dies im englischen[295], dänischen[296] und deutschen[297] Recht zur Folge, daß er nunmehr Partei des geschlossenen Vertrages und somit in vollem Umfang an die Vereinbarung gebunden wird. Das betreffende Rechtsgeschäft entfaltet demnach Rechtswirkung sowohl für als auch gegen den Vertretenen.

Über die Bindung des Vertretenen an das Rechtsgeschäft hinaus hat die Genehmigung den Effekt, daß der Vertreter als von Anfang an für den Abschluß

---

291 Xenos v. Wickham (1866) L.R. 2 H.L. 296; British Bank of the Middle East v. Sun Life Assurance Co. of Canada (U.K.) Ltd. [1983] 2 Lloyd's Rep. 9 H.L.

292 Gomard, S.242; Andersen, Grundlæggende aftaleret, S.218; Jørgensen, S.115; Ussing, Aftaler, S.339; Lassen, Obligationsret, S.201; Andersen, Privatret, S.90; Karnov aftl., Fn.43; Andersen/Nørgaard, S.128; Von Eyben/Kruse, Borgerlig ret I, S.92. Im dänischen Recht wird dieser Grundsatz einem Umkehrschluß zu § 10 stk.1 aftl. entnommen.

293 MünchKomm-Schramm § 177 Rn.15 f.; Jauernig-Jauernig § 177 Rn.1; Larenz/Wolf, S.933; Köhler, S.193; Stertkamp, Stellvertretung ohne Vertretungsmacht, S.207.

294 Eine Ausnahme gilt im deutschen Recht für einseitige Rechtsgeschäfte, die gemäß § 180 S.1 BGB einem Wirksamwerden durch Genehmigung grundsätzlich nicht zugänglich sind. Lediglich unter bestimmten Voraussetzungen kommt hier eine vollmachtlose Vertretung mit anschließender Ratifikation in Betracht, vgl. Brox AT, S.273 f.

295 Wilson v. Tumman (1843) 6 Man.&G. 236, 242; Bird v. Brown (1850) 4 Ex. 786, 798; Firth v. Staines [1897] 2 Q.B. 70; Beatson, Anson's Law of Contract, S.624; Cheshire/Fifoot/Furmston, S.487; Upex, Davies on Contract, S.196.

296 Gomard, S.242; Andersen/Madsen/Nørgaard, S.347; Jørgensen, S.115; Ussing, Aftaler, S.336. Die Möglichkeit der rechtlichen Bindung durch Genehmigung geht auch aus § 25 stk.1, 2.pkt. aftl. hervor. Vgl. hierzu UfR 1954.305 H: Ein Ehemann M hatte eigenmächtig im Namen seiner Frau H ein Geschäftslokal erworben, für welches er 9000 dkr. bar bezahlte und darüber hinaus i.H.v. 4000 dkr. einen Schuldbrief ausstellte. Nachdem die Frau vom Rechtsgeschäft und dessen näheren Bedingungen erfahren und sich dennoch passiv gegenüber dem Dritten verhalten hatte, bejahte das erkennende Gericht eine wirksame Genehmigung des vollmachtlos getätigten Geschäfts.

297 Vgl. § 177 I BGB und Jauernig-Jauernig § 177 Rn.6; Soergel-Leptien § 177 Rn.28; Erman-Palm § 177 Rn.19; Flume AT II, S.800.

des betreffenden Vertrages autorisiert angesehen wird[298]. Das getätigte Rechtsgeschäft wird ebenso als wirksam angesehen, wie wenn der vollmachtlose Vertreter mit hinreichender Vertretungsmacht gehandelt hätte. Als Folge der Bindung des Geschäftsherrn an den Vertrag verbessert sich die Position des vollmachtlosen Vertreters dahingehend, daß dieser nicht länger die Verweigerung der Genehmigung und somit mögliche Schadensersatzansprüche[299] des Vertragspartners befürchten muß[300].

3.2.3 Rechtsfolgen bei Verweigerung der Genehmigung

3.2.3.1 Darstellung des englischen Rechts

Wird die Genehmigung des durch den vollmachtlosen Vertreter vorgenommenen Rechtsgeschäfts hingegen verweigert, tritt endgültige Unwirksamkeit des Vertrages ein. Weder die Person des Vertretenen noch die des Vertreters wird an den Vertrag gebunden.

Zwar kann der vollmachtlose Vertreter einem Anspruch des Dritten auf Erfüllung des gescheiterten Vertrages aus den o.g. Gründen nicht ausgesetzt sein, jedoch kommt ein Schadensersatzanspruches wegen „breach of implied warranty of authority“ in Betracht. Die Geltendmachung eines solchen Anspruchs ist immer dann möglich, wenn eine Person seinem Vertragspartner durch Worte oder durch ein entsprechendes Verhalten vorgespiegelt hat, als bevollmächtigter Vertreter eines Dritten zu handeln, und der gutgläubige Vertragspartner hierdurch zu einer Disposition veranlaßt wird, die er so sonst nicht vorgenommen hätte[301]. Voraussetzung für die Zuerkennung des o.g. Anspruchs sind zum einen das offenkundige Handeln eines Vertreters ohne Vertretungsmacht und die Gutgläubigkeit des Vertragspartners hinsichtlich der fehlenden Vertretungsmacht. Zum anderen muß der anderen Partei dadurch, daß sie auf das Verhalten des Vertreters vertraut hat, ein Schaden entstanden sein. Sind die o.g. Voraussetzungen zu bejahen, steht dem Vertragspartner als Folge der vollmachtlosen Vertretung ein Anspruch auf das Erfüllungsinteresse, d.h. auf das Interesse, welches

---

298 Vgl. zum englischen Recht: Billins A5.29; Koffman/Mcdonald, S.494; Treitel, S.671; zum deutschen Recht: Staudinger-Schilken § 177 Rn.9; Larenz/Wolf, S.935; Prölss JuS 1985, 577, 584; Graba, Bestätigung und Genehmigung, S.192; Stertkamp, Stellvertretung ohne Vertretungsmacht, S.208. Dies soll nach Ussing (Aftaler, S.337) auch für das dänische Recht gelten, obwohl der Genehmigung an sich rückwirkende Kraft nicht zugesprochen wird.

299 Vgl. hierzu unten 3.2.3.

300 Zum englischen Recht: Bowstead/Reynolds, S.495 ff.; Fridman, S.108; zum dänischen Recht: Andersen/Madsen/Nørgaard, S.352, 355; Ussing, Aftaler, S.339; Andersen/Nørgaard, S.130; zum deutschen Recht vgl. § 179 I BGB (Umkehrschluß), der nur bei Verweigerung der Genehmigung einschlägig ist.

301 Collen v. Wright (1857) 8 E.&B. 647; Starkey v. Bank of England [1903] A.C. 114; Bowstead/Reynolds, S.496.

der Vertragspartner an der Wirksamkeit des Vertrages hatte, zu[302]. Auf das positive Interesse erstreckt sich dieses Recht auch dann, wenn der vollmachtlose Vertreter gutgläubig, d.h. der Auffassung war, vom Vertretenen autorisiert zu sein[303].

Sofern der Dritte jedoch bösgläubig hinsichtlich der mangelnden Vertretungsmacht war und die Unwirksamkeit der getroffenen Vereinbarung folglich bewußt in Kauf genommen hat, scheidet ein Schadensersatzanspruch gegen den vollmachtlosen Vertreter aus[304].

3.2.3.2 Die Normierung im dänischen Recht

Auch im dänischen Recht tritt, sofern die Genehmigungserteilung durch den Vertretenen verweigert wird, endgültige Unwirksamkeit der getroffenen Vereinbarung ein. Trotz seines vollmachtlosen Handelns wird der Vertreter grundsätzlich nicht anstelle des Genehmigungsberechtigten an den Vertrag gebunden[305]. Lediglich i.R.d. § 11 chl.[306] bzw. § 8 vxl.[307] entsteht ausnahmsweise eine rechtsgeschäftliche Verpflichtung des vollmachtlosen Vertreters.

Gemäß § 25 stk.1, 1.pkt. aftl. muß der vermeintliche Vertreter jedoch dafür einstehen, daß er dem Dritten gegenüber die bestehende Vertretungsmacht behauptet hat[308]. Wie im englischen Recht haftet er dem gutgläubigen Vertragspartner grundsätzlich auf das Erfüllungsinteresse, d.h. auf den Schaden, den dieser dadurch erleidet, daß der Vertrag nicht gegen den Vertretenen durchgesetzt werden kann, vgl. § 25 stk.1, 2.pkt. aftl. Um der Haftung gemäß § 25 aftl. zu entgehen, liegt es am vollmachtlosen Vertreter zu beweisen, daß er bevollmächtigt war oder daß der Vertrag durch Genehmigung für den Vertretenen bindend geworden ist[309]. Da der vollmachtlose Vertreter auch dann auf das positive Interesse haftet, wenn er gutgläubig hinsichtlich seiner fehlenden Vertretungsmacht war, wird dieses Einstehenmüssen des Vertreters im dänischen

---

302 Vgl. zu den Voraussetzungen des Anspruchs im Einzelnen: Fridman, S.243 ff.; Markesinis/Munday, S.81 ff.; Bowstead/Reynolds, S.495 ff.; Treitel, S.682 ff.

303 Yonge v. Toynbee [1910] 1 K.B. 215; Markesinis/Munday, S.84 und 85; Bowstead/Reynolds, S.497 f. Nach früherer Rechtslage haftete der vollmachtlose Vertreter, der im Glauben an eine bestehende Vertretungsmacht handelte, nicht, vgl. Smout v. Ilbery (1842) 10 M.&W. 1.

304 Beattie v. Ebury (1872) L.R. 7 Ch.App. 777, 800.

305 Gomard, S.242 (Fn.49); Andersen/Nørgaard, S.136.

306 Checklov; Lovbekendtgørelse Nr.558 vom 25.08.1986.

307 Veksellov; Lovbekendtgørelse Nr.559 vom 25.08.1986.

308 § 25 aftl. findet nicht nur dann Anwendung, wenn der Vertreter ohne Vertretungsmacht gehandelt hat, sondern auch, wenn dieser eine bestehende Vertretungsmacht mißbraucht hat.

309 Andersen, Grundlæggende aftaleret, S.219; Karnov aftl., Rn.83; Gomard, S.242. Vgl. auch die Entscheidung UfR 1951.43 H.

Recht häufig als fiktive, objektive Garantiehaftung bezeichnet[310]. Einen Anspruch auf Erfüllung gegen den vollmachtlosen Vertreter kann der Dritte auch im dänischen Recht nicht geltend machen[311].

Sofern der Dritte jedoch hinsichtlich der fehlenden Bevollmächtigung des Vertreters bösgläubig war, kommt eine Haftung des vollmachtlosen Vertreters gemäß § 25 stk.1, 2.pkt. aftl. nicht in Betracht, vgl. § 25 stk.2, 1.pkt. aftl. Gleiches gilt im Fall des § 25 stk.2, 2.pkt. aftl.: Sofern der vollmachtlose Vertreter im Hinblick auf eine Vollmacht handelte, die aus ihm unbekannten Gründen unwirksam war, und der Vertragspartner auch nicht mit seiner Kenntnis bzgl. dieser Umstände rechnen konnte, ist eine Haftung des vollmachtlosen Vertreters gemäß § 25 stk.2, 2.pkt. aftl. ebenfalls nicht möglich[312].

3.2.3.3 Vergleich zur Rechtslage in Deutschland

Auch im deutschen Recht ist anerkannt, daß der vollmachtlose Vertreter im Falle der Verweigerung der Genehmigung grundsätzlich nicht an die getroffene Vereinbarung gebunden ist[313]. Etwas anderes gilt wie im dänischen Recht jedoch bei der unauthorisierten Zeichnung von Wechseln und Schecks; gemäß §§ 11 ScheckG bzw. § 8 WG tritt hier sehr wohl eine Bindung des vollmachtlosen Vertreters ein.

Für seine Behauptung, die erforderliche Vertretungsmacht zu besitzen, muß der vollmachtlose Vertreter bei Verweigerung der Genehmigung einstehen[314]. Ihm obliegt die Last zu beweisen, daß eine hinreichende Bevollmächtigung vorliegt bzw. eine Genehmigung des Rechtsgeschäfts durch den Vertretenen erfolgt ist[315]. Hatte der vollmachtlose Vertreter vom Fehlen der Vertretungsmacht Kenntnis, so ergibt sich aus einem Umkehrschluß zu § 179 II 1.Hs. BGB, daß er dem Dritten gemäß § 179 I BGB wahlweise[316] auf Erfüllung

---

310 Zum Schadensersatzanspruch vgl. Andersen/Nørgaard, S.129 ff.; Gomard, S.243; Andersen, Grundlæggende aftaleret, S.218 f.; Andersen, Privatret, S.90; Andersen/Madsen/Nørgaard, S.354 f.; Jørgensen, S.115; Ussing, Aftaler, S.340; Lassen, Obligationsret, S.203; Karnov aftl., Fn.85 f.

311 Karnov aftl., Fn.85; Andersen/Nørgaard, S.132; Gomard, S.243.

312 Vgl. zu diesen Ausnahmen von der objektiven Garantiehaftung Gomard, S.243; Jørgensen, S.116; Ussing, Aftaler, S.341; Lassen, Obligationsret, S.203; Andersen/Nørgaard, S.132 und ausführlich Andersen, Grundlæggende aftaleret, S.220 ff. Auch sofern ein Minderjähriger als vollmachtloser Vertreter gehandelt hat, ist der Schadensersatzanspruch modifiziert, vgl. Karnov aftl., Fn.85; Andersen/Nørgaard, S.131 m.w.N.

313 Flume AT II, S.803.

314 Zu beachten ist jedoch, daß die Haftung des vollmachtlosen Vertreters subsidiär ist, d.h. daß sie dann nicht in Betracht kommt, wenn dem Vertretenen das Rechtsgeschäft aufgrund einer Anscheins- oder Duldungsvollmacht zuzurechnen ist, vgl. Prölss JuS 1985, 577, 580.

315 MünchKomm-Schramm § 179 Rn.44; Staudinger-Schilken § 179 Rn.26; Köhler, S.197.

316 Nach ganz h.M. entsteht ein Wahlschuldverhältnis, auf das die §§ 262 ff. BGB anwendbar sind. Zu den Wahlmöglichkeiten und denen sich hieraus ergebenden unterschiedlichen

oder auf Schadensersatz in Höhe des positiven Interesses haftet[317]. Wie im englischen und dänischen Recht handelt es sich bei dieser Einstandspflicht des Vertreters um eine objektive, verschuldensunabhängige Haftung[318], die auf dem enttäuschten Vertrauen des Dritten hinsichtlich der Wirksamkeit des geschlossenen Vertrages basiert[319].

War der Vertreter jedoch gutgläubig hinsichtlich des Mangels der Vertretungsmacht, so haftet er zwar ebenfalls verschuldensunabhängig, jedoch gemäß § 179 II BGB lediglich auf den Vertrauensschaden, d.h. auf das negative Interesse[320]. Dieser Vorschrift zufolge ist die Schadensersatzpflicht jedoch durch die Höhe des Erfüllungsinteresses begrenzt[321].

Sofern der Dritte den Mangel der Vertretungsmacht gekannt oder infolge Fahrlässigkeit nicht gekannt hat und somit das Risiko der Vertragsunwirksamkeit bewußt in Kauf genommen hat, kommt ein Einstehenmüssen des vollmachtlosen Vertreters gemäß § 179 III 1 BGB von vorneherein nicht in Betracht. Dies gilt sogar auch in dem Fall, in dem seitens des Dritten lediglich Fahrlässigkeit, seitens des vollmachtlosen Vertreters jedoch positive Kenntnis seiner fehlenden Vertretungsmacht vorliegt[322]. Auch in dem Fall, in dem es sich bei dem Vertreter um einen beschränkt Geschäftsfähigen handelt, der ohne die erforderliche Zustimmung seiner gesetzlichen Vertreter tätig geworden ist, ist die Geltendmachung des Schadensersatzanspruchs ausgeschlossen, vgl. § 179 III 2 BGB[323].

Positionen des vollmachtlosen Vertreters und des Dritten vgl. Larenz/Wolf, S.939; Staudinger-Schilken § 179 Rn.12 ff.; MünchKomm-Schramm § 179 Rn.31 ff.

317 Zur umstrittenen Frage, ob der Anspruch gegen den Vertreter auf den Betrag begrenzt werden muß, den der Dritte bei Wirksamkeit des Vertrages vom Vertretenen erhalten hätte, vgl. MünchKomm-Schramm § 179 Rn.34 (Fn.76 ff.) und Flume AT II, S.806 ff., jeweils m.w.N.

318 Larenz/Wolf, S.938; Palandt-Heinrichs § 179 Rn.1; Flume AT II, S.801; Jauernig-Jauernig § 179 Rn.4; Prölss JuS 1986, 169, 169.

319 BGHZ 39, 45, 51; 73, 266, 269.

320 Palandt-Heinrichs § 179 Rn.7; Erman-Palm § 179 Rn.12; Larenz/Wolf, S.940; Brox AT, S.276.

321 Die Entscheidung für eine Haftungsbegrenzung zugunsten des gutgläubigen vollmachtlosen Vertreters wurde erst in der 2.BGB-Kommission eingeführt, weil man eine Schadensersatzpflicht auf das positive Interesse im Falle der Gutgläubigkeit als zu streng ansah. Der 1.Entwurf sah eine Regelung wie § 179 II BGB hingegen noch nicht vor, sondern statuierte eine besonders strenge Haftung wie sie im englischen Recht noch heute Anwendung findet. Vgl. Flume AT II, S.804.

322 Vgl. hierzu Prölss JuS 1986, 169, 171.

323 Ausführlich zur Haftung des vollmachtlosen Vertreters Kiesel, Stellvertretung ohne Vertretungsmacht, S.48 ff.

3.3 Rechtsvergleichende Würdigung der Voraussetzungen und Rechtsfolgen der vollmachtlosen Vertretung

3.3.1 Vergleich zwischen England, Dänemark und Deutschland

3.3.1.1 Rechtsvergleichende Würdigung der Voraussetzungen der vollmachtlosen Vertretung

Betrachtet man die Voraussetzungen der Genehmigungsfähigkeit eines von einem vollmachtlosen Vertreter getätigten Rechtsgeschäfts, so läßt sich feststellen, daß diese in den drei untersuchten Rechtsordnungen ähnliche Grundzüge aufweisen. Hinsichtlich bestimmter Einzelfragen bestehen jedoch Unterschiede.

Zunächst ist festzustellen, daß sowohl im englischen als auch im dänischen und deutschen Recht Offenkundigkeit des Vertreterhandelns vorliegen muß, damit das Rechtsgeschäft nach Erteilung der Genehmigung Rechtswirkungen für und gegen den Vertretenen entfalten kann. Hinsichtlich der Anforderungen an diese Erkennbarkeit stimmen die drei Rechtsordnungen wiederum darin überein, daß dieses Erfordernis schon dann erfüllt ist, wenn die vertretene Person zwar nicht namentlich genannt wird, ihre Identität jedoch aus den Umständen ermittelt werden kann.

Übereinstimmung besteht darüber hinaus auch hinsichtlich der Frage, ob der Vertretene eine Frist beachten muß, nach deren Ablauf eine wirksame Genehmigungserteilung nicht mehr möglich ist. Lediglich sofern die Parteien eine Vereinbarung über eine Frist getroffen haben, muß die Erklärung des Genehmigenden rechtzeitig, d.h. innerhalb des verabredeten Zeitraums, erfolgen. Liegt eine solche Absprache nicht vor, genügt es allen Rechtsordnungen zufolge, wenn die Erteilung der nachträglichen Zustimmung innerhalb einer im Einzelfall angemessenen Frist stattfindet.

Letztlich herrschen in England, Dänemark und Deutschland auch hinsichtlich der Frage nach dem Umfang der erforderlichen Kenntnis des Vertretenen übereinstimmende Auffassungen. Als Voraussetzung für die Genehmigungsfähigkeit eines Rechtsgeschäfts ist in jeden Fall die Kenntnis der essentialia negotii des vom vollmachtlosen Vertreter geschlossenen Vertrages anzusehen. Wissen um die sich aus dem Rechtsgeschäft ergebenden Rechtsfolgen muß hingegen nicht vorliegen.

Unterschiede zwischen den Rechtsordnungen Englands, Dänemarks und Deutschlands bestehen jedoch hinsichtlich der Frage, ob auch ein Rechtsgeschäft, welches im Namen einer noch nicht existenten Gesellschaft geschlossen wurde, von dieser nach Erlangung der Rechtsfähigkeit genehmigt werden kann. Das dänische und das deutsche Recht stimmen hinsichtlich dieses Problems darin überein, daß die Existenz des Vertretenen zum Zeitpunkt des Vertragsschlusses für die Genehmigungsfähigkeit des Rechtsgeschäfts nicht ausschlaggebend ist. Sofern eine wirksame Genehmigungserteilung durch die inzwischen entstandene Gesellschaft erfolgt, tritt eine ebensolche Bindung des Genehmigenden ein wie dies im Falle der Existenz des Vertretenen der Fall gewesen wäre.

Die Möglichkeit, in Namen einer noch nicht entstandenen Gesellschaft tätig zu werden, ist in Deutschland mittlerweise anerkannt[324]. Zu einem früheren Zeitpunkt wurde die Vorgesellschaft hingegen nicht als eigenständiges Rechtssubjekt angesehen, was zur Folge hatte, daß eine nach Eintragung der Gesellschaft erfolgende Genehmigung dem vom vollmachtlosen Vertreter vor Entstehung der Gesellschaft getätigten Rechtsgeschäft nicht zur Wirksamkeit verhelfen konnte. Der vermeintliche Vertreter, aufgrund dessen unauthorisierten Handelns ein wirksamer Vertrag nicht zustandegekommen ist, haftete in diesem Fall persönlich.

Im Gegensatz zum dänischen und deutschen Recht besteht die oben beschriebene Rechtslage in England noch heute. Wie eine Vielzahl anderer Grundsätze im englischen Recht ist auch das Erfordernis der Existenz des Vertretenen zum Zeitpunkt des Vertreterhandelns einer Entscheidung aus dem 19. Jahrhundert zu entnehmen. Aufgrund der Tatsache, daß der maßgebliche Fall noch heute als Präzedenzfall dient, findet der Grundsatz, daß eine Genehmigung nur dann erfolgen kann, wenn das Handeln des vollmachtlosen Vertreters zu einem Zeitpunkt nach Eintragung der Gesellschaft und somit nach ihrer Entstehung erfolgt ist, noch heute Anwendung.

Auch hinsichtlich der Frage, zu welchem Zeitpunkt der Vertretene die für sein rechtsgeschäftliches Handeln erforderliche Rechtsmacht besitzen muß, herrscht keine Einigkeit. Die drei Rechtsordnungen stimmen zwar dahingehend überein, daß eine hinreichende Legitimation des Vertretenen zum Zeitpunkt der Genehmigungserteilung erforderlich ist, um diese Erklärung wirksam abgeben zu können. Hinsichtlich des Problems der Rechtsmacht des Vertretenen zum Zeitpunkt des Tätigwerdens des vollmachtlosen Vertreters differieren die Ansichten jedoch. Während das englische Recht davon ausgeht, daß diese Voraussetzung zusätzlich erfüllt sein muß, wird im dänischen Recht und ganz überwiegend auch im deutschen Recht die Auffassung vertreten, daß für ein solches Erfordernis kein Anlaß bestehe. Sofern der Vertretene im englischen Recht demnach nicht sowohl zum Zeitpunkt seiner eigenen Erklärung als auch bereits in dem Moment, als der vollmachtlose Vertreter in seinem Namen die Vereinbarung mit dem Dritten traf, hinreichend verfügungsbefugt war, kann die Genehmigung dem schwebend unwirksamen Vertrag keine Bindungswirkung verleihen.

[324] Vgl. BGHZ 53, 210, 211; 91, 148, 149; BGH NJW 1973, 798, 798; MünchKomm-Schramm § 177 Rn.7.

3.3.1.2 Rechtsvergleichende Würdigung der Rechtsfolgen der vollmachtlosen Vertretung

Die Rechtsfolgen, die unmittelbar nach dem Tätigwerden des vollmachtlosen Vertreters eintreten, sind in den drei untersuchten Rechtsordnungen in den Grundzügen identisch. Sowohl in England als auch in Dänemark und Deutschland führt das unauthorisierte Handeln allein nicht zur Bindung des vermeintlich Vertretenen. Das in seinem Namen getätigte Rechtsgeschäft ist zunächst schwebend unwirksam, kann jedoch durch Erteilung der Genehmigung Rechte und Pflichten für den Vertretenen entfalten. Sofern eine solche erklärt wird, ist der vollmachtlose Vertreter von jeder ihm drohenden Schadensersatzpflicht befreit. Entscheidet sich der Vertretene jedoch gegen eine Genehmigungserklärung, so wird der vollmachtlose Vertreter zwar in keiner der Rechtsordnungen anstelle des Vertretenen rechtlich gebunden, macht sich jedoch unter bestimmten Voraussetzungen schadensersatzpflichtig.

Wußte der vollmachtlose Vertreter von der ihm fehlenden Vertretungsmacht, d.h. war er diesbezüglich bösgläubig, erstreckt sich der Ersatzanspruch des Dritten in allen drei Rechtsordnungen auf das positive Interesse, d.h. auf das Interesse, das dieser an der Wirksamkeit des Vertrages hatte. Obwohl ein wirksamer Vertrag im Falle der Verweigerung der Genehmigung gerade nicht zustande kommt, besteht im deutschen Recht die Besonderheit, daß der Dritte vom vollmachtlosen Vertreter wahlweise auch Erfüllung verlangen kann. Hierdurch wird letzterer zwar nicht Vertragspartner, erlangt jedoch rein tatsächlich eine solche Stellung. Im englischen und dänischen Recht kann der Dritte einen Anspruch auf Erfüllung hingegen nicht geltend machen.

Unterschiede zwischen den Rechtsordnungen bestehen darüber hinaus hinsichtlich der Frage, inwieweit der vollmachtlose Vertreter zur Schadensersatzleistung verpflichtet ist, wenn der Vertreter im Vertrauen auf eine Vollmacht gehandelt hat, die zum Zeitpunkt seines Handelns in Wirklichkeit nicht oder nicht mehr bestand. Das englische Recht nimmt in dieser Frage den für den Dritten günstigsten Standpunkt ein, da es auch in diesem Fall eine Haftung auf das positive Interesse statuiert. Da der vollmachtlose Vertreter in England daher in jedem Fall auf das Erfüllungsinteresses haftet, sollte dieser sich im eigenen Interesse sorgfältig über das Bestehen seiner Vertretungsmacht vergewissern.

Wie im englischen Recht haftet der gutgläubige vollmachtlose Vertreter auch im deutschen Recht verschuldensunabhängig. Um jedoch demjenigen, der vom Fehlen seiner Vertretungsmacht keine Kenntnis hatte, keine allzu strenge Haftung aufzuerlegen, ist er lediglich zum Schadensersatz in Höhe des negativen Interesses verpflichtet, welches durch den Betrag des positiven Interesses begrenzt ist. Mit Hilfe dieser Regelung trägt das deutsche Recht sowohl dem Interesse des Dritten, Ersatz für sein enttäuschtes Vertrauen zu erhalten, als auch dem Anliegen des vollmachtlosen Vertreters, einer Schadensersatzhaftung möglichst zu entgehen, gleichermaßen Rechnung und ermöglicht so einen gerechten Interessenausgleich.

Einen anderen Ansatz, um die Anliegen der am Rechtsgeschäft beteiligten Parteien zu berücksichtigen, wählt das dänische Recht, indem es alternativ den Belangen der einen oder der anderen Partei den Vorrang einräumt. Sofern der vollmachtlose Vertreter gutgläubig hinsichtlich des Mangels an Vertretungsmacht war und der Dritte auch nicht mit seiner Kenntnis diesbezüglich rechnen durfte, werden die Interessen des vermeintlichen Vertreters in den Vordergrund gestellt. Er ist in diesem Fall von jeglicher Haftung befreit. In dem Fall, in dem der Dritte jedoch annehmen durfte, daß der vollmachtlose Vertreter bösgläubig hinsichtlich der Bevollmächtigung war, steht ihm Schadensersatz in Höhe des positiven Interesses zu.

Letztlich besteht in den drei untersuchten Rechtsordnungen jedoch Übereinstimmung dahingehend, daß die Geltendmachung eines Schadensersatzanspruchs dann niemals Erfolg hat, wenn dem Dritten Kenntnis der fehlenden Bevollmächtigung des vollmachtlosen Vertreters nachgewiesen werden kann. Da der Dritte in diesem Fall in keinster Weise schutzwürdig ist, räumen sowohl das englische und das dänische als auch das deutsche Recht dem Interesse des vollmachtlosen Vertreter, einer Haftung für sein Handeln zu entgehen, den Vorrang ein.

3.3.2 Vergleich der untersuchten Rechtsordnungen mit den PECL

Ebenso wie die Rechtsordnungen Englands, Dänemarks und Deutschlands schreiben auch die PECL in Art.3:202 als grundlegendes Prinzip fest, daß eine Bindung des Vertretenen bzw. des Dritten lediglich dann in Betracht kommt, wenn der Vertreter im Rahmen einer vorhandenen Vertretungsmacht tätig geworden ist. Sofern er seine Vertretungsmacht überschreitet oder, wie es im Rahmen dieser Arbeit von Bedeutung ist, eine solche überhaupt nicht besteht, entfaltet sein Handeln gemäß Art.3:204 § 1 PECL zunächst keine rechtliche Bindungswirkung[325]. Im Falle des Tätigwerdens einer vollmachtlosen Person hat der Vertretene jedoch auch gemäß den PECL die Möglichkeit, dem schwebend unwirksamen Rechtsgeschäft durch Erteilung einer ausdrücklichen oder konkludenten Genehmigung zur Wirksamkeit zu verhelfen, vgl. Art.3:207 § 1 PECL[326]. Diese kann sowohl dem vollmachtlosen Vertreter als auch dem Dritten gegenüber erklärt werden[327]. Entscheidet sich der Vertretene für die Erklärung der Genehmigung, so ist das vom vollmachtlosen Vertreter getätigte Rechtsgeschäft gemäß Art.3:207 § 2 PECL ohne Rücksicht auf Rechte dritter Personen als von Anfang an authorisiert anzusehen, so daß der Vertrag nunmehr

---

325 So auch Art.14 Abs.1 GCA (Geneva Convention on Agency in the International Sale of Goods vom 17.02.1983).

326 Die Möglichkeit der Genehmigung eröffnen auch Art.15 Abs.1-8 GCA.

327 Lando/Beale, S.213 f. (comment); von Bar/Zimmermann, S.244 (Kommentar).

für und gegen den Genehmigenden wirkt[328]. Wie im englischen und deutschen Recht, aber im Kontrast zum dänischen Recht, wirkt die Genehmigung ex-tunc, d.h. auf den Zeitpunkt des Vertragsschlusses durch den vollmachtlosen Vertreter zurück[329].

Rechtliche Bindungswirkung entfaltet das vom vollmachtlosen Vertreter getätigte Geschäft auch in dem Fall, in dem der Genehmigende, i.d.R. eine juristische Person, zum Zeitpunkt des Vertragsschlusses noch nicht existent war. Erfolgt nach Erlangung der Rechtsfähigkeit eine Genehmigungserteilung durch die inzwischen entstandene Gesellschaft, entfaltet das Rechtsgeschäft jedenfalls ab dem Moment ihrer Entstehung Rechtswirkungen[330]. Diese Rechtsregel stimmt zwar mit den dänischen und deutschen Normierungen überein, steht jedoch im Gegensatz zum englischen Recht, das in dieser Konstellation die Genehmigungsfähigkeit des getätigten Rechtsgeschäfts verneinen würde[331].

Hinsichtlich des Schadensersatzanspruches gegen den vollmachtlosen Vertreter im Falle der Verweigerung der Genehmigung durch den Vertretenen stimmen die PECL im Wesentlichen mit allen drei Rechtsordnungen überein. Sofern die gemäß Art.3:207 § 1 PECL mögliche Genehmigung verweigert wird, ist der vollmachtlose Vertreter zufolge Art.3:204 § 2 S.1 PECL verpflichtet, den Dritten so zu stellen, als hätte die erforderliche Vertretungsmacht vorgelegen, d.h. es ist dem Dritten sein Erfüllungsinteresse zu ersetzen[332]. Eine Bindung des vollmachtlosen Vertreters anstelle des vermeintlich Vertretenen kommt auch im Rahmen der PECL nicht in Betracht[333]. Der Grundsatz, daß der Dritte regelmäßig einen Anspruch auf sein Erfüllungsinteresse geltend machen kann, findet allerdings gemäß Art.3:204 § 2 S.2 PECL dann keine Anwendung, wenn der Dritte vom Mangel der Vertretungsmacht Kenntnis hatte oder hätte haben müssen[334], weil in dieser Konstellation ein enttäuschtes Vertrauen beim vermeintlichen Vertragspartner nicht gegeben ist. Eine Haftungserleichterung für den Fall, daß der vollmachtlose Vertreter gutgläubig im Hinblick auf eine in Wirklichkeit nicht bestehende Vertretungsmacht gehandelt hat, sehen die PECL ebenso wie das englische Recht nicht vor[335]. Auch in dem Fall, in dem der vermeintliche Vertreter gutgläubig hinsichtlich seiner fehlenden Vollmacht war, ist er daher zum Ersatz des positiven Interesses verpflichtet.

---

328 Lando/Beale, S.214 (comment); von Bar/Zimmermann, S.244 (Kommentar).

329 Lando/Beale, S.215 (notes); von Bar/Zimmermann, S.245 (Anmerkungen).

330 Lando/Beale, S.214 (comment); von Bar/Zimmermann, S.244 (Kommentar).

331 Vgl. zu dieser Frage auch Art.15 Abs.7 GCA, wonach ein Rechtsgeschäft als genehmigungsfähig angesehen wird, wenn es dies nach dem Gründungsstatut der Gesellschaft ist.

332 So auch Art.16 Abs.1 GCA.

333 Lando/Beale, S.208 (comment); von Bar/Zimmermann, S.236 (Kommentar).

334 Ebenso Art.16 Abs.2 GCA.

335 Auch die GCA beinhaltet eine solche Regelung nicht und geht demnach, wie das englische Recht, von einer strengen Haftung des vollmachtlosen Vertreters aus.

3.4 Die vollmachtlose Vertretung einer juristischen Person im englischen Recht („ultra-vires-Lehre“)

Sofern es sich bei dem Vertretenen um eine juristische Person handelt, stellt sich die Frage, ob diese jedem Rechtsgeschäft, welches durch eines ihrer Organe als vollmachtloser Vertreter geschlossen wurde, durch Genehmigung zur Wirksamkeit verhelfen kann. Bei der rechtsgeschäftlichen Vertretung einer Gesellschaft ist im englischen Recht die sog. „ultra-vires-Lehre“[336] zu beachten. Ihr zufolge ist der Umfang der Vertretungsmacht der Organe auf Handlungen beschränkt, die i.R.d. gewöhnlichen Geschäftsbetriebes liegen und mit den Zielen und Zwecken der Gesellschaft vereinbar sind[337]. Diese Zweckbestimmung ist im englischen Recht in der sog. „objects clause“ niedergelegt, die einen Teil der Gründungsurkunde („memorandum of association“) darstellt.

Sofern eine Vereinbarkeit hinsichtlich des vom Vertreter geschlossenen Vertrages nicht vorliegt, war sein Handeln „ultra vires“. Aufgrund der Tatsache, daß das getätigte Rechtsgeschäft in einem solchen Fall nichtig ist[338], kommt eine Genehmigung durch die Gesellschaft nicht in Betracht[339]. Dies gilt sogar dann, wenn sämtliche Teilhaber der Gesellschaft der Ratifikation der vom vollmachtlosen Vertreter getroffenen Vereinbarung zustimmen[340]. Sofern aufgrund einer „ultra-vires-Vereinbarung“ die Wirksamkeit des Rechtsgeschäfts durch Genehmigung nicht herbeigeführt werden kann, haftet der vollmachtlose Vertreter dem Vertragspartner wg. „breach of implied warranty of authority“[341]. Wie bei der vollmachtlosen Vertretung einer natürlichen Person entsteht weder eine rechtliche Bindung der Gesellschaft noch ein Schadensersatzanspruch des Dritten gegen diese.

Von dem o.g. Fall ist die Konstellation zu unterscheiden, daß ein Vertrag „intra vires“ der Gesellschaft ist, aber über die Rechtsmacht des Vertreters der

---

336 „Ultra vires“ (lat.): jenseits der Kräfte bzw. der Macht. Vgl. auch die englische Übersetzung „beyond the powers“. Ausführlich zu dieser Doktrin Schlink, Ultra-Vires-Lehre und Street, A treatise on the doctrine of ultra vires.

337 Der sog. „leading case“ ist Ashbury Railway Carriage & Iron Co. Ltd. v. Riche (1875) L.R. 7 H.L. 653.

338 Upex, Davies on Contract, S.167; Downes, S.161.

339 Bei Nichtigkeit ist die Genehmigung eines Rechtsgeschäfts grundsätzlich nicht möglich, vgl. Brook v. Hook (1871) L.R. 6 Ex. 89. Zu verschiedenen Fallgruppen von nichtigen Rechtsgeschäften vgl. Treitel, S.669, 671; Beatson, Anson's Law of Contract, S.626; Beale, Chitty II, S.17, 18; Cheshire/Fifoot/Furmston, S.490; Billins, A5.23; Bowstead/Reynolds, S.59; Markesinis/Munday, S.76; Fridman, S.95.

340 So im Fall Ashbury Railway Carriage & Iron Co. Ltd. v. Riche (1875) L.R. 7 H.L. 653; Fridman, S.94.

341 Billins, B1.15. Zu den Voraussetzungen dieses Schadensersatzanspruchs vgl. oben 3.2.3.1.

juristischen Person hinausgeht. Eine Genehmigung ist dann sehr wohl möglich[342].

Die „ultra-vires-Lehre“ des englischen Rechts hatte ursprünglich den Sinn, Teilhaber und Gläubiger der Gesellschaft zu schützen[343]. Dadurch, daß jegliches Handeln außerhalb des Geschäftszwecks ohne rechtliche Wirkung und somit nicht genehmigungsfähig war, konnten diese sich sicher sein, daß Ihr Kapital nur für die vorgesehenen Zwecke verwendet werden konnte. Diese Beschränkung der Handlungsfähigkeit der Gesellschaft bewirkte jedoch für Dritte, die mit der Gesellschaft Geschäfte tätigten, eine beträchtliche Härte[344]. Diese waren zu ihrem eigenen Schutz praktisch verpflichtet, jedes Mal, bevor sie mit einer juristischen Person kontrahieren wollten, Einblick in deren „memorandum of association“ zu nehmen[345]. Hinsichtlich des Vertragspartners der Gesellschaft wurde nämlich die Vermutung aufgestellt, daß dieser Kenntnis der Zweck- und Zielsetzung der Gesellschaft habe, weil es sich bei dem „memorandum“ um ein öffentlich zugängliches Dokument handelt. Als Folge hiervon konnte der Vertragspartner den mit dem vollmachtlosen Vertreter geschlossenen Vertrag nicht durchsetzen[346]. Erst 1972 erließ der englische Gesetzgeber mit s.9 (1) ECA[347] erste Maßnahmen zum Schutz des Dritten[348].

Nach heutiger Rechtslage wird der mit der Gesellschaft kontrahierende Dritte vor allem durch s.35 (1) CoA 1985 geschützt[349]. Sinn dieser Regelung ist es, die „ultra-vires-Lehre“ gegenüber gutgläubigen Dritten, die Verträge mit einer unter dem CoA 1985 gegründeten Gesellschaft abschließen, abzuschaffen. Für interne Verhältnisse zwischen der Gesellschaft und ihren Teilhabern hat die Doktrin jedoch auch weiterhin Bestand[350]. Nunmehr tritt folglich auch dann, wenn ein Rechtsakt für die Gesellschaft „ultra vires“ ist, keine Nichtigkeit des Rechtsgeschäfts ein. Eine Genehmigung und demnach die Herbeiführung der Wirksamkeit des Rechtsgeschäfts ist somit möglich; dies ergibt sich aus s.35

342 Vgl. Irvine v. Union Bank of Australia (1877) 2 App. Cas. 366; Fridman, S.354.

343 In der Praxis entwickelte sie jedoch den Zweck zu verhindern, daß der mit der Firma in Geschäftskontakt stehende Dritte einen Schadensersatzanspruch gegen die Gesellschaft erlangte, vgl. Upex, Davies on Contract, S.167.

344 Koffman/Mcdonald, S.354; Upex, Davies on Contract, S.167.

345 Cheshire/Fifoot/Furmston, S.458.

346 Billins, B1.5.

347 European Communities Act 1972.

348 Zur Entwicklung dieses Schutzes in den folgenden Jahrzehnten vgl. Downes, S.161; Billins, B1.18 ff.

349 S.35 (1) CoA 1985: „The validity of an act done by a company shall not be called into question on the ground of lack of capacity by reason of anything in the company's memorandum.“. S.35 wurde durch s.108 (1) CoA 1989 eingeführt.

350 Upex, Davies on Contract, S.167; Koffman/Mcdonald, S.354.

(3) CoA 1985. Der Schutz der Teilhaber und Gläubiger wird heute durch s.35 (2) CoA 1985 verwirklicht[351], wonach diese die Möglichkeit haben, im Falle eines Handelns „ultra vires" ein Verfahren zu dessen Unterbindung anzustrengen.

3.5 Vereinbarkeit der Bindung des Vertretenen mit der „doctrine of privity of contract" im englischen Recht

Ein fundamentales Prinzip des englischen Rechts beinhaltet die sog. „doctrine of privity of contract". Diese Mitte des 19. Jahrhunderts entstandene[352] und eng mit dem Grundsatz „consideration must move from the promisee" verbundene Doktrin besagt, daß lediglich zugunsten bzw. zu Lasten derjenigen Personen, die Partei[353] eines Vertrages sind, Rechte bzw. Pflichten begründet werden können[354]. Ein gegenseitiger Vertrag ist folglich als streng zweiseitig anzusehen, so daß weder die Vornahme eines Rechtsgeschäfts zu Lasten eines Dritten noch der Abschluß eines Vertrages, aus dem einer dritten Person ein Anspruch erwachsen soll, in Betracht kommt.

Daß es nicht möglich sein kann, einem am Vertrag Unbeteiligten ohne dessen Zustimmung Pflichten aufzuerlegen, ist sinnvoll[355]. Wieso aber auch eine aus einem Vertrag begünstigte Person nicht die Erfüllung ihres Anspruchs geltend machen kann, wirkt unverständlich[356] und ist insbesondere aufgrund der mangelnden Praktikabilität dieses Grundsatzes kritisiert worden. In der heutigen Zeit mehren sich die Stimmen, die einen Vertrag zugunsten Dritter bzw. einen Vertrag mit Schutzwirkung auch im englischen Recht zulassen wollen. Da die „doctrine of privity" inzwischen jedoch einige Durchbrechungen erfahren hat[357], ist es der Rechtsprechung auch weiterhin möglich, an ihr festzuhalten[358].

---

351 S.35 (2) CoA 1985: „A member of a company may bring proceedings to restrain the doing of an act which but for subsection (1) would be beyond the company's capacity; but no such proceedings shall lie in respect of an act to be done in fulfilment of a legal obligation arising from a previous act of the company.".

352 Der sog. „leading case" ist Tweddle v. Atkinson (1861) 4 L.T. 468. Bestätigt wurde die Doktrin durch das House of Lords in Dunlop Pneumatic Tyre Co. Ltd. v. Selfridge & Co. Ltd. [1915] A.C. 847, 853 und Beswick v. Beswick [1966] Ch. 538; [1968] A.C. 58.

353 Zur Frage, wer Partei des Vertrages ist, vgl. Treitel, S.540 ff.

354 „No one except a party to a contract can acquire rights under it or be subjected to liabilities under it.", vgl. Treitel, S.539 f., 545; Stone, S.93; Cheshire/Fifoot/Furmston, S.462.

355 So auch Zweigert/Kötz, S.463.

356 Zu einer möglichen Erklärung siehe Treitel, S.545; Reinken, Doctrine of privity, S.25 f.

357 Neuerdings z.B. durch den ContrA 1999 (Contracts (Rights of Third Parties) Act 1999), der es den Parteien eines Vertrages, der vom Act erfaßt wird, ermöglicht, einem Dritten das Recht zu verleihen, einen diesen begünstigenden Anspruch geltend zu machen. Vgl. hierzu Treitel, S.538 f.

358 Zu einigen neueren Fällen vgl. New Zealand Shipping Co. Ltd. v. A.M. Satterthwaite & Co. Ltd. (The Eurymedon) [1975] A.C. 154; Southern Water Authority v. Carey [1985]

Aufgrund der o.g. Doktrin erscheint es verwunderlich, daß die Ratifizierung eines Vertrages im englischen Recht überhaupt möglich ist[359]. Durch die nachträgliche Zustimmung des Vertretenen wird eine vertragliche Haftung für einen Rechtsakt begründet, der zum einen in der Vergangenheit, zum anderen von einer anderen, dem Vertretenen möglicherweise sogar unbekannten, Person vorgenommen wurde. Der Genehmigende wird folglich im Nachhinein an eine Vereinbarung gebunden, die er ursprünglich nicht beabsichtigte zu treffen[360]. Zum einen kann die nachträgliche Wirksamkeit der Vereinbarung jedoch auch für den Vertragspartner vorteilhaft sein, weil er hierdurch einen Anspruch gegen den Genehmigungsberechtigten erwirbt, zum anderen stellt die Genehmigung die „privity of contract" zwischen dem Dritten und dem Vertretenen erst her[361]. Aus diesen Gründen wird auch im englischen Recht das Wirksamwerden einer Vereinbarung durch Ratifikation zugelassen.

3.6 Widerrufsrecht des Vertragspartners

3.6.1 Darstellung der Rechtslage in England

3.6.1.1 Widerruf des Rechtsgeschäfts vor Genehmigungserteilung

Vor Erteilung der Genehmigung durch den Vertretenen ist das vom vollmachtlosen Vertreter vorgenommene Rechtsgeschäft schwebend unwirksam und entfaltet keinerlei Rechtswirkungen[362]. Ein Widerruf des Vertrages durch die andere Partei, die inzwischen von der vollmachtlosen Vertretung erfahren hat und sich aufgrund dessen nicht mehr gebunden fühlen will, käme in diesem Zeitraum grundsätzlich in Betracht. Das englische Recht geht jedoch davon aus, daß ein wirksamer Widerruf in den Fällen, in denen eine spätere wirksame Genehmigungserteilung erfolgt, nicht möglich ist[363]. Der Grund hierfür ist die ex-tunc-Wirkung der Genehmigung im englischen Recht[364]. Sie verleiht dem Rechtsge-

All E.R. 1077, 1083; Amsprop Trading Ltd. v. Harris Distribution Ltd. [1997] 1 W.L.R. 1025, 1028.

359 Zum Teil wird die „doctrine of ratification" neben der „undisclosed agency" als echte Ausnahme zur „doctrine of privity" angesehen (so z.B. Treitel, S.669), zum Teil lediglich als mit dem Gedanken der „doctrine of privity" nicht vereinbar bezeichnet (so z.B. Downes, S.326).

360 Upex, Davies on Contract, S.196.

361 Fridman, S.85.

362 Vgl. oben 3.2.1.

363 Bolton Partners v. Lambert (1889) 41 Ch.D. 295; vgl. auch Treitel, S.671; Markesinis/Munday, S.78. Sofern man davon ausgeht, daß der Vertretene (und nicht der Vertreter) die das Angebot des Vertragspartners annehmende Partei ist, stellt der Ausschluß des Widerrufsrechts eine Ausnahme zum Grundsatz dar, daß ein Angebot jederzeit vor Annahme durch die andere Partei widerrufen werden kann.

364 Vgl. oben 2.1.8.1.2.

schäft Wirksamkeit bereits ab Vertragsschluß und bewirkt, daß der Widerruf zeitlich später als die Genehmigung einzuordnen ist.

Eine wirksame Genehmigungserteilung ist jedoch nicht möglich, wenn die angemessene Zeit, innerhalb derer eine Genehmigung dann erteilt werden muß, wenn keine Frist zwischen den Parteien vereinbart wurde, abgelaufen ist[365]. Da ein Wirksamwerden des Rechtsgeschäfts in einem solchen Fall ohnehin nicht mehr erfolgen kann, wird der Vertragspartner, wie bei einem möglichen Widerruf, von der Verpflichtung frei, die vertragliche Leistung zu erbringen.

3.6.1.2 Widerruf bei einem Vertragsschluß unter Genehmigungsvorbehalt („subject to ratification")

Anders stellt sich die Rechtslage dar, wenn der Vertreter der anderen Vertragspartei die mangelnde Vollmacht offengelegt hat, und die Vertragsparteien den Vertrag ausdrücklich „subject to ratification", d.h. unter dem Vorbehalt der Genehmigungserteilung, geschlossen haben. Ist dies der Fall, kommt der Genehmigung keine rückwirkende Kraft, sondern lediglich ex-nunc-Wirkung zu[366]. Folglich ist ein wirksamer Widerruf im Zeitraum vom Vertragsschluß bis zur Genehmigungserteilung möglich[367].

3.6.2 Der Grundsatz der Widerruflichkeit im dänischen Recht

Im Gegensatz zum englischen Recht ist in Dänemark ein Widerrufsrecht grundsätzlich, und nicht lediglich in bestimmten Fallkonstellationen anerkannt. Sofern der Vertragspartner hinsichtlich der manglenden Vertretungsmacht gutgläubig war, kommt ein Rücktritt vom Vertrag bis zur Genehmigung durch den Vertretenen in Betracht[368]. Entscheidend ist hier der Zeitpunkt des Zugangs der Genehmigungserklärung beim Vertragspartner[369].

War der Dritte jedoch hinsichtlich der mangelnden Vertretungsmacht bösgläubig, so ist ein Rücktritt vom Vertrag nach allgemeinem Grundsatz im dänischen Recht erst nach angemessen langer Zeit, die der vollmachtlose Vertreter zur Einholung der Genehmigung braucht, möglich[370].

3.6.3 Die Normierung des Widerrufsrechts in Deutschland

Auch im deutschen Recht ist der Vertragspartner, der den Mangel der Vertretungsmacht bei Abschluß des Vertrages nicht positiv gekannt hat, gemäß

365 Dazu, wie der Vertragspartner zur Beschleunigung des Fristablaufs beitragen kann, siehe unten 3.7.1.

366 Treitel, S.671; Kötz, S.354 Fn.87.

367 Watson v. Davies [1931] 1 Ch. 455; Warehousing & Forwarding Co. of East Africa Ltd. v. Jafferali & Sons Ltd. [1964] A.C. 1; Markesinis/Munday, S.80; Fridman, S.102.

368 Ussing, Aftaler, S.336; Gomard, S.242 Fn.48.

369 Ussing, Aftaler, S.337.

370 Ussing, Aftaler, S.337. Vgl. zum dänischen Minderjährigenrecht, in dem dieser Grundsatz ausnahmsweise gesetzlich normiert ist, oben 2.1.4.2.2.2.

§ 178 S.1 BGB zum Widerruf der getroffenen Vereinbarung berechtigt, solange nicht eine Genehmigung durch den Vertretenen erfolgt ist. Ebenso wie i.R.d. § 109 BGB genügt fahrlässige Unkenntnis für den Ausschluß des Widerrufsrechts somit nicht[371]. Voraussetzung für die Ausübung des Widerrufsrecht ist jedoch, daß der Dritte gerade aufgrund der fehlenden Berechtigung des Vertreters nicht am Vertrag festhalten will[372]. Gemäß § 178 S.2 BGB kann der Widerruf sowohl dem Vertretenen als auch dem vollmachtlosen Vertreter gegenüber erklärt werden.

Obwohl das deutsche Recht ebenso wie das englische Recht von der ex-tunc-Wirkung der Ratifikation ausgeht, ist ein wirksamer Widerruf auch im Falle einer späteren Genehmigungserteilung möglich. Im deutschen Recht wird davon ausgegangen, daß ein wirksamer Widerruf die sofortige und endgültige Unwirksamkeit des Rechtsgeschäfts herbeiführt und dieses hierdurch beseitigt wird. Da ein genehmigungsfähiger Vertrag somit nicht mehr vorhanden ist, geht eine spätere Ratifikation ins Leere[373].

3.6.4 Rechtsvergleichende Würdigung unter Einbeziehung der PECL

Nach Untersuchung des Widerrufsrechts läßt sich zusammenfassend feststellen, daß ein solches sowohl in der Rechtsordnung Englands als auch in denen Dänemarks und Deutschlands unter bestimmten Voraussetzungen besteht. In England kommt ein solches Recht jedoch nur dann in Betracht, wenn der vollmachtlose Vertreter den Dritten über die mangelnde Vertretungsmacht aufgeklärt und den Vertrag unter dem Vorbehalt der späteren Genehmigungserteilung geschlossen hat. Sofern dies nicht der Fall war, bleibt dem Vertragspartner keine andere Wahl, als den Ablauf der Frist, innerhalb derer eine Genehmigung noch erfolgen kann, abzuwarten.

Im dänischen und deutschen Recht wird der Dritte hingegen besser geschützt. Bei Gutgläubigkeit hinsichtlich der mangelnden Vertretungsmacht kann er jederzeit bis zur Genehmigungserteilung vom Vertrag Abstand nehmen. Während in Deutschland ein Widerruf bei Kenntnis von der fehlenden Bevollmächtigung nicht möglich ist, geht das dänische Recht hier sogar noch weiter. Wie im Minderjährigenrecht erachtet es einen Widerruf nach Ablauf derjenigen Zeit, die für die Einholung der Genehmigung als erforderlich angesehen wird, für zulässig.

Gegen die Lösung des englischen Rechts spricht die Tatsache, daß der Widerrufsausschluß mit der ex-tunc-Wirkung der Genehmigung nicht begründet werden kann[374]. Sofern der Dritte während der schwebenden Unwirksamkeit des Vertrages das Widerrufsrecht ausübt, kann eine spätere Genehmigung der

---

371 MünchKomm-Schramm § 178 Rn.3.

372 BAG NJW 1996, 2594, 2595; Palandt-Heinrichs § 178 Rn.9; Soergel-Leptien § 178 Rn.3.

373 Staudinger-Schilken § 178 Rn.1; Erman-Palm § 178 Rn.5.

374 Kritisch zur Regelung des englischen Rechts auch Kötz, S.354.

Vereinbarung schon deshalb nicht mehr erfolgen, weil das Rechtsgeschäft, welches durch die Ratifikation Wirksamkeit erlangen sollte, inzwischen beseitigt worden ist. Hieran ändert auch die Rückwirkung der Genehmigung nichts. Sofern eine spätere Genehmigungserteilung nicht erfolgt, soll ein Widerruf durch den Vertragspartner hingegen möglich sein. In diesem Fall ist ein Handeln des Dritten jedoch nicht erforderlich, weil der geschlossene Vertrag nach Verweigerung der Genehmigung ohnehin endgültig unwirksam wird.

Letztlich erscheint die Regelung des englischen Rechts deshalb wenig sinnvoll, weil ein Widerrufsrecht ausschließlich in dem Fall anerkannt ist, in dem der Vertragspartner vom vollmachtlosen Vertreter über die noch ausstehende Genehmigung in Kenntnis gesetzt wurde. Sofern der Dritte bei Vertragsschluß diesbezüglich jedoch völlig ahnungslos war, besteht die Möglichkeit zum Widerruf nicht, obwohl insbesondere in diesem letztgenannten Fall der Vertragspartner besonders schutzwürdig ist.

In den PECL ist ein Widerrufsrecht nicht normiert.

3.7 Das Recht des Vertragspartners zur Aufforderung des Zustimmungsberechtigten zur Entscheidung über die Genehmigungserteilung

3.7.1 Darstellung des englischen Rechts

Ebenso wie im englischen Minderjährigenrecht ist auch im Bereich der vollmachtlosen Vertretung ein Aufforderungsrecht des Vertragspartners zur Herbeiführung einer Genehmigungserklärung nicht anerkannt. Der Vertragspartner, der keinen Vertrag „subject to ratification“ geschlossen hat, muß demnach in Ermangelung eines Widerrufs- bzw. Aufforderungsrechts solange abwarten, bis sich der Vertretene zur Erklärung über die Genehmigung entschließt bzw. bis die im Einzelfall angemessene Zeit, innerhalb derer eine Ratifikation erfolgen kann, abgelaufen ist.

Um die Entscheidung über die Genehmigungserteilung zu beschleunigen, hat die andere Vertragspartei jedoch die Möglichkeit, dem bislang unwissenden Vertretenen die vollmachtlose Vertretung anzuzeigen, wodurch sich die für die Genehmigungserteilung angemessene Zeit verkürzt[375]. Will der Vertragspartner sich aus eigenem Antrieb vom Vertrag lösen, sollte er auch dies dem Genehmigungsberechtigten mitteilen. Zum einen wird hierdurch die angemessene Zeit erheblich verringert[376], zum anderen kann dem Vertretenen die Genehmigungserteilung nach einer gewissen Zeit verwehrt sein, weil er sich trotz Kenntnis des Widerrufswunsches der anderen Partei nicht zur Genehmigung geäußert hat[377]. In einem solchen Fall würde die Vereinbarung endgültig unwirksam und der Vertragspartner von seiner Verpflichtung frei.

---

[375] Markesinis/Munday, S.82.

[376] Vgl. Re Portuguese Consolidated Copper Mines (1890) 45 Ch.D. 16.

[377] Treitel, S.672.

3.7.2 Die Rechtslage in Dänemark

Auch in Dänemark steht dem Dritten ein Aufforderungsrecht zur Herbeiführung einer Erklärung über die Genehmigung nicht zu. Wie im dänischen Minderjährigenrecht[378] hat der Vertragspartner zur Beendigung der Schwebelage lediglich die Möglichkeit, sich durch Widerruf vom geschlossenen Vertrag zu lösen.

3.7.3 Die Normierung des Aufforderungsrechts in Deutschland

Im Gegensatz zur Rechtslage in England und Dänemark besteht im deutschen Recht für den Vertragspartner die Möglichkeit, auf die Beendigung des Schwebezustands durch Aufforderung des Genehmigungsberechtigten hinzuwirken. Diese Aufforderung des Vertragspartners muß nicht notwendig auf die Erteilung der Genehmigung gerichtet sein. Es genügt, wenn diese ergebnisoffen, d.h. auf die grundsätzliche Beendigung der Schwebelage gerichtet ist[379]. Gemäß § 177 II 2 BGB hat die Aufforderung des Vertretenen zur Folge, daß eine wirksame Genehmigungserteilung nur innerhalb von zwei Wochen[380] ab Zugang der Aufforderung erfolgen kann. Wird die Genehmigung, die in Ausnahme zu § 182 I BGB gemäß § 177 I 1 1.Hs. BGB dem Vertragspartner gegenüber erklärt werden muß, innerhalb dieser Frist nicht erteilt, so gilt sie als verweigert.

Sofern der Vertretene bereits vor dem Zeitpunkt, an dem der Vertragspartner das Aufforderungsrecht ausübt, dem vollmachtlosen Vertreter gegenüber eine Erklärung über die Genehmigung abgegeben hatte, wird diese unwirksam, vgl. § 177 II 1 2.Hs. BGB. Da in diesem Fall der ursprünglich bestehende Schwebezustand wiederhergestellt wird, hat der Vertretene die Gelegenheit, sich von Neuem für oder gegen die Erteilung der Genehmigung zu entscheiden.

3.7.4 Rechtsvergleichende Würdigung unter Einbeziehung der PECL

Wie im Minderjährigenrecht gibt es auch im Bereich der vollmachtlosen Vertretung in den Rechtsordnungen Englands und Dänemarks kein Aufforderungsrecht zugunsten des Vertragspartners. Im englischen Recht besteht jedoch die Möglichkeit, durch Anzeige der Vertretung gegenüber dem Genehmigungsberechtigten die Zeit, in der eine wirksame Genehmigung erfolgen kann, zu verkürzen.

Da im deutschen Recht hingegen zusätzlich zum Widerrufsrecht auch ein Aufforderungsrecht des Dritten gegenüber dem Vertretenen besteht, ist dieser in dieser Rechtsordnung am besten geschützt. Sofern der Dritte den Vertretenen zur Erklärung über die Genehmigung aufgefordert hat, kann ihre wirksame Erteilung nur innerhalb einer Frist von zwei Wochen erfolgen, da sie anderenfalls als verweigert gilt.

---

[378] Vgl. oben 2.1.4.2.2.

[379] Vgl. BGH NJW 2000, 3128, 3129; Graba, Bestätigung und Genehmigung, S.124.

[380] Die Zwei-Wochen-Frist kann jedoch durch Parteivereinbarung verändert werden. Vgl. hierzu Staudinger-Schilken § 177 Rn.13; MünchKomm-Schramm § 177 Rn.22.

Die PECL folgen der Lösung des deutschen Rechts und normieren in Art. 3:208 ein „Recht der dritten Partei betreffend die Bestätigung der Vollmacht", welches einem Aufforderungsrecht gleichkommt. Voraussetzung für die Ausübung dieses Rechts ist gemäß Art. 3:208 S.1 PECL zum einen, daß das Verhalten des Vertretenen dem Dritten Anlaß zur Annahme bestehender Vertretungsmacht gegeben hat. Darüber hinaus müssen beim Vertragspartner Zweifel am Vorliegen dieser Vertretungsmacht bestehen. Letztlich ist erforderlich, daß der das Recht ausübende Vertragspartner dem Genehmigungsberechtigten eine schriftliche Bestätigung des mit dem Vertreter geschlossenen Vertrages oder ein Ersuchen um Genehmigungserteilung zugesandt hat. Sind diese Voraussetzungen erfüllt, kann Art. 3:208 S.2 PECL Anwendung finden. Dieser Vorschrift zufolge muß der Vertretene, der die Erteilung der Genehmigung verweigern möchte, der Bestätigung unverzüglich widersprechen oder der Bitte des Dritten um Genehmigungserteilung unverzüglich eine Absage erteilen. Sofern eine solche Erklärung nicht oder nicht rechtzeitig vorgenommen wird, gilt die Handlung des Vertreters als mit Vollmacht vorgenommen, d.h. die Genehmigung als erteilt.

Wie auch das deutsche Recht beinhalten die PECL demnach eine Fiktion hinsichtlich der bei Untätigkeit des Genehmigungsberechtigten eintretenden Rechtsfolgen. Vorteilhaft an dieser Regelung ist die Möglichkeit des Dritten, durch Ausübung des Aufforderungsrecht bei Passivität des Genehmigungsberechtigten zur baldigen Beendigung der Schwebelage beizutragen. Während das deutsche Recht bei Untätigkeit des Vertretenen die endgültige Unwirksamkeit des geschlossenen Vertrages fingiert, verhilft die Fiktion der PECL dem Rechtsgeschäft zur Wirksamkeit[381]. Diese Regelung trägt in hohem Maße den Interessen des Dritten Rechnung, bedeutet jedoch für den Genehmigungsberechtigten eine nicht unerhebliche Belastung, weil dieser durch das Handeln des vollmachtlosen Vertreters von vorneherein ohne seinen Willen mit dem in seinem Namen geschlossenen Vertrag konfrontiert wurde. Daß er nun an diese Vereinbarung schon dann gebunden sein soll, wenn er nicht rechtzeitig die Verweigerung der Genehmigung erklärt, ist eine für den Genehmigungsberechtigten besonders nachteilige Regelung. Grundsätzlich erschiene eine solche Lösung allenfalls beim Handel zwischen Kaufleuten, die aufgrund ihrer Erfahrenheit im Rechtsverkehr weniger schutzwürdig als Privatpersonen sind, angemessen. Insofern scheint das deutsche Recht den sinnvollsten Ausgleich zwischen

---

381 Eine solche Fiktion gibt es, außer in Portugal, in keinem europäischen Land. Im portugiesischen Recht existiert eine Regelung für Handelsvertreter, die eine Fiktion der Genehmigungserteilung beinhaltet: Wußte der Vertretene vom Handeln des vollmachtlosen Vertreters und hat dem Dritten die Verweigerung der Genehmigung nicht innerhalb von 5 Tagen nach Kenntniserlangung vom Handeln mitgeteilt, gilt diese als erteilt, vgl. Art.22 des Gesetzes Nr. 178/86 vom 03.07.1986 (geändert durch Gesetz Nr. 118/93 vom 13.04.1993).

den Interessen der auffordernden und der genehmigungsberechtigten Partei zu bieten.

Zu beachten ist jedoch, daß sich die i.R.d. PECL geltenden Fiktion der Wirksamkeit bei Passivität jedoch dadurch rechtfertigt, daß der Genehmigungsberechtigte den Anschein erweckt hat, der in Wirklichkeit vollmachtlose Vertreter habe mit Vertretungsmacht gehandelt. In diesem Fall erscheint es angemessen, daß auch eine nicht-kaufmännisch handelnde Person, die eine solche Fehlvorstellung hervorruft und die Situation anschließend nicht aufklärt, sich an der vom vollmachtlosen Vertreter getätigten Erklärung festhalten lassen muß. Diese, den PECL eigene Voraussetzung des Hervorrufens einer Fehlvorstellung ist Grund für den Unterschied zur im deutschen Recht geltenden Fiktion der Unwirksamkeit des Vertrages. Auch die PECL tragen demnach den berechtigten Interessen beider sich gegenüber stehenden Parteien gleichermaßen Rechnung.

3.8 Zusammenfassung und Bewertung

Die Zustimmung verfolgt im Vertretungsrecht zum einen den Zweck, ein Einmischen eines Dritten in die rechtlichen Belange des von ihm vermeintlich Vertretenen zu verhindern. Zum anderen ermöglicht die Genehmigung dem Vertretenen, das vom vollmachtlosen Vertreter getätigte Rechtsgeschäft an sich zu ziehen und sich hierdurch an die getroffene Vereinbarung zu binden. Im Gegensatz zum englischen, dänischen und deutschen Minderjährigenrecht und dem Recht betreffend psychisch Kranker in den drei Rechtsordnungen treffen die Rechtswirkungen des Vertrages daher nicht den Vertragschließenden, sondern den Zustimmenden. Aufgrund der Tatsache, daß bei der vollmachtlosen Vertretung drei Personen am wirksamen Vertragsschluß beteiligt sind, handelt es sich bei der Erklärung des Vertretenen um eine Zustimmung zu einem Rechtsgeschäft eines Dritten i.e.S. Dies gilt insbesondere auch für das englische Vertretungsrecht, welches insofern einen Gegensatz zum englischen Minderjährigenrecht bildet.

Die Voraussetzungen der i.R.d. vollmachtlosen Vertretung einzig denkbaren Genehmigung stimmen in den drei untersuchten Rechtsordnungen in den wesentlichen Grundzügen überein. Hinsichtlich einzelner Aspekte bestehen jedoch Unterschiede. Auffällig ist insbesondere, daß das englische Recht hinsichtlich der Genehmigungsfähigkeit eines von einem vollmachtlosen Vertreter getätigten Rechtsgeschäfts strengere Anforderungen als das dänische und deutsche Recht stellt. Zum einen fordert es die Existenz des Vertretenen bereits zum Zeitpunkt des Vertragsschlusses, zum anderen ist für das Wirksamwerden des Rechtsgeschäfts Voraussetzung, daß der Vertretene nicht nur bei Erteilung der Genehmigung, sondern schon zum Zeitpunkt des Vertragsschlusses die Rechtsmacht besaß. Während das englische Recht die Handlungsmöglichkeiten der Parteien im Falle vollmachtloser Vertretung demnach von vorneherein einschränkt, ermöglichen das dänische und das deutsche Recht in einer größeren

Anzahl von Fällen das Wirksamwerden eines Vertrages durch Genehmigungserteilung. Diese Rechtsordnungen halten somit die flexiblere und für die Parteien günstigere Lösung bereit.

Auch hinsichtlich der Rechtsfolgen bei vollmachtloser Vertretung ähneln sich das englische, dänische und deutsche Recht. Während eine vertragliche Verpflichtung des vollmachtlosen Vertreters in den drei Rechtsordnungen grundsätzlich zu keinem Zeitpunkt begründet wird, hat die Erteilung der Genehmigung jedoch übereinstimmend die rechtliche Bindung des Vertretenen zur Folge. Bei Verweigerung der Genehmigung steht dem Dritten in allen drei Rechtsordnungen Schadensersatz aufgrund seines enttäuschten Vertrauens zu; hinsichtlich der Höhe des Anspruchs sind die Regelungen des englischen, dänischen und deutschen Rechts im Einzelnen jedoch unterschiedlich ausdifferenziert[382].

Die Möglichkeiten des Dritten betreffend, auf die Beendigung der schwebenden Unwirksamkeit des vom vollmachtlosen Vertreter geschlossenen Vertrages hinzuwirken, hält das deutsche Recht die für den Dritten günstigsten Regelungen bereit. Als einzige der hier untersuchten Rechtsordnungen räumt es diesem sowohl ein Aufforderungs- als auch ein Widerrufsrecht ein. Während das dänische Recht jedenfalls die uneingeschränkte Möglichkeit des Widerrufs kennt, kommt dieser im englischen Recht nur in den Fällen in Betracht, in denen der Vertrag ausdrücklich unter dem Vorbehalt der Genehmigungserteilung geschlossen wurde. Die Möglichkeiten des Vertragspartners, durch eigenes Handeln eine Situation der Rechtssicherheit herbeizuführen, sind in England somit stark minimiert.

Bei Betrachtung der auf die vollmachtlose Vertretung anwendbaren Grundsätze läßt sich feststellen, daß diese in den untersuchten Rechtsordnungen auf unterschiedliche Art und Weise Eingang in das Recht gefunden haben. Im englischen Recht hat eine Normierung der Vertretung ohne Vertretungsmacht und der Möglichkeit des vermeintlich Vertretenen, sich durch Genehmigungserteilung rechtlich zu binden, nicht stattgefunden. Die im Bereich der Vertretung anwendbaren Grundsätze ergeben sich, wie ganz überwiegend im englischen Recht, aus Präzedenzfällen.

Auch in Dänemark wurde weder eine die vollmachtlose Vertretung an sich regelnde Vorschrift, noch eine die Genehmigungserteilung bei vollmachtloser Vertretung betreffende Norm geschaffen. Erwähnung findet die nachträgliche Zustimmung lediglich in der Haftungsnorm des § 25 aftl., der zu entnehmen ist, daß eine wirksame Genehmigung die Schadensersatzpflicht des vollmachtlosen Vertreters ausschließt. Aufgrund der Tatsache, daß die Bindung des vermeint-

---

382 Vgl. hierzu im Einzelnen oben 3.2.3 und 3.3.1.2.

lich Vertretenen durch nachträgliche Zustimmungserteilung als allgemeiner und feststehender Grundsatz im dänischen Recht anerkannt ist, hielt es der Gesetzgeber nicht für erforderlich, die Genehmigung an sich in eigenen Vorschriften zu regeln.

Obwohl sich das dänische und das deutsche Recht wie im Minderjährigen- und Betreuungsrecht auch im Bereich der vollmachtlosen Vertretung stark ähneln, fällt auf, daß das deutsche Recht hier erneut die ausführlichste gesetzliche Regelung beinhaltet. Die Vorschriften der §§ 177 ff. BGB, welche Teil des in den §§ 164 ff. BGB geregelten Vertretungsrechts sind, befassen sich ausdrücklich mit der vollmachtlosen Vertretung als solcher und dem in diesem Zusammenhang bestehenden Erfordernis einer Genehmigungserklärung. Während auf die schwebende Unwirksamkeit des Rechtsgeschäfts vor Genehmigungserteilung und der eintretenden Wirksamkeit bei Vornahme dieser Erklärung in § 177 I BGB eingegangen wird, normiert § 179 BGB die Schadensersatzpflicht des vollmachtlosen Vertreters bei Verweigerung der Erklärung. Die §§ 177 II, 178 BGB gewähren dem Dritten darüber hinaus ausdrücklich gewisse rechtliche Handlungsmöglichkeiten zur Beendigung der Schwebelage. Auch wenn Probleme bei der Auslegung einer Rechtsregel durch ihre Normierung grundsätzlich nicht verhindert werden können, so trägt eine solche ausdrückliche gesetzliche Regelung doch zur Vermeidung von Unklarheiten hinsichtlich der Formulierung eines Rechtsgrundsatzes bei. Durch die Ausführlichkeit der gesetzlichen Regelungen im deutschen Recht wird somit dem Rechtsanwender die Ermittlung der Rechtslage erleichtert.

4 Die Zustimmung bei der Schuld- bzw. Vertragsübernahme

4.1 Die grundsätzliche Möglichkeit der Übertragung von Pflichten bzw. von Schuldverhältnissen

4.1.1 Die Möglichkeit der Übertragung im englischen Zivilrecht

Das englische Recht bezeichnet die Möglichkeit der Vertragsparteien, den Schuldner durch eine dritte, neu hinzutretende Person zu ersetzen als „assignment of a contractual liability" bzw. als „substitution of debtor". Letzterer Begriff verdient deshalb den Vorzug, weil die Übertragung einer Schuld in England nicht möglich ist. Lediglich Rechte, nicht jedoch Pflichten, können von einer Person an eine andere abgetreten werden[383]. Sofern der Schuldner durch einen neuen Verpflichteten ersetzt werden soll, kommt als einzige Möglichkeit eine Novation („novation") in Betracht[384]. Dieser Begriff bezeichnet die Aufhebung der Schuld zwischen dem ursprünglichen Schuldner und dem Gläubiger und die Schaffung einer, i.d.R. inhaltlich identischen, neuen Schuld zwischen dem Gläubiger und dem Übernehmer[385]. Im Ergebnis bedeutet dies, daß bei der Übernahme einer Schuld durch eine dritte Person die ursprüngliche Schuld immer ersetzt wird. Hierdurch bedingt stehen Einwendungen, die der ursprüngliche Schuldner gegen die Schuld geltend machen konnte, dem Übernehmer nach der Novation nicht mehr zur Verfügung[386].

Aufgrund der Aufhebung der ursprünglichen und der Schaffung einer neuen Schuld gehen auch akzessorische Rechte, die der ursprüngliche Schuldner oder ein Dritter zur Sicherung der Schuld gestellt hatte, grundsätzlich mit ihrer Aufhebung unter. Dieses gilt jedoch nicht, sofern der Schuldner sich ausdrücklich damit einverstanden erklärt hat, daß die Sicherheit dem Gläubiger auch nach dem Schuldnerwechsel zur Verfügung stehen soll.

Im Einzelfall kann es schwierig sein zu entscheiden, ob tatsächlich eine Auswechselung des Schuldners erfolgen soll, oder ob der ursprüngliche Schuldner vielmehr neben dem Übernehmer weiterhin für die Erfüllung der vertraglichen Verpflichtung, d.h. i.d.R. der Zahlung eines bestimmten Geldbetrages, einstehen soll[387]. Diese Frage ist im konkreten Einzelfall zu beantworten, jedoch ist davon auszugehen, daß eine Entlassung des ursprünglichen Vertrags-

[383] Upex, Davies on Contract, S.188; Elliott/Quinn, S.202.
[384] Cheshire/Fifoot/Furmston, S.536; Atiyah, S.387; du Perron, Towards a European Civil Code, S.317.
[385] Cheshire/Fifoot/Furmston, S.532; Atiyah, S.387. Darüber hinaus umfaßt der Begriff auch die Ersetzung der alten Vereinbarung durch einen neuen Vertrag zwischen denselben Parteien (Schuldneuschaffung).
[386] W.V. Horton Rogers, M.A., Barrister (Universität Nottingham) per e-mail vom 12.11.2001.
[387] Atiyah, S.387.

partners aus der Schuld nur dann anzunehmen ist, wenn dies dem Verhalten des Gläubigers eindeutig entnommen werden kann[388].

Ein Fall, der mit der Auswechselung des Schuldners i.S. einer Novation nicht zu verwechseln ist, jedoch häufig ebenfalls unter den Begriff „assignment of a contractual liability“ gefaßt wird, ist die Konstellation, daß der Schuldner eine vertragliche Verpflichtung durch einen anderen ausführen läßt. Dies ist immer dann möglich, wenn es sich hierbei nicht um eine persönlich zu erbringende Leistung handelt[389]. Diese sog. „vicarious performance“ stellt keine Schuldübernahme in dem hier behandelten Sinne dar, weil der ursprüngliche Schuldner bei einer solchen Delegation von Pflichten auch weiterhin die einzige Person bleibt, die dem Gläubiger gegenüber vertraglich verantwortlich ist. Ein Austausch der Schuldner findet hier gerade nicht statt[390].

Ein Rechtsgeschäft der Vertragsübernahme scheint das englische Recht offensichtlich nicht zu kennen[391]. Im Gegensatz zur Auswechselung des Schuldners findet der Austausch einer Vertragspartei unter Übertragung sowohl der ihr zustehenden Rechte als auch der ihr obliegenden Pflichten in der englischen Literatur nur ganz vereinzelt Erwähnung. Lediglich in bestimmten Konstellationen, so z.B. beim Übergang von Arbeitsverhältnissen im Falle eines Betriebsübergangs, wird davon gesprochen, daß der Übernehmer in sämtliche Rechte und Pflichten aus einem Vertragsverhältnis eintritt[392].

Grund für die fehlende Erwähnung der Vertragsübernahme als Rechtsgeschäft ist, daß der in der Literatur verwendete Begriff der „novation“ sowohl die gesonderte Übernahme einer Schuld als auch die Übernahme einer Schuld unter gleichzeitiger Übertragung vertraglicher Rechte bezeichnet. Obwohl demnach eine kombinierte Übertragung von Rechten und Pflichten möglich ist, werden diese beiden Transaktionen jedoch nicht als einheitliches, selbständiges Rechtsgeschäft, sondern weitestgehend gesondert betrachtet. Aufgrund der Tatsache,

---

388 Andererseits wurde von den Gerichten eine „novation“ z.T. ausnahmsweise schon dann angenommen, wenn eine Person Vorteile aus einem Vertrag gezogen bzw. Rechte in Anspruch genommen hat. Zu diesem recht weiten Grundsatz, der im englischen Recht „principle of benefit and burden“ genannt wird, vgl. Tito v. Waddell [1977] Ch. 106; Treitel, S.648; Beale, Chitty I, S.1063 f.

389 Vgl. Griffith v. Tower Publishing Co. Ltd. [1897] 1 Ch. 21; Cheshire/Fifoot/ Furmston, S.537.

390 Davies v. Collins [1945] 1 All E.R. 247; Stewart v. Reavell's Garage [1952] 2 Q.B. 545; Atiyah, S.386, Cheshire/Fifoot/Furmston, S.536; Beatson, Anson's Law of Contract, S.461.

391 Vgl. Notes zu Art.13:102 PECL, 3: „English and presumably Irish Law do not appear to possess the concept of substitution of an entire contract.“. Ebenso die Auskunft von W.V. Horton Rogers, M.A., Barrister (Universität Nottingham) per e-mail am 12.11.2001.

392 Vgl. hierzu unten 4.3.4.

daß im englischen Recht eine Übertragung von Pflichten unter Aufrechterhaltung der ursprünglichen Schuld nicht möglich ist, findet auch dann eine Ersetzung der Schuld statt, wenn mit der Übernahme von Pflichten eine Übertragung von vertraglichen Rechten einhergeht[393].

4.1.2 Die Übernahme einer vertraglichen Verpflichtung nach dänischem Recht

Auch im dänischen Recht ist die Möglichkeit der Schuldübernahme anerkannt. Aufgrund der Tatsache, daß eine Kodifikation wie das deutsche BGB nicht vorhanden ist, hat eine allgemeine Normierung nicht stattgefunden[394]. Die Zulässigkeit der sog. „debitorskifte" ergibt sich jedoch daraus, daß im dänischen Recht vereinzelte, in verschiedenen Gesetzen enthaltene Vorschriften den Austausch des Schuldners bzw. den Übergang von Pflichten gestatten[395].

Hinsichtlich der Herbeiführung der Schuldübernahme ist zu sagen, daß diese zum einen - als der in der Praxis wohl häufigste Fall - durch Vereinbarung zwischen dem Schuldner und dem Übernehmer erfolgen kann[396]. Zum anderen kommt auch ein Schuldübernahmevertrag zwischen Übernehmer und Gläubiger in Betracht[397]. Sofern die Auslegung dieser Vereinbarung ergibt, daß es sich hierbei um einen Vertrag zugunsten des ursprünglichen Schuldners handelt, wird dieser auch ohne seine Beteiligung von seiner Schuld befreit[398]. Letztlich ist auch der Fall denkbar, daß die Schuldübernahme auf eine Vereinbarung zwischen dem ursprünglichen Schuldner und dem Gläubiger zurückgeht. Aufgrund der Tatsache, daß ein Vertrag zu Lasten eines Dritten im dänischen Recht nicht zulässig ist, wird der Übernehmer hierdurch aber nicht gegenüber dem Gläubiger verpflichtet. Dies geschieht erst in dem Zeitpunkt, in dem er dem Gläubiger gegenüber eine eigenständige Schuldübernahmeerklärung abgibt.

---

393 Elliott/Quinn, S.202; W.V. Horton Rogers, M.A., Barrister (Universität Nottingham) per e-mail am 12.11.2001.

394 Von Eyben/Mortensen/Sørensen, Lærebog i obligationsret II, S.18.

395 Vgl. unten 4.3.2.

396 Zum Schuldnervertrag und zur Erforderlichkeit der Mitwirkung des Gläubigers vgl. unten 4.2.2.

397 Ussing, Obligationsret, S.284.

398 Lassen, Obligationsret, S.683; Von Eyben/Mortensen/Sørensen, Lærebog i obligationsret II, S.25 f. Die Formulierung Gomards (Gomard 3, S.143), der von der Erforderlichkeit der Zustimmung der anderen "Vertragspartei" spricht, deutet darauf hin, daß auch bei einer Vereinbarung zwischen Gläubiger und Übernehmer die Beteiligung des ursprünglichen Schuldners erforderlich ist. Diese Formulierung steht dem oben gesagten jedoch deshalb nicht entgegen, weil es sich bei der von Gomard behandelten Konstellation streng genommen um den Fall einer Vertragsübernahme und nicht lediglich um eine Schuldübernahme handelt.

Die rechtliche Konstruktion der Schuldübernahme ist im dänischen Recht offensichtlich nicht eindeutig geklärt. In der älteren Rechtsliteratur[399] wird davon ausgegangen, daß die Übernahmevereinbarung zwischen Gläubiger und Drittem darauf abzielt, daß die ursprüngliche Schuld enden und durch eine neue Verpflichtung mit identischem Inhalt ersetzt werden soll[400]. Es sei nicht angemessen, in den normalen Fällen einer Schuldübernahme davon auszugehen, daß eine Übertragung der Schuld i.e.S. stattfinde[401]. Die ursprüngliche Verpflichtung soll demnach nicht lediglich zwischen dem Gläubiger und einem neuen Rechtssubjekt, dem Übernehmer, fortgesetzt, sondern durch das Handeln des Gläubigers vielmehr beseitigt werden. Anders als im englischen Recht erfolgt die Ersetzung jedoch nicht durch Aufhebung der ursprünglichen Schuld durch Vereinbarung mit dem Schuldner und der Schaffung einer neuen zwischen Gläubiger und Drittem, sondern durch einseitigen Verzicht des Gläubigers auf die Forderung gegen den Schuldner[402]. Dieser Verzicht ist jedoch durch die Erklärung des Übernehmers unmittelbar an den Gläubiger, die Schuld übernehmen zu wollen, bedingt[403].

In der zeitgenössischen Literatur wird die Frage nach der rechtlichen Konstruktion der Schuldübernahme nicht diskutiert. Obwohl ganz vereinzelt[404] darauf hingewiesen wird, daß die Auffassung *Ussings* und *Lassens* als inzwischen überholt angesehen werden muß, so ist doch davon auszugehen, daß ihre Ausführungen auch heute noch der überwiegenden Meinung in der dänischen Rechtslehre entsprechen[405].

Trotz der Tatsache, daß es sich bei der Schuldübernahme des dänischen Rechts streng genommen gerade nicht um eine Übertragung, sondern um eine Ersetzung der Schuld i.S. einer Novation handelt, befürwortet die ganz überwiegende Anzahl der dänischen Literaten die Begriffe „Übertragung" bzw. „Überführung", die auch in den Gesetzen und in der Alltagssprache verwendet

---

399 Insbesondere Henry Ussing und Juul Lassen in ihren grundlegenden, zwischen 1900 und 1950 erschienenen Werken.

400 Ussing, Obligationsret, S.209, 285, 292 f.; Lassen, Obligationsret, S.683.

401 So Ussing, Obligationsret, S.292 f., der ausdrücklich auf den Unterschied zu den meisten ausländischen Rechtsordnungen, so auch zum deutschen BGB, hinweist.

402 In dem Fall, in dem mit dem Verzicht auf die Forderung keine Leistung des Schuldners als Bedingung verbunden ist, soll die Annahme der Verzichtserklärung durch den Schuldner entbehrlich sein, vgl. Lassen, Obligationsret, S.774, 795.

403 Ussing, Obligationsret, S.367; Lassen, Obligationsret, S.793.

404 So z.B. Von Eyben/Mortensen/Sørensen, Lærebog i obligationsret II, S.16.

405 Unentschlossen anscheinend Gomard (Gomard 3, S.156 f.), der - abgesehen von den in der vorhergehenden Fn. Erwähnten - als einziger zeitgenössischer Autor die Frage der rechtlichen Konstruktion überhaupt aufgreift. Einerseits konstatiert er zwar, daß die Schuldübernahme in höherem Maße als die Abtretung den Charakter einer Novation hat, andererseits ist er aber der Ansicht, daß sich ein genereller Grundsatz zur Beantwortung dieser Rechtsfrage nicht aufstellen lasse.

werden. Der Grund hierfür ist wohl, daß die alte Schuld - abgesehen vom Wechsel des Rechtssubjekts - der neu geschaffenen Verpflichtung nach Möglichkeit völlig entsprechen soll, was bei der Novation nicht immer der Fall sein muß[406].

Obwohl im dänischen Recht eine Ersetzung des Schuldverhältnisses erfolgt, soll der Übernehmer als neuer Schuldner dem Gläubiger die Einwendungen entgegenhalten können, die dem ursprünglichen Schuldner gegen den Gläubiger zustanden[407]. Die Geltendmachung von Einwendungen aus dem Rechtsverhältnis des Übernehmers zum ursprünglichen Schuldner ist hingegen nicht möglich. Auch sichern Rechte, die von einem Dritten für die ursprüngliche Schuld bestellt wurden, nur dann die neue Schuld, wenn der Sicherungsgeber sich hiermit ausdrücklich einverstanden erklärt hat[408].

Über die Möglichkeit der Übernahme einer Schuld hinaus ist im dänischen Recht auch der Eintritt in ein gesamtes Schuldverhältnis i.S. einer Vertragsübernahme anerkannt, wobei wie bei der Schuldübernahme eine allgemeine gesetzliche Normierung nicht stattgefunden hat. Wie im englischen Recht existieren jedoch auch in Dänemark einzelne Vorschriften, die den Eintritt in sämtliche Rechte und Pflichten aus einem Vertrag als Rechtsfolge statuieren[409].

In der dänischen Literatur findet die Vertragsübernahme keine Erwähnung. Wie in England liegt der Grund hierfür darin, daß sowohl die Schuld- als auch die Vertragsübernahme unter einen Begriff - im dänischen Recht unter den der „debitorskifte“ - gefaßt werden. Streng genommen bezeichnet dieser Ausdruck aber ausschließlich die Schuldübernahme. Sowohl bei der Schuld- als auch bei der Vertragsübernahme wird demnach der Blick allein auf den Übergang der Schuld gerichtet, so daß sich die Vertragsübernahme von der Schuldübernahme wie im englischen Recht lediglich dadurch unterscheidet, daß mit der Übertragung der Pflichten auch eine Übertragung von Rechten einhergeht. Aufgrund dieser einheitlichen Behandlung ist auch bei der Vertragsübernahme davon auszugehen, daß im Grundsatz eine Ersetzung der Schuld i.S. einer Novation erfolgt.

---

406 Ussings Aussage, der Begriff „Übertragung“ veranschauliche sehr gut, was bei der Schuldübernahme juristisch vor sich geht (Obligationsret, S.209), verdeutlicht den Blick der Dänen hauptsächlich auf den Inhalt des Schuldverhältnisses. Die Tatsache, daß das ursprüngliche Schuldverhältnis gerade nicht fortbesteht, wird bis auf von Lassen (Obligationsret, S.684, 692, 793), der die Schuldübernahme zu Recht als einen Unterfall der Novation ansieht, fast vollständig außer Acht gelassen.

407 Ussing, Obligationsret, S.367; Lassen, Obligationsret, S.794.

408 Ussing, Obligationsret, S.285, 292 f.; Lassen, Obligationsret, S.683.

409 Vgl. hierzu unten 4.3.2.

4.1.3 Vergleich zur Rechtslage in Deutschland

Auch im deutschen Recht ist die Übernahme einer Verpflichtung durch eine außerhalb des Vertrages stehende Person möglich. Durch Vertrag mit dem Gläubiger gemäß § 414 BGB oder aufgrund Vereinbarung mit dem Schuldner gemäß § 415 I BGB[410] tritt der Übernehmer hinsichtlich der konkreten Schuld an die Stelle des ursprünglich Verpflichteten, der bei Wirksamkeit der Vereinbarung frei wird. Bei der Schuldübernahme im deutschen Recht handelt es sich - im Gegensatz zum englischen und dänischen Recht - jedoch nicht um eine Aufhebung bzw. einen Verzicht und Neuschaffung des Schuldverhältnisses, sondern um die Ersetzung des Schuldners unter Aufrechterhaltung der bestehenden Schuld[411]. Abzugrenzen ist die (befreiende) Schuldübernahme vom Schuldbeitritt (kumulative Schuldübernahme oder Schuldmitübernahme), bei dessen Vorliegen der Gläubiger einen zusätzlichen Schuldner neben seinem Vertragspartner erhält und somit auf rechtsgeschäftlichem Wege eine Gesamtschuld begründet wird.

Für den Fall, daß eine wirksame Schuldübernahme erfolgt, bestimmt § 417 I 1 BGB, daß der Übernehmer dem Gläubiger die dem ursprünglichen Schuldner gegen diesen zustehenden Einwendungen entgegenhalten kann[412]. Etwas anderes gilt jedoch für Einwendungen, die aus dem der Schuldübernahme zugrundeliegenden Rechtsverhältnis zwischen Schuldner und Übernehmer herrühren: diese kann der Übernehmer gemäß § 417 II BGB nicht gegenüber dem Gläubiger geltend machen.

Wie im englischen und dänischen Recht erlöschen für die Forderung bestellte Sicherungsrechte im Zeitpunkt einer wirksamen Schuldübernahme, vgl. § 418 I 1 und 2 BGB. Sofern der Sicherungsgeber jedoch unmißverständlich in die Schuldübernahme eingewilligt[413] hat, bestimmt § 418 I 3 BGB, daß die o.g. Vorschriften aufgrund seiner fehlenden Schutzwürdigkeit keine Anwendung finden.

Über die Übernahme einer einzelnen Schuld hinaus besteht im deutschen Recht die Möglichkeit, die Rechtsposition einer Vertragspartei, d.h. sämtliche ihr zu-

[410] Zur Erforderlichkeit der Zustimmung in diesem Fall vgl. unten 4.2.3.

[411] Ganz einhellige Meinung: vgl. nur Palandt-Heinrichs Überbl. vor § 414 Rn.1 und Soergel-Zeiss Vor § 414 Rn.2, jeweils m.w.N.

[412] Gemäß § 417 I 2 BGB kann der Übernehmer jedoch nicht mit einer dem Schuldner zustehenden Forderung aufrechnen.

[413] Zulässig ist allein die Erteilung einer Einwilligung, da die Möglichkeit einer Genehmigungserteilung zu einem nicht hinnehmbaren Schwebezustand führen würde. Eine nachträgliche Zustimmungserteilung könnte die gemäß § 418 I BGB untergegangenen Sicherungsrechte nicht wiederaufleben lassen. Vgl. hierzu Staudinger-Rieble § 418 Rn.20 und Nörr/Scheyhing/Pöggeler, S.249.

stehenden Rechte und die ihr obliegenden Pflichten, zu übertragen. Diese Vertragsübernahme ist zwar im BGB als solche nicht geregelt, wird jedoch aufgrund ihrer Praxisrelevanz von Rechtsprechung und Literatur als zulässig erachtet[414]. Dies folgt schon aus der im BGB und in Spezialgesetzen vereinzelten Normierung der Vertragsübernahme und ihrer Erwähnung in § 309 Nr. 10 BGB[415]. Der Übernehmer tritt hierbei als neue Partei auf der Seite des Schuldners in das bestehende Schuldverhältnis ein, so daß die Identität der Schuld auch hier nach der Übernahme gewahrt bleibt[416]. Zu beachten ist, daß der Übernahmevertrag der Form des übernommenen Vertrages bedarf[417]. §§ 398 ff. und §§ 414 ff. BGB finden entsprechende Anwendung.

Letztlich kann wegen des Grundsatzes der Privatautonomie auch im deutschen Recht die Ersetzung des Schuldners durch Aufhebung einer bestehenden Schuld oder eines Schuldverhältnisses und der Schaffung eines neuen Vertrages zwischen dem Gläubiger und dem Übernehmer herbeigeführt werden. Bei der Schuldersetzung ist zwischen der kausalen Novation (Schuldumschaffung), bei der das neue Schuldverhältnis vom Bestehen des ursprünglichen Vertrages abhängig ist, und der abstrakten Novation (Schuldneuschaffung) zu unterscheiden. Bei beiden Typen wird wie i.R.d. Novation im englischen und dänischen Recht die Schuld bzw. das Schuldverhältnis gerade nicht aufrechterhalten, sondern durch ein neues ersetzt. Der o.g. Schuldersetzung kommt jedoch seit dem römischen Recht, während dessen Geltung eine solche Schuld- bzw. Vertragsübernahme mit Trennung von Neu- und Altschuld ausschießlich zulässig war, in Deutschland kaum noch Bedeutung zu. Im deutschen Recht darf eine Novation nur in den Fällen angenommen werden, in denen ein ausdrücklich hierauf gerichteter Wille der Vertragsparteien zu erkennen ist. Der Grund hierfür liegt in dem mit der Aufhebung des ursprünglichen Schuldvertrages verbundenen Untergang akzessorischer Sicherungsrechte und Einwendungen des Schuldners[418]. Sofern ein ausdrücklicher, auf Novation gerichteter Wille der Parteien nicht bejaht werden kann, wird daher i.d.R. keine Leistung an Erfüllungs statt i.S.d. § 364 I BGB, sondern die Begründung einer neuen Forderung neben der ursprünglichen, d.h. eine Leistung erfüllungshalber i.S.d. § 364 II BGB, anzunehmen sein. Aufgrund ihrer geringen Bedeutung im heutigen deutschen Zivil-

---

414 BGH MDR 1958, 90, 90; BGHZ 95, 88, 94 ff.; 96, 302, 308 ff.; Erman-Westermann Vor § 414 Rn.1; MünchKomm-Roth § 398 Rn.4; Soergel-Zeiss Vor § 398 Rn.5; Staudinger-Busche Einl. zu §§ 398 ff. Rn.196 ff.; Nörr/Scheyhing/Pöggeler, S.249; Fikentscher, S.352; Larenz, Schuldrecht AT, S.617.

415 Zu einzelnen gesetzlich geregelten Fällen vgl. unten 4.3.3.

416 Esser/Schmidt, Schuldrecht I 2, S.326; Nörr/Scheyhing/Pöggeler, S.247; MünchKomm-Möschel Vor § 414 Rn.7.

417 Staudinger-Busche Einl. zu §§ 398 ff. Rn.201.

418 Soergel-Zeiss § 364 Rn.4; Fikentscher, S.208; Larenz, Schuldrecht AT, S.92.

recht soll im Folgenden lediglich auf die Auswechslung des Schuldners in Form der Schuld- bzw. Vertragsübernahme, nicht jedoch auf die Novation eingegangen werden.

4.1.4 Rechtsvergleichende Würdigung unter Einbeziehung der PECL

4.1.4.1 Vergleich zwischen England, Dänemark und Deutschland

Übereinstimmung herrscht in den untersuchten Rechtsordnungen darüber, dass die Auswechslung einer Vertragspartei - insbesondere des Schuldners - möglich sein muß. Die Art und Weise, auf die diese Ersetzung erfolgt, unterscheidet sich jedoch in den drei Ländern.

Hinsichtlich der Auswechselung des Schuldners ist zunächst hervorzuheben, daß das englische Recht wie noch das römische Recht von einer Trennung von Alt- und Neuschuld ausgeht und demnach die Novation als einzig mögliche Konstruktion der Schuldübernahme ansieht. Sofern folglich eine Auswechselung des Schuldners erfolgen soll, kann dies nur im Wege der Aufhebung der ursprünglichen Schuld und der Begründung einer neuen erreicht werden.

Obwohl das dänische Recht die Bezeichnung der „Übertragung" bzw. „Überführung" des Schuldverhältnisses verwendet, handelt es sich auch hier nicht um eine Auswechselung einer Vertragspartei unter Aufrechterhaltung der Schuld. Vielmehr stellt die Schuldübernahme wie im englischen Recht eine Novation dar. Während die Ersetzung der Schuld in England jedoch durch einverständliche Aufhebung der ursprünglichen Schuld durch den Gläubiger und den Schuldner erfolgt, ist im dänischen Recht eine Mitwirkung des ursprünglichen Schuldners i.d.R. nicht erforderlich. Es genügt hier der einseitige Verzicht des Gläubigers auf die Forderung.

Im Gegensatz zu den Rechtsordnungen Englands und Dänemarks steht das deutsche Recht, welches den Vertragsparteien hinsichtlich der Möglichkeit der Schuldübernahme die weitreichendsten Gestaltungsfreiheiten läßt. Sofern die Parteien eine Auswechselung des Schuldners vornehmen möchten, steht es ihnen frei, dies unter Aufrechterhaltung der Schuld i.S.d. in den §§ 414 ff. BGB geregelten Schuldübernahme oder unter Ersetzung der Schuld i.S. einer Novation zu tun.

Hinsichtlich für die ursprüngliche Schuld bestehender Sicherungsrechte stimmen die untersuchten Rechtordnungen darin überein, daß diese bei einer Auswechselung des Schulders untergehen und demnach dem Gläubiger nach der Übernahme der Schuld durch den neuen Schuldner nicht länger zur Verfügung stehen. Etwas anderes gilt lediglich in dem Fall, in dem sich der Sicherungsgeber - sei dies der ursprüngliche Schuldner oder ein Dritter - ausdrücklich damit einverstanden erklärt hat, daß das Recht die Forderung des Gläubigers auch weiterhin sichern soll.

Obwohl die rechtliche Konstruktion der Schuldübernahme im dänischen und deutschen Recht differiert, weil in Dänemark im Grundsatz lediglich eine Novation in Betracht kommt, gehen beide Rechtsordnungen davon aus, daß der Übernehmer dem Gläubiger die Einwendungen entgegenhalten kann, die dem ursprünglichen Schuldner gegen diesen zustanden. Im englischen Recht ist dies hingegen nicht möglich: Aufgrund der Ersetzung der Schuld darf für die Beurteilung der Rechte und Pflichten des Übernehmers ausschließlich der neu geschaffene Vertrag herangezogen werden.

Über die Übernahme einer einzelnen Schuld hinaus ist trotz fehlender Normierung der Vertragsübernahme im BGB die Möglichkeit der Übertragung eines gesamten Schuldverhältnisses in Deutschland anerkannt. Wie bei der Schuldübernahme erfolgt auch in diesem Fall eine Übernahme unter Aufrechterhaltung des ursprünglichen Vertragsverhältnisses.

Auch im dänischen Recht wird ein Eintritt eines Dritten in die Rechte und Pflichten aus einem bestehenden Vertrag bejaht, wobei dies wie bei der Schuldübernahme im dänischen Recht jedoch nicht unter Wahrung des Schuldverhältnisses möglich ist. In der Rechtsliteratur findet die Vertragsübernahme als solche jedoch keine Erwähnung. Lediglich sofern bestimmte Vorschriften den automatischen Übergang eines Schuldverhältnisses anordnen, wird die Übernahme von Rechten und Pflichten angesprochen, in diesen Fällen jedoch unter den Begriff der Schuldübernahme gefaßt. Ebenso wie i.R.d. Schuldübernahme geht das dänische Recht im Grundsatz davon aus, daß auch dann eine Ersetzung der Schuld stattfindet, wenn mit der Übertragung von Rechten ein Übergang von Pflichten verbunden ist.

Ebenso wie im dänischen Recht findet die rechtsgeschäftliche Übertragung von Rechten und Pflichten in England nur in einzelnen, bestimmte Konstellationen regelnde Vorschriften Erwähnung. Auch hier erfolgt nicht nur eine Trennung von Rechten und Pflichten aus dem Schuldverhältnis, sondern auch die Ersetzung des Vertrages i.S.d. einer Novation. Die Rechtsordnungen Englands und Dänemarks stehen demnach sowohl hinsichtlich der Konstruktion der Schuld- als auch der Vertragsübernahme im Gegensatz zum deutschen Recht.

4.1.4.2 Vergleich der untersuchten Rechtsordnungen mit den PECL

Auch in die PECL ist die Schuldübernahme aufgenommen worden. Gemäß Art.13: 101 § 1 PECL besteht für eine außerhalb eines Vertrages stehende Person die Möglichkeit, durch Vereinbarung mit dem Gläubiger und dem Schuldner die bestehende Schuld zu übernehmen. Folge dieser Vereinbarung ist, daß der ursprüngliche Schuldner aus der Schuld entlassen wird.

Der Schuldübernahme in den PECL liegt wie dem deutschen Recht die Annahme zugrunde, daß eine Übertragung der Schuld unter ihrer Aufrechterhaltung erfolgt[419]. Eine Ersetzung i.S. einer Novation, wie dies im englischen und dänischen Recht der Fall ist, erfolgt demnach gerade nicht.

Ebenso wie die drei untersuchten Rechtordnungen bestimmen auch Art.13:101 §§ 4 und 5 PECL, daß alle Sicherungsrechte, die von anderen Personen als dem Übernehmer zur Sicherung der Schuld gestellt wurden, grundsätzlich als Folge der Schuldübernahme untergehen. Gemäß Art.13:101 § 5 PECL gilt dies jedoch einerseits dann nicht, wenn der Sicherungsgeber ausdrücklich erklärt hat, daß die Sicherheit dem Gläubiger auch nach wirksamer Übernahme der Schuld zur Verfügung stehen soll. Andererseits kommt ein Freiwerden der Sicherheiten auch dann nicht in Betracht, wenn diese vom ursprünglichen Schuldner gestellt und von diesem als Teil der Schuldübernahme an den Übernehmer übertragen wurden, vgl. Art.13:101 § 4 PECL.

Wie im dänischen und deutschen, aber in Kontrast zum englischen Recht kann der Übernehmer auch gemäß Art.13:101 § 6 PECL dem Gläubiger sämtliche Einwendungen entgegenhalten, die dem alten Schuldner gegen den Gläubiger zustanden. Im Gegensatz hierzu ist, wie auch in Dänemark und Deutschland, ein Berufen des Übernehmers auf Einwendungen aus seinem Rechtsverhältnis zum alten Schuldner nicht möglich, vgl. Art.13:101 § 3 PECL.

Aufgrund der nicht unerheblichen Bedeutung der Vertragsübernahme in einzelnen europäischen Rechtsordnungen ist die CECL zu dem Entschluß gekommen, auch diese in die PECL aufzunehmen[420]. Gemäß Art.13:102 § 1, Satz 1 PECL kann eine Vertragspartei mit einem Dritten eine Vereinbarung darüber treffen, daß letzterer in die Rechte und Pflichten der Vertragspartei aus einem bestehenden Schuldverhältnis eintreten soll. Diese Vertragsübernahme soll i.R.d. PECL wie im deutschen Recht als einheitliches Rechtsgeschäft und nicht lediglich als eine Kombination von Abtretung und Schuldübernahme verstanden werden[421]. Dennoch finden gemäß Art.13:102 § 2 PECL das Kapitel 12 der PECL, sofern die Abtretung in Frage steht, und Art.13:101 PECL hinsichtlich der Übernahme der Schuld, entsprechende Anwendung.

4.2 Erforderlichkeit der Zustimmung der Vertragsparteien

4.2.1 Die Rechtslage in England

Sofern in England eine „novation", d.h. die Ersetzung des ursprünglichen Vertrages durch eine Vereinbarung mit einem Dritten erfolgt, gilt der Grundsatz, daß diese „Übertragung" von Pflichten nur dann wirksam ist, wenn sie unter

[419] Comment zu Art.13:101 PECL, E.
[420] Comment zu Art.13:102 PECL, A.
[421] Comment zu Art.13:102 PECL, B. und D.

Mitwirkung der jeweils dritten Vertragspartei vorgenommen wurde[422]. Auch eine Vereinbarung zwischen dem Gläubiger und dem Übernehmer kann demnach nicht ohne die Beteiligung des ursprünglichen Schuldners getroffen werden.

Die Erforderlichkeit der Mitwirkung aller drei Vertragsparteien ergibt sich schon aus dem Wesen der Novation. Da es sich streng genommen um zwei Verträge handelt, die zwischen dem Gläubiger und jeweils dem alten bzw. dem neuen Schuldner geschlossen werden, kann eine wirksame Schuldersetzung nur dann stattfinden, wenn jede Partei an demjenigen Vertrag, der unmittelbar in ihre Rechte und Pflichten eingreift, beteiligt ist[423]. Eine Vereinbarung zwischen Schuldner und Übernehmer, der der Gläubiger zustimmt, kommt demnach bei der Schuldersetzung im englischen Recht nicht in Betracht. Bei keiner der von den Parteien abgegebenen Willenserklärungen handelt es sich folglich um eine Zustimmung, sondern vielmehr um unmittelbar auf den Abschluß des betreffenden Vertrages gerichtete Willenserklärungen[424].

Auch in dem Fall, in dem mit der Übernahme von vertraglichen Pflichten eine Übertragung von Rechten einhergeht, erfolgt im englischen Recht eine Novation. Abgesehen davon, daß sich schon aus dem Wesen dieses Rechtsgeschäfts im englischen Recht eine notwendige Beteiligung aller drei Parteien ergibt, ist in diesem Fall jede beteiligte Person nicht nur Schuldner als auch Gläubiger einer Forderung. Hieraus ergibt sich die zwingende Mitwirkung aller beim Austausch einer Vertragspartei[425].

---

422 Sir R. Collins M.R. in Tolhurst v. The Associated Portland Cement Manufacturers (1900) Ltd. [1902] 2 K.B. 660, 668: „It is, I think, quite clear that neither at law nor in equity could the burden of a contract be shifted off the shoulders of a contractor on to those of another without the consent of the contractee. A debtor cannot relieve himself of his liability to his creditor by assigning the burden of the obligation to somebody else; this can only be brought about by the consent of all three, and involves the release of the original debtor.“. Vgl. auch Linden Gardens Trust Ltd. v. Lenesta Sludge Disposals Ltd. [1994] 1 A.C. 85, 103; Société Commerciale de Réassurance v. ERAS International Ltd. [1992] 1 Lloyd's Rep. 570, 595 f.; Don King Productions Inc. v. Warren [1998] 2 All E.R. 608, 631, bestätigt [1999] 2 All E.R. 218; Chitty I, S.1066 m.w.N.

423 Elliott/Quinn, S.202.

424 Vgl. Beatson, Anson's Law of Contract, S.462; Atiyah, S.386 f.; Cheshire/Fifoot/Furmston, S.536; Upex, Davies on Contract, S.188.

425 W.V. Horton Rogers, M.A., Barrister (Universität Nottingham) per e-mail am 12.11.2001. Anders hingegen die Notes zu Art.13:102 PECL, 3, denen zufolge die Mitwirkung aller drei Parteien im Gegensatz zur Schuldübernahme nicht erforderlich sein soll. Der Grund hierfür soll darin zu sehen sein, daß die Abtretung von Rechten aus einem Vertrag im englischen Recht grundsätzlich nicht der Zustimmung des Schuldners bedarf. Dies müsse auch dann gelten, wenn gleichzeitig mit der Abtretung eine Übertragung von Pflichten erfolgt.

4.2.2 Darstellung des dänischen Rechts

Ebenso wie im englischen Recht ist auch in Dänemark zur Wirksamkeit der Schuldübernahme im Außenverhältnis die Mitwirkung des Gläubigers Voraussetzung. Sofern seine Beteiligung nicht schon dadurch gewahrt wurde, daß die Schuldübernahme auf eine Vereinbarung zwischen ihm und dem Übernehmer zurückzuführen ist, bedarf ein Vertrag zwischen dem Schuldner und dem Dritten seiner Zustimmung[426]. Da die Bonität des Schuldners für den Wert der Forderung von entscheidender Bedeutung ist, kann der Schuldner ohne die Zustimmung des Gläubigers keine andere Person an seine Stelle setzen.

Die erforderliche Zustimmung des Gläubigers zum Schuldnerwechsel kann einerseits nachträglich erfolgen, z.B. dann, wenn Schuldner und Übernehmer den Gläubiger hinsichtlich des zwischen ihnen geschlossenen Übernahmevertrages um Genehmigung bitten. Andererseits kann die Zustimmung in die Zukunft gerichtet sein[427], auch wenn dies im dänischen Recht den weitaus selteneren Fall darstellt. Eine solche vorherige Zustimmung ist insbesondere dann anzunehmen, wenn die Übernahme im Schuldvertrag zwischen Gläubiger und Schuldner bereits angelegt ist[428] und die Personenauswechslung demnach schon zum Zeitpunkt des Vertragsschlusses gestattet wurde[429]. Auch wenn für diese, vor der Schuldübernahme erteilte Erklärung im dänischen Recht der Begriff der Einwilligung verwendet wird, handelt es sich doch streng genommen nicht um eine solche. Vielmehr stellt die vorhergehende Gestattung der Schuldübernahme eine gewöhnliche vertragliche Vereinbarung zwischen dem Gläubiger und dem Schuldner dar, die dem Schuldner die Möglichkeit seiner Ersetzung für die Zukunft eröffnet.

Auch wenn das dänische Recht von der Erforderlichkeit der Zustimmung des Gläubigers zum Schuldübernahmevertrag zwischen dem Schuldner und dem Übernehmer spricht, so ist zu beachten, daß für die Wirksamkeit der Schuldübernahme allein entscheidend ist, daß sich der Dritte unmittelbar gegenüber

---

426 UfR 1985.220 V (Annahme einer stillschweigend erteilten Zustimmung zur Schuldübernahme); Andersen, Praktisk aftaleret, S.196 f.; Andersen/Lookofsky, Lærebog i obligationsret I, S.21; Von Eyben/Mortensen/Sørensen, Lærebog i obligationsret II, S.17 f., 20; Andersen, Privatret, S.177; Andersen/Werlauff, S.26; Jørgensen/Nørgaard, S.187; Gomard 3, S.92, 143; Clausen, S.11, 79; Ussing, Obligationsret, S.283; Lassen, Obligationsret, S.680 f.; Von Eyben/Kruse, Borgerlig ret I, S.134.

427 Andersen, Privatret, S.177; Lassen, Obligationsret, S.682; Von Eyben/Mortensen/Sørensen, Lærebog i obligationsret II, S.21.

428 So im Fall des § 39 stk.1 TL, vgl. unten 4.3.2.1.

429 Andersen/Werlauff, S.27; Gomard 3, S.143 f.; Ussing, Obligationsret, S.283 f.

dem Gläubiger verpflichtet, die Schuld zu übernehmen[430]. Diese Verpflichtung ist jedoch wiederum durch das Versprechen des Gläubigers, den ursprünglichen Schuldner aus der Haft zu entlassen, bedingt[431]. Grund für das Erfordernis dieser unmittelbaren Verpflichtung ist die Auffassung, daß der Gläubiger die vertragliche Leistung vom Übernehmer nicht lediglich aufgrund dessen Vereinbarung mit dem alten Schuldner fordern kann. Die Vereinbarung zwischen Schuldner und Drittem stellt folglich lediglich einen unechten Vertrag zugunsten des Gläubigers, nicht jedoch einen echten Vertrag zugunsten eines Dritten dar[432]. Die Annahme letzterer Möglichkeit würde die Konsequenz zweier solidarisch haftender Schuldner mit sich führen und dem ursprünglichen Schuldner die Möglichkeit der Befreiung nehmen[433]. Im Ergebnis bedeutet dies, daß die Schuldübernahme, unabhängig davon, ob sie auf eine Vereinbarung zwischen Schuldner und Übernehmer oder auf einen Vertrag zwischen Gläubiger und Übernehmer zurückgeht, nur dann volle Wirksamkeit entfaltet, wenn der Dritte unmittelbar gegenüber dem Gläubiger eine Schuldübernahmeerklärung abgegeben hat. Eine Schuldübernahmevereinbarung zwischen dem ursprünglichen Schuldner und dem Übernehmer, der der Gläubiger zustimmt, ist demnach für die Wirksamkeit im Außenverhältnis nicht ausreichend.

Sollen hingegen sowohl Rechte als auch Pflichten im Wege einer rechtsgeschäftlichen Vertragsübernahme auf den neuen Schuldner übertragen werden, ist die Mitwirkung aller drei Parteien erforderlich[434]. Aufgrund der Tatsache, daß es sich bei der Schuldübernahme im dänischen Recht um eine Ersetzung der Schuld handelt, muß in jedem Fall eine Verpflichtung des Übernehmers seinem neuen Vertragspartner gegenüber erfolgen. Eine Vereinbarung des Übernehmers mit der ausscheidenden Vertragspartei, der der Dritte zustimmt, genügt hingegen nicht.

4.2.3 Vergleich zum deutschen Recht

Die Erforderlichkeit der Zustimmung zum Rechtsgeschäft hängt im deutschen Recht davon ab, ob die Auswechselung des Schuldners im Wege der Schuldübernahme oder der Vertragsübernahme erfolgen soll.

---

430 Von Eyben/Kruse, Borgerlig ret I, S.134; Jørgensen/Nørgaard, S.188; Gomard 3, S.149; Ussing, Obligationsret, S.284; Von Eyben/Mortensen/Sørensen, Lærebog i obligationsret II, S.22.

431 Lassen, Obligationsret, S.789.

432 Jørgensen/Nørgaard, S.187 f.; Gomard 3, S.149; Ussing, Obligationsret, S.291; Lassen, Obligationsret, S.685, 691.

433 Andersen/Madsen/Nørgaard, S.156 f.

434 UfR 1973.920 H (Fehlende Zustimmung zur Vertragsübernahme in einem andauernden Vertragsverhältnis); UfR 1978.177 H (Mangelnde Zustimmung zur Übernahme eines Bauvertrages); UfR 1994.243 H (Verneinung einer stillschweigenden Genehmigung zur Vertragsübernahme); Gomard, S.143; Notes zu Art.13:102 PECL, 3.

Soll der Dritte lediglich eine einzelne Schuld übernehmen, ist zunächst danach zu differenzieren, ob es sich gemäß § 414 BGB um einen Gläubigervertrag, d.h. um eine Vereinbarung zwischen dem Gläubiger und dem Übernehmer, oder um einen Schuldnervertrag gemäß § 415 I BGB handelt. Sofern Ersteres der Fall ist, ist eine Zustimmung des ursprünglichen Schuldners nicht erforderlich[435]. Auch ohne seine Mitwirkung wird er von der Schuld frei; ein Zurückweisungsrecht analog § 333 BGB steht ihm nach überwiegender Ansicht[436] nicht zu.

Liegt jedoch die Konstellation des § 415 I BGB, d.h. ein Übernahmevertrag zwischen dem ursprünglichen Schuldner und dem Dritten, vor, hängt gemäß § 415 I 1 BGB die Wirksamkeit der Schuldübernahme von der Genehmigung des Gläubigers ab[437]. Diese kann gemäß § 415 I 2 BGB erst nach erfolgter Mitteilung an den Gläubiger erfolgen; eine anderweitige Kenntniserlangung von der Übernahmevereinbarung als durch den Schuldner oder den Übernehmer genügt nicht[438]. Grund hierfür ist die in § 415 I 3 BGB normierte Möglichkeit des Schuldners und des Übernehmers, während der bis zur Genehmigungserklärung andauernden schwebenden Unwirksamkeit der Vereinbarung eine Vertragsänderung oder -aufhebung vorzunehmen zu können.

Entgegen dem eindeutigen Wortlaut des § 415 I 1 BGB kann die Zustimmung des Gläubigers auch in Form der Einwilligung erfolgen[439]. Sofern diese Möglichkeit wahrgenommen wird, ist eine Mitteilung an den Gläubiger über die Übernahmevereinbarung nicht erforderlich[440]; die Schuldübernahme erlangt in diesem Fall sofortige Wirksamkeit. Wird in einen Schuldnervertrag jedoch weder eingewilligt, noch wird er durch den Gläubiger genehmigt, gilt die Schuldübernahme gemäß § 415 II 1 BGB als nicht erfolgt[441].

Eine erwähnenswerte Besonderheit im deutschen Recht gilt in dem Fall, in dem der Erwerber eines Grundstücks durch Schuldnervertrag eine Schuld des Veräußerers übernommen hat, für die eine Hypothek besteht. Während die schwebende Unwirksamkeit der Schuldübernahme normalerweise solange bestehen

---

435 Vgl. statt aller Staudinger-Rieble § 414 Rn.8 m.w.N.

436 So Palandt-Heinrichs § 414 Rn.1; Soergel-Zeiss §§ 414, 415 Rn.5; Staudinger-Rieble § 414 Rn.9 f.; MünchKomm-Möschel § 414 Rn.6; Medicus, Schuldrecht AT, S.34; a.A.: Fikentscher, S.378; Larenz, Schuldrecht AT, S.603; Hirsch JR 1960, 291, 293; Esser/Schmidt, Schuldrecht I 2, S.318.

437 Zum Streit um die Konstruktion der Schuldübernahme vgl. Fikentscher, S.378 m.w.N.; Esser/Schmidt, Schuldrecht I 2, S.319.

438 MünchKomm-Möschel § 415 Rn.10; Staudinger-Rieble § 415 Rn.52; Palandt-Heinrichs § 415 Rn.4; Brox/Walker, Schuldrecht AT, S.376; Medicus, Schuldrecht AT, S.365.

439 RGZ 60, 415, 416; BGH NJW-RR 1996, 193, 194.

440 Palandt-Heinrichs § 415 Rn.3; MünchKomm-Möschel § 415 Rn.10; Esser/Schmidt, Schuldrecht I 2, S.325; Nörr/Scheyhing/Pöggeler, S.290.

441 Zu den Rechtsfolgen bei Verweigerung der Genehmigung vgl. unten 4.5.3.

bleibt, bis der Gläubiger eine Erklärung über die Genehmigung abgegeben hat bzw. bis die von den Parteien gemäß § 415 II 2 BGB bestimmte Frist abgelaufen ist, wird die Genehmigung hier unter bestimmten Voraussetzungen fingiert. Sofern die in § 416 I 1, II und III BGB genannten Erfordernisse erfüllt und seit dem Empfang der Mitteilung durch den Gläubiger sechs Monate vergangen sind, gilt die Genehmigung der Schuldübernahme gemäß § 416 I 2 BGB als erteilt, sofern der Gläubiger nicht innerhalb dieses Zeitraums ausdrücklich widersprochen hat. Hintergrund dieser Regelung ist einerseits, daß es dem Gläubiger aufgrund der Tatsache, daß die Schuld bereits durch die Hypothek gesichert ist, nicht so sehr auf die Person des Schuldners ankommt wie im Fall des § 415 I BGB. Andererseits wird durch diese Fiktion der Genehmigungserteilung die Gefahr des Auseinanderfallens von persönlicher und dinglicher Schuld verringert.

Wie im englischen und dänischen Recht müssen auch in Deutschland alle drei Parteien an der Vertragsübernahme mitwirken[442]. Dies kann im deutschen Recht einerseits durch Abschluß eines dreiseitigen Übernahmevertrages, andererseits durch Abschluß eines Schuldnervertrages mit Zustimmung des Gläubigers erfolgen. Während der Übernahmevertrag der Form des übernommenen Vertrages bedarf[443], ist die Zustimmung des Gläubigers zum Übernahmevertrag zwischen Schuldner und Übernehmer nicht formbedürftig[444]. Bei der Einwilligung bzw. Genehmigung i.R.d. Schuld- bzw. Vertragsübernahme handelt es sich um ein Zustimmungserfordernis kraft mittelbarer Rechts- oder Interessenbeteiligung[445].

4.2.4 Rechtsvergleichende Würdigung unter Einbeziehung der PECL

4.2.4.1 Vergleich zwischen dem englischen, dänischen und deutschen Recht

Hinsichtlich der Frage nach der erforderlichen Mitwirkung der Vertragsparteien bei der Schuldübernahme stellt das englische Recht die strengsten Anforderungen. Aufgrund der Tatsache, daß in England eine Aufhebung der ursprünglichen Schuld und die Begründung einer neuen Schuld zwischen Gläubiger und Übernehmer erfolgen muß, kann eine wirksame Auswechselung des Schuldners lediglich unter Mitwirkung aller drei Parteien stattfinden.

Im Gegensatz hierzu ist im dänischen Recht lediglich die Mitwirkung des Gläubigers unabdingbare Voraussetzung für die Wirksamkeit der Schuldübernahme. Zu beachten ist hierbei, daß wie im englischen Recht bei der erforderlichen Mitwirkung des Gläubigers nicht lediglich eine Zustimmungserteilung

---

442 Palandt-Heinrichs § 398 Rn.38a; Fikentscher, S.382; Larenz, Schuldrecht AT, S.618.

443 Vgl. oben 4.1.3 (Fn.417).

444 Staudinger-Busche Einl. zu §§ 398 ff. Rn.201.

445 Erman-Palm Vor § 182 Rn.1; MünchKomm-Schramm Vor § 182 Rn.4; Staudinger-Gursky Vorbem. zu §§ 182 ff. Rn.20; Köhler, S.230 f.; Larenz/Wolf, S.968; Anton, Genehmigung von Rechtsgeschäften und Prozeßhandlungen, S.26.

ausreichend ist, sondern daß dieser einerseits auf die ursprüngliche Schuld verzichten und andererseits eine auf Abschluß eines Schuldübernahmevertrages gerichtete Willenserklärung an den Übernehmer abgeben muß. Die Beteiligung des ursprünglichen Schuldners ist hingegen kein unabdingbares Erfordernis für die Wirksamkeit der Schuldübernahme. Sofern die Auslegung des Schuldübernahmevertrages zwischen Gläubiger und Übernehmer ergibt, daß es sich hierbei um Vereinbarung zugunsten des Schuldners handelt, ist seine Mitwirkung aufgrund der Tatsache, daß es sich hierbei um einen für ihn ausschließlich vorteilhaften Vertrag handelt, nicht notwendig.

Letztlich liegt auch dem deutschen Recht zugrunde, daß eine Schuldübernahme ohne Mitwirkung des Gläubigers nicht in Betracht kommt. Im Gegensatz zum englischen und dänischen Recht kann hier jedoch die Vereinbarung zwischen Schuldner und Übernehmer die Grundlage für die Schuldübernahme bilden, der der Gläubiger durch Zustimmungserteilung zur Wirksamkeit verhilft. Die Abgabe einer auf Abschluß eines Schuldübernahmevertrages gerichtete Willenserklärung an den Übernehmer muß im deutschen Recht nicht erfolgen.

Im Gegensatz zur erforderlichen Mitwirkung des Gläubigers ist eine Zustimmungserteilung durch den ursprünglichen Schuldner, sofern die Schuldübernahme auf eine Vereinbarung zwischen Gläubiger und Übernehmer zurückgeht, nicht nötig. Wie im Falle des Vertrages zugunsten eines Dritten im dänischen Recht kann der ursprüngliche Schuldner demnach ohne sein Wissen von seiner Schuld gegenüber dem Gläubiger befreit werden.

Übereinstimmung besteht zwischen den drei untersuchten Rechtsordnungen letztlich jedoch darin, daß eine Vertragsübernahme, d.h. eine rechtsgeschäftliche Übertragung von Rechten und Pflichten, lediglich unter Beteiligung aller drei Parteien stattfinden kann. Dies gilt demnach unabhängig davon, ob eine Ersetzung des Vertrages wie im englischen und dänischen Recht oder eine Aufrechterhaltung des Schuldverhältnisses wie in Deutschland erfolgt.

4.2.4.2 Vergleich der untersuchten Rechtsordnungen mit den PECL

Die übereinstimmende Auffassung der drei untersuchten Rechtsordnungen aufgreifend gehen auch die PECL davon aus, daß ohne die Mitwirkung des Gläubigers eine wirksame Schuldübernahme nicht zustande kommen kann. Aufgrund der Tatsache, daß die PECL von einer Schuldübernahme unter Aufrechterhaltung der bestehenden Schuld ausgehen, ist eine Erklärung des Gläubigers i.S. einer Zustimmung ausreichend. Diese Zustimmung muß nicht notwendigerweise ausdrücklich erfolgen, sondern kann auch konkludent erteilt werden. Entscheidend ist lediglich, daß der Wille des Erklärenden eindeutig und unmißverständlich zum Ausdruck kommt[446].

---

[446] Comment zu Art.13:101 PECL, B.

Die Erforderlichkeit der Zustimmung des Gläubigers ist einerseits in Art.13:101 § 1 PECL angesprochen, geht jedoch deutlicher aus Art.13:101 § 2 Satz 1 PECL hervor. Die letztgenannte Vorschrift bestimmt, daß der Gläubiger sein Einverständnis mit der Schuldübernahme auch im Wege der Erteilung einer vorherigen Einwilligung ausdrücken kann[447]. Als Folge der Zustimmung des Gläubigers wird gemäß Art.13:101 § 1 PECL der ursprüngliche Schuldner frei. Erfolgt die Zustimmung des Gläubigers nicht als Genehmigung, sondern als Einwilligung entfaltet die Schuldübernahme im Gegensatz zum deutschen Recht gemäß Art.13:101 § 2 Satz 2 PECL jedoch erst in dem Moment Rechtswirkungen, in dem der Gläubiger durch den Übernehmer von dessen Vereinbarung mit dem ursprünglichen Schuldner unterrichtete wurde[448]. Die PECL tragen hierdurch dem Interesse des Gläubigers zu wissen, exakt ab welchem Zeitpunkt er sich einem neuen Vertragspartner als Schuldner gegenüber sieht, in besonderem Maße Rechnung.

Ob grundsätzlich auch die Zustimmung des ursprünglichen Schuldners zu seiner Ersetzung durch den Übernehmer vorliegen muß, läßt sich den PECL nicht eindeutig entnehmen. Dem Wortlaut des Art.13:101 § 1 PECL zufolge („with the agreement of the debtor *and* the creditor") liegt die Annahme nahe, daß ohne die Zustimmung des Schuldners eine wirksame Schuldübernahme nicht erfolgen kann. Aus den Kommentierungen zu Art.13:101 PECL geht jedoch hervor, daß die PECL sich ausdrücklich einer Aussage bezüglich des Problems enthalten. Die CECL war der Ansicht, daß eine einheitliche Antwort auf diese Frage aufgrund der Unterschiedlichkeit der europäischen Rechtsordnungen nicht gefunden werden kann[449].

Bei der Vertragsübernahme ist wie in den drei untersuchten Rechtsordnungen gemäß Art.13:102 § 1 PECL die Mitwirkung aller drei Parteien zwingend[450]. Wie auch i.R.d. Art.13:101 PECL kann die Zustimmung der Parteien als Einwilligung erteilt werden, wobei die Vertragsübernahme in diesem Fall erneut erst ab Mitteilung an den Gläubiger volle Wirksamkeit entfaltet. In diesem Zusammenhang ist zu beachten, daß anders als bei der in den PECL geregelten Schuldübernahme die Mitteilung an den Gläubiger bei der Vertragsübernahme sowohl durch den ursprünglichen Schuldner als auch durch den Übernehmer erfolgen kann[451]. Sofern die zustimmende Partei nicht die Einwilligung, sondern die Form der Genehmigung wählt, ist die Vertragsübernahme gemäß Art.13:102

---

447 Vgl. zur Zustimmung des Gläubigers auch Comment zu Art.13:101 PECL, A. und B.
448 Vgl. auch Comment zu Art.13:101 PECL, B.
449 Comment zu Art.13:101 PECL, A.
450 Vgl. auch Comment zu Art.13:102 PECL, C.
451 Comment zu Art.13:102 PECL, C.

§ 1 Satz 2 PECL erst dann vollwirksam, wenn der alte Schuldner als Folge der Zustimmung des Gläubigers aus der Schuld entlassen wird.

4.3 Gesetzliche Normierungen der Schuld- bzw. der Vertragsübernahme

4.3.1 Darstellung des englischen Rechts

Seit Erlaß des LTA[452] besteht für die Parteien eines nach 1995 geschlossenen Miet- oder Pachtverhältnisses[453] die Möglichkeit, durch „Abtretung" ihrer vertraglichen Rechte und Pflichten eine Auswechselung sowohl des Mieters als auch des Vermieters herbeizuführen. Neben dem Wechsel einer Vertragspartei bei Betriebsübergang[454] ist dies die wohl wichtigste Normierung der Schuld- bzw. Vertragsübernahme im englischen Recht.

Erfolgt eine Übertragung durch den ursprünglichen Mieter, wird der neue Mieter gemäß s.3 (2)(a) LTA an die bestehenden vertraglichen Pflichten des Zedenten gebunden. Dies gilt nur insofern nicht, als der ursprüngliche Mieter vor der Übertragung nicht gebunden war, oder es sich um vertragliche Verpflichtungen handelt, die nicht von der Übertragung erfaßt werden, vgl. s.3 (2)(a)(i) bzw. (ii) LTA. Aufgrund der Übertragung ist der Zessionar nunmehr gemäß s.3 (2)(b) LTA berechtigt, die Erfüllung der dem Vermieter obliegenden Pflichten einzufordern, sofern es sich auch hier nicht um Verpflichtungen handelt, die von der Übertragung nicht betroffen sind. Das eben Gesagte gilt gemäß s.3 (3)(a) und (b) LTA auch hinsichtlich der Pflichten und Rechte des Vermieters, sofern dieser durch Rechtsgeschäft seine vertragliche Position an einen Dritten überträgt.

Als Folge der Übertragung seiner vertraglichen Rechte und Pflichten wird der ursprüngliche Mieter gemäß s.5 (2)(a) LTA automatisch, d.h. grundsätzlich ohne eine erforderliche Zustimmung von Seiten des Vermieters, von seinen Verpflichtungen aus dem Mietverhältnis frei[455]. S.5 (2)(b) LTA zufolge endet in diesem Fall jedoch auch sein Recht, die dem Vermieter obliegenden Pflichten erfüllt zu verlangen[456]:

Die Regelung des Freiwerdens des ursprünglichen Mieters besteht erst seit Inkrafttreten des LTA. Vor dem Erlaß dieser Vorschriften haftete der ursprüngli-

---

[452] Landlord and Tenant (Covenants) Act 1995; in Kraft getreten am 01.01.1996.

[453] Im Folgenden wird die Bezeichnung „Mietvertrag" stellvertretend für beide Vertragsarten verwendet. Ebenso werden mit den Begriffen „Mieter" und „Vermieter" auch der Pächter und der Verpächter bezeichnet.

[454] Vgl. unten 4.3.4.

[455] In dem Fall, in dem nur eine teilweise Übertragung stattfindet, wird der ursprüngliche Mieter lediglich hinsichtlich der übertragenen Rechte und Pflichten frei, vgl. s.5 (3) LTA, vgl. Smith, S.94 f.

[456] Boxer, S.27; Sparkes, S.778.

che Mieter auch nach der Übertragung an einen Dritten bis zum Ablauf der ursprünglich vereinbarten Mietzeit neben dem Übernehmer für die Erfüllung der mieterlichen Pflichten[457]. Diese sog. „privity of contract liability“[458] und die hiermit verbundene Bevorteilung des Vermieters wurde durch s.5 LTA für diejenigen Mietverhältnisse, die nach Inkrafttreten dieser Vorschriften geschlossen wurden (sog. „new tenancies“[459]), abgeschafft. S.30 (4) LTA bestimmt diesbezüglich, daß ss.78f. und ss.141f. LPA[460], die Ausdruck der vor 1996 geltenden Rechtslage sind, auf die sog. neuen Mietverhältnisse keine Anwendung finden. Für Mietverträge, die vor diesem Zeitpunkt eingegangen wurden, bleibt hingegen die in der Vergangenheit geltende Regelung anwendbar, wonach der ausscheidenende Mieter auch nach der Übertragung der Rechte und Pflichten an den Dritten haftbar bleibt.

Auch im Falle der Geltung des LTA bleibt es den Parteien jedoch unbenommen, durch vertragliche Vereinbarung abweichende Regelungen zu treffen. So können die Parteien z.B. die Übertragung der Rechte und Pflichten durch den Mieter von der Zustimmung des Vermieters abhängig machen[461], was zur Folge hat, daß das in s.5 (2) LTA angeordnete Freiwerden des Mieters nicht automatisch, sondern nur bei erteilter Zustimmung des Vermieters erfolgt. Voraussetzung für die Wirksamkeit einer solchen Abrede ist gemäß s.25 (1) LTA jedoch, daß die Wirkung und Durchsetzung des LTA nicht vereitelt wird. In der Praxis wird der Vermieter den Mieter i.d.R. nur gegen Unterzeichnung einer Garantieerklärung („authorised guarantee agreement“) oder der Bereitstellung von Sicherheiten von der Haftung befreien, um auf diese Weise die Erfüllung der mieterlichen Pflichten durch den Übernehmer zu gewährleisten[462].

Sofern die Übertragung seiner vertraglichen Position nicht vom Mieter, sondern vom Vermieter anstrebt wird, ist gemäß s.6 (2)(a) i.V.m. s.8 (1) LTA erforderlich, daß der Vermieter den Mieter entweder vor der in Frage stehenden Übertragung oder spätestens vier Wochen nach ihrer Vornahme schriftlich informiert und diesen um seine Ersetzung ersucht[463]. Ein Personenwechsel auf Vermieterseite ist demnach lediglich bei erfolgter Einholung der Zustimmung des Mieters möglich.

---

457 Sparkes, S.776; Smith, S.79 f.

458 Vgl. Boxer, S.25 ff.; Smith, S.77, 92; Sparkes, S.776 ff.

459 Vgl. s.1 (1), (3) und s.28 (1) LTA.

460 Law of Property Act 1925.

461 Beachte hier s.22 LTA.

462 Vgl. zu den „authorised guarantee agreements“ und anderen Sicherheiten Sparkes, S.779 ff.; Smith, S.93, 97 ff.; Boxer, S.30 ff.

463 Vgl. Boxer, S.40. Zur erforderlichen Form und dem notwendigen Inhalt, ohne deren Einhaltung die Mitteilung keine Rechtswirkungen entfaltet, vgl. s.27 LTA.

Gemäß s.8 (2)(a) LTA wird der Vermieter als Folge dieses Ersuchens von seinen vertraglichen Pflichten frei, wenn der Mieter nicht innerhalb von vier Wochen nach Benachrichtigung durch den Vermieter seinem Freiwerden schriftlich widerspricht. Erfolgt jedoch ein solcher Widerspruch des Mieters, besteht gemäß s.8 (2)(b) LTA für beide auf Vermieterseite stehenden Parteien auf Antrag die Möglichkeit, das Freiwerden des ursprünglichen Vermieters durch gerichtliche Verfügung[464] zu erwirken. Letztlich wird letzterer selbstverständlich auch im Falle eines schriftlichen Einverständnisses des Mieters frei, vgl. s.8 (2)(c) LTA. Als Folge des Ausscheidens aus dem Vertragsverhältnis endet gemäß s.6 (2)(b) LTA auch die Berechtigung des Vermieters, Rechte aus dem Mietverhältnis in Anspruch zu nehmen[465]. Erfolgt jedoch ein Ersuchen des Vermieters um Entlassung aus der Schuld nicht, haftet dieser auch nach der Übertragung weiterhin neben dem Übernehmer für die Erfüllung der vermieterlichen Pflichten[466].

4.3.2 Die Rechtslage in Dänemark

4.3.2.1 Die Übernahme einer Hypothekenschuld i.S.d. § 39 stk.1 des Grundbuchgesetzes (§ 39 stk.1 tinglysningslov)

Die wohl wichtigste gesetzliche Normierung der Schuldübernahme im dänischen Recht stellt § 39 stk.1, 2 TL dar. Diese Vorschrift betrifft den Fall, daß der Erwerber eines Grundstücks eine persönliche Schuld des Veräußerers, für die eine Hypothek am Grundstück bestellt wurde, in Absprache mit diesem übernimmt. Im Einzelnen ist zwischen Konstellationen i.S.d. stk.1 und des stk.2 zu unterscheiden.

Sofern der Hypothekenbrief eine Klausel dahingehend enthält, daß im Falle des Eigentümerwechsels die Schuld nicht vollständig oder teilweise getilgt werden muß[467], und diese Klausel auch nicht vertraglich abbedungen wurde, ist § 39 stk.1 TL anwendbar. Dieser Vorschrift zufolge findet eine Schuldübernahme auch ohne die Mitwirkung des Gläubigers zum Zeitpunkt der Veräuße-

---

[464] Zuständig sind gemäß s.8 (4)(c) LTA die county courts.

[465] In dem Fall, in dem nur eine teilweise Übertragung stattfindet, wird der ursprüngliche Vermieter lediglich hinsichtlich der übertragenen Rechte und Pflichten frei, vgl. s.6 (3) LTA.

[466] Smith, S.95.

[467] Sofern in Dänemark eine Schuld durch eine Hypothek an einem Grundstück gesichert werden soll, wird von Privatpersonen i.d.R. ein vom dänischen Justizministerium erstelltes Formular („pantebrevsformular A") verwendet, welches gemäß §§ 9, 10 Bkg. Tl. (Bekendtgørelse om tinglysning i tingbogen (fast ejendom), Nr.1024 vom 15.12.1993) den individuellen Bestimmungen am Anfang des Hypothekenbriefes nachfolgen soll. Nr.8 dieses Formulars bestimmt, daß die Schuld bei einem Eigentümerwechsel nicht getilgt werden muß, sofern die Parteien nicht etwas anderes bestimmt haben. Vgl. Andersen, Privatret, S.395; Clausen, S.11 Fn.2; Gomard 3, S.145.

rung statt[468]. Grund hierfür ist die Tatsache, daß die Klausel im Hypothekenbrief als Einwilligung des Gläubigers zur Ersetzung des ursprünglichen Schuldners durch den Käufer anzusehen ist, so daß die Mitwirkung des Gläubigers durch seine vorherige Beteiligung gewährleistet ist[469]. Zwar hält demnach auch § 39 stk.1 TL an den allgemeinen Regeln des dänischen Rechts fest, wonach eine Mitwirkung des Gläubigers bei der Schuldübernahme entweder vor oder nach Vertragsschluß erfolgen muß[470], doch ist i.R.d. § 39 TL zu beachten, daß die Übertragung ausnahmsweise unter Aufrechterhaltung der Schuld stattfindet. Eine Ersetzung der Schuld ist im Falle der Anwendbarkeit dieser Vorschrift gerade nicht anzunehmen.

§ 39 stk.1, 1.pkt. TL bestimmt, daß der neue Schuldner ab dem Zeitpunkt seiner Eintragung im Grundbuch verpflichtet und der alte Schuldner gegenüber dem Gläubiger frei werden, sobald nach der Eintragung der Auflassung eine Mitteilung der Übernahme an den Gläubiger erfolgt ist[471]. Es genügt demnach nicht, wenn der Gläubiger anderweitig von der Schuldübernahme erfahren hat[472]. Reagiert der Gläubiger auf die Mitteilung der Schuldübernahme allerdings nicht, so kann sein Schweigen anders als i.R.d. § 416 BGB nicht als Zustimmung zum Entlassen des ursprünglichen Schuldners aus der Haft angesehen werden[473]. Wie auch im Zeitraum zwischen Eintragung und der Mitteilung der Veräußerung an den Gläubiger[474] haften Verkäufer und Käufer nebeneinander[475].

Wichtig zu beachten ist, daß § 39 stk.1 TL aus Gründen der Rechtssicherheit ausschließlich dann Anwendung finden kann, wenn die Schuldübernahme im Hypothekenbrief angelegt ist, nicht jedoch schon dann, wenn der Hypothekengläubiger vorher anderweitig dem Schuldnerwechsel zugestimmt hatte[476]. § 39 stk.1 TL schreibt lediglich die Art und Weise, auf die ein Schuldnerwechsel erfolgen kann, fest, sofern der Hypothekenbrief diese Möglichkeit eröffnet,

---

468 Von Eyben/Mortensen/Sørensen, Lærebog i obligationsret II, S.30.

469 Jørgensen/Nørgaard, S.187; Karnov TL, Fn.220.

470 Andersen/Werlauff, S.47.

471 Jørgensen/Nørgaard, S.187; Von Eyben/Mortensen/Sørensen, Lærebog i obligationsret II, S.30.

472 Gomard 3, S.151.

473 Gomard 3, S.152; Vgl. UfR 1979.905 V, wo im Falle eines Eigentümerwechsels der Gläubiger K um seine Zustimmung zur Schuldübernahme ersucht wurde. Das Gericht erkannte, daß das Schweigen des K nicht als eine solche Erklärung verstanden und auch eine konkludente Zustimmung nicht angenommen werden könne.

474 Vgl. § 39 stk.1, 2.pkt. TL.

475 Von Eyben/Mortensen/Sørensen, Lærebog i obligationsret II, S.30. Vgl. zur solidarischen Haftung UfR 1971.212 Ø.

476 Karnov TL, Fn.219; Ussing, Obligationsret, S.286; Von Eyben/Mortensen/Sørensen, Lærebog i obligationsret II, S.30 f.

und normiert, zu welchem Zeitpunkt der ursprüngliche Schuldner frei und der Käufer in die Haftung genommen werden kann[477]. I.d.R. wird im Gegenzug zu einem im Hypothekenbrief angelegten und später vorgenommenen Schuldnerwechsel zugunsten des Gläubigers eine Eigentumswechselrate („ejerskifteafdrag")[478] oder eine Eigentumswechselgebühr („ejerskiftegebyr")[479] vereinbart, die innerhalb von 3 Monaten nach der Schuldübernahme gezahlt werden muß[480].

Sofern der Hypothekenbrief nicht bestimmt, daß die Schuld im Falle des Eigentümerwechsels nicht getilgt werden muß, gilt § 39 stk.2 TL, wonach eine vertragliche Einigung des Käufers mit dem Hypothekengläubiger über die Übernahme der Schuld erforderlich ist. Auch sofern der Schuldnerwechsel im Hypothekenbrief zwar angelegt ist, die Parteien die Klausel, die das Fälligwerden der Schuld bei Eigentümerwechsel verhindert[481], jedoch abbedungen haben[482], findet § 39 stk.2 TL Anwendung.

Die Übertragung der Pflichten erlangt i.R.d. stk.2 erst in dem Zeitpunkt Wirkung für und gegen den Gläubiger, in dem sich der Käufer diesem unmittelbar gegenüber verpflichtet[483]. Die Verpflichtung des Übernehmers ist jedoch durch das Entlassen des Veräußerers aus der Schuld bedingt und umgekehrt[484]. Die Vereinbarung zwischen Käufer und Gläubiger wird i.d.R. darauf abzielen, daß die Schuld beim Eigentümerwechsel nicht fällig wird, sondern mit dem Käufer als Hypothekenschuldner fortgesetzt wird[485].

4.3.2.2 Weitere Normierungen der Schuld- und Vertragsübernahme

Im dänischen Gesellschaftsrecht bestimmen § 134 h stk.1, 1.pkt. ASL bzw. § 65, 2.pkt. APSL, daß bei der Fusion mehrerer Aktiengesellschaften oder „anpartsselskaber" eine Universalsukzession, d.h. eine Übertragung sämtlicher Rechte und Pflichten der ursprünglichen auf die neu entstehende Gesellschaft, erfolgt[486]. Gleiches gilt gemäß § 136 stk.1, 2.pkt. ASL[487] für den Fall der Spal-

477 Andersen/Werlauff, S.27.

478 Hierdurch erfolgt eine teilweise Tilgung der Schuld, i.d.R. in Höhe von 5 % der Hauptleistung.

479 Die sog. Eigentumswechselgebühr tilgt die Schuld hingegen nicht, sondern stellt lediglich eine Entschädigung für die dem Gläubiger durch den Schuldnerwechsel entstandenen Unannehmlichkeiten dar.

480 Gomard 3, S.145; Andersen/Werlauff, S.28 f.

481 Z.B. pantebrevsformular A, Nr.8.

482 Vgl. Karnov TL, Fn.220, Bkg. Tl. Fn.50, 51.

483 Ussing, Obligationsret, S.287; Von Eyben/Kruse, Borgerlig ret I, S.337 f.; Karnov TL, Fn.225.

484 Ussing, Obligationsret, S.287 f.

485 Gomard 3, S.150.

486 Gomard 3, S.144.

tung einer Gesellschaft in mehrere fortsetzende Gesellschaften, wobei auch hier eine Übertragung unter Aufrechterhaltung des Schuldverhältnisses erfolgt. § 136 stk.1, 4.pkt. ASL normiert hier ausdrücklich, daß zur Übertragung der Rechte und Pflichten der Gesellschaft in beiden Fällen eine Zustimmung des Gläubigers nicht erforderlich ist[488]. Eine Auswechslung des Schuldners[489] kann in diesem Fall daher ohne seine Mitwirkung erfolgen.

Desweiteren existieren auch im Bereich des Versicherungsrechts gesetzliche Vorschriften, die die Übertragung von Rechten und Pflichten und demnach eine Schuld- bzw. Vertragsübernahme ohne Zustimmung des Gläubigers ermöglichen. Sofern der konkrete Fall nicht schon dem ASL oder dem APSL unterfällt, besteht für eine Versicherungsgesellschaft gemäß § 157 stk.1 Fvl.[490] die Möglichkeit, mit Zustimmung der Finanzaufsichtsbehörde („finanstilsyn") seinen gesamten oder teilweisen Versicherungsbestand und somit auch seine Verpflichtungen gegenüber den Versicherungsnehmern in eine andere Gesellschaft zu überführen. In diesem Fall erfolgt demnach gemäß § 168 a stk.2 Fvl. eine Universalsukzession, d.h. ein Austausch einer Vertragspartei ohne die im dänischen Recht ansonsten erfolgenden Novation[491]. Alternativ zur Einholung der Zustimmung der Finanzaufsicht kann auch das Einverständnis eines jeden Versicherungsnehmers dargelegt werden, vgl. § 157 stk.1, 1.pkt. Fvl. Gleiches gilt gemäß § 158 stk.1 Fvl., sofern die Verschmelzung zweier oder mehrerer Versicherungsgesellschaften erfolgen soll.

Letztlich stellt der Übergang von Rechten und Pflichten im dänischen Mietrecht eine weitere wichtige Konstellation dar, die einen Fall der Vertragsübernahme betrifft. Bisher hat eine Normierung dieses Parteienwechsels jedoch nicht stattgefunden. Erfolgt eine Veräußerung von vermietetem Grundeigentum, so gehen sowohl sämtliche Verpflichtungen des Vermieters, z.B. Erhaltungspflichten hinsichtlich des Mietobjekts, als auch die aus dem Mietvertrag folgenden Rechte mit dem Eigentümerwechsel automatisch auf den Käufer über[492], ohne daß Ersetzung des Schuldverhältnisses erfolgt. Der Mieter muß die Auswechselung des Vermieters als seinem Schuldner hinnehmen; seine Zustim-

---

487 Eine Normierung von Vorschriften zur Spaltung hat im APSL nicht stattgefunden, vgl. Andersen, Privatret, S.669.

488 Vgl. auch Andersen/Werlauff, S.30.

489 A.A. Gomard 3, S.156: Die Fusion habe i.d.R. nicht die Wirkung eines Schuldnerwechsels. Das Gewicht müsse auf die formelle Identität der Gesellschaft gelegt werden, da man so Schwierigkeiten bei der Beurteilung, als wie schwerwiegend eine Veränderung anzusehen sei, vermeiden könne. Wolle ein Vertragspartner eine andere Rechtsstellung erlangen, müsse er hierüber -abweichend von den o.g. Vorschriften im ASL bzw. im APSL - eine Vereinbarung treffen.

490 Forsikringsvirksomhedslov; Lovbekendtgørelse Nr.778 vom 17.08.2000.

491 Von Eyben/Mortensen/Sørensen, Lærebog i obligationsret II, S.35.

492 Jørgensen/Nørgaard, S.187; Andersen, Privatret, S.527; Von Eyben/Kruse, Borgerlig ret I, S.231 f.

mung zum Eigentümerwechsel ist nicht erforderlich[493]. Grund hierfür ist, daß der Eigentümerwechsel keinen Einfluß auf die Rechtsstellung des Mieters hat, und dieser demnach auch nicht durch ein Zustimmungserfordernis geschützt werden müßte.

4.3.3 Vergleich zum deutschen Recht

Wie bereits zum Ausdruck gekommen ist, muß auch im deutschen Recht zwischen der Schuldübernahme und der Vertragsübernahme differenziert werden. Während die Möglichkeit einer rechtsgeschäftlichen Schuldübernahme, das Zustimmungserfordernis beim Schuldnervertrag und einzelne Rechte der drei von der Schuldübernahme betroffenen Parteien in §§ 414 ff. BGB geregelt sind, hat eine allgemeine Normierung der Vertragsübernahme nicht stattgefunden.

Spezielle Normierungen der Übernahme lediglich einer Schuld finden sich im deutschen Zivilrecht selten. Als einer der wichtigsten Fälle ist hier zunächst § 53 ZVG zu nennen, der die Übernahme einer hypothekarisch gesicherten Schuld durch den Ersteher betrifft. Eine zweite, die Übernahme einer Schuld regelnde Vorschrift ist § 41 II AktG[494], derzufolge beim Handeln im Namen einer Gesellschaft vor ihrer Eintragung in das Handelsregister die Zustimmung des Gläubigers unter bestimmten Voraussetzungen entbehrlich ist. Darüber hinaus ist auch § 4 BetrAVG[495] zu erwähnen.

Demgegenüber enthalten das BGB und diverse Spezialgesetze eine Vielzahl von Fällen, in denen das Gesetz eine Universalsukzession, d.h. den Eintritt des Übernehmers in sämtliche Rechte und Pflichten aus einem bestehenden Vertrag, anordnet. Als erster Bereich, der eine Vertragsübernahme gleich in mehreren Fällen anordnet, ist das Mietrecht anzuführen. Sofern ein in einem Mietverhältnis über Wohnraum stehender Mieter, der in diesem mit seinem Ehegatten oder Familienangehörigen einen gemeinsamen Hausstand führt, stirbt, treten der Ehegatte bzw. die Familienangehörigen gemäß § 563 I, II BGB an seiner Stelle in das Mietverhältnis ein. Haben mehrere Personen einen Mietvertrag über Wohnraum gemeinsam unterzeichnet, wird das Mietverhältnis beim Tod eines Mieters mit den überlebenden Mietern fortgesetzt, vgl. § 563 a I BGB. Von erheblicher Bedeutung ist darüber hinaus § 566 I BGB[496], der bestimmt, daß der Erwerber im Falle der Veräußerung der Mietsache an die Stelle des Veräußerers in das Mietverhältnis eintritt. Letztlich können auch §§ 593 a und b BGB als Fälle des gesetzlich angeordneten Vertragsübergangs angesehen werden.

---

493 Andersen, Privatret, S.527; Krag Jespersen, S.88. Bei einer Sukzession auf Mieterseite gilt hingegen das Prinzip, daß eine Auswechselung des Schuldners nur mit Zustimmung des Gläubigers, hier des Vermieters, erfolgen kann, vgl. Krag Jespersen, S.88 Fn.16.

494 Vgl. oben 3.1.2.3 und überblicksmäßig Staudinger-Rieble § 414 Rn.15 ff.

495 Vgl. hierzu Staudinger-Rieble § 414 Rn.20.

496 Sofern es sich um einen Pachtvertrag handelt i.V.m. § 581 II BGB.

Über die o.g. Normen hinaus wird auch § 651 b S.1 BGB gelegentlich als ein Fall der Vertragsübernahme angesehen[497]. Die Vorschrift normiert eine Ersetzungsbefugnis des Reisenden[498], der bis zum Reisebeginn verlangen kann, daß statt seiner ein Dritter in die Rechte und Pflichten aus dem Vertrag mit dem Reiseveranstalter eintritt.

Letztlich ist aus dem BGB auch das Sachenrecht, genauer § 1251 II 1 BGB, zu erwähnen. Dieser Norm zufolge tritt der neue Pfandgläubiger mit Erlangung des Besitzes anstelle des bisherigen Pfandgläubigers in die mit dem Pfandrecht verbundenen Verpflichtungen[499] gegen den Verpfänder ein. Es handelt sich hierbei folglich um den angeordneten Übergang eines gesetzlichen Schuldverhältnisses[500].

Die Vertragsübernahme hat desweiteren Eingang in diverse Spezialgesetze gefunden. Zum einen sind hier § 69 I und § 151 II VVG zu nennen, wonach, sofern die versicherte Sache vom Versicherungsnehmer bzw. das Unternehmen vom Eigentümer an einen Dritten veräußert wird, der Erwerber bzw. der Dritte in die Rechte und Pflichten aus dem Versicherungsvertrag eintritt. Darüber hinaus ordnet auch das UmwG in den Fällen der §§ 20 I Nr.1 und 131 I Nr.1 eine Universalsukzession an. Die Eintragung der Verschmelzung oder Spaltung hat die Wirkung, daß das Vermögen einschließlich der Verbindlichkeiten auf den übernehmenden Rechtsträger übergehen. § 14 VAG hingegen regelt den Fall, daß der Versicherungsbestand eines Unternehmens ganz oder teilweise auf ein anderes Unternehmen übertragen werden soll.

Entgegen der herrschenden Lehre, die einen gesetzlichen Schuldbeitritt annimmt, gehen die Vertreter einer abweichenden Ansicht davon aus, daß es sich auch bei §§ 25 und 28 HGB um Fälle eines Vertragsübergangs handelt[501]. Die vorstehenden Normen regeln die Haftung des Erwerbers bei Firmenfortführung bzw. die Haftung des Eintretenden bei Eintritt eines persönlich haftenden Gesellschafters oder Kommanditisten in das Geschäft eines Einzelkaufmanns.

4.3.4 Der Schuldnerwechsel bei Betriebsübergang i.S.d. RL 2001/23/EG

Eine Ausnahme zur Regel, daß bei der Vertragsübernahme die Mitwirkung aller Beteiligten erforderlich ist, bildet in allen drei untersuchten Rechtsordnungen

---

497 So z.B. Erman-Seiler § 651b Rn.4. Zu anderen möglichen Konstruktionen vgl. Münch-Komm-Tonner § 651b Rn.5 ff.; Soergel-Eckert § 651b Rn.4 ff.

498 Soergel-Eckert § 651b Rn.3; Staudinger-Eckert § 651b Rn.1.

499 Gemeint sind die Pflichten gemäß §§ 1213, 1214, 1215, 1217, 1223 BGB.

500 Schmidt in FS Medicus, S.555; Staudinger-Wiegand § 1251 Rn.8.

501 Zum Stand der Meinungen vgl. Schmidt in FS Medicus, S.555 ff.; Baumbach/Hopt HGB § 25 Rn.10 f., § 28 Rn.5; Ebenroth/Boujong/Joost-Zimmer/Scheffel HGB § 25 Rn.58 ff., § 28 Rn.29.

der Schuldnerwechsel bei Betriebsübergang i.S.d. RL 2001/23/EG[502]. Diese RL hebt die durch die RL 98/50/EG[503] geänderte RL 77/187/EWG[504] unbeschadet der Pflichten der Mitgliedstaaten hinsichtlich der Umsetzung der Änderungen auf. Verweisungen auf die aufgehobene RL 77/187/EWG sollen als Verweisungen auf die nunmehr geltende RL verstanden werden[505].

In England erfolgte die Umsetzung der RL 77/187/EWG durch den Erlaß der TUR 1981[506]. Die Regelung des Vertragsübergangs i.S.d. reg. 5 (1) und (2) TUR stellt eine echte Ausnahme zum Grundsatz dar, daß ein Austausch der Schuldner im englischen Recht lediglich im Wege der Novation erfolgen kann[507].

Auch Dänemark ist seiner Pflicht als Mitgliedsstaat der EG nachgekommen und hat, als einziger der hier untersuchten Staaten, eine fristgerechte Umsetzung des Gemeinschaftsrechts vorgenommen. Das maßgebliche Gesetz für den Übergang der Arbeitsverhältnisse bei Betriebsübergang ist das i.R.d. Umsetzung der RL 77/187/EWG erlassene LLR[508]. § 2 stk.1 dieses Gesetzes regelt den Eintritt des Erwerbers in die zum Zeitpunkt der Übertragung bestehenden Rechte und Pflichten des Veräußerers[509].

Die Implementierung der RL 77/187/EWG in das deutsche Recht erfolgte durch das Gesetz über die Gleichbehandlung von Männern und Frauen am Ar-

---

502 RL des Rates vom 12. März 2001 zur Angleichung der Rechtsvorschriften der Mitgliedstaaten über die Wahrung von Ansprüchen der Arbeitnehmer beim Übergang von Unternehmen, Betrieben oder Unternehmens- oder Betriebsteilen; abgedruckt in Amtsblatt EG Nr. L 82 vom 22.03.2001, 16.

503 RL des Rates vom 29. Juni 1998 zur Änderung der RL 77/187/EWG zur Angleichung der Rechtsvorschriften der Mitgliedstaaten über die Wahrung von Ansprüchen der Arbeitnehmer beim Übergang von Unternehmen, Betrieben oder Betriebsteilen; abgedruckt in Amtsblatt EG Nr. L 201 vom 17.07.1998, 88.

504 RL des Rates vom 14. Februar 1977 zur Angleichung der Rechtsvorschriften der Mitgliedstaaten über die Wahrung von Ansprüchen der Arbeitnehmer beim Übergang von Unternehmen, Betrieben oder Betriebsteilen; abgedruckt in Amtsblatt EG Nr. L 61 vom 05.03.1977, 26.

505 Vgl. Art.12 RL 2001/23/EG.

506 Transfer of Undertakings (Protection of Employment) Regulations 1981.

507 Atiyah, S.388.

508 Lov om lønmodtageres retsstilling ved virksomhedsoverdragelse; Lov Nr.111 vom 21.03.1979 mit späteren Änderungen.

509 Vgl. Eyben/Vinding Kruse, S.134, 325; Gomard 3, S.144; Bryde Andersen, S.392. I.R.d. Umsetzung der RL 98/50/EG wurde § 2 stk.1 LLR durch § 1 Nr.2 LÆLLR (Lov om ændring af lov om lønmodtageres retsstilling ved virksomhedsoverdragelse; Lov Nr.441 vom 07.06.2001) lediglich unwesentlich modifiziert: Anstelle der Formulierung "overdragelsestidpunktet" (Übertragungszeitpunkt) enthält die Vorschrift nun den Begriff "overtagelsestidspunktet" (Übernahmezeitpunkt).

beitsplatz und über die Erhaltung von Ansprüchen bei Betriebsübergang[510]. Durch dieses Gesetz wurden § 613 a I S.2-4 und Abs.4 BGB eingefügt, die die Rechte des Arbeitnehmers bei Betriebsübergang sichern sollen. § 613 a V und VI BGB, die Vorschriften über die Unterrichtung der betroffenen Arbeitnehmer bzw. über den möglichen Widerspruch eines Arbeitnehmers enthalten, wurden durch Art. 4 des Gesetzes zur Änderung des Seemannsgesetzes und anderer Gesetze[511] mit Wirkung zum 01.04.2002 in das BGB implementiert.

Der Übergang des Arbeitsverhältnisses an sich ist in § 613 a I 1 BGB normiert. Da diese Vorschrift bereits 1972 durch das BetrVG geschaffen wurde[512], bestand schon vor dem Inkrafttreten der o.g. RL eine Vorschrift im deutschen Recht, die den Eintritt des Erwerbers in die Rechte und Pflichten aus bereits bestehenden Arbeitsverhältnissen regelte.

Wird ein Betrieb oder Betriebsteil bzw. ein Unternehmen oder Unternehmersteil veräußert, tritt der Erwerber automatisch in sämtliche Rechte und Pflichten des Veräußerers aus den zwischen diesem und den Arbeitnehmern zum Zeitpunkt des Übergangs bestehenden Arbeitsverträgen ein. Sämtliche mit dem früheren Arbeitgeber geschlossenen Verträge bestehen demnach mit identischem Inhalt fort, lediglich die Person des Arbeitgebers wird durch den neuen Eigentümer ersetzt. In dieser Konstellation wird die vorherige Einholung der Zustimmung des Arbeitnehmers zum Übergang seines Arbeitsverhältnisses als nicht erforderlich angesehen[513]. Sofern der Arbeitnehmer jedoch mit dem Vertragsübernahme nicht einverstanden ist, steht ihm sowohl in England als auch in Deutschland das Recht zum Widerspruch gegenüber dem Veräußerer oder Erwerber zu. Im deutschen Recht ergibt sich die Möglichkeit des Arbeitnehmers, dem Übergang seines Arbeitsverhältnisses zu widersprechen, ausdrücklich aus § 613 a VI BGB. Während in Deutschland Folge der Ausübung dieses Widerspruchsrechts ist, daß das Arbeitsverhältnis mit dem bisherigen Arbeitgeber fortgesetzt wird[514], führt der Widerspruch des Arbeitnehmers in England zur Beendigung des Arbeitsverhältnisses, wobei diese Beendigung jedoch nicht als Kündigung seitens des Arbeitnehmers verstanden werden darf[515]. Im dänischen Recht ist ein derartiges Widerspruchsrecht weder im LLR normiert noch von der Rechtspre-

---

510 Arbeitsrechtliches EG-Anpassungsgesetz vom 13.08.1980, in Kraft getreten am 21.08.1980 (BGBl I 1308).

511 Gesetz vom 23.03.2002 (BGBl I 1163).

512 § 613a BGB wurde durch § 122 BetrVG geschaffen und trat am 19.01.1972 in Kraft.

513 Zum englischen Recht: Atiyah, S.388; für das dänische Recht: Von Eyben/Mortensen/Sørensen, Lærebog i obligationsret II, S.35; Andersen, LLR, S.99; zur Rechtsordnung Deutschlands: Staudinger-Richardi/Annuß § 613a Rn.117; MünchKomm-Schaub § 613a Rn.60; Alsbæk, Betriebsübergang, S.186.

514 Staudinger-Richardi/Annuß § 613a Rn.127; Palandt-Putzo § 613a Rn.53; Alsbæk, Betriebsübergang, S.187.

515 Vgl. reg.5 (4A) und (4B) TUR.

chung entwickelt worden. Der Arbeitnehmer hat jedoch gemäß § 3 stk.2 LLR bei einer durch den Betriebsübergang erfolgenden wesentlichen Verschlechterung seiner Arbeitsbedingungen die Möglichkeit, das Arbeitsverhältnis zu beenden[516]. Die Kündigung gilt in diesem Fall wie im englischen Recht als vom Arbeitgeber vorgenommen, so daß der Arbeitnehmer u.U. Ansprüche wegen ungerechtfertigter Kündigung geltend machen kann[517].

4.4 Das Erfordernis einer Gegenleistung („consideration") bei der Schuldübernahme im englischen Recht

Im englischen Recht gilt die Besonderheit, daß ein Leistungsversprechen nur dann rechtliche Bindungswirkung entfaltet, wenn ihm eine Gegenleistung der anderen Vertragspartei gegenübersteht[518]. Auch bei der Schuldübernahme des englischen Rechts ist aufgrund der Tatsache, daß der ursprüngliche Vertrag aufgehoben und ein neuer geschaffen wird, eine Gegenleistung von Nöten[519].

Einerseits ist eine Gegenleistung des Gläubigers für das Versprechen des neuen Schuldners, an ihn zu zahlen, erforderlich. Diese ist i.d.R. im Versprechen des Gläubigers, seinen ursprünglichen Vertragspartner aus der Schuld zu entlassen, zu sehen[520]. Andererseits kann auch der Anspruch des ursprünglichen Schuldners auf Entlassung aus dem Schuldverhältnis nur dann rechtlich durchgesetzt werden, wenn er für dieses Versprechen des Gläubigers „consideration" leistet. In den meisten Fällen besteht die erforderliche Leistung des alten Schuldners im Zur-Verfügung-Stellen eines neuen Schuldners für den Gläubiger[521]. Sofern sämtliche o.g. Voraussetzungen erfüllt sind, ist sowohl der ursprüngliche als auch der neu geschaffene Schuldvertrag rechtlich bindend.

4.5 Die Rechtslage vor Erteilung bzw. bei Verweigerung der Genehmigung

4.5.1 Darstellung des englischen Rechts

Möchte der dem Gläubiger Verpflichtete sich aus dem Schuldverhältnis befreien und einen neuen Schuldner an seine Stelle setzen, ist hierzu die Mitwirkung des Gläubigers erforderlich. Ohne seine auf Aufhebung des ursprünglichen bzw. auf die Schaffung eines neuen Schuldverhältnisses gerichtete Willenserklärung kann eine Auswechslung des Schuldners nicht erfolgen.

---

516 Vgl. Andersen, LLR, S.143 ff.; Karnov LLR, Fn.5.

517 Ausführlich zum Betriebsübergang und seinen arbeitsrechtlichen Folgen im englischen, dänischen und deutschen Recht: Alsbæk, Betriebsübergang.

518 Zur „doctrine of consideration" vgl. schon oben 2.1.3.

519 Treitel, S.647; Chitty I, S.1067.

520 Commissioners of Customs & Excise v. Diners Club Ltd. [1988] 2 All E.R. 1016, 1023, bestätigt [1989] 1 W.L.R. 1196.

521 Downes, S.342; Treitel, S.648, 142; Chitty, S.1067.

Obwohl im englischen Recht eine Vereinbarung zwischen dem Schuldner und dem Übernehmer mit Genehmigung des Gläubigers als Grundlage der Schuldübernahme nicht ausreichend ist, kann eine Abrede zwischen den Schuldnern u.U. interne Wirkungen haben[522]. Sofern der Dritte sich dem Schuldner gegenüber verpflichtet hat, dessen Schuld zu tilgen, verbleibt dem Gläubiger zwar das Recht, gegen den ursprünglichen Schuldner vorzugehen. Letzterer kann sich jedoch aufgrund der im Innenverhältnis wirksamen Abrede beim Dritten schadlos halten.

4.5.2 Die Rechtslage in Dänemark

Auch im dänischen Recht hat die zwingende Mitwirkung des Gläubigers bei der Schuldübernahme zur Folge, daß die Vereinbarung zwischen Schuldner und Übernehmer bis zur Erteilung der Genehmigung durch den Gläubiger und der Verpflichtung des Übernehmers gegenüber dem Gläubiger im Außenverhältnis keine Wirkung entfaltet. Solange der Gläubiger sich mit der Auswechslung seines Schuldners nicht einverstanden erklärt hat, besteht die ursprüngliche Schuld fort. Trotz der Absprache zwischen Schuldner und Übernehmer bleibt ersterer die einzige Person, von der der Gläubiger die vertragliche Leistung erbracht verlangen kann[523]. Wie im englischen Recht entfaltet der Vertrag jedoch zwischen Schuldner und Übernehmer Wirkung. Sofern nicht eine ausdrückliche anders lautende Vereinbarung getroffen wurde, ist davon auszugehen, daß der Übernehmer aufgrund der Absprache mit dem Schuldner im Innenverhältnis zur Befriedigung des Gläubigers verpflichtet ist[524].

Ob die o.g. Grundsätze auch im Falle der verweigerten Mitwirkung des Gläubigers Anwendung finden, ist offensichtlich in der dänischen Rechtsliteratur noch nicht behandelt worden. Nach eingehender Betrachtung des dänischen Schuldrechts ist jedoch davon auszugehen, daß die Verpflichtung des Übernehmers im Innenverhältnis nicht lediglich bis zum Zeitpunkt der Verpflichtung des Dritten gegenüber dem Gläubiger, sondern auch nach Verweigerung dieser Erklärung Bestand hat.

4.5.3 Vergleich zum deutschen Recht

Hat der Gläubiger nach Mitteilung der Schuldübernahme eine Erklärung über die Genehmigungserteilung noch nicht abgegeben, gilt auch im deutschen Recht gemäß § 415 III 1 BGB die Regel, daß im Zweifel der Übernehmer dem Schuldner gegenüber verpflichtet ist, den Gläubiger rechtzeitig zu befriedigen. Diese Auslegungsregel ist im Zusammenhang mit der Vermutung des § 329 BGB zu sehen, nach der der Gläubiger im Zweifel kein eigenes Forde-

---

522 Cheshire/Fifoot/Furmston, S.536.

523 Jørgensen/Nørgaard, S.187; Lassen, Obligationsret, S.689.

524 Andersen/Werlauff, S.26 f.; Lassen, Obligationsret, S.686; Von Eyben/Mortensen/Sørensen, Lærebog i obligationsret II, S.28 f.

rungsrecht gegen den Übernehmer, d.h. keinen Anspruch aus einem echten Vertrag zugunsten Dritter, erwerben soll. Gemäß § 415 III 2 BGB gilt Gleiches für den Fall, daß der Gläubiger die Genehmigung des Schuldnervertrages verweigert. Da in diesem Fall die Schuldübernahme gemäß § 415 II 1 BGB als nicht erfolgt gilt, wird der ursprüngliche Schuldner durch die grundsätzliche Annahme der Erfüllungsübernahme geschützt. Aufgrund der Tatsache, daß es sich bei den Vorschriften der § 415 III 1 und 2 BGB lediglich um Auslegungsregeln handelt, ist eine abweichende Parteivereinbarung, die die Entstehung einer Erfüllungsübernahme ausschließt, jedoch zulässig. Dies ist z.B. dann anzunehmen, wenn eine der Parteien erkennbar das Risiko des Scheiterns der Schuldübernahme tragen soll[525].

Sofern von Schuldner und Übernehmer jedoch eine Übertragung des gesamten Schuldverhältnisses, d.h. der hierin liegenden Rechte und Pflichten, gewollt war, stellt sich die Frage, welche rechtliche Situation während der schwebenden Unwirksamkeit bzw. bei Scheitern der Vertragsübernahme entsteht. Eine entsprechende Anwendung des § 415 III BGB kommt deshalb nicht ohne weiteres in Betracht, weil davon auszugehen ist, daß der Übernehmer dem ursprünglichen Schuldner nicht in jedem Fall, sondern nur dann verpflichtet sein will, wenn er auch die aus dem Schuldverhältnis resultierenden Rechte übertragen erhält[526]. Eine Erfüllungsübernahme - in Kombination mit einer Forderungsabtretung oder auch unabhängig von deren Vorliegen - kann in bestimmten Einzelfällen jedoch dann anzunehmen sein, wenn dieses z.B. den wirtschaftlichen Interessen der Vertragsparteien entspricht.

In der juristischen Literatur wird auf der Passivseite z.T. ein Schuldbeitritt angenommen[527]. Die Annahme der Kombination von Abtretung und Schuldbeitritt als einzelnen Rechtsfiguren läßt sich jedoch mit der heute ganz überwiegenden Ansicht, die Vertragsübernahme sei ein einheitliches Rechtsgeschäft[528] und nicht lediglich eine Zusammensetzung aus Forderungsabtretung und Schuldübernahme, nicht ohne weiteres vereinbaren. Darüber hinaus erhielte der Gläubiger bereits vor Abgabe einer Zustimmmungserklärung einen zusätzlichen Schuldner und hätte folglich keinen Anlaß mehr, die Vertragsübernahme zu genehmigen, weil er sich hierdurch nur seines ursprünglichen Vertragspartners

---

525 Vgl. BGH NJW 1991, 1822, 1822; BGH ZIP 1999, 1389, 1390; Staudinger-Rieble § 415 Rn.93; Erman-Westermann § 415 Rn.7.

526 So auch Larenz, Schuldrecht AT, S.618; Nörr/Scheyhing/Pöggeler, S.261 Fn.32; Pieper, S.208.

527 So z.B. Soergel-Zeiss Vor § 398 Rn.6.

528 Staudinger-Rieble § 414 Rn.26; MünchKomm-Möschel Vor § 414 Rn.8; Pieper, S.177; Fabricius JZ 1967, 144, 146; Fikentscher, S.382; Nörr/Scheyhing/Pöggeler, S. 249 m.w.N. Die h.M. versteht das Schuldverhältnis als eine Gesamtheit von Rechten und Pflichten, vgl. nur MünchKomm-Roth § 398 Rn.4 f.

begeben würde. Sofern sich der Gläubiger zur Verweigerung der Genehmigung entscheidet, würde ihm im Ergebnis ein zusätzlicher Vertragspartner aufgedrängt, dessen Einbeziehung in das Schuldverhältnis er durch die Verweigerung der Genehmigung zuvor ausdrücklich abgelehnt hatte.

In Betracht käme letztlich auch die Annahme, daß die gescheiterte Vertragsübernahme lediglich zu einer wirksamen Forderungsabtretung führt[529], der Schuldnervertrag im Innenverhältnis jedoch keine Rechtswirkungen entfaltet[530]

Ob beim Scheitern der Vertragsübernahme überhaupt eine der o.g. Ersatzkonstruktionen angenommen werden kann, bzw. welche dies sein könnte, kann nicht generell beantwortet werden. Im konkreten Einzelfall ist zu beachten, daß das Vorliegen einer einzelnen Rechtsfigur als Minus zur Vertragsübernahme nicht zu voreilig angenommen werden sollte. Vielmehr sollte der Wille der Vertragsparteien, die getroffene Vereinbarung möge auf eine der genannten Arten Rechtswirkungen entfalten, erkennbar hervortreten[531].

4.5.4 Rechtsvergleichende Würdigung unter Einbeziehung der PECL

Sowohl das englische Recht als auch die beiden untersuchten kontinentaleuropäischen Rechtsordnungen stimmen darin überein, daß die Schuldübernahme bei mangelnder Mitwirkung des Gläubigers keine Rechtswirkungen diesem gegenüber entfaltet. Der Übernehmer ist jedoch u.U. dem Schuldner gegenüber im Innenverhältnis verpflichtet, ihn von seiner Schuld gegenüber dem Gläubiger zu befreien. Es ist diesbezüglich davon auszugehen, daß dieser Grundsatz in allen drei Rechtsordnungen sowohl im Zeitraum vor Erteilung der Genehmigung als auch nach Verweigerung einer Genehmigungserklärung durch den Gläubiger gilt.

Im Ergebnis wird in allen drei Rechtsordnungen demnach dasselbe Ergebnis, d.h. das Einstehenmüssen des Übernehmers im Innenverhältnis, erreicht. Zu beachten ist jedoch, daß die Verpflichtung des Übernehmers gegenüber dem ursprünglichen Schuldner im deutschen Recht die eigentliche, im konkreten Fall jedoch nur im Innenverhältnis wirkende Schuldübernahmevereinbarung darstellen kann. Im englischen und dänischen Recht ist dies hingegen nicht der Fall, da es sich hier nicht um eine Schuldübernahme i.e.S., sondern um eine Ersetzung eines Schuldverhältnisses i.S. einer Novation handelt. Das Versprechen des Übernehmers gegenüber dem Schuldner gibt in diesen beiden Rechtsordnungen lediglich den Anstoß zum Abschluß des Schuldübernahmevertrages, da für seine Wirksamkeit und demnach für die Wirksamkeit der Schuldübernahme im

529 So BGH ZIP 1996, 1516, 1519; Soergel-Zeiss Vor § 398 Rn.6; a.A. Erman-Westermann Vor § 414 Rn.1.

530 Zahlt der verhinderte Übernehmer dennoch auf die Schuld, stellt dies die Leistung eines Dritten i.S.d. § 267 I 1 BGB dar, die der Gläubiger nur im Falle des Widerspruchs des Schuldner ablehnen kann, vgl. § 267 II BGB.

531 So auch Nörr/Scheyhing/Pöggeler, S.261; Pieper, S.209.

Außenverhältnis zwingend eine Vereinbarung zwischen dem Übernehmer und dem Gläubiger getroffen werden muß.

Auch den PECL liegt die Annahme zugrunde, daß die Verweigerung der Genehmigung durch den Gläubiger eine Verpflichtung des Übernehmers im Innenverhältnis zum Schuldner herbeiführt[532]. Wie in den untersuchten Rechtsordnungen wird keinesfalls davon ausgegangen, daß der Übernehmer als zusätzlicher Schuldner neben den ursprünglich Verpflichteten tritt, und somit dem Gläubiger zwei Personen für seine Inanspruchnahme zur Verfügung stehen.

Welche rechtliche Konstruktion beim Scheitern einer Vertragsübernahme im deutschen Recht anzunehmen sein soll, kann nicht generell beantwortet werden. Auf der Aktivseite kommt eine Forderungsabtretung, auf der Passivseite einerseits eine Erfüllungsübernahme, wie sie bei der Übernahme einer Schuld zu bejahen ist, andererseits ein Schuldbeitritt des Übernehmers in Betracht. Letztlich muß jedoch der Parteiwille im konkreten Fall entscheiden, welche der o.g. Möglichkeiten zu bejahen ist.

Den PECL liegt die Auffassung zugrunde, daß die Vertragsübernahme in dem Fall, in dem der Dritte mit der Auswechselung seines Vertragspartners nicht einverstanden ist, keine Rechtswirkungen entfaltet: Weder die Rechte noch die Verpflichtungen der übertragenden Partei gehen auf den Dritten über. Es bleibt der die Vertragsübernahme initiierenden Person jedoch unbenommen, ihre Rechte an den Dritten abzutreten bzw. diesen mit der Ausführung der ihr obliegenden Pflichten zu betrauen. Letzteres ist jedoch nur dann möglich, wenn es sich nicht um persönlich zu erbringende Leistungen handelt. Im Falle dieser Delegation von Pflichten bleibt der ursprüngliche Schuldner als Einziger unmittelbar dem Gläubiger gegenüber verpflichtet[533].

4.6 Das Recht des Vertragspartners zur Aufforderung des Zustimmungsberechtigten zur Entscheidung über die Genehmigungserteilung

4.6.1 Darstellung des englischen Rechts

Hinsichtlich der Rechtslage in England ist zu beachten, daß es sich hier nicht um die Übertragung einer Schuld von einer Person auf eine andere, sondern um die Aufhebung einer Verpflichtung und die Begründung einer neuen Schuld handelt. Sofern im englischen Recht eine Auswechselung zweier Schuldner erfolgen soll, ist demnach der Abschluß zweier, voneinander zu trennender Verträge erforderlich.

[532] Comment zu Art.13:101 PECL, B.

[533] Vgl. Comment zu Art.13:102 PECL, C.

Wie im Minderjährigenrecht und dem Recht der Vertretung kennt das englische Recht auch im Bereich der Schuldübernahme kein Aufforderungsrecht zur Herbeiführung einer Erklärung der dritten Vertragspartei. Abgesehen davon, daß dem englischen Recht die Möglichkeit zur Aufforderung fremd ist, besteht i.R.d. Novation für ein solches Recht auch kein Erfordernis. Zwar ist den beiden Vertragsparteien, die sich bereits über einen der zu schließenden Verträge geeinigt haben, ein Interesse an dem baldigen Abschluß der zweiten Vereinbarung zuzugestehen. Dieser kann jedoch dadurch erreicht werden, daß die betreffende Vertragspartei ein Angebot auf Abschluß des noch ausstehenden Vertrages abgibt. Im Gegensatz zum Minderjährigenrecht bzw. dem Recht der Vertretung liegt bei der Novation zu keinem Zeitpunkt eine Schwebelage vor, die durch Aufforderung zur Abgabe einer Erklärung beseitigt werden müßte.

4.6.2 Die Rechtslage in Dänemark

Mit dem Minderjährigen- und dem Vertretungsrecht übereinstimmend besteht auch im dänischen Schuldrecht keine Aufforderungsmöglichkeit gegenüber dem Gläubiger. Es ist daher anzunehmen, daß ein solches Recht zur Herbeiführung einer Erklärung über die Genehmigung dem dänischen Recht grundsätzlich fremd ist.

Im Bereich der Schuldübernahme besteht darüber hinaus wie in England für eine Aufforderung auch kein Bedürfnis, weil Schuldner und Übernehmer durch die Abgabe eigener Willenserklärungen selbständig zur Herbeiführung der Schuldübernahme beitragen können. Sofern die Schuldübernahme auf eine Vereinbarung des Schuldners mit dem Übernehmer zurückgeht, welche für die Wirksamkeit der Schuldübernahme im Außenverhältnis auch mit Zustimmung des Gläubigers nicht ausreichend ist, kann sich der Schuldner mit der Bitte an den Gläubiger wenden, ihn aus der Schuld zu entlassen. In diesem Fall ist jedoch ein Mitwirken des Übernehmers erforderlich, weil das Freiwerden des ursprünglichen Schuldners durch die Verpflichtung des Übernehmers gegenüber dem Gläubiger bedingt ist. Andererseits kann der Übernehmer ohne ein einverständliches Zusammenwirken mit dem Schuldner zur Wirksamkeit der Schuldübernahme beitragen, indem er gegenüber dem Gläubiger die Übernahme der Schuld erklärt. Die Wirksamkeit dieser Verpflichtung ist wiederum durch den Verzicht des Gläubigers auf die Forderung gegen den ursprünglichen Schuldner bedingt.

4.6.3 Vergleich zum deutschen Recht

Hinsichtlich eines Rechts zur Aufforderung steht das deutsche Recht auch im Bereich der Schuld- bzw. Vertragsübernahme im Gegensatz zu den Rechtsordnungen Englands und Dänemarks. Sofern Schuldner und Übernehmer einen Schuldnervertrag geschlossen haben und die Genehmigung des Gläubigers noch aussteht, hat jede der beiden Parteien gemäß § 415 II 2 BGB das Recht, diesen unter Bestimmung einer Frist zur Genehmigungserklärung aufzufordern. Ist bis zum Zeitpunkt der Aufforderung noch keine Mitteilung an den Gläubiger über die Schuldübernahme gemäß § 415 I 2 BGB erfolgt, liegt diese regelmäßig in der Fristsetzung durch den Schuldner oder den Dritten[534]. Ist bis zum Ablauf der gesetzten Frist weder dem Schuldner noch dem Übernehmer eine Erklärung des Gläubigers zugegangen, so gilt die Genehmigung als verweigert.

Im Gegensatz zum deutschen Minderjährigenrecht und dem Recht der Vertretung ist die einzuhaltende Frist bei der Schuldübernahme gesetzlich nicht bestimmt. Die Länge der Frist ist demnach dem Willen der Parteien überlassen[535]. Sofern der Gläubiger eine Erklärung über die Genehmigung nicht rechtzeitig abgibt, befindet er sich in derselben Situation wie zuvor. Ein Schutz des Gläubigers durch eine gesetzlich bestimmte, angemessene Frist ist demnach nicht erforderlich.

Aufgrund der Tatsache, daß eine Normierung der Vertragsübernahme im BGB nicht erfolgt ist, stellt sich die Frage, ob Schuldner und Übernehmer auch in diesem Fall das Recht zustehen sollte, den Gläubiger zu einer Erklärung über die Genehmigung aufzufordern. In Betracht käme insofern eine analoge Anwendung des § 415 II 2 BGB auf die Vertragsübernahme. Um nicht durch die Übertragung einer, für eine bestimmte Fallkonstellation vorgesehenen Rechtsregel auf einen ähnlichen Tatbestand den Willen des Gesetzgebers zu umgehen, kann eine solche Gesetzesanalogie nur unter bestimmten Voraussetzungen angenommen werden. Zum einen muß eine planwidrige Gesetzeslücke vorhanden sein, zum anderen ist Voraussetzung, daß Normzweck und Interessenlage die entsprechende Anwendung der Norm gebieten.

Eine planwidrige Gesetzeslücke ist dann anzunehmen, wenn keine den konkreten Fall regelnde Norm vorhanden ist und der Gesetzgeber diese Lücke auch nicht absichtlich, sondern deshalb hat bestehen lassen, weil er die Regelungsbedürftigkeit übersehen oder noch nicht gekannt hat[536]. Die völlige Nichtregelung der Vertragsübernahme und somit auch des Aufforderungsrechts ist darauf zurückzuführen, daß früher ganz überwiegend die Ansicht vertreten wurde, die Vertragsübernahme sei eine bloße Zusammensetzung aus einer Forderungsabtretung und einer Schuldübernahme (sog. Zerlegungstheorie). Inzwischen unterliegt die Vertragsübernahme jedoch einem gewandelten Rechtsverständnis, indem sie als einheitliches, selbständiges Rechtsgeschäft, welches mehr als lediglich die Kombination der beiden o.g. Rechtsgeschäfte beinhaltet, angesehen wird[537]. Demnach ist gerade nicht davon auszugehen, daß der Gesetzgeber ein Aufforderungsrecht i.R.d. Vertragsübernahme bewußt nicht nor-

---

534 Staudinger-Rieble § 415 Rn.82.

535 Staudinger-Rieble § 415 Rn.81; Erman-Westermann § 415 Rn.6; Nörr/Scheyhing/ Pöggeler, S.293.

536 Soergel-Hefermehl Anh. § 133 Rn.13; Hübner, S.61; Brox AT, S.41.

537 Vgl. oben 4.5.3.

miert hat, sondern daß die Nichtregelung aufgrund des damaligen Kenntnisstandes erfolgte.

Desweiteren muß die Interessenlage eine entsprechende Anwendung der Norm und somit eine Gleichbehandlung des geregelten und des ungeregelten Falles gebieten[538]. Das Aufforderungsrecht i.R.d. Schuldübernahme trägt dem Interesse des Schuldners und des Übernehmers Rechnung, in absehbarer Zeit nach Abschluß des Schuldnervertrages eine Entscheidung des Gläubigers über die Genehmigungserteilung herbeizuführen. Ein solches berechtigtes Interesse besteht jedoch ebenso bei der Vertragsübernahme, da auch deren Wirksamkeit von der Genehmigung des Gläubigers abhängig ist. Gestünde man den Parteien des Schuldnervertrages kein Aufforderungsrecht zu, müßten diese solange abwarten, bis sich der Gläubiger irgendwann von selbst zu einer Genehmigungserklärung entschließt. Der Anerkennung eines Aufforderungsrechts auch bei der Vertragsübernahme stehen auch die Interessen des Gläubigers nicht entgegen. Sofern dieser unter Setzung einer Frist zur Genehmigungserteilung aufgefordert wurde, diese Frist jedoch verstreichen läßt, gilt die Vertragsübernahme als gescheitert. Wie beim Scheitern einer Schuldübernahme steht der Gläubiger nun jedoch nicht anders da, als wenn die Vertragsübernahme nie angebahnt worden wäre, da er sich weiterhin seinem ursprünglichen Vertragspartner gegenüber sieht. Demzufolge steht einer Analogie auch nicht entgegen, daß das Schweigen des Gläubigers, dem im Grundsatz keine erklärungserhebliche Bedeutung zukommt, in diesem Fall als Ablehnung zu werten ist.

Es ist demnach davon auszugehen, daß auch Schuldner und Übernehmer i.R.d. Vertragsübernahme ein Recht zur Aufforderung des Gläubigers entsprechend § 415 II 2 BGB zusteht.

4.6.4 Rechtsvergleichende Würdigung unter Einbeziehung der PECL

Nach Betrachtung der Möglichkeit, den Gläubiger i.R.d. Schuldübernahme zur Erteilung der Genehmigung aufzufordern, läßt sich feststellen, daß in den drei untersuchten Rechtsordnungen sehr unterschiedliche Regelungen bestehen. Diese Verschiedenartigkeit ist jedoch auf das besondere Verständnis der Schuldübernahme in den Rechtsordnungen der betreffenden Länder zurückzuführen.

Zunächst ist festzuhalten, daß dem englischen Recht die Möglichkeit der Vertragsparteien, den Dritten zur Erklärung über die Genehmigung aufzufordern, fremd ist. Das Fehlen dieses Rechts liegt im englischen Recht in der Annahme begründet, daß die Vereinbarung zwischen den Parteien regelmäßig zu einer Ersetzung der ursprünglichen durch eine zwischen Gläubiger und Übernehmer neu geschaffene Schuld führt. Aufgrund der Tatsache, daß demnach zunächst die alte Schuld aufgehoben und anschießend eine neue Verpflichtung

538 Hübner, S.61; Brox AT, S.42.

geschaffen wird, besteht zu keiner Zeit eine Schwebelage, zu deren Beendigung die Parteien durch Aufforderung beitragen müßten. Vielmehr kann der Übernehmer durch Abgabe eines Angebots an den Gläubiger die Herbeiführung der Schuldübernahme beschleunigen.

Auch das dänische Recht kennt im Bereich der Schuldübernahme kein Aufforderungsrecht, weder durch den Schuldner noch durch den Übernehmer. Diese Verneinung der Aufforderungsmöglichkeit entspricht dem Minderjährigenrecht und dem Recht der Vertretung, so daß bereits an dieser Stelle angenommen werden kann, daß dem dänischen Recht eine solche Aufforderung - zumal mit einer Fiktion der Verweigerung oder Erteilung - grundsätzlich fremd ist. Abgesehen hiervon stellt sich die Rechtslage in Dänemark - bis auf die Tatsache, daß nicht eine einverständliche Aufhebung, sondern ein Verzicht des Gläubigers auf die Forderung erfolgt - wie in England dar. Da die Verpflichtung des Übernehmers gegenüber dem Schuldner unter Mitwirkung des Gläubigers nicht ausreichend ist, würde eine Aufforderung des Gläubigers zur Erteilung der Genehmigung ohnehin nicht den gewünschten Erfolg herbeiführen.

Indem es in § 415 II 2 BGB ein Recht des Schuldners oder des Übernehmers zur Aufforderung normiert[539], unterscheidet sich das deutsche Recht vom Recht Englands und Dänemarks. Im Gegensatz zu den beiden letztgenannten Rechtsordnungen geht das deutsche Recht vom Übergang einer Schuld bzw. eines Schuldverhältnisses i.e.S., d.h. von einem Fortbestehen des Vertrages unter Auswechselung einer Partei aus, was im Zeitraum vor erfolgter Mitwirkung des Gläubigers zu einer Phase der schwebenden Unwirksamkeit des Vertrages führt. Um diese Zeit der Unsicherheit abzukürzen, besteht die Möglichkeit der Aufforderung, da die dritte Vertragspartei nun innerhalb der von den Parteien bestimmten Frist eine Erteilung der Genehmigung vornehmen muß. Anderenfalls gilt die Schuld- bzw. Vertragsübernahme als verweigert.

Im Gegensatz zum Recht der vollmachtlosen Vertretung[540] ist ein Aufforderungsrecht im Rahmen der Schuld- bzw. Vertragsübernahme in den PECL nicht normiert.

4.7 Zusammenfassung und Bewertung

Nach Begutachtung des Zustimmungserfordernisses i.R.d. Schuld- und Vertragsübernahme lassen sich erhebliche Unterschiede zwischen dem englischen, dänischen und deutschen Recht feststellen. Zwar gilt in allen drei Rechtsordnungen gleichermaßen der Grundsatz, daß eine Schuld- bzw. Vertragsübernahme ohne Einverständnis des Gläubigers nicht stattfinden kann, jedoch bestehen im Einzelnen hinsichtlich der Rechtsnatur dieser Erklärung Verschiedenheiten.

---

539 Welches analog auch i.R.d. Vertragsübernahme gilt, vgl. oben 4.6.3.

540 Art.3:208 PECL, vgl. oben 3.7.4.

Hervorzuheben ist zunächst die Besonderheit des englischen Rechts, daß es sich bei der von der zustimmungsberechtigten Person abzugebenden Erklärung niemals um eine Zustimmung i.e.S., sondern stets um eine auf Abschluß eines Vertrages gerichtete Willenserklärung handelt. Grund hierfür ist die Tatsache, daß im englischen Recht sowohl bei der Schuld- als auch bei der Vertragsübernahme eine Aufhebung des ursprünglichen und die Schaffung eines neuen Vertrages erfolgt. Demnach ist regelmäßig die Mitwirkung aller drei beteiligten Parteien erforderlich.

Anders als im englischen Recht wird im dänischen Schuldrecht der Begriff der „Zustimmung“ sehr wohl verwendet. Dennoch ist die Rechtslage in Dänemark derjenigen in England ähnlich, da die Erklärung der zustimmungsberechtigten Person auch hier streng genommen eine auf Abschluß eines neuen Schuldvertrages gerichtete Willenserklärung darstellt. Zwar kann eine Vereinbarung zwischen dem alten und dem neuen Schuldner, zu der der Gläubiger sein Einverständnis erteilen muß, letztlich durchaus zu einer Schuld- oder Vertragsübernahme führen. Da sich der Übernehmer jedoch in jedem Falle direkt gegenüber dem Gläubiger verpflichten muß, findet auch im dänischen Recht eine Novation statt. Aufgrund der Tatsache, daß bei der Schuldübernahme ein Verzicht des Gläubigers auf die Forderung gegen den ursprünglichen Schuldner erfolgt, ist dessen Mitwirkung hier nicht zwingend. Bei der Vertragsübernahme muß wie im englischen Recht jedoch die Mitwirkung aller drei Parteien erfolgen.

Im Gegensatz zum englischen und dänischen Recht steht das deutsche Recht, welches als einziges im Bereich der Schuld- und Vertragsübernahme eine Zustimmung i.e.S. kennt. Da im deutschen Recht eine Novation nicht grundsätzlich, sondern nur dann anzunehmen ist, wenn der Wille der Vertragsparteien ausdrücklich hierauf hindeutet, entfaltet sowohl bei der Schuld- als auch bei der Vertragsübernahme eine Vereinbarung zwischen dem alten Schuldner und dem Übernehmer mit Erteilung einer Zustimmung i.e.S. des Gläubigers Wirksamkeit.

Hinsichtlich der Rechtslage vor Ausübung bzw. bei Verweigerung der erforderlichen Mitwirkung durch den Gläubiger der Schuldübernahme stimmen das englische, das dänische und das deutsche Recht dahingehend überein, daß eine zwischen dem Schuldner und dem Übernehmer getroffene Vereinbarung dem Gläubiger gegenüber keine Rechtswirkungen entfaltet. Zwar bleibt der Schuldner demnach die einzige Person, die dem Gläubiger gegenüber zur Bewirkung der vertraglich geschuldeten Leistung verpflichtet ist; dieser kann sich aufgrund der mit dem Übernehmer getroffenen Vereinbarung jedoch im Innenverhältnis schadlos halten.

Das Problem, welche Rechtslage vor wirksam erfolgter bzw. bei gescheiterter Vertragsübernahme anzunehmen sein soll, wurde allein in der deutschen Rechtsliteratur bisher aufgegriffen und ist hier bislang nicht eindeutig geklärt.

Da die Lösung dieses Problems im Ergebnis vom Willen der Parteien im konkreten Fall abhängen muß, kann eine generelle Beantwortung dieser Frage abstrakt nicht erfolgen.

Letztlich steht das deutsche Recht auch hinsichtlich der Möglichkeit, den Gläubiger zur Entscheidung über die Genehmigung aufzufordern, im Gegensatz zum englischen und dänischen Recht. Aufgrund der Tatsache, daß das deutsche Recht von einem Übergang der Schuld bzw. des Schuldverhältnisses unter Aufrechterhaltung der Vertragsbeziehungen ausgeht, besteht im Falle der Erforderlichkeit einer Genehmigung zumindest für den Bruchteil einer juristischen Sekunde schwebende Unwirksamkeit. Zur Beendigung dieser Rechtsunsicherheit können die Parteien durch Ausübung des Aufforderungsrechts beitragen. Da im englischen und dänischen Recht aufgrund der dort erfolgenden Novation zu keiner Zeit eine Schwebelage besteht, ist die Einräumung eines Aufforderungsrechts hier nicht nötig.

Bei Betrachtung der Art und Weise, auf die das Zustimmungserfordernis bei der Schuld- bzw. Vertragsübernahme Eingang in die jeweiligen Rechtsordnungen gefunden hat, fallen erhebliche Unterschiede ins Auge. Im Einklang mit dem für das englische Recht typischen Case Law ist weder eine allgemeine Normierung der Schuld- noch der Vertragsübernahme erfolgt. Lediglich zur Regelung bestimmter Konstellationen findet der Übergang einer Schuld oder eines Schuldverhältnisses in gesetzlich normierten Vorschriften Erwähnung.

Ähnliches gilt für das dänische Recht, in dem eine gesetzlich normierte Aussage über die allgemeinen Voraussetzungen der Schuld- bzw. der Vertragsübernahme ebenfalls nicht zu finden ist. Das Erfordernis der Mitwirkung des Gläubigers ergibt sich hier - wie für das dänische Recht typisch - aus einem ungeschriebenen aber allgemein anerkannten Rechtsgrundsatz. Die wenigen Vorschriften, die auf verschiedene Einzelgesetze verteilt sind, regeln wie im englischen Recht lediglich besondere Fälle des Übergangs einer Schuld bzw. eines Schuldverhältnisses.

Ebenso wie im Minderjährigen- und Vertretungsrecht beinhaltet das deutsche Recht auch hinsichtlich der Schuld- bzw. Vertragsübernahme die ausführlichste gesetzliche Normierung. Neben den speziellen, den Übergang einer Schuld oder eines Schuldverhältnisses regelnden Vorschriften enthalten die §§ 414 ff. BGB eine allgemeine Normierung zumindest der Schuldübernahme.

Das Vorteilhafte an dieser relativ ausführlichen gesetzlichen Regelung besteht darin, daß dem Rechtsanwender die Ermittlung der anwendbaren Vorschriften und der somit gegebenen Rechtslage erleichtert wird. Für die hier diskutierte Frage der Zustimmungsbedürftigkeit einer Schuld- bzw. Vertragsübernahme bedeutet dies z.B., daß der Vertragsschließende die Erforderlichkeit der Mitwirkung anderer Personen unmittelbar aus dem Gesetz ersehen kann. Aus diesem Grund wäre im deutschen Recht eine allgemeine Normierung auch der für die Vertragsübernahme geltenden Grundsätze wünschenswert.

5 Die Zustimmung beim Handeln eines Ehegatten

5.1 Das Bestehen eines gesetzlichen Güterstandes

5.1.1 Die Rechtslage in England

Das englische Recht zeichnet sich dadurch aus, daß die vermögensrechtlichen Verhältnisse der Ehegatten untereinander durch die Heirat in keinster Weise beeinflußt werden[541]. Einerseits herrscht strikte Gütertrennung, da die Ehegatten Eigentümer der jeweils von ihnen mitgebrachten und während der Ehe erworbenen Güter bleiben, andererseits gilt der Grundsatz der Haftungstrennung, nach dem jeder mit seinem Vermögen ausschließlich für seine eigenen Verbindlichkeiten haftet[542]. Den Eheleuten steht demnach eine uneingeschränkte Dispositionsbefugnis über ihr Vermögen zu; Einschränkungen, z.B. in Form von Zustimmungserfordernissen zu bestimmten Rechtsgeschäften, sind sie gerade nicht unterworfen. Für die Ehegatten besteht daneben keine Möglichkeit, ihre vermögensrechtlichen Verhältnisse durch ehevertragliche Vereinbarung abweichend vom Grundsatz der Gütertrennung zu regeln[543]. Den Begriff des Güterstandes, wie er in den kontinental-europäischen Rechtsordnungen verstanden wird, kennt das englische Recht demnach nicht[544].

Vor Erlaß des MWPA im Jahre 1882[545] wurde der Ehemann mit der Heirat i.d.R. Eigentümer des Vermögens der Frau[546]; die Ehefrau war lediglich beschränkt handlungs- und rechtsfähig[547]. Rechtlich gesehen galten die Eheleute als Einheit[548]. 1882 wurde schließlich verheirateten ebenso wie unverheirateten Frauen erlaubt, bewegliches und unbewegliches Vermögen als Eigentum zu besitzen. Da sämtliches von der Frau in die Ehe eingebrachtes und während der Ehe erworbenes Vermögen von nun an ausschließlich in ihrem Eigentum stehen sollte, wurde durch den MWPA praktisch die Gütertrennung eingeführt[549].

541 Cretney/Masson, S.101.

542 Lipstein, S.399; Henrich/Huber, Englisches Privatrecht, S.130; Hanisch, Moderne Tendenzen des englischen Ehegüterrechts, S.21 f., 96.

543 Neville Turner/Davis-Ferid, S.68.

544 Neville Turner/Davis-Ferid, S.68.

545 Married Women's Property Act 1882.

546 Lipstein, S.399.

547 Henrich/Huber, Englisches Privatrecht, S.129.

548 Neville Turner/Davis-Ferid, S.67; Hanisch, Moderne Tendenzen des englischen Ehegüterrechts, S.11.

549 Henrich/Huber, Englisches Privatrecht, S.130; Bartosch, Vermögensrechtliche Beziehungen, S.14. Vgl. zum heutigen Recht auch s.37 des LPA: „A husband and wife shall, for all purposes of acquisition of any interest in property, under a disposition made or coming into operation after the commencement of this Act, be treated as two persons."

Grundlage der vermögensrechtlichen Verhältnisse der Ehegatten untereinander sind heute ss. 1 bis 3 des LRA von 1935[550], die die Gütertrennung gesetzlich normieren und die Haftungstrennung statuieren. Darüber hinaus wird die Frau dem Mann hinsichtlich ihrer Handlungs- und Rechtsfähigkeit gleichgestellt.

Eine Regelung, die den Ehegatten im Falle der Beendigung der Ehe einen Ausgleichsanspruch zubilligt, ist im englischen Recht nicht vorhanden. Von besonderer Bedeutung sind jedoch die Vorschriften über den Schutz der ehelichen Wohnung[551]. Um gerechte Vermögensverhältnisse herzustellen, können die Gerichte außerdem einen Ehegatten im Falle der Scheidung verpflichten, dem anderen Unterhalt zu zahlen oder ihm Rechte am Vermögen des Verpflichteten einzuräumen[552]. Zu beachten ist jedoch, daß es sich hierbei nicht um einen güterrechtlichen Ausgleichsanspruch, sondern lediglich um eine Folge der Scheidung handelt[553].

5.1.2 Der gesetzliche Güterstand der einfachen Gütergemeinschaft („almindeligt formuefællesskab") im dänischen Recht

Im dänischen Recht stellt die "almindeligt formuefællesskab", d.h. die sog. einfache bzw. allgemeine Gütergemeinschaft, den gesetzlichen Güterstand dar. Sämtliche Güter, die die Eheleute nicht durch vertragliche Vereinbarung zum Vorbehaltsgut erklärt haben, bilden das sog. Gesamtgut[554]. Gemäß § 15 stk.1 RVL setzt sich das Gesamtgut aus demjenigen Gut zusammen, das die Eheleute in die Ehe eingebracht haben, d.h. bei Eingehung der Ehe besaßen und während ihres Bestehens hinzuerworben haben[555].

Trotz der Bildung des Gesamtguts ist für die allgemeine Gütergemeinschaft kennzeichnend, daß jeder Ehegatte denjenigen Anteil, den er in das Gesamtgut eingebracht hat, selbständig verwaltet, vgl. § 16 stk.1 RVL. Darüber hinaus haftet jeder Ehegatte gemäß § 25 RVL allein für seine Verbindlichkeiten mit dem von ihm eingebrachten Anteil. Die Dispositionsfreiheit der Ehegatten ist jedoch gemäß § 16 stk.1 RVL durch §§ 17-20 RVL eingeschränkt[556]. Der gesetzliche Güterstand hat demnach während des Bestehens der Ehe kaum Auswirkungen auf die Vermögensverhältnisse der Ehegatten[557]. Die vermögensrechtlichen Wirkungen der Eheschließung zeigen sich im dänischen Recht erst,

---

550 Law Reform (Married Women and Tortfeasors) Act 1935.

551 Vgl. hierzu unten 5.2.

552 Neville Turner/Davis-Ferid, S.68.

553 Henrich/Huber, Englisches Privatrecht, S.132. Zu den Rechtsverhältnissen der Ehegatten während des Bestehens der Ehe vgl. im Einzelnen Bartosch, Vermögensrechtliche Beziehungen.

554 Wegener, S.49. Zum sog. Vorbehaltsgut („særeje") vgl. § 28 RVL.

555 Karnov RVL, Fn.25.

556 Vgl. unten 5.3.1.

557 Andersen, Privatret, S.742.

wenn die allgemeine Gütergemeinschaft durch Separation, Aufhebung oder Scheidung der Ehe, den Tod eines Ehegatten, den Abschluß eines Ehevertrages (§ 28 RVL) oder durch eine vom Amtsgericht angeordnete Gütertrennung (§ 38 RVL) beendet wird[558]. Unabhängig vom eingebrachten Anteil steht jedem Ehegatten gemäß § 16 stk.2 RVL grundsätzlich die Hälfte am Gesamtgut zu, sofern nicht gesetzlich etwas anderes bestimmt ist[559]. Die Bezeichnung als „allgemeine Gütergemeinschaft" ist demnach irreführend[560]; präziser wäre z.B. der Begriff der „aufgeschobenen Gütergemeinschaft".

5.1.3 Die Zugewinngemeinschaft im deutschen Familienrecht

Gesetzlicher Güterstand im deutschen Recht ist der Güterstand der Zugewinngemeinschaft, der gemäß § 1363 I BGB immer dann vorliegt, wenn die Ehegatten nicht durch Ehevertrag etwas anderes vereinbart haben. Kennzeichnend für diesen Güterstand ist die Tatsache, daß jeder Ehegatte gemäß § 1363 II 1 BGB alleiniger Inhaber sowohl des bereits vor Eintritt des Güterstandes vorhandenen als auch des während der Ehe hinzugewonnenen Vermögens bleibt. Gemäß § 1364 BGB verwalten beide Partner ihr Vermögen selbständig; durch die Vorschriften §§ 1365 - 1369 BGB sind sie jedoch ausnahmsweise in ihrer Verfügungsmacht beschränkt[561]. Da demnach kein gemeinschaftliches Vermögen der Ehegatten entsteht, handelt es sich streng genommen um einen Fall der Gütertrennung[562].

Bei Beendigung des Güterstandes erfolgt jedoch gemäß § 1363 II 2 BGB ein Ausgleich des während der Ehe erzielten Zugewinns, so daß derjenige Ehegatte, der den geringeren Zuerwerb erzielt hat, am Zugewinn des anderen beteiligt wird. Wird der Güterstand durch den Tod eines Ehegatten beendet, gilt § 1371 BGB. Bei einer Beendigung auf andere Weise, z.B. durch Nichtigerklärung, Aufhebung oder Scheidung der Ehe, durch ehevertragliche Aufhebung des gesetzlichen Güterstandes (§§ 1408, 1414 BGB) oder aufgrund vorzeitigen Ausgleichs des Zugewinns (§ 1388 BGB), erfolgt der Ausgleich nach den §§ 1372 - 1390 BGB.

5.1.4 Rechtsvergleichende Würdigung

Die drei untersuchten Rechtsordnungen stimmen darin überein, daß sich die Eheschließung während des Bestehens der Ehe nicht auf die vermögensrechtlichen Verhältnisse der Partner auswirkt. Dies wird durch die Grundsätze der Güter- und der Haftungstrennung erreicht. Während im englischen Recht die Ehegatten jedoch wie Ledige vollständige Dispositionsfreiheit über ihr Vermögen

---

558 Wegener, S.51; Karnov RVL, Fn.22; Rasmussen, S.144.

559 Zu den Rechtswirkungen der Beendigung vgl. Marcus, S.292 f.; Rasmussen, S.145 f.

560 So auch Wegener, S.50.

561 Vgl. unten 5.3.2. Siehe auch Graba, Bestätigung und Genehmigung, S.210.

562 Zum irreführenden Begriff der „Zugewinngemeinschaft" Soergel-Lange Vor § 1363 Rn.3, § 1363 Rn.2 f.; Staudinger-Thiele § 1363 Rn.1; Giesen, S.132; Lüderitz, S.126.

genießen, sind sie im dänischen und deutschen Recht Beschränkungen in Form von Zustimmungserfordernissen unterworfen. Grund hierfür ist die Sicherung der Ausgleichsansprüche, die i.R.d. nach Beendigung der Ehe erfolgenden güterrechtlichen Auseinandersetzung geltend gemacht werden können. Obwohl auch in England i.d.R. ein Vermögensausgleich durch die Gerichte stattfindet, besitzen die Ehegatten keine Möglichkeit, sich gegen Dispositionen ihres Partners über dessen Vermögen zur Wehr zu setzen. Hat ein Ehegatte somit während des Bestehens der Ehe umfangreiche Verfügungen über sein Vermögen vorgenommen, steht dem Gericht u.U. lediglich ein vermindertes Vermögen zur Verteilung zur Verfügung.

Im Gegensatz zum englischen Recht zeigen sich die Auswirkungen der Eheschließung in Dänemark und Deutschland jedoch nach Beendigung der Ehe. Während das dänische Recht die Halbierung sämtlichen vor der Ehe existenten und während des Bestehens erworbenen Vermögens, des Gesamtguts, vorsieht, erfolgt in Deutschland lediglich eine Teilung des Zugewinns. Diese beiden Rechtsordnungen haben demnach einen unterschiedlichen Güterstand zum gesetzlichen bestimmt. Sowohl in Dänemark als auch in Deutschland ist den Ehegatten jedoch erlaubt, ihre vermögensrechtlichen Verhältnisse durch Ehevertrag abweichend vom gesetzlichen Grundsatz zu regeln. Ein deutsches Ehepaar kann demnach auch im Güterstand der Gütergemeinschaft, ein Ehepaar, dessen Güterrechtsstatut das dänische Recht ist, in einem Güterstand ähnlich der deutschen Zugewinngemeinschaft leben.

5.2 Die Rechte an der ehelichen Wohnung („matrimonial homes rights") im englischen Recht

Aufgrund der Tatsache, daß Wohnungseigentum in England erheblich verbreiteter ist als z.B. in Deutschland, genießt die eheliche Wohnung umfassenden rechtlichen Schutz. Insbesondere in den Fällen, in denen der Grund und Boden im alleinigen Eigentum eines Ehegatten steht, bedarf der andere Partner eines Rechtes, um im Falle einer Trennung nicht der ehelichen Wohnung verwiesen zu werden.

Das englische Recht normiert aus diesem Grund in Teil IV (ss.30 bis 41) des FLA von 1996[563] sog. „matrimonial homes rights"[564], die einem Ehegatten das Recht verleihen, von der ehelichen Wohnung Besitz zu ergreifen. Voraussetzung für ein solches Recht ist zunächst, daß das betreffende Wohnhaus we-

---

563 Family Law Act 1996. Teil IV des FLA gibt den Grundsätzen des MatHA 1983 (Matrimonial Homes Act 1983), der vollständig aufgehoben wurde, wieder Wirkung. Dieser wiederum hatte den MatHA 1967 (Matrimonial Homes Act 1967) ersetzt.

564 Dieser Begriff ersetzt die in s.1 (1) (a) MatHA 1983 enthaltene Bezeichnung „rights of occupation". Inhaltlich hat jedoch keine Veränderung stattgefunden, vgl. Cretney/Masson, S.186, Fn.46.

nigstens vorübergehend als eheliche Wohnung gedient hat oder von den Ehegatten jedenfalls zu diesem Zweck bestimmt war[565]. Darüber hinaus muß ein Ehegatte aufgrund eines Besitzrechts, eines Vertrages, eines sonstigen Rechts oder einer gesetzlichen Bestimmung berechtigt sein, das Wohnhaus in Besitz zu nehmen (vgl. s.30 (1) (a) FLA), während der andere Ehegatte, z.B. weil die eheliche Wohnung im Alleineigentum seines Partners steht, hierzu nicht berechtigt ist (vgl. s.30 (1) (b) FLA). Sind diese Voraussetzungen erfüllt, kann alternativ der „High Court" oder ein „County Court" einen sog. „occupation order" erlassen[566]. Diese gerichtliche Verfügung räumt dem schutzwürdigen Ehegatten einerseits gemäß s.30 (2) (a) FLA das Recht ein, sich der Aufforderung seines Partners, die eheliche Wohnung zu räumen, zu widersetzen. Eine solche Verweisung des unter Schutz stehenden Ehegatten aus der ehelichen Wohnung kann gemäß s.30 (2) (a) FLA lediglich aufgrund gerichtlicher Verfügung gemäß s.33 FLA erfolgen. Hat der durch die „matrimonial homes rights" geschützte Ehegatte die eheliche Wohnung hingegen nicht in Besitz, ist er gemäß s.30 (2) (b) FLA befugt, die betreffende Wohnung zu betreten und in Besitz zu nehmen. In die Entscheidung des Gerichts über das Recht des Ehegatten sollen die konkreten Umstände des Falles, d.h. insbesondere das Verhalten der Parteien, ihre Bedürfnisse und finanziellen Verhältnisse und die Bedürfnisse der Kinder mit einbezogen werden[567].

Die Rechte an der ehelichen Wohnung entfalten nicht nur im Verhältnis zwischen den Ehegatten selbst, sondern auch Dritten gegenüber Wirkung. Gemäß s.30 (3) FLA kann der die Wohnung besitzende Ehegatte z.B. das Recht des anderen Ehegatten wahrnehmen, fällig werdende Raten an den Vermieter oder einen Hypothekengläubiger zu zahlen. Die getätigten Zahlungen haben in diesem Fall eine ebensolche Erfüllungswirkung wie im Falle der Zahlung durch den Schuldner. Darüber hinaus dienen auch s.30 (4) und (5) FLA dem Schutz desjenigen Ehegatten, der nicht Eigentümer der ehelichen Wohnung ist.

Gemäß s.31 (1), (2) FLA stellen die „matrimonial homes rights" eine Belastung des Grundeigentums des anderen Ehegatten dar. Gegenüber späteren Erwerbern oder Hypothekengläubigern entfalten diese nur dann Wirkung, wenn sie vor Vollendung des Rechtserwerbs durch den Dritten im Grundbuch eingetragen wurden, vgl. s.31 (10) FLA[568]. Ist dies jedoch der Fall, bleiben die Rechte des geschützten Ehegatten auch dann bestehen, wenn nach der Eintragung

---

565 Vgl. s.30 (7) FLA (Umkehrschluß).

566 Ausführlich zum möglichen Inhalt einer solchen gerichtlichen Verfügung: Hayes/Williams, S.424 ff.

567 Passingham/Harmer, S.156.

568 Zu Einzelheiten hinsichtlich der Eintragung vgl. Halsbury's Statutes of England and Wales (4th edition, Volume 27 (Magistrates, Markets and Fairs, Matrimonial Law), 2000), S.757; Cretney/Masson, S.187; Dodds, S.233 f.; Hayes/Williams, S.576 f.

ohne Einholung seines Einverständnisses über das Grundeigentum verfügt wird[569]. Da potentielle Erwerber i.d.R. ein geringeres Interesse an Grundstückseigentum zeigen, welches mit dem Recht eines Dritten belastet ist, kann die Verfügung über die eheliche Wohnung in einer Vielzahl von Fällen verhindert werden[570]. Durch die Einräumung der oben beschriebenen Rechte wird in der Praxis somit ein guter Schutz des von der Vertreibung aus der ehelichen Wohnung bedrohten Ehegatten erreicht.

Der Zeitraum, für den ein „occupation order“ erlassen werden kann, ist gesetzlich nicht beschränkt und hängt demnach von der Entscheidung des Gerichts ab[571]. Gemäß s.30 (8) (a) bzw. s.31 (8) FLA bestehen die „matrimonial homes rights“ einerseits grundsätzlich längstens bis zur Beendigung der Ehe, sofern das zuständige Gericht nicht gemäß s.33 (5) FLA etwas anderes angeordnet hat. Andererseits endet der Schutz des Ehegatten gemäß s.30 (8) (b) FLA grundsätzlich in dem Zeitpunkt, in dem das Recht des anderen Ehegatten, aufgrund dessen er zum Besitz der ehelichen Wohnung berechtigt ist, endet. Dem zuständigen Gericht steht es jedoch frei zu verfügen, daß im konkreten Fall die Belastung des Grundeigentums durch die „matrimonial homes rights“ das Recht des Ehegatten i.S.d. s.30 (1) (a) FLA überdauern soll. Darüber hinaus können diese Schutzrechte gemäß s.33 (3) (e) FLA vom Gericht aufgehoben werden.

5.3 Normierungen des Zustimmungserfordernisses im dänischen und deutschen Familienrecht

5.3.1 Das dänische Recht

5.3.1.1 Die Zustimmung zu einer Verfügung über unbewegliches Vermögen (§ 18 des Gesetzes über die ehelichen Rechtswirkungen - § 18 ægteskabsretsvirkningslov)

Leben die Ehegatten im gesetzlichen Güterstand der allgemeinen Gütergemeinschaft, sind sie durch §§ 17 - 20 RVL in ihrer Dispositionsfreiheit über ihren Anteil am Gesamtgut beschränkt. Während § 17 RVL, demzufolge jeder Ehegatte verpflichtet ist, seinen Anteil am Gesamtgut angemessen zu verwalten und

---

569 Hayes/Williams, S.424. Die Wirkung der „matrimonial homes rights“ auch gegenüber Dritten wurde erstmals im MatHA 1967 normiert. Sein Erlaß ging auf die Entscheidung des House of Lords in National Provincial Bank Ltd. v. Ainsworth [1965] A.C. 1175 zurück. Das Gericht hatte in diesem Fall entschieden, daß die Ehefrau zwar gegen ihren Ehegatten einen Anspruch auf ein Dach über dem Kopf habe, dieses Recht jedoch persönlicher Natur sei, so daß es Dritte auch dann nicht binden könne, wenn diese von dem Recht der Frau Kenntnis hätten. Der Ehemann konnte demnach die eheliche Wohnung hypothekarisch belasten; die Ehefrau konnte sich später nicht gegen die Geltendmachung der Sicherheit durch den Hypothekengläubiger wehren.

570 Hayes/Williams, S.576 f.; Cretney/Masson, S.189.

571 Cretney, S.123.

diesen keiner unangemessenen Gefahr der Verringerung auszusetzen, hauptsächlich als Anweisung bzw. Ermahnung an die Ehegatten verstanden werden muß und kaum eine selbständige Bedeutung besitzt[572], normieren §§ 18 und 19 RVL Zustimmungserfordernisse in bestimmten Fallkonstellationen.

Gemäß § 18 stk.1 RVL darf ein Ehegatte ohne die Zustimmung seines Partners[573] unbewegliches Vermögen, welches der Familie als Wohnung dient oder welches die Grundlage für die Erwerbstätigkeit beider oder des zustimmungsberechtigten Ehegatten bildet, gemäß 1.pkt. weder veräußern, verpfänden oder sonst weggeben noch gemäß 2.pkt. vermieten oder verpachten[574]. Sinn der Vorschrift ist demnach primär der Schutz der Wohnung und eines bestehenden Erwerbsgeschäfts als wirtschaftliche Grundlage der Familie[575]. Darüber hinaus soll auch der Ausgleichsanspruch der Ehegatten nach Beendigung der Gütergemeinschaft gesichert werden[576].

Hinsichtlich des Begriffs der "Wohnung" ist entscheidend, daß das Grundeigentum der Familie tatsächlich zum Wohnen dient und nicht lediglich hierfür bestimmt war[577]. Unerheblich ist hingegen, ob die Ehegatten inzwischen getrennt leben und einer oder sogar beide aus der Wohnung ausgezogen sind, da insbesondere im Falle der Trennung bzw. einer bevorstehenden Scheidung ein Schutzbedürfnis besteht[578].

Diejenigen Handlungen, die einer Zustimmung des anderen Ehegatten bedürfen, sind in § 18 RVL abschließend aufgezählt. Demnach ist eine Zustimmung z.B. zum Erwerb von Grundstückseigentum nicht erforderlich, unabhängig davon, ob das Eigentum der Familie zum Wohnen dienen soll[579].

In der Praxis besteht für den zustimmungsberechtigten Ehegatten, der nicht als Eigentümer im Grundbuch eingetragen ist, die Möglichkeit, die Heiratsurkunde auf dem Grundbuchblatt des Grundstücks zu vermerken, wenn die Befürchtung besteht, daß der andere Ehegatte ohne die erforderliche Zustimmung über seinen Anteil am Gesamtgut verfügen wird. Hierdurch wird die Eintragung der Auflassung oder einer Belastung und somit die Vollendung des Rechtser-

---

572 Wegener, S.53; Rasmussen, S.146; Andersen, Privatret, S.744; Graversen, Familieret, S.434.

573 Bzw. ohne die Zustimmung des Vormunds, sofern der zustimmungsberechtigte Ehegatte minderjährig ist, vgl. § 18 stk.1, 3.pkt. RVL.

574 Zu den Rechtsfolgen eines Handelns ohne die erforderliche Zustimmung des anderen Ehegatten vgl. unten 5.5.1.

575 Rasmussen, S.146; Danielsen/Hornslet, S.137; Graversen, Familieret, S.444; Munch, S.209.

576 Graversen, Familieret, S.445.

577 Graversen, Familieret, S.445 f.; Wegener, S.54; Danielsen/Hornslet, S.137. Zur Frage, welche Objekte vom Begriff der „Wohnung“ umfaßt sind, vgl. Danielsen/Hornslet, S.137 ff.

578 Vgl. Danielsen/Hornslet, S.143; Dam, S.169; Graversen, Familieret, S.451.

579 Wegener, S.54; Karnov RVL, Fn.28.

werbs verhindert, weil für die Eintragung der Rechtsänderung dem Grundbuchamt die Zustimmung des anderen Ehegatten nachgewiesen werden muß[580].

Die zum Rechtsgeschäft erforderliche Zustimmung des anderen Ehegatten unterliegt im dänischen Recht keiner Form und kann demnach sowohl schriftlich oder mündlich als auch in ausdrücklicher oder konkludenter Form erteilt werden[581]. Darüber hinaus steht dem zustimmungsberechtigten Ehegatten ein Wahlrecht zu, ob er die Zustimmung seinem Partner oder dem Dritten mitteilen möchte[582].

Das Einverständnis zur Disposition des anderen Ehegatten kann im dänischen Recht unumstritten als nachträgliche Zustimmung, d.h. als Genehmigung, erklärt werden. Uneinigkeit besteht jedoch hinsichtlich der Beantwortung der Frage, ob bereits im Vorwege der Verfügung eine Einwilligungserteilung erfolgen kann. Jedenfalls in den Fällen, in denen der zustimmungsberechtigte Ehegatte Kenntnis des wesentlichen Vertragsinhalts und z.B. des Verkaufspreises des Eigentums hat, und sich seine Zustimmung somit auf ein bereits konkretisiertes Rechtsgeschäft bezieht, wird eine vorherige Zustimmung für zulässig erachtet[583].

5.3.1.2 Die Zustimmung zu einer Verfügung über bestimmte bewegliche Gegenstände (§ 19 des Gesetzes über die ehelichen Rechtswirkungen - § 19 ægteskabsretsvirkningslov)

Die Vorschrift des § 19 stk.1, 1.pkt. RVL enthält eine mit § 18 stk.1, 1.pkt. RVL fast identische Regelung, die sich jedoch statt auf Grundstücke auf bewegliches Eigentum, welches zum Gesamtgut gehört, bezieht. Dieser Norm zufolge ist der handelnde Ehegatte ohne die Zustimmung des anderen[584] nicht befugt, zum Hausrat[585] gehörende bewegliche Vermögen, die die Grundlage für

580 Vgl. Karnov RVL, Fn.28; ausführlich Danielsen/Hornslet, S.151 ff.; Graversen, Familieret, S.456 ff. und Munch, S.194 ff. Vgl. zur Möglichkeit dieser Eintragung UfR 1976.604 Ø; UfR 1979.1093 Ø; UfR 1994.721 Ø.

581 Karnov RVL, Fn.28; Danielsen/Hornslet, S.147. Vgl. auch die Entscheidung UfR 1945.560 V zur konkludenten Zustimmungserteilung.

582 Graversen, Familieret, S.452.

583 Zur Frage, ob eine Einwilligungserteilung auch dann in Betracht kommt, wenn der Ehegatte zwar Kenntnis der zu erfolgenden Dispositionsart hat, die wesentlichen Vertragsinhalte (Identität des Vertragspartners, Höhe des (Ver-)Kaufspreises etc.) jedoch noch nicht feststehen, oder er diese nicht kennt, siehe Graversen, Familieret, S.453; Dam, S.164 und Karnov RVL, Fn.28.

584 I.R.d. § 19 RVL kann auch der Minderjährige selbständig eine wirksame Zustimmung erteilen, vgl. stk.1, 2.pkt. Im Gegensatz zu § 18 RVL ist ein Handeln des Vormunds nicht erforderlich.

585 Zum Begriff des Hausrats siehe Danielsen/Hornslet, S.163; Dam, S.162 f.

das Erwerbsgeschäft des anderen Ehegatten bilden, oder die zum persönlichen Gebrauch der Kinder gehören, zu veräußern oder zu verpfänden.

Dem Wortlaut des § 19 RVL zufolge ist die von § 18 RVL erfaßte Vermietung zustimmungsfrei. Aufgrund der Schutzbedürftigkeit des anderen Ehegatten auch in diesem Fall, wird ganz überwiegend davon ausgegangen, daß auch die Vermietung eines Gegenstandes von § 19 RVL erfaßt sein muß[586]. Dies ist einem Analogieschluß zu § 18 RVL zu entnehmen[587].

Eine Ausnahme von der Erforderlichkeit der Zustimmung ist gemäß § 19 stk.1, 2.pkt. RVL lediglich dann zugelassen, wenn der zustimmungsbefugte Ehegatte an Geistesschwäche leidet oder seine Zustimmung nicht ohne erhebliche Umstände oder Verspätung eingeholt werden kann. In diesen Fällen kann der handelnde Ehegatte auch ohne Mitwirken seines Partners über das betreffende bewegliche Vermögen disponieren.

5.3.1.3 Die Zustimmung zu einer Untervermietung bzw. einer Kündigung des Mietverhältnisses über die eheliche Wohnung (§§ 72, 81 stk.2 des Mietgesetzes - §§ 72, 81 stk.2 lejelov)

Auch im dänischen Mietrecht bestehen Vorschriften, die die Wirksamkeit eines Rechtsgeschäfts von der Zustimmung des nicht-handelnden Ehegatten abhängig machen.

Gemäß § 72 1.pkt. LL[588] ist der im Mietvertrag als Mieter aufgeführte Ehegatte ohne Zustimmung seines Partners[589] nicht befugt, das Mietobjekt unterzuvermieten, sofern das Handeln zur Folge hätte, daß dieses nicht mehr als gemeinsame Wohnung oder als Grundlage für eine Erwerbstätigkeit beider oder des anderen Ehegatten genutzt werden kann. Darüber hinaus bestimmt § 81 stk.2 LL, daß ein Mietverhältnis über die Wohnung der Familie oder über Räume, die mit der Erwerbstätigkeit beider oder des anderen Ehegatten in Verbindung stehen, ohne die Zustimmung des anderen Ehegatten nicht gekündigt werden darf. §§ 72 und 81 stk.2 LL entsprechen demnach im Grundsatz § 18 RVL, jedoch mit dem Unterschied, daß die Anwendbarkeit dieser Vorschriften nicht lediglich auf Grundeigentum, welches zum Gesamtgut gehört, beschränkt ist[590]. Die o.g. Vorschriften dienen der Erhaltung der im Eigentum eines anderen stehenden Mietwohnung als Grundlage des familiären Lebens. Aufgrund der Tatsache, daß der Ehemann in der überwiegenden Anzahl der Fälle alleiniger Unterzeichner des Mietvertrages ist, sollen die Ehefrau und Kinder

---

586 Danielsen/Hornslet, S.164; Rasmussen, S.148.
587 Wegener, S.56; Dam, S.163; Graversen, Familieret, S.450, Fn.56.
588 Lejelov; Lovkendtgørelse Nr.165 vom 10.03.1998.
589 Bzw. des Vormunds, sofern der Ehegatte minderjährig ist, vgl. § 72 2.pkt. LL.
590 Andersen, Privatret, S.745; Karnov LL, Fn.510; Graversen, Familieret, S.464.

als der vermeintlich schwächere Teil durch das Zustimmungserfordernis geschützt werden[591].

Obwohl auch die Vermietung von beweglichen Sachen inzwischen nicht selten vorkommt, ist eine § 19 stk.1 RVL entsprechende Vorschrift im Mietrecht nicht vorhanden. Jeder Ehegatte kann demnach auch ohne Zustimmung ein solches Mietverhältnis kündigen, selbst wenn die gemietete Sache von erheblicher Bedeutung für die Familie ist[592].

5.3.2 Darstellung des deutschen Rechts

5.3.2.1 Die Zustimmung zu einer Verfügung über das Vermögen im Ganzen (§ 1365 I BGB)

Der Vorschrift des § 1365 I 1 BGB zufolge kann sich ein Ehegatte, der im Güterstand der Zugewinngemeinschaft lebt, nur mit Einwilligung des anderen Ehegatten verpflichten, über sein Vermögen im Ganzen zu verfügen[593]. Sofern eine rechtsgeschäftliche Verpflichtung ohne Einwilligung stattgefunden hat, ordnet § 1365 I 2 BGB an, daß in diesem Fall die in Erfüllung der Verpflichtung erfolgende Verfügung der Einwilligung des anderen Ehegatten bedarf. Hauptzweck der Beschränkung der selbständigen Vermögensverwaltung ist der Schutz der wirtschaftlichen Grundlage der Familie. Darüber hinaus dient § 1365 I BGB auch der Sicherung des Anspruchs des ausgleichsberechtigten Ehegatten nach Beendigung der Zugewinngemeinschaft[594]. Eine konkrete Gefährdung dieser Schutzzwecke ist nicht erforderlich; vielmehr soll die vorstehende Norm schon einer abstrakten Gefährdung entgegenwirken. §§ 1365 und 1369 BGB enthalten ein Zustimmungserfordernis kraft mittelbarer Rechts- oder Interessenbeteiligung[595].

Als problematisch erweist sich i.R.d. § 1365 I BGB die Beantwortung der Frage, wann von einer Verfügung über das „Vermögen im ganzen" gesprochen werden kann. Die Vertreter einer, insbesondere früher vertretenen Ansicht[596] gehen davon aus, daß § 1365 BGB nur dann Anwendung findet, wenn nach dem

591 Kallehauge/Ehlers/Blom, S.57.

592 Dam, S.162.

593 Eine ähnliche Bestimmung enthält § 1423 S.1 BGB für die Gütergemeinschaft: Hiernach bedarf der das Gesamtgut verwaltende Ehegatte zu einer Verfügung über das Gesamtgut im ganzen der Zustimmung.

594 BGHZ 35, 135, 137; 40, 218, 219; 101, 225, 228; Soergel-Lange § 1365 Rn.2; Staudinger-Thiele § 1365 Rn.2; Ziegler/Mäuerle, S.72; Graba, Bestätigung und Genehmigung, S.212.

595 Staudinger-Gursky Vorbem. zu §§ 182 ff. Rn.20; MünchKomm-Schramm Vor § 182 Rn.4 und Thiele, Zustimmungen, S.143 ff.

596 Rittner FamRZ 1961, 1, 10 ff.; Tiedau MDR 1961, 721, 721.

Willen der Parteien eine Verfügung oder Verpflichtung über das Vermögen als Gesamtheit erfolgen soll (sog. Gesamttheorie). Im Gegensatz hierzu stehen die Befürworter der heute in Rechtsprechung[597] und Literatur[598] herrschenden sog. Einzeltheorie. Ihnen zufolge soll § 1365 I BGB auch in den Fällen Anwendung finden, in denen über einen oder mehrere Einzelgegenstände verfügt wird, die das ganze oder jedenfalls nahezu das ganze Vermögen des Verfügenden ausmachen[599]. Begründet wird diese Ansicht mit dem Schutzzweck des § 1365 BGB, da nur durch die Ausweitung seines Anwendungsbereichs auch auf die o.g. Konstellation ein umfassender Familienschutz gewährleistet werden könne.

Sofern man die Einzeltheorie vertritt, stellt sich jedoch die Frage, ob die Anwendbarkeit des § 1365 I BGB bei einer Verfügung über Einzelgegenstände nicht zugunsten des Verkehrsschutzes eingeschränkt werden sollte. Eine solche subjektive Einschränkung in der Hinsicht, daß die o.g. Norm nur dann greift, wenn der Vertragspartner positiv weiß, daß es sich bei dem in Frage stehenden Gegenstand um das ganze oder nahezu das ganze Vermögen des Ehegatten handelt oder wenn er zumindest die Verhältnisse kennt, aus denen sich dies ergibt, befürworten der BGH[600] und der Großteil der Literatur[601]. Die Vertreter der gegenteiligen Ansicht[602] betonen, daß ein solches subjektives Erfordernis weder im Wortlaut der Norm angelegt sei noch mit einem umfassenden Schutz der Familie, wie dies § 1365 I BGB bezweckt, vereinbar sei.

Wird ein i.S.d. § 1365 I BGB zustimmungsbedürftiges Rechtsgeschäft ohne Einwilligung vorgenommen, tritt als Rechtsfolge zunächst schwebende Unwirksamkeit ein[603]. Eine Ausnahme gilt lediglich gemäß § 1367 BGB für einseitige

---

597 BGHZ 35, 135, 143; 43, 174, 177; 64, 246, 247; 77, 293, 295; 123, 93, 95.

598 Vgl. nur MünchKomm-Koch § 1365 Rn.13 ff. m.w.N.; Palandt-Brudermüller § 1365 Rn.5; Wolf JZ 1997, 1087, 1087; Schlüter, S.78.

599 Zur Frage, ab welcher Grenze eine Verfügung über nahezu das ganze Vermögen angenommen werden kann, vgl. BGHZ 77, 293 ff; BGH FamRZ 1991, 669 ff.

600 Ständige Rspr., vgl. BGHZ 43, 174, 177; 64, 246, 247; 123, 93, 95.

601 Sog. subjektive Theorie. Vgl. Soergel-Lange § 1365 Rn.12; MünchKomm-Koch § 1365 Rn.27 ff.; Staudinger-Thiele § 1365 Rn.20 ff.; Palandt-Brudermüller § 1365 Rn.9 f.; Olzen Jura 1988, 13, 16; Schwab, S.108 f.; Lüderitz, S.130; Schlüter, S.79.
Zur sich wiederum hierauf anschließenden Frage, auf welchen Zeitpunkt hinsichtlich der Kenntnis des Dritten abzustellen ist (Abschluß des Verpflichtungsgeschäfts, bei Grundstücksgeschäften Eingang des Antrags beim Grundbuchamt oder Vollendung des Rechtserwerbs), siehe Staudinger-Thiele § 1365 Rn.24; MünchKomm-Koch § 1365 Rn.33; Olzen Jura 1988, 13, 16 f.; Schwab, S.108f.; Lüderitz, S.131 f.; Henrich, Familienrecht, S.46f.

602 Zur sog. objektiven Theorie, vgl. Erman-Heckelmann § 1365 Rn.10 m.w.N. Einen vermittelnden Ansatz vertritt Wolf (JZ 1997, 1087 ff.), der in Fällen des unentgeltlichen Erwerbs die objektive Theorie, beim entgeltlichen Erwerb hingegen die subjektive Theorie anwenden will.

603 Erman-Heckelmann § 1365 Rn.21; Gernhuber/Coester-Waltjen, S.528.

Rechtsgeschäfte, die bei fehlender Einwilligung des anderen Ehegatten endgültig unwirksam sind[604]. Erfolgt eine Genehmigungserteilung oder eine wirksame Ersetzung der Genehmigung durch das Vormundschaftsgericht[605], wird das Rechtsgeschäft gemäß §§ 1366 I, 184 I BGB ex-tunc wirksam; bei Verweigerung dieser Erklärung tritt gemäß § 1366 IV BGB endgültige Unwirksamkeit des Vertrages ein.

5.3.2.2 Die Zustimmung zu einer Verfügung über Haushaltsgegenstände (§ 1369 I BGB)

Über § 1365 I BGB hinaus bedarf ein Ehegatte gemäß § 1369 I BGB dann der Einwilligung seines Partners, wenn er über ihm selbst gehörende[606] Haushaltsgegenstände verfügt oder sich zu einer solchen Verfügung verpflichtet. Über die Wahrung der wirtschaftlichen Grundlage der Familie und der Sicherung des Zugewinnausgleichs hinaus bezweckt § 1369 I BGB demnach primär die Erhaltung der Haushaltsgegenstände als Grundlage einer gemeinsamen Haushaltsführung[607].

Der Fassung des Wortlauts zufolge wäre anzunehmen, daß auch in dem Fall, in dem eine Zustimmung zur Verpflichtung bereits erklärt wurde, zusätzlich eine solche zur Verfügung zu erteilen ist. Die ganz überwiegende Ansicht[608] geht jedoch davon aus, daß § 1369 I BGB keine über § 1365 I BGB hinausgehenden Erfordernisse aufstellt, so daß auch hier eine einmalige Zustimmungserteilung ausreicht.

Da § 1369 III BGB die §§ 1366 - 1368 BGB für entsprechend anwendbar erklärt, wird bei einem Vertragsschluß des einen Ehegatten ohne die erforderliche Zustimmung des anderen auch hier das Rechtsgeschäft als schwebend unwirksam angesehen. Je nachdem, ob die Genehmigung erteilt, durch das Vormundschaftsgericht ersetzt oder die nachträgliche Zustimmung verweigert wird, tritt gemäß §§ 1369 I, III, 1366 I BGB Wirksamkeit oder gemäß §§ 1369 I, III, 1366 IV BGB endgültige Unwirksamkeit des eingegangenen Vertrages ein.

---

604 Vgl. die fast identischen Regelungen in §§ 111 und 180 BGB.

605 Vgl. unten 5.4.2.

606 Darüber, ob eine entsprechende Anwendung des § 1369 I BGB auf eine Verfügung über im Eigentum des anderen Ehegatten stehenden Haushaltsgegenstände angezeigt ist, besteht Uneinigkeit. Für eine Analogie: Palandt-Brudermüller § 1369 Rn.1; Erman-Heckelmann § 1369 Rn.7; Dölle I, S.771; Schwab, S.112; Gernhuber/Coester-Waltjen, S.523; a.A.: Soergel-Lange § 1369 Rn.16; Staudinger-Thiele § 1369 Rn.35; Münch-Komm-Koch § 1369 Rn.13; Graba, Bestätigung und Genehmigung, S.219.

607 OLG Hamm FamRZ 1972, 297, 297; Staudinger-Thiele § 1369 Rn.1; Henrich, Familienrecht, S.48.

608 Vgl. nur Palandt-Brudermüller § 1369 Rn.8; Ziegler/Mäuerle, S.77; Schlüter, S.87.

5.4 Handlungsmöglichkeiten bei Verweigerung der Zustimmung ohne hinreichenden Grund

5.4.1 Darstellung des dänischen Rechts

Weigert sich der zustimmungsbefugte Ehegatte, seine Genehmigung zu einem unter §§ 18, 19 RVL fallenden Rechtsgeschäft zu erteilen, kann die Staatskreisbehörde auf Antrag des handelnden Ehegatten dem Rechtsgeschäft Wirksamkeit verleihen, vgl. § 20 RVL. Voraussetzung hierfür ist jedoch, daß die Zustimmung im konkreten Fall ohne hinreichenden Grund verweigert wurde. Dem Vertragspartner des verfügenden Ehegatten steht bei Verweigerung der Zustimmung kein solches Antragsrecht zu; u.U. kann der handelnde Ehegatte ihm gegenüber jedoch verpflichtet sein, die erforderliche Genehmigung der Behörde einzuholen[609].

Gemäß § 72 3.pkt. bzw. §§ 81 stk.2, 2.pkt., 72 3.pkt. LL findet § 20 RVL dann entsprechende Anwendung, wenn es sich bei den in Frage stehenden Räumlichkeiten nicht um einen Teil des Gesamtguts, sondern um eine als Familienunterkunft dienende Mietwohnung handelt.

5.4.2 Vergleich zur Rechtslage in Deutschland

Auch im deutschen Recht besteht für den verfügenden Ehegatten die Möglichkeit, sich bei Nichterteilung der Zustimmung durch seinen Partner an ein Gericht zu wenden. Sofern der zustimmungsberechtigte Ehegatte die Erklärung ohne ausreichenden Grund verweigert oder eine solche aufgrund Krankheit oder Abwesenheit nicht erteilt werden kann und mit dem Aufschub Gefahr verbunden ist, kann das Vormundschaftsgericht gemäß § 1365 II BGB die Erklärung des Partners ersetzen. Auf diese Art und Weise wird dem handelnden Ehegatten die Herbeiführung der Wirksamkeit des Rechtsgeschäfts erleichtert und eine Klage des einen gegen den anderen Partner auf Erteilung der Zustimmung verhindert. Der Antrag an das Gericht kann in diesem Fall lediglich vom handelnden Ehegatten selbst, nicht jedoch von dessen Vertragspartner gestellt werden. Voraussetzung für die Ersetzung der Zustimmung ist jedoch, daß das getätigte oder noch zu tätigende Rechtsgeschäft den Grundsätzen einer ordnungsmäßigen Verwaltung entspricht[610].

Eine ähnliche Vorschrift für Verfügungen über Haushaltsgegenstände enthält § 1369 II BGB, wobei hier zwei Unterschiede zur Vorschrift des § 1365 II BGB zu beachten sind: Das getätigte bzw. noch vorzunehmende Rechtsgeschäft muß nicht den Grundsätzen einer ordnungsgemäßen Verwaltung entsprechen. Auch ist bei der Ersetzung der Zustimmung aufgrund Krankheit

---

609 Danielsen/Hornslet, S.168; Karnov RVL, Fn.32.

610 Zum Begriff der „ordnungsgemäßen Verwaltung" vgl. Staudinger-Thiele § 1365 Rn.76 ff.; MünchKomm-Koch § 1365 Rn.94.

oder Abwesenheit nicht erforderlich, daß mit dem Aufschub Gefahr verbunden ist.

5.5 Möglichkeiten des zustimmungsberechtigten Ehegatten beim Handeln des Partners ohne Zustimmung

5.5.1 Die Möglichkeit der Anfechtung des Rechtsgeschäfts im dänischen Recht

Hat ein Ehegatte ein Rechtsgeschäft getätigt, welches der Zustimmung seines Partners bedurft hätte, so kann der zustimmungsberechtigte Ehegatte gemäß § 18 stk.2 bzw. § 19 stk.2 RVL den Vertrag durch Klageerhebung gegen den Dritten anfechten. Sowohl gemäß § 18 stk.2, 1.pkt. als auch gemäß § 19 stk.2, 1.pkt. RVL ist für die Abänderung des Rechtsgeschäfts jedoch Voraussetzung, daß der Erwerber oder Pfandgläubiger zum Zeitpunkt der Vornahme des Rechtsgeschäfts wußte oder hätte wissen müssen, daß der Ehegatte nicht berechtigt war, das Rechtsgeschäft ohne die erforderliche Zustimmung vorzunehmen. Obwohl i.R.d. § 19 RVL lediglich von „gutem Glauben" die Rede ist, ist hier derselbe Maßstab wie i.R.d. § 18 RVL anzulegen[611]. Während es i.R.d. § 18 RVL dem zustimmungsberechtigten Ehegatten obliegt, den Beweis der Bösgläubigkeit des Vertragspartners zu erbringen[612], beinhaltet § 19 RVL eine umgekehrte Beweislast. Hier muß der Erwerber bzw. der Pfandgläubiger beweisen, daß er gutgläubig hinsichtlich der Zustimmungsbedürftigkeit des Vertrages war[613]. Sofern eine Eintragung der Heiratsurkunde im Grundbuch erfolgte, ist i.d.R. von der Bösgläubigkeit des Vertragspartners auszugehen[614].

Über die Bösgläubigkeit des Dritten hinaus ist für die Nichtigerklärung des Rechtsgeschäfts gemäß § 18 stk.2, 2.pkt. bzw. § 19 stk.2, 2.pkt. RVL erforderlich, daß der zustimmungsberechtigte Ehegatte innerhalb von drei Monaten nach Kenntniserlangung vom Rechtsgeschäft und spätestens innerhalb eines Jahres nach Eintragung ins Grundbuch bzw. nach Übergabe der beweglichen Sache Klage erhebt[615]. Wird diese Frist versäumt oder kann dieser den Beweis der Bösgläubigkeit i.S.d. § 18 stk.2, 1.pkt. RVL nicht erbringen oder gelingt es dem Dritten, i.S.d. § 19 stk.2, 1.pkt. RVL seine Gutgläubigkeit zu beweisen, erlangt das vom handelnden Ehegatten getätigte Rechtsgeschäft auch ohne die eigentlich erforderliche Zustimmung Wirksamkeit[616]. Sofern die Anfechtung

---

611 Vgl. Karnov RVL, Fn.29; Munch, S.184.

612 Wegener, S.55; Danielsen/Hornslet, S.154; Rasmussen, S.148 f.; Graversen, Familieret, S.455.

613 Danielsen/Hornslet, S.165; Karnov RVL, Fn.31; Andersen, Privatret, S.745.

614 Danielsen/Hornslet, S.155; Wegener, S.55; Graversen, Familieret, S.459.

615 Vgl. zur Drei-Monats-Frist die Entscheidungen UfR 1967.458 H; UfR 1972.198 Ø; UfR 1976.216 Ø.

616 Graversen, Familieret, S.461.

hingegen fristgerecht erfolgt und entweder der zustimmungsberechtigte Ehegatte die Bösgläubigkeit des Dritten beweisen oder aber der Dritte seine Gutgläubigkeit nicht beweisen kann, wird das vom Ehegatten getätigte Rechtsgeschäft rückwirkend unwirksam[617].

§ 72 3.pkt. bzw. §§ 81 stk.2, 2.pkt., 72 3.pkt LL zufolge ist § 18 stk.2 RVL auf die Fälle der Untervermietung und der Kündigung des Mietverhältnisses ohne Zustimmung entsprechend anwendbar. Wie i.R.d. § 18 stk.2 RVL liegt die Beweislast für die Bösgläubigkeit des Dritten beim zustimmungsberechtigten Ehegatten[618].

5.5.2 Vergleich zur Geltendmachung der Unwirksamkeit nach deutschem Recht

Auch die Möglichkeiten des zustimmungsberechtigten Ehegatten betreffend, sich gegen ein eigenmächtiges Handeln seines Partners zur Wehr zu setzen, ähneln sich das dänische und das deutsche Recht. Sofern eine Zustimmung des nicht verfügenden Ehegatten nicht vorliegt und diese auch nicht gemäß § 1365 II bzw. gemäß § 1369 II BGB vom Vormundschaftsgericht ersetzt wurde, ist sowohl eine Verpflichtung als auch eine Verfügung des anderen Ehegatten unwirksam, § 1366 I, IV BGB. Im Gegensatz zum dänischen Recht enthalten die deutschen Normen Verfügungsbeschränkungen absoluter Natur, die nicht durch den guten Glauben des Dritten überwunden werden können. § 135 II BGB findet folglich keine Anwendung[619].

Gemäß § 1368 BGB ist der zustimmungsbefugte Partner - neben dem verfügenden Ehegatten selbst[620] - berechtigt, das sog. Revokationsrecht in eigenem Namen geltend zu machen. Hierbei handelt es sich um einen Fall der gesetzlichen Prozeßstandschaft[621]. In Betracht kommen z.B. Ansprüche aus

---

617 Danielsen/Hornslet, S.159, 167; Graversen, Familieret, S.461. Vgl. auch UfR 1950.309 H: Zwischen dem Oberarzt L und der Geschäftsleitung des Krankenhauses B wurde ein Übereinkommen geschlossen, daß L dem B für den Fall seines Ausscheidens die von ihm und seiner Ehefrau bewohnte Villa zum Verkauf anbieten und B diese zu einem näher vereinbarten Preis erwerben sollte. Nach seinem Ausscheiden aus dem Amt focht Frau L das getätigte Rechtsgeschäft mit der Begründung an, sie habe die erforderliche Zustimmung nicht erteilt. Da B einerseits wußte, daß L verheiratet war und andererseits auch keinen Anlaß hatte, an eine Zustimmungserteilung durch Frau L zu glauben, wurde die Vereinbarung zwischen L und B für unwirksam erklärt.

618 Wegener, S.55.

619 Palandt-Brudermüller § 1365 Rn.14; MünchKomm-Koch § 1365 Rn.4; Olzen Jura 1988, 13, 19; Schlüter, S.76; Graba, Bestätigung und Genehmigung, S.216.

620 Auf das ungeschriebene Recht des verfügenden Ehegatten deutet die Formulierung der Norm („...so ist *auch* der andere Ehegatte berechtigt...“) hin. Der Einwand der unzulässigen Rechtsausübung („venire contra factum proprium“) greift demnach nicht durch, vgl. Erman-Heckelmann § 1368 Rn.2; Giesen, S.145.

621 Soergel-Lange § 1368 Rn.9; Ziegler/Mäuerle, S.77; Schwab, S.115; Giesen, S.144; Schlüter, S.84. Ausführlich zu § 1368 BGB: Hoppe, Revokatorische Klage.

§ 985[622] und § 894 BGB, d.h. solche, die sich aus der Unwirksamkeit der Verfügung, nicht aber der Verpflichtung ergeben[623].

5.6 Widerrufsrecht des Vertragspartners bis zur Genehmigung

5.6.1 Der Grundsatz der Widerruflichkeit im dänischen Recht

Obwohl die Zustimmungserfordernisse beim Handeln eines Ehegatten im dänischen Recht in §§ 17 - 20 RVL geregelt wurden, hat die Normierung eines Widerrufsrechts auch in diesem Bereich nicht stattgefunden. Wie im dänischen Vertretungsrecht[624] ist jedoch auch im Eherecht davon auszugehen, daß der allgemeine Grundsatz der Widerruflichkeit Anwendung findet. Demzufolge kann derjenige Vertragspartner, der zum Zeitpunkt des Vertragsschlusses gutgläubig hinsichtlich der Zustimmungsbedürftigkeit des Rechtsgeschäfts war, jederzeit bis zum Zugang der Genehmigungserklärung die vertragliche Vereinbarung widerrufen und sich somit seinen vertraglichen Pflichten entziehen. Liegt jedoch Bösgläubigkeit des Dritten vor, kommt ein Widerruf erst nach Ablauf der für die Einholung der Genehmigung vereinbarten Frist in Betracht. Wurde eine Einigung über eine solche Frist nicht getroffen, muß der Vertragspartner eine angemessene Zeit warten, um das ihm zustehende Widerrufsrecht auszuüben.

5.6.2 Vergleich zum Widerrufsrecht in Deutschland

Im Gegensatz zum dänischen Recht ist das Widerrufsrecht des Vertragspartners auch im deutschen Familienrecht normiert. Ein solches Recht des Dritten besteht gemäß § 1366 II 1 BGB einerseits in dem Fall, in dem der Dritte von der Heirat seines Vertragspartners nichts wußte und insofern gutgläubig hinsichtlich der Zustimmungsbedürftigkeit des Rechtsgeschäfts war. Andererseits kommt ein Rücktritt gemäß § 1366 II 2 BGB dann in Betracht, wenn der Dritte zwar vom Familienstand seines Vertragspartners Kenntnis hatte, der Ehegatte jedoch wahrheitswidrig die Einwilligung seines Partners behauptet hat und der Dritte bzgl. dieser Tatsache gutgläubig war[625]. Voraussetzung für die Widerrufsfähigkeit des Rechtsgeschäfts ist gemäß § 1366 I 1 BGB jedoch, daß eine wirksame Genehmigungserteilung durch den nicht verfügenden Ehegatten bzw. durch das Vormundschaftsgericht noch nicht erfolgt ist. Unabhängig davon, ob die Genehmigungserteilung oder der Widerruf des Rechtsgeschäfts zuerst erfolgt, geht die später geäußerte Erklärung ins Leere. Im erstgenannten Fall ist

---

[622] Ein Zurückbehaltungsrecht, z.B. wegen des an den verfügenden Ehegatten gezahlten Kaufpreises, steht dem Dritten nach h.M. nicht zu, vgl. Palandt-Brudermüller § 1368 Rn.3, 5; Staudinger-Thiele § 1368 Rn.51; Ziegler/Mäuerle, S.77; Giesen, S.145; Gernhuber/Coester-Waltjen, S.532; a.A.: Erman-Heckelmann § 1368 Rn.5; Dölle I, S.764; Schlüter, S.85.

[623] Staudinger-Thiele § 1368 Rn.20 ff.; MünchKomm-Koch § 1368 Rn.5; Schlüter, S.84.

[624] Vgl. oben 3.6.2.

[625] Vgl. die fast identische Regelung zum Minderjährigenrecht in § 109 II BGB.

das Rechtsgeschäft durch die Erteilung der Genehmigung vollwirksam geworden, in der letztgenannten Konstellation kann die Genehmigung dem inzwischen endgültig unwirksamen Rechtsgeschäft nicht mehr zur Wirksamkeit verhelfen.

5.7 Das Recht des Vertragspartners zur Aufforderung des Zustimmungsberechtigten zur Entscheidung über die Genehmigungserteilung

5.7.1 Darstellung des dänischen Rechts

Wie in den anderen in dieser Arbeit besprochenen Bereichen des dänischen Rechts ist auch im Eherecht ein Aufforderungsrecht zugunsten des Vertragspartners eines Ehegatten nicht aufzufinden. Insbesondere besteht keine Möglichkeit, durch Setzung einer Frist zur Genehmigung eine vorzeitige Entscheidung über die Wirksamkeit des Rechtsgeschäfts herbeizuführen. Der Dritte kann sich lediglich durch Ausübung des Widerrufsrechts vom Vertrag lösen.

5.7.2 Vergleich zur Rechtslage in Deutschland

Dem deutschen Familienrecht ist das Aufforderungsrecht des Vertragspartners zur Herbeiführung einer Erklärung über die Genehmigung hingegen nicht fremd. Der Vorschrift des § 1366 III 1 BGB zufolge kann der Dritte seinen Vertragspartner, nicht jedoch den zustimmungsberechtigten Ehegatten selbst[626], auffordern, von dessen Ehegatten die erforderliche Zustimmung einzuholen. Nach Ausübung des Aufforderungsrechts kann die Erklärung abweichend von § 182 I BGB lediglich dem Dritten gegenüber erklärt werden. Sofern der Zustimmungsberechtigte die Erteilung bereits vor der Aufforderung gegenüber seinem Ehegatten erklärt hatte, wird diese Zustimmung unwirksam, so daß die vorher bestehende schwebende Unwirksamkeit des Rechtsgeschäfts wiederhergestellt wird. Erfolgt eine Genehmigungserteilung nicht innerhalb einer Frist von zwei Wochen seit Empfang der Aufforderung, so wird gemäß § 1366 III 2 BGB ihre Verweigerung fingiert. Insofern gelten die gleichen Grundsätze wie i.R.d. § 108 II 2 bzw. § 177 II 2 BGB[627].

Lediglich in dem Fall, in dem das Vormundschaftsgericht die Erklärung des zustimmungsberechtigten Ehegatten ersetzt, gilt gemäß § 1366 III 3 BGB eine Besonderheit. Der Beschluß des Gerichts führt nur dann zur Wirksamkeit des Rechtsgeschäfts, wenn der handelnde Ehegatte den Dritten innerhalb der o.g. 14-tägigen Frist von der Entscheidung unterrichtet[628]. Der verfügende Ehe-

---

[626] Lüderitz, S.136.

[627] Vgl. oben 2.1.5.3 bzw. 3.7.3.

[628] Wegen der zweiwöchigen Beschwerdefrist gegen die Verfügung des Vormundschaftsgerichts (vgl. § 35 I FGG) ist die Einhaltung der Frist des 1366 II 2 BGB nur dann möglich, wenn das Gericht die sofortige Wirksamkeit anordnet (§ 35 II FGG). Vgl. hierzu Erman-Heckelmann § 1366 Rn.6; Soergel-Lange § 1366 Rn.15; Gernhuber/Coester-Waltjen, S.529; MünchKomm-Koch § 1366 Rn.29.

gatte hat demnach bei Ausübung des Aufforderungsrechts durch den Dritten trotz erfolgter Ersetzung der Zustimmung durch das Gericht noch nachträglich die Möglichkeit, die Wirksamkeit des Rechtsgeschäfts zu vereiteln.

5.8 Zusammenfassung und Bewertung

Die Mechanismen zum Schutz eines Ehegatten vor Verfügungen des anderen über sein Vermögen unterscheiden sich in den drei untersuchten Rechtsordnungen erheblich. Insbesondere steht diesbezüglich das englische Recht im Gegensatz zum dänischen und deutschen Recht.

Bei Betrachtung der englischen Rechtsordnung läßt sich zunächst feststellen, daß das Eherecht der einzige der hier untersuchten vier Bereiche ist, in dem im englischen Recht ein Wirksamwerden des Rechtsgeschäfts durch Zustimmungserteilung - sei es in dem eigentlichen Sinne einer Zustimmung zum Rechtsgeschäft eines Dritten oder als nachträgliche Zustimmung zu einem von der genehmigenden Person selbst getätigten Rechtsgeschäft - nicht möglich ist. Den Grund hierfür stellt der im englischen Recht einzig mögliche Güterstand der Gütertrennung dar, mit dem Beschränkungen der Selbstverwaltung der Ehegatten durch Zustimmungserfordernisse nicht vereinbar wären. Anstelle von Zustimmungserfordernissen normiert das englische Recht sog. „matrimonial homes rights“ zugunsten des schutzbedürftigen Ehegatten und billigt diesem u.U. außerdem nach Beendigung der Ehe Ausgleichsansprüche zu. Im englischen Eherecht hat die private Zustimmung demnach keine Bedeutung.

Das dänische Recht hingegen enthält Zustimmungserfordernisse, die die Wirksamkeit des getätigten Rechtsgeschäfts von der Erklärung des anderen Ehegatten abhängig machen. Der dem zustimmungsberechtigten Ehegatten gewährte Schutz bei einer Verfügung des anderen Gatten über unbewegliches oder bewegliches Vermögen wird jedoch dadurch erheblich eingeschränkt, daß der Zustimmungsberechtigte die endgültige Wirksamkeit des Rechtsgeschäfts nur bei Bösgläubigkeit des Dritten verhindern kann. Darüber hinaus ist das Einhalten einer Drei-Monats-Frist erforderlich, welche die Geltendmachung dieser Schutzrechte zusätzlich erschwert. Sofern der nicht handelnde Ehegatte diese Voraussetzungen jedoch beachtet, steht ihm die Möglichkeit offen, eine Verfügung seines Partners über unbewegliches oder bewegliches Vermögen zu verhindern.

Mit der Vorschrift des § 1365 I BGB hält das deutsche Recht eine Regelung bereit, die es dem handelnden Ehegatten untersagt, ohne Zustimmung seines Partners über die Gesamtheit seines Vermögens zu disponieren. Sofern demnach z.B. Wertpapiere, Sparguthaben oder eine Lebensversicherung dieser Norm unterfallen, ist der andere Ehegatte gegen Dispositionen geschützt. Eine solche Vorschrift ist weder im englischen noch im dänischen Recht vorhanden. Darüber hinaus normiert das deutsche Recht in § 1369 BGB eine Dispositionsbeschränkung bei einer Verfügung über Hausratsgegenstände. Zwar enthält auch das dänische Recht ein solches Zustimmungserfordernis, jedoch macht dieses, wie bei einer Verfügung über die eheliche Wohnung, die Durchsetzung des Rechts von der Bösgläubigkeit des Dritten bzw. von der Einhaltung einer Frist abhängig. Bei den Vorschriften der §§ 1365, 1369 BGB handelt es hingegen um absolute Verfügungsbeschränkungen, so daß das vom handelnden Ehegatten ohne die Zustimmung seines Partners getätigte Rechtsgeschäft unabhängig von der Bös- oder Gutgläubigkeit des Dritten als unwirksam anzusehen ist. Das deutsche Recht gewährt dem zustimmungsberechtigten Ehegatten somit im Vergleich einen erheblich umfassenderen Schutz.

Als interessant erweist sich, den Schutz der ehelichen Wohnung in den drei untersuchten Rechtsordnungen einer gesonderten Betrachtung zu unterziehen. Während das englische Recht mit den „matrimonial homes rights" und das dänische Recht mit den im RVL und im LL enthaltenen Zustimmungserfordernissen einen besonderen Schutz der ehelichen Wohnung gewährleisten, besteht im deutschen Recht nur ein eingeschränkter Schutz des Ehegatten vor Verfügungen des Partner über die in seinem Eigentum stehende eheliche Wohnung. Zwar wird im englischen Recht eine solche Verfügung nicht grundsätzlich verhindert, was mit der in England bestehenden vollständigen Gütertrennung auch nicht vereinbar wäre. Dennoch wird einerseits die Gefahr einer Disposition aufgrund des auf dem Eigentum lastenden Rechts des anderen Ehegatten verringert, andererseits ist der von den „matrimonial homes rights" begünstigte Ehegatte zum Besitz der ehelichen Wohnung berechtigt.

In Deutschland hingegen können die Ehegatten über die zu ihrem Vermögen gehörende eheliche Wohnung frei disponieren. Da letztere von § 1369 I BGB nicht erfaßt wird[629], kommt eine Verpflichtungs- bzw. Verfügungsbeschränkung lediglich in den Fällen in Betracht, in denen die eheliche Wohnung nahezu das gesamte Vermögen des Verfügenden i.S.d. § 1365 I BGB darstellt. Auch durch eine Bestimmung im Ehevertrag kann ein Schutz der Ehewohnung nicht erreicht werden, weil § 137 S.1 BGB die rechtsgeschäftliche Schaffung von Verfügungsbeschränkungen verbietet. Insbesondere das Heim als Lebensmittelpunkt der Familie ist für die Ehegatten jedoch i.d.R. von besonderer Bedeutung, so daß sich die Frage stellt, ob nicht auch im BGB eine den Schutz des nicht handelnden Ehegatten gewährleistende Vorschrift sinnvoll gewesen wäre[630].

Bezüglich der aus den Zustimmungserfordernissen resultierenden Handlungsmöglichkeiten der Ehegatten bzw. des Vertragspartners ähneln sich das dänische und das deutsche Recht weitestgehend. Einerseits besteht bei Verweigerung der Zustimmung ohne hinreichenden Grund in beiden Rechtsordnungen für den handelnden Ehegatten die Möglichkeit, die Erklärung seines Partners

629 Schwab, S.111; Lüderitz, S.133.
630 So Hanisch NJW 1963, 1033, 1039 (Fn.64).

ersetzen zu lassen. Während hierfür im dänischen Recht die Staatskreisbehörde zuständig ist, erfolgt die Ersetzung der Zustimmung im deutschen Recht durch das Vormundschaftsgericht. Andererseits kann sich der zustimmungsberechtigte Ehegatte, sofern ein Rechtsgeschäft ohne seine Erklärung vorgenommen wurde, in beiden Ländern mit dem Begehren, die getroffene Vereinbarung für unwirksam zu erklären, an ein Gericht wenden. Zu beachten ist im Einzelnen lediglich, daß im dänischen Recht durch die Klageerhebung eine Anfechtung des Vertrages vorgenommen wird, während das getätigte Rechtsgeschäft in Deutschland aufgrund der absoluten Verfügungsbeschränkungen der §§ 1365 und 1369 BGB von vorneherein unwirksam ist. Letztlich kann der Vertragspartner darüber hinaus in beiden Rechtsordnungen vor Erteilung der Genehmigung das ihm zustehende Widerrufsrecht ausüben.

Unterschiede zwischen beiden Rechtsordnungen bestehen jedoch hinsichtlich der Möglichkeit des Dritten, den handelnden Ehegatten zur Einholung der Genehmigung aufzufordern. Während diese Handlungsalternative in § 1366 III BGB ausdrücklich gesetzlich normiert ist, kennt das dänische Recht eine solche Möglichkeit nicht. Hinsichtlich einer, bestimmte Rechtsfolgen auslösenden Aufforderung durch den Dritten entspricht das dänische Eherecht demnach dem Bereich des dänischen Minderjährigen-, Vertretungs- und Schuldrechts.

Nach Begutachtung speziell des dänischen Eherechts fällt auf, daß dieses Rechtsgebiet den einzigen der in dieser Arbeit besprochenen Bereiche darstellt, in dem das Erfordernis einer Zustimmungserteilung im dänischen Recht ausdrücklich normiert wurde. Während der Begriff der Zustimmung im dänischen Minderjährigen-, Betreuungs- und Vertretungsrecht zumindest jeweils einmal Erwähnung findet, wird diese Erklärung i.R.d. Schuld- und Vertragsübernahme in Ermangelung einer allgemeinen gesetzlichen Regelung überhaupt nicht genannt. Die im RVL enthaltenen Vorschriften sind hingegen annähernd so detailliert ausgestaltet wie die Zustimmungserfordernisse bei Ehegatten im 4. Buch des BGB. Meines Erachtens läßt sich die ausnahmsweise Ausführlichkeit der gesetzlichen Regelung mit dem besonderen Schutz, den sie dem nicht handelnden Ehegatten gewähren, erklären. Im Gegensatz zur erforderlichen Zustimmung des vollmachtlos Vertretenen oder der notwendigen Mitwirkung des Gläubigers bei der Schuld- bzw. Vertragsübernahme handelt es sich bei dem Zustimmungserfordernis des Ehegatten nicht um einen althergebrachten, anerkannten Rechtsgrundsatz. Da sich der schutzbedürftige Ehegatte zweifelsfrei auf die ihm zustehenden Rechte soll berufen können, scheint es der dänische Gesetzgeber vorgezogen zu haben, durch Erlaß detaillierter Regelungen eine klare Rechtsgrundlage zu schaffen.

6 Schlußbetrachtung

In der vorliegenden Arbeit wurden vier Bereiche, in denen ein Handeln mit Zustimmung in Betracht kommt, dargestellt und die gefundenen Ergebnisse rechtsvergleichend gewürdigt. Die private Zustimmung zu Rechtsgeschäften Dritter stellt eine Willenserklärung dar, deren Erteilung in einer Vielzahl von Bereichen des englischen, des dänischen und des deutschen Rechts für die Wirksamkeit eines Rechtsgeschäfts von maßgeblicher Bedeutung ist.

Die untersuchten Rechtsordnungen lassen erkennen, daß die Zustimmung ein wichtiges Instrument in den Fällen darstellt, in denen die sofortige Wirksamkeit eines Rechtsgeschäfts wegen der Betroffenheit von Interessen Dritter nicht möglich ist. Die vorübergehende schwebende Unwirksamkeit des abgeschlossenen Rechtsgeschäfts und das Erfordernis einer Zustimmungserteilung bewirken, daß einerseits die Nichtigkeit des Rechtsgeschäfts vermieden und andererseits den berechtigten Interessen aller Beteiligten Rechnung getragen wird.

Auch hinsichtlich der Schutzrichtungen der vier untersuchten Zustimmungserfordernisse und bezüglich des Eintritts rechtlicher Bindung bei Zustimmungserteilung gleichen sich die Rechtsordnungen Englands, Dänemarks und Deutschlands. Im Minderjährigenrecht und dem Recht betreffend psychisch Kranker steht der Schutz der handelnden Person vor einer unüberlegten rechtlichen Bindung im Vordergrund. Die Folgen des wirksam gewordenen Rechtsgeschäfts treten hier hinsichtlich der den Vertrag schließenden, schutzbedürftigen Person ein.

In den anderen in dieser Arbeit untersuchten Bereichen verfolgt die Zustimmung hingegen den Zweck, den Zustimmungsberechtigten vor unbefugter Einmischung in seine rechtlichen Belange zu schützen. Mit Ausnahme des dänischen und deutschen Eherechts, in welchem ebenfalls eine Bindung des handelnden Rechtssubjekts erfolgt, treffen die Rechtsfolgen bei vollmachtloser Vertretung und bei der Schuld- bzw. Vertragsübernahme diejenige Person, die durch Erteilung der Zustimmung den Eingriff des Dritten in ihre Rechtssphäre billigt.

Hinsichtlich der Behandlung der Zustimmung bestehen in den drei Rechtsordnungen jedoch signifikante Unterschiede.

Bei Betrachtung der die Zustimmung betreffenden gesetzlichen Normen fällt insbesondere auf, daß das deutsche Recht mit den §§ 182 ff. BGB als einzige Rechtsordnung allgemeine, die Zustimmung regelnde Vorschriften enthält. Diese sind ergänzend zu den Regelungen anwendbar, die ein bestimmtes Zustimmungserfordernis betreffen.

In deutlichem Gegensatz zum deutschen Recht steht das englische Recht, dem nicht das kontinental-europäische Civil Law, sondern das anglo-amerikanische Case Law zugrunde liegt. Die Rechtsordnung Englands enthält weder eine allgemeine Regelung der Zustimmung, noch gesetzliche Vorschriften betreffend die in dieser Arbeit untersuchten Zustimmungserfordernisse. Die anwendbaren Regeln sind daher Präzedenzfällen bzw. in der juristischen Literatur entwickelten Rechtsgrundsätzen zu entnehmen.

Das dänische Recht ist hinsichtlich des Bestehens entsprechender gesetzlicher Regelungen zwischen dem englischen und dem deutschen Recht einzuordnen. Einerseits kennt es zwar keine allgemeinen Vorschriften über die Zustimmung, andererseits sind die Zustimmungserfordernisse doch teilweise gesetzlichen Normen zu entnehmen. Während das dänische Eherecht eine relativ ausführliche Normierung des Zustimmung enthält, wird diese Erklärung im Minderjährigen- bzw. Betreuungsrecht nur in einzelnen Vorschriften und hier lediglich am Rande erwähnt. Das Erfordernis einer Zustimmungserteilung beim Handeln eines vollmachtlosen Vertreters und bei der Schuld- bzw. Vertragsübernahme ist gesetzlich überhaupt nicht geregelt, sondern zwar ungeschriebenen, aber anerkannten Rechtsgrundsätzen zu entnehmen.

Darüber hinaus hat die Überprüfung der nationalen Rechtsprechungen ergeben, daß das Ausmaß der Fälle, in denen sich die Gerichte mit der Zustimmung zu befassen hatten, erheblich variiert. Während den englischen und insbesondere den deutschen Gerichten aus sämtlichen vier untersuchten Bereichen eine erhebliche Anzahl von Fällen vorgelegen hat, in denen über die Wirksamkeit einer Zustimmungserteilung zu entscheiden war, existieren zum dänischen Recht wesentlich weniger Entscheidungen. Selbst unter Berücksichtigung der niedrigeren Bevölkerungszahl Dänemarks und der hieraus resultierenden geringeren Anzahl an gerichtlichen Streitigkeiten sind Fälle, die die Zustimmung zum Hauptgegenstand haben, sehr selten zu verzeichnen. Besonders auffällig ist dies im Bereich der vollmachtlosen Vertretung und der Schuld- bzw. Vertragsübernahme, in denen die wenigen existierenden Gerichtsentscheidungen sich auf das vergangene halbe Jahrhundert verteilen.

Auch in der Rechtsliteratur Englands, Dänemarks und Deutschlands erfährt die Zustimmung letztlich eine ganz unterschiedliche rechtliche Würdigung. Das Wirksamwerden eines Rechtsgeschäfts durch Zustimmungserteilung ist zwar in allen drei Rechtsordnungen gleichermaßen möglich, wird in der englischen und dänischen Literatur aber praktisch nicht behandelt. Erwähnung findet die Zustimmung zwar im Rahmen der Besprechung der einzelnen Zustimmungserfordernisse, jedoch erfolgen hierzu nur kurze Ausführungen. Sowohl in der englischen als auch in der dänischen Rechtsliteratur sucht man eine eingehende Auseinandersetzung mit der Zustimmung - unabhängig von einem bestimmten Zustimmungserfordernis - vergebens. Die Voraussetzungen und Umstände der Zustimmungserteilung, die Erforderlichkeit einer bestimmten Form, die Auslegung der Zustimmung oder die Rechtsnatur dieser Erklärung werden praktisch nicht erörtert. Es scheint, als wären Fragen dieser Art im englischen und dänischen Recht bisher nicht aufgetaucht. Aufgrund der wenig eingehenden Behandlung der Zustimmung in der englischen und dänischen Rechtsliteratur bleiben aus Sicht eines deutschen Juristen viele Fragen offen, zumal die einfachen und kurz gehaltenen gesetzlichen Vorschriften im dänischen Recht und das englische Case Law ebenfalls wenig zur Beantwortung einzelner Fragen beitragen können. Von einer Eigenständigkeit der Zustimmung als einer besonderen Form einer Willenserklärung kann im englischen und dänischen Recht daher nicht ausgegangen werden[631].

In der deutschen Rechtsliteratur findet die Zustimmung hingegen allseits Beachtung. Einerseits erfolgt in Lehrbüchern und Kommentaren eine eingehende Behandlung der einzelnen Zustimmungserfordernisse, andererseits wird die Zustimmung als solche auch unabhängig von der Besprechung eines bestimmten Erfordernisses aufgegriffen. Sowohl die Voraussetzungen ihrer Erteilung, Fragen nach ihrer Rechtsnatur als auch nach der erforderlichen Form dieser Erklärung werden eingehend dargestellt und erörtert. Im Gegensatz zum englischen und dänischen Recht muß die Zustimmung im deutschen Recht somit als selbständige Rechtsfigur betrachtet werden, die eine besondere Form einer Willenserklärung darstellt. Sie ist im deutschen Recht sowohl in praktischer als auch in rechtswissenschaftlicher Hinsicht von erheblicher Bedeutung. Bemerkenswert ist, daß trotz dieser eingehenden Behandlung der Zustimmung in der deutschen Rechtslehre vereinzelt darauf hingewiesen wird, daß die wissenschaftliche Würdigung der Zustimmung in keiner Weise ihrer praktischen Bedeutung und dem Gewicht ihrer Problematik in der Lehre vom Rechtsgeschäft entspreche[632].

Nach rechtsvergleichender Betrachtung der Behandlung der Zustimmung fällt auf, daß sich das dänische und das deutsche Recht diesbezüglich erheblich unterscheiden, obwohl die den Rechtsordnungen zugrundeliegenden Prinzipien in großen Teilen übereinstimmen. Den Grund hierfür stellen die unterschiedlichen Ansatzpunkte innerhalb des dänischen und des deutschen Rechts dar. Während der deutsche Gesetzgeber dazu neigt, die ganz überwiegende Anzahl von Rechtsregeln und -prinzipien gesetzlich zu normieren, zeigt der dänische Gesetzgeber diesbezüglich Zurückhaltung. Aus diesem Grund zeichnet sich das

[631] Für das englische Recht bestätigt durch W.V. Horton Rogers, M.A., Barrister (Universität Nottingham), für das dänische Recht konfirmiert durch Prof. Torsten Iversen (Aarhus Universität).

[632] Thiele, Zustimmungen, S.1.

dänische Recht durch eine große Anzahl von ungeschriebenen aber anerkannten Rechtsgrundsätzen aus.

Die deutsche Rechtsliteratur zeichnet sich dadurch aus, daß ungeklärte rechtliche Fragestellungen umgehend aufgegriffen und in der Theorie ausführlich diskutiert werden. Bereits vor dem Inkrafttreten neuer Gesetze oder Vorschriften werden die möglichen Folgen ihrer Anwendung problematisiert, ohne daß die betreffenden Probleme in der Praxis bisher aufgetaucht wären. Die Vertreter der dänischen Literatur tendieren hingegen dazu, zu lösende Rechtsfragen grundsätzlich mit einer gewissen Unbefangenheit anzugehen und Probleme weniger im Detail, sondern vielmehr im Gesamtzusammenhang zu betrachten. Insbesondere einzelne Fragestellungen werden i.d.R. erst dann in Lehrbüchern, Kommentaren und juristischen Aufsätzen besprochen, wenn sie in einem praktischen Fall Bedeutung erlangen.

Nach dieser Würdigung des unterschiedlichen Verständnisses und der Vorschriften hinsichtlich der Zustimmung im englischen, dänischen und deutschen Recht stellt sich vor dem Hintergrund einer zunehmenden europäischen Integration auch die Frage, ob diesbezügliche einheitliche Regelungen sinnvoll wären.

Allgemeine Regelungen der Zustimmung, wie sie §§ 182 ff. BGB enthalten, erscheinen jedenfalls nicht sinnvoll. Vom Verständnis des englischen und dänischen Rechts aus gesehen, wäre eine solche, von einem bestimmten Zustimmungserfordernis losgelöste Regelung überflüssig, da der Zustimmung in diesen Rechtsordnungen nicht die Bedeutung einer eigenständigen Rechtsfigur beigemessen wird. Detaillierte Vorschriften, welche die Zustimmung im Allgemeinen betreffen, würden daher zu sehr das umfänglich normierte deutsche Zivilrecht berücksichtigen und aus der Sicht der anderen beiden Rechtsordnungen eine Überreglementierung bedeuten.

Sinnvoll wären jedoch einheitliche, europäische Regelungen der hier untersuchten vier Zustimmungserfordernisse. Um Streitigkeiten im Rahmen von grenzübergreifenden Verträgen möglichst zu vermeiden, sollten die das jeweilige Zustimmungserfordernis betreffenden Vorschriften detailliert ausgestaltet sein. Diese müßten insbesondere die Voraussetzungen der Zustimmungserteilung, die erforderliche Form der Erklärung, ihre Widerruflichkeit und die Widerrufsmöglichkeit durch den Vertragspartner berücksichtigten. Eine solche Normierung würde sowohl dem englischen und dem dänischen Recht, welche die Zustimmung überhaupt nur im konkreten Anwendungszusammenhang behandeln, als auch dem deutschen Recht mit seinen detailliert ausgestalteten Regelungen der einzelnen Zustimmungserfordernisse Rechnung tragen.

Die Notwendigkeit, einheitliche, die Zustimmung betreffende Vorschriften zu schaffen, hat auch die CECL erkannt und ausführliche Regelungen über die Zustimmungserteilung bei vollmachtloser Vertretung und bei der Schuld- bzw. Vertragsübernahme in die PECL aufgenommen. Von der Normierung allgemeiner Regeln über die Zustimmung sah sie hingegen ab. Die Art und Weise, auf die die Zustimmung Eingang in die PECL gefunden hat, entspricht demnach der oben dargestellten Skizzierung einer europäischen Regelung.

Hinsichtlich des Zustimmungserfordernisses beim Handeln eines Minderjährigen und eines psychisch Kranken sowie eines Ehegatten wurden hingegen noch keine nennenswerten Versuche unternommen, europäische Regelungen zu schaffen. Ein wesentlicher Grund hierfür scheint zu sein, daß die nationalen Vorschriften in diesen Bereichen sehr stark von Traditionen und Anschauungen geprägt sind, von denen die Vertreter eines Landes erfahrungsgemäß nicht gern Abstand nehmen. Ob trotz dieser nationalen Vorbehalte dennoch eine europäische Regelung zu erreichen ist, bleibt abzuwarten.

Literaturverzeichnis

Alsbæk, Henriette, Der Betriebsübergang und seine individualarbeitsrechtlichen Folgen in Europa. Dissertation an der Friedrich-Alexander-Universität Erlangen-Nürnberg 2000, Berlin 2001
(zitiert: Alsbæk, Betriebsübergang, S.)

Andersen, Lars Svenning, Lov om lønmodtageres retsstilling ved virksomhedsoverdragelse. 3. Auflage, Kopenhagen 1996
(zitiert: Andersen, LLR, S.)

Andersen, Lennart Lynge / **Iversen**, Bent / **Nørgaard**, Jørgen, Umyndiges formue. Valby 1988

Andersen, Lennart Lynge / **Madsen**, Palle Bo, Aftaler og mellemmænd. 2. Auflage, Kopenhagen 1996

Andersen, Lennart Lynge / **Nørgaard**, Jørgen, Aftaleloven: med kommentarer. 3. Auflage, Kopenhagen 1999

Andersen, Lennart Lynge / **Werlauff**, Erik, Kreditretten. 2. Auflage, Kopenhagen 1995

Andersen, Mads Bryde, Praktisk aftaleret. Kopenhagen 1995
(zitiert: Andersen, Praktisk aftaleret, S.)

Andersen, Mads Bryde, Grundlæggende aftaleret. 1. Auflage, Kopenhagen 1997
(zitiert: Andersen, Grundlæggende aftaleret, S.)

Andersen, Mads Bryde / **Lookofsky**, Joseph, Lærebog i obligationsret. Band I: Ydelsen og Beføgelser. 1. Auflage, Kopenhagen 2000
(zitiert: Andersen/Lookofsky, Lærebog i obligationsret I, S.)

Andersen, Paul Krüger, Aktie- og Anpartsselskabsret. 7. Auflage, Kopenhagen 2002
(zitiert: Andersen, Aktie- og Anpartsselskabsret, S.)

Andersen, Paul Krüger / **Clausen**, Nis Jul / **Iversen**, Bent / **Jespersen**, Halfdan Krag / **Michelsen**, Aage / **Nørgaard**, Jørgen, Dansk Privatret. 11. Auflage, Kopenhagen 1999
(zitiert: Andersen, Privatret, S.)

Anton, Udo, Die „Genehmigung“ von Rechtsgeschäften und Prozeßhandlungen. Dissertation an der Rheinischen Friedrich-Wilhelms-Universität zu Bonn 1969 (zitiert: Anton, Genehmigung von Rechtsgeschäften und Prozeßhandlungen, S.)

Atiyah, P. S., An Introduction to the Law of Contract. 5. Auflage, Oxford 1995

Bar, Christian von, in: Festschrift für Dieter Henrich zum 70. Geburtstag am 1. Dezember 2000; herausgegeben von Gottwald, Peter / Jayme, Erik / Schwab, Dieter; Bielefeld 2000; S. 1 ff.
„Die Study Group on a European Civil Code“

Bar, Christian von / **Zimmermann**, Reinhard, Grundregeln des Europäischen Vertragsrechts: Teile I und II. München 2002
(zitiert: Von Bar/Zimmermann, Grundregeln des Europäischen Vertragsrechts, S.)

Bartosch, Andreas, Die vermögensrechtlichen Beziehungen der Ehegatten bei bestehender Ehe im englischen Recht - Eigentum, Besitz, Schuldvertrag. Dissertation an der Universität Regensburg 1996
(zitiert: Bartosch, Vermögensrechtliche Beziehungen, S.)

Baumbach, Adolf / **Hopt**, Klaus J., Handelsgesetzbuch mit GmbH & Co., Handelsklauseln, Bank- und Börsenrecht, Transportrecht (ohne Seerecht). 30. Auflage, München 2000
(zitiert: Baumbach/Hopt HGB)

Baumbach, Adolf / **Hueck**, Alfred, GmbH-Gesetz. Gesetz betreffend die Gesellschaften mit beschränkter Haftung. 17. Auflage, München 2000

Baur, Jürgen F. / **Stürner**, Rolf, Lehrbuch des Sachenrechts. 17. Auflage, München 1999

Beale, H.G. (Hrsg.), Chitty on Contracts.
Volume I: General Principles. 28. Auflage, London 1999
(zitiert: Beale, Chitty I, S.)
Volume II: Specific Contracts. 28. Auflage, London 1999
(zititert: Beale, Chitty II, S.)

Beatson, J., Anson´s Law of Contract. 27. Auflage, Oxford 1998
(zitiert: Beatson, Anson´s Law of Contract, S.)

Bernstorff, Christoph Graf von, Einführung in das englische Recht. 2. Auflage, München 2000

Billins, Roger, Agency Law. London 1993

Blase, Friedrich, Die Grundregeln des Europäischen Vertragsrechts als Recht grenzüberschreitender Verträge. Dissertation an der Westfälischen Wilhelms-Universität Münster 2001
(zitiert: Blase, Grundregeln des Europäischen Vertragsrechts, S.)

Bonell, Michael Joachim, in: ULR 1996, S. 229 ff.
„The UNIDROIT Principles of International Commercial Contracts and the Principles of European Contract Law: Similar Rules for the Same Purposes?"

Boxer, Martin, Landlord and Tenant: the new regime and its pitfalls. A critical guide to the Landlord and Tenant (Covenants) Act 1995. London 1996

Brownsword, Roger, Contract Law. Themes for the Twenty-First Century. London, Edinburgh, Dublin 2000
(zitiert: Brownsword, Contract Law, S.)
Brox, Hans, Allgemeiner Teil des BGB. 26. Auflage, Köln, Berlin, Bonn, München 2002
(zitiert: Brox AT, S.)
Brox, Hans / **Walker**, Wolf-Dietrich, Allgemeines Schuldrecht, 29. Auflage, München 2003
(zitiert: Brox / Walker, Schuldrecht AT, S.)
Brox, Hans, in: JA 1989, S. 441 ff.
„Zur Vorbereitung auf die studienbegleitende Leistungskontrolle im Bürgerlichen Recht: Der Minderjährigenschutz beim Rechtsgeschäft"
Busch, Danny / **Hondius**, Ewoud, in ZEuP 2001, S. 223 ff.
„Ein neues Vertragsrecht für Europa: Die Principles of European Contract Law aus niederländischer Sicht"
Clark, J.B. / **Ross Martyn**, J.G., Theobald on Wills. 15. Auflage, London 1993
(zitiert: Clark / Ross Martyn, Theobald on Wills, S.)
Clausen, Nis Jul, Sikkerhed i fordringer. 3. Auflage, Kopenhagen 2000
Coester-Waltjen, Dagmar, in: Jura 1994, S. 331 ff.
„Überblick über die Probleme der Geschäftsfähigkeit"
Coester-Waltjen, Dagmar, in: Jura 1994, S. 668 ff.
„Nicht zustimmungsbedürftige Rechtsgeschäfte beschränkt geschäftsfähiger Personen"
Cretney, Stephen M., Family Law. 4. Auflage, London 2000
Cretney, Stephen M. / **Masson**, J.M., Principles of Family Law. 6. Auflage, London 1997
Dam, Henrik, Ægtepagter. 1. Auflage, Kopenhagen 1997
Damrau, Jürgen / **Zimmermann**, Walter, Betreuung und Vormundschaft. Kommentar zum materiellen und formellen Recht. 2. Auflage, Stuttgart, Berlin, Köln 1995
(zitiert: Damrau/Zimmermann-Bearbeiter)
Danielsen, Svend, Arveloven: med kommentarer. 4. Auflage, Gylling 1997
(zitiert: Danielsen, Arvelov, S.)
Danielsen, Svend, Lov om forældremyndighed og samvær: med kommentarer. Kopenhagen 1997
(zitiert: Danielsen, fml., S.)
Danielsen, Svend / **Black**, Nils, Myndighedsloven – Band 1. 3. Auflage, Kopenhagen 1988
Danielsen, Svend / **Hornslet**, Mogens, Lov om ægteskabets retsvirkninger. 2. Auflage, Kopenhagen 1986
Danielsen, Svend / **Hornslet**, Mogens / **Knudsen**, Knud, Ægteskabsloven: med kommentarer. 2. Auflage, Kopenhagen 1984

Dodds, Malcolm (Hrsg.), Family Law. 1. Auflage, London 1997

Dölle, Hans, Familienrecht. Darstellung des deutschen Familienrechts mit rechtsvergleichenden Hinweisen. Band I, Karlsruhe 1964
(zitiert: Dölle I, S.)

Downes, T. Anthony, A Textbook on Contracts. 2. Auflage, London 1991

Drobnig, Ulrich, in: Festschrift für Ernst Steindorff zum 70. Geburtstag am 13. März 1990; herausgegeben von Baur, Jürgen F. / Hopt, Klaus J. / Mailänder, K. Peter; Berlin, New York 1990; S. 1141 ff.
„Ein Vertragsrecht für Europa"

Ebenroth, Carsten Thomas / **Boujong**, Karlheinz / **Joost**, Detlev, Handelsgesetzbuch. München 2001
(zitiert: Ebenroth/Boujong/Joost-Bearbeiter HGB)

Elliott, Catherine / **Quinn**, Frances, Contract Law. 3. Auflage, Harlow, London, New York, Reading, San Francisco, Toronto, Don Mills, Sydney, Tokyo, Singapore, Hong Kong, Seoul, Taipei, Cape Town, Madrid, Mexico City, Amsterdam, Munich, Paris, Milan 2001

Erman, Bürgerliches Gesetzbuch - Handkommentar mit AGBG, EGBGB, ErbbauVO, HausratsVO, HausTWG, ProdHaftG, SachenRBerG, SchuldRAnpG, VerbrKrG. Hrsg.: Westermann, Harm Peter
Band I (§§ 1 - 843 BGB): 10. Auflage, Münster, Köln 2000
Band II (§§ 854 - 2385 BGB): 10. Auflage, Münster, Köln 2000
(zititert: Erman-Bearbeiter)

Esser, Josef / **Schmidt**, Eike, Schuldrecht - Band I (Allgemeiner Teil), Teilband 2 (Durchführungshindernisse und Vertragshaftung, Schadensausgleich und Mehrseitigkeit beim Schuldverhältnis). 8. Auflage, Heidelberg 2000
(zitiert: Esser/Schmidt, Schuldrecht I 2, S.)

Eyben, W.E. v. / **Mortensen**, Peter / **Sørensen**, Ivan, Lærebog i obligationsret. Band II: Personskifte i skyldforhold, fordringers ophør, hæftelsesformer. 1. Auflage, Kopenhagen 2000
(zitiert: Von Eyben/Mortensen/Sørensen, Lærebog i obligationsret II, S.)

Eyben, W.E. v. / **Kruse**, Anders Vinding, Borgerlig ret. Band 1: Indledning til formueretten. 25. Auflage, Kopenhagen 1984
(zitiert: Von Eyben/Kruse, Borgerlig ret I, S.)

Fabricius, Fritz, in: JZ 1967, S. 144 ff.
„Vertragsübernahme und Vertragsbeitritt"

Fikentscher, Wolfgang, Schuldrecht. 9. Auflage, Berlin, New York 1997

Flume, Werner, Allgemeiner Teil des Bürgerlichen Rechts, Zweiter Band: Das Rechtsgeschäft. 4. Auflage, Berlin, Heidelberg, New York 1992
(zitiert: Flume AT II, S.)

Fridman, Gerald H.L., The Law of Agency. 7. Auflage, London 1996

Friis Hansen, Søren / **Krenchel**, Jens Valdemar, Introduktion til selskabs- og foreningsretten. 1. Auflage, Kopenhagen 1999

Friis Hansen, Søren / **Krenchel**, Jens Valdemar, Lærebog i selskabsret.
Band I: Indledning til selskabsretten. 1. Auflage, Kopenhagen 1999
(zitiert: Friis Hansen / Krenchel, Lærebog i selskabsret I, S.)
Band II: Kapitalselskaber. 1. Auflage, Kopenhagen 2000
(zitiert: Friis Hansen / Krenchel, Lærebog i selskabsret II, S.)

Furmston, M.P., Cheshire, Fifoot and Furmston's Law of Contract. 13. Auflage, London, Edinburgh, Dublin 1996
(zitiert: Cheshire/Fifoot/Furmston, S.)

Gernhuber, Joachim (Hrsg.), Handbuch des Schuldrechts in Einzeldarstellungen.
Band 2: Nörr, Knut Wolfgang / Scheyhing, Robert / Pöggeler, Wolfgang, Sukzessionen. Forderungszession, Vertragsübernahme, Schuldübernahme. 2. Auflage, Tübingen 1999
(zitiert: Nörr/Scheyhing/Pöggeler, S.)

Gernhuber, Joachim / **Coester-Waltjen**, Dagmar, Lehrbuch des Familienrechts. 4. Auflage, München 1994

Giesen, Dieter, Familienrecht. 2. Auflage, Tübingen 1997

Gomard, Bernard, Almindelig kontraktsret - Indgåelse, gyldighed, fortolkning. 2. Auflage, Kopenhagen 1996

Gomard, Bernhard, Selskabsretten. 5. Auflage, Kopenhagen 1999
(zitiert: Gomard, Selskabsret, S.)

Gomard, Bernhard, Aktieselskaber & anpartsselskaber. 3. Auflage, Kopenhagen 1996
(zitiert: Gomard, AS & APS, S.)

Gomard, Bernard, Obligationsret - 3. Teil. 1. Auflage, Kopenhagen 1993
(zitiert: Gomard 3, S.)

Graba, Hans-Ulrich, Bestätigung und Genehmigung von Rechtsgeschäften. Dissertation an der Ludwig-Maximilians-Universität zu München 1967
(zitiert: Graba, Bestätigung und Genehmigung, S.)

Graversen, Jørgen / **Beck**, Strange / **Munch**, Noe / **Nørgaard**, Jørgen / **Højgaard Pedersen**, Marianne / **Vesterdorf**, Peter, Familieret. 2. Auflage, Kopenhagen 1986
(zitiert: Graversen, Familieret, S.)

Hanisch, Hans, Moderne Tendenzen des englischen Ehegüterrechts verglichen mit den Grundzügen des gesetzlichen Güterstandes in der Bundesrepublik. Frankfurt / Main, Berlin 1963
(zitiert: Hanisch, Moderne Tendenzen des englischen Ehegüterrechts, S.)

Hanisch, Hans, in: NJW 1963, S. 1033 ff.
"Ehewohnungsprobleme getrennt lebender Ehegatten"

Hartkamp, Arthur, in: Towards a European Civil Code; herausgegeben von Hartkamp, Arthur / Hesselink, Martijn / Hondius, Ewoud / Joustra, Carla / du Perron, Edgar; 2. Auflage, The Hague, London, Boston 1998; S. 105 ff.
"Principles of Contract Law"
(zitiert: Hartkamp, Towards a European Civil Code, S.)

Hayes, Mary / **Williams**, Catherine, Family Law. Principles, Policy and Practice. 2. Auflage, London 1999

Henrich, Dieter, Familienrecht. 4. Auflage, Heidelberg 1999
(zitiert: Henrich, Familienrecht)

Henrich, Dieter / **Huber**, Peter, Einführung in das englische Privatrecht. 3. Auflage, Darmstadt 2003
(zitiert: Henrich / Huber, Englisches Privatrecht, S.)

Hettesheimer, Rolf, Die Fähigkeit Minderjähriger zu selbständigem rechtsgeschäftlichen Handeln. Eine rechtsvergleichende Darstellung von Vorschriften des Bürgerlichen Gesetzbuches zu den Bestimmungen in der Schweiz, Frankreich, Italien, England und den Vereinigten Staaten von Nordamerika. Dissertation an der Eberhard-Karls-Universität zu Tübingen 1956
(zitiert: Hettesheimer, Fähigkeit Minderjähriger, S.)

Hirsch, Ernst E., in: JR 1960, S. 291 ff.
"Die Anfechtung der Schuldübernahme, ihre Voraussetzungen und Wirkungen. Bemerkungen zum Urteil des BGH vom 8.12.59 - VIII ZR 134/58 (JR 1960, S. 300 ff.)"

Hirte, Heribert, Wege zu einem europäischen Zivilrecht. Stuttgart, München, Hannover, Berlin, Weimar, Dresden 1996
(zitiert: Hirte, Wege zu einem europäischen Zivilrecht, S.)

Hoppe, Michael, Die revokatorische Klage nach § 1368 BGB. Dissertation an der Westfälischen Wilhelms-Universität zu Münster 2001
(zitiert: Hoppe, Revokatorische Klage, S.)

Hübner, Heinz, Allgemeiner Teil des Bürgerlichen Gesetzbuchs. 2. Auflage, Berlin, New York 1996

Hüffer, Uwe, Aktiengesetz. 5. Auflage, München 2002

Illum, Knud, in: UfR 1946, S.115 ff.
"Henry Ussings Forfatterskab"

Jacobi, Bernhard, Über Rückwirkungsanordnungen im Bürgerlichen Gesetzbuch. Dissertation an der Universität Hamburg 1966, Hamburg 1966
(zitiert: Jacobi, Rückwirkungsanordnungen, S.)

Jauernig, Othmar, Bürgerliches Gesetzbuch - Kommentar. 10. Auflage, München 2003
(zitiert: Jauernig-Bearbeiter)

Jauernig, Othmar, in: Festschrift für Hubert Niederländer zum 70. Geburtstag am 10. Februar 1991; herausgegeben von Jayme, Erik / Laufs, Adolf / Misera, Karlheinz / Reinhart, Gert / Serick, Rolf; Heidelberg 1991, S. 285 ff.
"Zeitliche Grenzen für die Genehmigung von Rechtsgeschäften eines falsus procurator?"

Jentsch, Gero, Die Geschäftsfähigkeit Minderjähriger im deutschen, österreichischen, schweizerischen, französischen und englischen Recht. Dissertation an der Rheinischen Friedrich-Wilhelms-Universität 1966, Bonn 1967
(zitiert: Jentsch, Geschäftsfähigkeit Minderjähriger, S.)

Jespersen, Halfdan Krag, Lejeret 1: Lejelovgivningens anvendelsesområde, lejeretlige grundbegreber og grundregler, elementært lejeretligt leksikon, lejeretlig lov- og regelsamling. 1. Auflage, Kopenhagen 1989

Jørgensen, Stig, Kontraktsret. 1. Band: Aftaler. Kopenhagen 1971
(zitiert: Jørgensen, Kontraktsret I, S.)

Jørgensen, Stig / **Nørgaard**, Jørgen, Introduktion til formueretten. 5. Auflage, Kopenhagen 1979

Jürgens, Andreas, Betreuungsrecht. Kommentar zum materiellen Betreuungsrecht, zum Verfahrensrecht und zum Betreuungsbehördengesetz. 2. Auflage, München 2001
(zitiert: Jürgens-Bearbeiter)

Käppler, Renate, in: AcP 179 (1979), S. 245 ff.
„Familiäre Bedarfsdeckung im Spannungsfeld von Schlüsselgewalt und Güterstand"

Kallehauge, H. / **Ehlers**, Knud / **Blom**, Arne, Kommentar til lejelovene. Band I. Kopenhagen 1976

Karnovs Lovsamling. Hrsg.: Eyben, Bo von / Pedersen, Jan / Nørgaard, Jørgen
Band 2 (S. 1513-3016): 16. Auflage, 2000, Kopenhagen 2001
Band 3 (S. 3017-4388): 16. Auflage, 2000, Kopenhagen 2001
Band 4 (S. 4389-6020): 16. Auflage, 2000, Kopenhagen 2001
Register zur 16. Auflage von Karnovs Lovsamling, Kopenhagen 2001
(zitiert: Karnov *Gesetz*, Fn.)

Kiesel, Helmut, Stellvertretung ohne Vertretungsmacht im deutschen, schweizerischen und österreichischen Recht. Dissertation an der Eberhard-Karls-Universität zu Tübingen 1966, Stuttgart 1966
(zititert: Kiesel, Stellvertretung ohne Vertretungsmacht, S.)

Knieper, Judith, Geschäfte von Geschäftsunfähigen. Dissertation an der Universität Frankfurt / Main 1999, Baden-Baden 1999
(zitiert: Knieper, Geschäftsunfähige, S.)

Köhler, Helmut, BGB Allgemeiner Teil: Ein Studienbuch. 27. Auflage, München 2003

Kötz, Hein /**Flessner**, Axel, Europäisches Vertragsrecht. Band 1: Abschluß, Gültigkeit und Inhalt des Vertrages, Die Beteiligung Dritter am Vertrag. Tübingen 1996
(zitiert: Kötz, S.)

Koffman, Laurence / **Macdonald**, Elizabeth, The Law of Contract. 2. Auflage, Avon 1995

Koktvedgaard, Mogens / **Møller**, Jens / **Pontoppidan**, Niels, Juridisk formularbog. 14. Auflage, Kopenhagen 1994

Kurzwelly, Jens-Peter, Die Haftung Minderjähriger bei Täuschung über die Geschäftsfähigkeit im deutschen, österreichischen, schweizerischen, französischen und englischen Recht. Dissertation an der Rheinischen Friedrich-Wilhelms-Universität zu Bonn 1977
(zitiert: Kurzwelly, Haftung Minderjähriger, S.)

Lando, Ole, in: AmJCL 31 (1983), S. 653 ff.
„European Contract Law"

Lando, Ole, in: RabelsZ 56 (1992), S. 261 ff.
„Principles of European Contract Law - An Alternative or a Precursor of European Legislation"

Lando, Ole / **Beale**, Hugh (Hrsg.), Principles of European Contract Law, Part I, 1995

Lando, Ole / **Beale**, Hugh (Hrsg.), Principles of European Contract Law, Parts I and II. The Hague, London, Boston 2000

Larenz, Karl / **Wolf**, Manfred, Allgemeiner Teil des Bürgerlichen Rechts. 8. Auflage, München 1997
(zitiert: Larenz/Wolf, S.)

Larenz, Karl, Lehrbuch des Schuldrechts, Erster Band (Allgemeiner Teil). 14. Auflage, München 1987
(zitiert: Larenz, Schuldrecht AT, S.)

Lassen, Jul, Haandbog i Obligationsretten. Almindelig del. 3. Auflage, Kopenhagen 1917-1920.
(zitiert: Lassen, Obligationsret, S.)

Lipstein, Kurt, in: Leske-Loewenfeld - Rechtsverfolgung im internationalen Verkehr. Band 1: Das Eherecht der europäischen und der außereuropäischen Staaten. Erster Teil: Die Europäischen Staaten.
3. Lieferung: England - Nordirland - Schottland - Republik Irland. Köln, Berlin, Bonn, München 1965

Lüderitz, Alexander, Familienrecht - Ein Studienbuch. 27. Auflage, München 1999

Lund-Andersen, Ingrid / **Munck**, Noe / **Nørgaard**, Irene / **Nørgaard**, Jørgen / **Højgaard Pedersen**, Marianne / **Vesterdorf**, Peter, Familieret. 4. Auflage, Kopenhagen 1996
(zitiert: Lund-Andersen, Familieret, S.)

Lunn, Leif, Børns rettigheder og pligter. Kopenhagen 1980
Lutter, Marcus / **Hommelhoff**, Peter, GmbH-Gesetz. Kommentar. 15. Auflage, Köln 2000
Marcus, Franz, in: Leske-Loewenfeld - Rechtsverfolgung im internationalen Verkehr. Band 1: Das Eherecht der europäischen und der außereuropäischen Staaten. Erster Teil: Die Europäischen Staaten.
2. Lieferung: Schweden - Norwegen - Dänemark - Island - Finnland. Köln, Berlin, Bonn, München 1964
Markesinis, Basil S. / **Munday**, R.J.C., An outline of the law of agency. 4. Auflage, London 1998
Medicus, Dieter, Bürgerliches Recht. Eine nach Anspruchsgrundlagen geordnete Darstellung zur Examensvorbereitung. 19. Auflage, Köln, Berlin, Bonn, München 2002
(Medicus BR, S.)
Medicus, Dieter, Allgemeiner Teil des BGB. 8. Auflage, Heidelberg 2002
(zitiert: Medicus AT, S.)
Medicus, Dieter, Schuldrecht I (Allgemeiner Teil). 14. Auflage, München 2003
(zitiert: Medicus, Schuldrecht AT, S.)
Menold-Weber, Beate, Verträge Minderjähriger und ihre Rückabwicklung im englischen Recht – ein Vergleich zur Rechtslage in der Bundesrepublik Deutschland. Dissertation an der Rheinischen Friedrich-Wilhelms-Universität zu Bonn 1991, München 1992
(zitiert: Menold-Weber, Verträge Minderjähriger, S.)
Miller, Gareth, The Machinery of Succession. 2. Auflage, Aldershot, Brookfield USA, Singapore, Sydney 1996
Mitko, Bernhard, Der Einwilligungsvorbehalt – Voraussetzungen, Wirkungen, Probleme. Dissertation an der Universität Regensburg 1993
(zitiert: Mitko, Einwilligungsvorbehalt, S.)
Münchener Kommentar zum Bürgerlichen Gesetzbuch
Herausgeber: Rebmann, Kurt / Säcker, Franz Jürgen / Rixeder, Roland
Band 1, Allgemeiner Teil (§§ 1 - 240 BGB), 4. Auflage, München 2001
Band 2a, Schuldrecht Allgemeiner Teil (§§ 241 - 432 BGB), 4. Auflage, München 2003
Band 4, Schuldrecht Besonderer Teil II (§§ 607 - 704 BGB), 3. Auflage, München 1997
Band 7, Familienrecht I (§§ 1297 - 1588 BGB), 4. Auflage, München 2000
Band 8, Familienrecht II (§§ 1589 - 1921 BGB), 4. Auflage, München 2002
(zitiert: MünchKomm-Bearbeiter)

Münchener Kommentar zum Aktiengesetz
Herausgeber: Kropff, Bruno / Semler, Johannes
Band 1 (§§ 1 - 53 AktG), 2. Auflage, München 2000
(zitiert: MünchKommAktG-Bearbeiter)

Munch, Mogens, Formueforholdet mellem ægtefæller. En undersøgelse af, hvorledes de nye principper i ægteskabsloven af 1925 har virket i praksis. Kopenhagen 1955

Musielak, Hans-Joachim, Grundkurs BGB. Eine Darstellung zur Vermittlung von Grundlagenwissen im bürgerlichen Recht mit Fällen und Fragen zur Lern- und Verständniskontrolle sowie mit Übungsklausuren. 8. Auflage, München 2003

Neville Turner, John / **Davis-Ferid**, Hildegard, Englisches Familienrecht. Frankfurt/Main 1983

Norpoth, Johannes / **Dittberner**, Mareike, in: JA 1996, S. 642 ff.
„Die Genehmigung nach § 108 III BGB - immer eine empfangsbedürftige Willenserklärung?“

Nørgaard, Irene / **Nørgaard**, Jørgen / **Vesterdorf**, Peter, Arveret. 3. Auflage, Kopenhagen 1998

Olzen, Dirk, in: Jura 1988, S. 13 ff.
„Rechtsprobleme des § 1365 BGB“

Palandt, Otto, Bürgerliches Gesetzbuch, mit Einführungsgesetz (Auszug), Unterlassungsklagengesetz, Produkthaftungsgesetz, Erbbaurechtsverordnung, Wohnungseigentumsgesetz, Hausratsverordnung, Lebenspartnerschaftsgesetz, Gewaltschutzgesetz (Auszug). 62. Auflage, München 2003
(zitiert: Palandt-Bearbeiter)

Palm, Heinz, Die nachträgliche Erteilung der verweigerten Genehmigung. Bielefeld 1964
(zitiert: Palm, Nachträgliche Erteilung, S.)

Passingham, Bernard / **Harmer**, Caroline, Law and Practice in Matrimonial Causes. 4. Auflage, London 1985

Perron, Edgar du, in: Towards a European Civil Code. Hrsg.: Hartkamp, Arthur / Hesselink, Martijn / Hondius, Ewoud / Joustra, Carla / Perron, Edgar du. 2. Auflage, La Hague, Boston, London 1998; S. 311 ff.
(zitiert: du Perron, Towards a European Civil Code, S.)

Pfister, Bernhard, in: JZ 1969, S. 623 ff.
„In welchem Zeitpunkt muß der die Verfügung eines Nichtberechtigten Genehmigende Verfügungsmacht haben?“

Philipowski, Rüdiger, in: BB 1964, S. 1069 ff.
„Schweigen als Genehmigung“

Pieper, Helmut, Vertragsübernahme und Vertragsbeitritt. Zugleich ein Beitrag zur Lehre vom Vertragsverhältnis. Habilitation an der Johannes Gutenberg-Universität Mainz 1963; Köln, Berlin 1963
(zitiert: Pieper, Vertragsübernahme, S.)
Prölss, Jürgen, in: JuS 1985, S. 577 ff.
„Vertretung ohne Vertretungsmacht"
Prölss, Jürgen, in: JuS 1986, S. 169 ff.
„Haftung bei der Vertretung ohne Vertretungsmacht"
Rasmussen, Nell, Familieret. 6. Auflage, Kopenhagen 2000
Reinken, Anja-Maria, Der heutige Stand der privity of contract im englischen Common Law. Dissertation an der Westphälischen Wilhelms-Universität zu Münster 1998
(zitiert: Reinken, Doctrine of privity, S.)
Remien, Oliver, in: ZVglRW 87 (1988), S. 105 ff.
„Ansätze für ein Europäisches Vertragsrecht"
Reynolds, F. M. B., Bowstead and Reynolds on Agency. 17. Auflage, London 2002
(zititert: Bowstead / Reynolds, S.)
Rittner, Fritz, in: FamRZ 1961, S. 1 ff.
„Handelsrecht und Zugewinngemeinschaft (I): Die Bedeutung des § 1365 BGB im Handelsrecht"
Rosenberg, Ida / **Sneholt**, Lone / **Thomsen**, Niels, Aktieselskabsloven med ændringer senest af 23. december 1998. 6. Auflage, Kopenhagen 1999
Schenk, Reinhart, Die rechtliche Fähigkeit Minderjähriger zum selbständigen Abschluß schuldrechtlicher Verträge. Dissertation an der Rheinischen Friedrich-Wilhelms-Universität zu Bonn 1967
(zitiert: Schenk, Die rechtliche Fähigkeit Minderjähriger, S.)
Schlink, Clemens, Die Ultra-Vires-Lehre im englischen Privatrecht. Berlin und Leipzig 1935
(zitiert: Schlink, Ultra-Vires-Lehre)
Schlüter, Wilfried, BGB - Familienrecht. 10. Auflage, Heidelberg 2003
Schmidt, Karsten, in: AcP 189 (1989), S. 1 ff.
„Beseitigung der schwebenden Unwirksamkeit durch Verweigerung einer Genehmigung - Überlegungen zu einer vergessenen Streitfrage"
Schmidt, Karsten, in: NJW 1973, S. 1595 ff.
„Zum Vorbelastungsverbot im Gründungsrecht der Kapitalgesellschaften"
Schmidt, Karsten, in: Festschrift für Dieter Medicus zum 70. Geburtstag am 09. Mai 1999; herausgegeben von Beuthien, Volker / Fuchs, Maximilian / Roth, Herbert / Schiemann, Gottfried / Wacke, Andreas; Köln, Berlin, Bonn, München 1999, S. 555 ff.
„Übergang von Vertragsverhältnissen nach §§ 25, 28 HGB"

Scholz, Franz, Kommentar zum GmbH-Gesetz mit Anhang Konzernrecht. I. Band (§§ 1 - 44 GmbHG; Anh. Konzernrecht); 9. Auflage; Köln 2000 (zitiert: Scholz-Bearbeiter)

Schwab, Dieter, Familienrecht. 11. Auflage, München 2001

Schwab, Dieter, in: Festschrift für Kurt Rebmann zum 65.Geburtstag am 30. Mai 1989; herausgegeben von Eyrich, Heinz / Odersky, Walter / Säcker, Franz Jürgen; München 1989; S. 685 ff. „Die Ehefähigkeit und das neue Betreuungsrecht"

Skovby, Lise, Aftaleret for transport og handel. 1. Auflage, Kopenhagen 1995

Smith, P.F., The Law of Landlord and Tenant. 5. Auflage, London, Edinburgh, Dublin 1997

Soergel, Hans Theodor, Bürgerliches Gesetzbuch mit Einführungsgesetzen und Nebengesetzen.
Band 1, Allgemeiner Teil 1 (§§ 1 - 103 BGB), 13. Auflage, Stuttgart, Berlin, Köln, Mainz 2000
Band 2, Allgemeiner Teil 2 (§§ 104 - 240 BGB), 13. Auflage, Stuttgart, Berlin, Köln, Mainz 2000
Band 2, Schuldrecht I (§§ 241 - 432 BGB), 12. Auflage, Stuttgart, Berlin, Köln, Mainz 1990
Band 4/2, Schuldrecht III/2 (§§ 651a - 704 BGB), 12. Auflage, Stuttgart, Berlin, Köln, Mainz 2000
Band 7, Familienrecht I (§§ 1297 - 1588 BGB), 12. Auflage, Stuttgart, Berlin, Köln, Mainz 1989
(zitiert: Soergel-Bearbeiter)

Sparkes, Peter, A new landlord and tenant. Oxford, Portland (Oregon) 2001

Staudinger, J. von, Kommentar zum Bürgerlichen Gesetzbuch mit Einführungsgesetz und Nebengesetzen.
§§ 90 - 240 BGB, 12. Auflage, Berlin 1980
§§ 164 - 240 BGB, Neubearbeitung 2001, Berlin 2001
§§ 255 - 314 BGB, Neubearbeitung 2001, Berlin 2001
§§ 397 - 432 BGB, 13. Auflage, Berlin 1999
§§ 611 - 615 BGB, 13. Auflage, Berlin 1999
§§ 651a - 651l BGB, 13. Auflage, Berlin 2001
§§ 1204 - 1296 BGB, Neubearbeitung 2002, Berlin 2002
§§ 1297 - 1362 BGB, 13. Auflage, Berlin 2000
§§ 1363 - 1563 BGB, Neubearbeitung 2000, Berlin 2000
§§ 1896 - 1921 BGB, 13. Auflage, Berlin 1999
(zitiert: Staudinger-Bearbeiter)

Stertkamp, Ulrich, Eine rechtsvergleichende Untersuchung zur Stellvertretung ohne Vertretungsmacht im deutschen und französischen Zivilrecht. Dissertation an der Universität Regensburg 1998
(zitiert: Stertkamp, Stellvertretung ohne Vertretungsmacht, S.)

Stone, Richard, Principles of Contract Law. 4. Auflage, London, Sydney 2000
Street, Howard A., A treatise on the doctrine of ultra vires being an investigation of the principles which limit the powers and liabilities of corporations, quasi-corporate bodies and non-sovereign legislatures. London 1930
(zitiert: Street, A treatise on the doctrine of ultra vires)
Stürner, Rolf, in: AcP 173 (1973), S. 402 ff.
„Der lediglich rechtliche Vorteil“
Taksøe-Jensen, Finn, Person-, Familie- og Arveret. 1. Auflage, Kopenhagen 1987
Taksøe-Jensen, Finn, Lærebog i Arveret. 1. Auflage, Kopenhagen 1998
(zitiert: Taksøe-Jensen, Lærebog i Arveret, S.)
Thiele, Wolfgang, Die Zustimmungen in der Lehre vom Rechtsgeschäft. Habilitation an der Universität Hamburg 1966; Köln, Berlin, Bonn, München 1966
(zitiert: Thiele, Zustimmungen, S.)
Tiedau, Erwin, in: MDR 1961, S. 721 ff.
"Zur Problematik des § 1365 BGB unter besonderer Berücksichtigung des Gesellschaftsrechtes"
Tilmann, Winfried, in: ZEuP 1993, S. 613
"Entschließung des Europäischen Parlaments über die Angleichung des Privatrechts der Mitgliedstaaten vom 26.05.1989"
Tilmann, Winfried, in: ZEuP 1995, S. 534 ff.
"Zweiter Kodifikationsbeschluß des Europäischen Parlaments"
Treitel, Guenter, The Law of Contract. 10. Auflage, London 1999
Upex, Robert, Davies on Contract. 7. Auflage, London 1995
(zititert: Upex, Davies on Contract, S.)
Ussing, Henry, Aftaler på formuerettens område. 1. Auflage, Kopenhagen 1950
(zitiert: Ussing, Aftaler, S.)
Ussing, Henry, Obligationsretten. Almindelig del. 4. Auflage (herausgegeben von Kruse, Anders Vinding), Kopenhagen 1961
(zitiert: Ussing, Obligationsret, S.)
Wegener, Morten, Familieret. 2. Auflage, Odense 1977
Weimar, Wilhelm, in: MDR 1967, S. 374 ff.
"Für den juristischen Nachwuchs: Zweifelsfragen zur Einwilligung und Genehmigung"
Werlauff, Erik, Selskabsret. 3. Auflage, Kopenhagen 1997
Whincup, Michael H., Contract Law and Practice – the English System and Continental Comparisons. 3. Auflage, The Hague, London, Boston 1996
Wilhelm, Jan, in: NJW 1992, S. 1666 ff.
"Aufforderung zur Erklärung über die Genehmigung eines schwebend unwirksamen Geschäfts und Widerruf des Geschäfts"

Williams, John, The Law of Mental Health. London 1990
Wolf, Christian, in: JZ 1997, S. 1087 ff.
"Übertriebener Verkehrsschutz. Zur subjektiven und objektiven Theorie im Rahmen von § 1365 BGB"
Ziegler, Eberhard / **Mäuerle**, Karl-Heinz, Familienrecht. 2. Auflage, Baden-Baden 2000
Zimmermann, Reinhard, in: JZ 1995, S. 477 ff.
"Konturen eines Europäischen Vertragsrechts"
Zimmermann, Reinhard, in: ZEuP 2000, 671 ff.
"Die "Principles of European Contract Law", Teile I und II"
Zweigert, Konrad / **Kötz**, Hein, Einführung in die Rechtsvergleichung auf dem Gebiete des Privatrechts. 3. Auflage, Tübingen 1996

Verzeichnis der englischen Entscheidungen

Amsprop Trading Ltd. v. Harris Distribution Ltd. [1997] 1 W.L.R. 1025
Arthur v. Bokenham (1708) 11 Mod. Rep. 148
Ashbury Railway Carriage & Iron Co. Ltd. v. Riche (1875) L.R. 7 H.L. 653
Banks v. Goodfellow (1870) L.R. 5 Q.B. 549
Beattie v. Ebury (1872) L.R. 7 Ch.App. 777
Bedford Insurance Co. Ltd. v. Instituto de Resseguros do Brasil [1985] 1 Q.B. 966
Beswick v. Beswick [1966] Ch. 538; [1968] A.C. 58
Bird v. Brown (1850) 4 Ex. 786
Birkin v. Wing (1890) 63 L.T. 80
Bolton Partners v. Lambert (1889) 41 Ch.D. 295
Boston Deep Sea Fishing and Ice Co. Ltd v. Farnham (Inspector of Taxes) [1957] 1 W.L.R. 1051; [1957] 3 All E.R. 204
Boughton v. Knight (1873) 3 P.D. 64
British Bank of the Middle East v. Sun Life Assurance Co. of Canada (U.K.) Ltd. [1983] 2 Lloyd's Rep. 9 H.L.
Brook v. Hook (1871) L.R. 6 Ex. 89
Brown v. Harper (1893) 68 L.T. 488
Bruce v. Warwick (1815) 6 Taunt. 118
Chapple v. Cooper (1844) 13 M.&W. 252
Clements v. London and North Western Rail Co. [1894] 2 Q.B. 482
Clyde Cycle Co. v. Hargreaves (1898) 78 L.T. 296
Collen v. Wright (1857) 8 E.&B. 647
Commissioners of Customs & Excise v. Diners Club Ltd. [1988] 2 All E.R. 1016; [1989] 1 W.L.R. 1196
Davies v. Collins [1945] 1 All E.R. 247
De Francesco v. Barnum (1890) 45 Ch.D. 430
Dibbins v. Dibbins (1876) 2 Ch. 348
Don King Productions Inc. v. Warren [1998] 2 All E.R. 608; [1999] 2 All E.R. 218
Dunlop Pneumatic Tyre Co. Ltd. v. Selfridge & Co. Ltd. [1915] A.C. 847
Durham v. Durham (1885) 10 P.D. 80
Edwards v. Carter (1893) A.C. 360

Farnham v. Atkins (1670) 1 Sid. 446
Firth v. Staines [1897] 2 Q.B. 70
Gore v. Gibson (1845) 13 M.&W. 623
Griffith v. Tower Publishing Co. Ltd. [1897] 1 Ch. 21
Grover and Grover v. Matthews [1910] 2 K.B. 401
Hart v. O'Connor [1985] 2 All E.R. 880 (Judicial Comittee of the Privy Council)
Harwood v. Baker (1840) 3 Moo.P.C. 282
Hunter v. Parker (1840) 7 M.&W. 322
Imperial Loan Co. Ltd. v. Stone (1892) 1 Q.B. 599
Irvine v. Union Bank of Australia (1877) 2 App.Cas. 366
Keighley Maxted & Co. v. Durant [1901] A.C. 240 H.L.
Kelner v. Baxter (1866) L.R. 2 C.P. 174
Kidderminster Corp. v. Hardwick (1873) L.R. 9 Ex. 13
Koenigsblatt v. Sweet [1923] 2 Ch. 314
Lewis v. Read (1845) 13 M.&W. 834
Linden Gardens Trust Ltd. v. Lenesta Sludge Disposals Ltd. [1994] 1 A.C. 85
Marshall, Re [1920] 1 Ch. 284
Matthews v. Baxter (1873) L.R. 8 Ex. 132
Mclean v. Dunn and Watkins (1828) 4 Bing. 722
Mercatile Union Guarantee Corp. v. Ball [1937] 2 K.B. 498
Metropolitan Asylums Board Managers v. Kingham & Sons (1890) 6 T.L.R. 217
Molton v. Camroux (1849) 4 Ex. 17
Nash v. Inman [1908] 2 K.B. 1
National Oilwell (U.K.) Ltd. v. Davy Offshore Ltd. [1993] 2 Lloyd's Rep. 582
National Provincial Bank Ltd. v. Ainsworth [1965] A.C. 1175
New Zealand Shipping Co. Ltd. v. A.M. Satterthwaite & Co. Ltd. (The Eurymedon) [1975] A.C. 154
Niell v. Morley (1804) 9 Ves. Jun. 478
Oxford Corp. v. Crow [1893] 3 Ch. 535
Palmer and Brown v. Dent (1850) 2 Rob. Eccl. 284
Portuguese Consolidated Copper Mines, Re (1890) 45 Ch.D. 16
Powell v. Smith (1872) L.R. 14 Eq. 85
Presentaciones Musicales S.A. v. Secunda [1994] Ch. 271; [1994] 2 W.L.R. 660
R. v. Oldham Metropolitan Borough Council [1993] 1 F.L.R. 645; [1993] A.C. 509

Rhodes, Re (1890) 44 Ch.D. 94

Royal Albert Hall Corp. v. Winchilsea (1891) 7 T.L.R. 362

Savery v. King (1856) 5 H.L.Cas. 627

Smout v. Ilbery (1842) 10 M.&W. 1

Soames v. Spencer (1822) 1 Dow.&Ry. K.B. 32

Société Commerciale de Réassurance v. ERAS International Ltd. [1992] 1 Lloyd's Rep. 570

Southern Water Authority v. Carey [1985] 2 All E.R. 1077

Southerton v. Whitlock (1726) 2 Str. 690

Starkey v. Bank of England [1903] A.C. 114

Stewart v. Reavell's Garage [1952] 2 Q.B. 545

Tiedemann & Ledermann Frères, Re [1899] 2 Q.B. 66

Tito v. Waddell [1977] Ch. 106

Tolhurst v. The Associated Portland Cement Manufacturers (1900) Ltd. [1902] 2 K.B. 660

Tweddle v. Atkinson (1861) L.T. 468

Walker, Re [1905] 1 Ch. 160

Warehousing & Forwarding Co. of East Africa Ltd. v. Jafferali & Sons Ltd. [1964] A.C. 1

Watson v. Davies [1931] 1 Ch. 455

Watson v. Swann (1862) 11 C.B.N.S. 756

Whywall v. Campion (1738) 2 Str. 1083

Williams v. Moor (1843) 11 M.&W. 256

Wilson v. Tumman (1843) 6 Man.&G. 236

Xenos v. Wickham (1866) L.R. 2 H.L. 296

Yonge v. Toynbee [1910] 1 K.B. 215

Verzeichnis der dänischen Entscheidungen

UfR 1926.749 V
UfR 1928.615 Ø
UfR 1932.833 Ø
UfR 1939.216 Ø
UfR 1943.568 H
UfR 1945.560 V
UfR 1950.309 H
UfR 1951.43 H
UfR 1954.305 H
UfR 1957.129 H
UfR 1959.227 V
UfR 1963.214 V
UfR 1964.684 Ø
UfR 1966.833 H
UfR 1967.329 H
UfR 1967.458 H
UfR 1971.212 Ø
UfR 1972.198 Ø
UfR 1973.920 H
UfR 1976.65 H
UfR 1976.216 Ø
UfR 1976.604 Ø
UfR 1978.177 H
UfR 1979.905 V
UfR 1979.1093 Ø
UfR 1985.220 V
UfR 1994.243 H
UfR 1994.721 Ø
UfR 1998.1213 V

Anhang

Abdruck der maßgeblichen Vorschriften des englischen und dänischen Rechts und der Principles of European Contract Law

Aus Platzgründen erfolgt zum englischen Recht lediglich ein Abdruck der in der Arbeit besprochenen „subsections", nicht jedoch eine Darstellung der jeweils gesamten „section".

Vorschriften des englischen Rechts

CA: Children Act

s.2: Parental responsibility for children
(1) Where a child's father and mother were married to each other at the time of his birth, they shall each have parental responsibility for the child.

s.3: Meaning of "parental responsibility"
(1) In this Act "parental responsibility" means all the rights, duties, powers, responsibilities and authority which by law a parent of a child has in relation to the child and his property.

CoA 1985: Companies Act 1985

s.35: A company's capacity not limited by its memorandum
(1) The validity of an act done by a company shall not be called into question on the ground of lack of capacity by reason of anything in the company's memorandum.
(2) A member of a company may bring proceedings to restrain the doing of an act which but for subsection (1) would be beyond the company's capacity; but no such proceedings shall lie in respect of an act to be done in fulfilment of a legal obligation arising from a previous act of the company.
(3) It remains the duty of the directors to observe any limitations on their powers flowing from the company's memorandum; and action by the directors, which but for subsection (1) would be beyond the company's capacity, may only be ratified by the company by special resolution.
A resolution ratifying such action shall not affect any liability incurred by the directors or any other person; relief from any such liability must be agreed to separately by special resolution.

s.36C: Pre-incorporation contracts, deeds and obligations
(1) A contract which purports to be made by or on behalf of a company at a time when the company has not been formed has effect, subject to any agreement to the contrary, as one made with the person purporting to act for the company or as agent for it, and he is personally liable on the contract accordingly.

FLA: Family Law Act 1996

s.30: Rights concerning matrimonial home where one spouse has no estate, etc.
(1) This section applies if-
(a) one spouse is entitled to occupy a dwelling-house by virtue of-
(i) a beneficial estate or interest or contract; or
(ii) any enactment giving that spouse the right to remain in occupation; and
(b) the other spouse is not so entitled.

(2) Subject to the provisions of this Part, the spouse not so entitled has the following rights ("matrimonial home rights")-
(a) if in occupation, a right not to be evicted or excluded from the dwelling-house or any part of it by the other spouse except with the leave of the court given by an order under section 33;
(b) if not in occupation, a right with the leave of the court so given to enter into and occupy the dwelling-house.

(3) If a spouse is entitled under this section to occupy a dwelling-house or any part of a dwelling-house, any payment or tender made or other thing done by that spouse in or towards satisfaction of any liability of the other spouse in respect of rent, mortgage payment or other outgoings affecting the dwelling-house is, whether or not it is made or done in pursuance of an order under section 40, as good as if made or done by the other spouse.

(7) This section does not apply to a dwelling-house which has at no time been, and which was at no time intended by the spouses to be, a matrimonial home of theirs.

(8) A spouse´s matrimonial home rights continue-
(a) only so long as the marriage subsists, except to the extent that an order under section 33(5) otherwise provides; and
(b) only so long as the other spouse is entitled as mentioned in subsection (1) to occupy the dwelling-house, except where provision is made by section 31 for those rights to be a charge on an estate or interest in the dwelling-house.

s.31: Effect of matrimonial home rights as charge on dwelling-house
(1) Subsections (2) and (3) apply if, at any time during a marriage, one spouse is entitled to occupy a dwelling-house by virtue of a beneficial estate or interest.

(2) The other spouse´s matrimonial home rights are a charge on the estate or interest.

(8) Even though a spouse´s matrimonial home rights are a charge on an estate or interest in the dwelling-house, those rights are brought to an end by-
(a) the death of the other spouse, or
(b) the termination (otherwise than by death) of the marriage,
unless the court directs otherwise by an order made under section 33(5).

(10) If the title to the legal estate by virtue of which a spouse is entitled to occupy a dwelling-house (including any legal estate held by trustees for that spouse) is registered under the Land Registration Act 1925 or any enactment replaced by the Act-
(a) registration of a land charge affecting the dwelling-house by virtue of this Part is to be effected by registering a notice under that Act; and

(b) a spouse's matrimonial homes rights are not an overriding interest within the meaning of that Act affecting the dwelling-house even though the spouse is in actual occupation of the dwelling-house.

s.33: Occupation orders where applicant has estate or interest etc. or has matrimonial home rights
(3) An order under this section may-
(a) enforce the applicant's entitlement to remain in occupation as against the other person ("the respondent");
(b) require the respondent to permit the applicant to enter and remain in the dwelling-house or part of the dwelling-house;
(c) regulate the occupation of the dwelling-house by either or both parties;
(d) if the respondent is entitled as mentioned in subsection (1)(a)(i), prohibit, suspend or restrict the exercise by him of his right to occupy the dwelling-house;
(e) if the respondent has matrimonial home rights in relation to the dwelling-house and the applicant is the other spouse, restrict or terminate those rights;
(f) require the respondent to leave the dwelling-house or part of the dwelling-house; or
(g) exclude the respondent from a defined area in which the dwelling-house is included.

(5) If the applicant has matrimonial home rights and the respondent is the other spouse, an order under this section made during the marriage may provide that those rights are not brought to an end by-
(a) the death of the other spouse; or
(b) the termination (otherwise than by death) of the marriage.

FLRA: Family Law Reform Act 1969

s.1: Reduction of age of majority from 21 to 18
(1) As from the date on which this section comes into force a person shall attain full age on attaining the age of eighteen instead of on attaining the age of twenty-one; and a person shall attain full age on that date if he has then already attained the age of eighteen but not the age of twenty-one.

IRA: Infants' Relief Act 1874

s.2: No action to be brought on ratification of infant's contract
No action shall be brought whereby to charge any person upon any promise made after full age to pay any debt contracted during infancy, or upon any ratification made after full age of any promise or contract made during infancy, whether there shall or shall not be any new consideration for such promise or ratification after full age.

LPA: Law of Property Act 1925

s.37: Rights of husband and wife
A husband and wife shall, for all purposes of acquisition of any interest in property, under a disposition made or coming into operation after the commencement of this Act, be treated as two persons.
s.78: Benefit of covenants relating to land
(1) A covenant relating to any land of the covenantee shall be deemed to be made with the covernantee and his successors in title and the persons deriving title under him or them, and shall have effect as if such successors and other persons were expressed.

For the purposes of this subsection in connexion with covenants restrictive of the user of land "successors in title" shall be deemed to include the owners and occupiers for the time being of the land of the covenantee intended to be benefited.

(2) This section applies to covenants made after the commencement of this Act, but the repeal of section fifty-eight of the Conveyancing Act 1881 does not affect the operation of covenants to which that section applied.

s.79: Burden of covenants relating to land
(1) A covenant relating to any land of a covenantor or capable of being bound by him, shall, unless a contrary intention is expressed, be deemed to be made by the covenantor on behalf of himself his successors in title and the persons deriving title under him or them, and, subject as aforesaid, shall have effect as if such successors and other persons were expressed.
This subsection extends to a covenant to do some act relating to the land, notwithstanding that the subject-matter may not be in existence when the covenant is made.

(2) For the purposes of this section in connexion with covenants restrictive of the user of land "successors in title" shall be deemed to include the owners and occupiers for the time being of such land.

(3) This section applies only to covenants made after the commencement of this Act.

s. 141: Rent and benefit of lessee´s covenants to run with the reversion
(1) Rent reserved by a lease, and the benefit of every covenant or provision therein contained, having reference to the subject-matter thereof, and on the lessee´s part to be observed or performed, and every condition of re-entry and other condition therein contained, shall be annexed and incident to and shall go with the reversionary estate in the land, or in any part thereof, immediately expectant on the term granted by the lease, notwithstanding severance of the reversionary estate, and without prejudice to any liability affecting a covenantor or his estate.

(2) Any such rent, covenant or provision shall be capable of being recovered, received, enforced, and taken advantage of, by the person from time to time entitled, subject to the term, to the income of the whole or any part, as the case may require, of the land leased.

(3) Where that person becomes entitled by conveyance or otherwise, such rent, covenant or provision may be recovered, received, enforced or taken advantage of by him notwithstanding that he becomes so entitled after the condition of re-entry or forfeiture has become enforceable, but this subsection does not render enforceable any condition of re-entry or other condition waived or released before such person becomes entitled as aforesaid.

(4) This section applies to leases made before or after the commencement of this Act, but does not affect the operation of-
(a) any severance of the reversionary estate; or
(b) any acquisition by conveyance or otherwise of the right to receive or enforce any rent covenant or provision;
effected before the commencement of this Act.

s.142: Obligation of lessor's covenants to run with reversion

(1) The obligation under a condition or of a covenant entered into by a lessor with reference to the subject-matter of the lease shall, if and as far as the lessor has power to bind the reversionary estate immediately expectant on the term granted by the lease, be annexed and incident to and shall go with that reversionary estate, or the several parts thereof, notwithstanding severance of that reversionary estate, and may be taken advantage of and enforced by the person in whom the term is from time to time vested by conveyance, devolution in law, or otherwise; and, if and as far as the lessor has power to bind the person from time to time entitled to that reversionary estate, the obligation aforesaid my be taken advantage of and entered against any person so entitled.

(2) This section applies to leases made before or after the commencement of this Act, whether the severance of the reversionary estate was effected before or after such commencement: Provided that, where the lease was made before the first day of January, eighteen hundred and eighty-two, nothing in this section shall affect the operation of any severance of the reversionary estate effected before such commencement.

This section takes effect without prejudice to any liability affecting a covenantor or his estate.

LRA: Law Reform (Married Women and Tortfeasors) Act 1935

s.1: Capacity of married women

Subject to the provisions of this Part of this Act, ... a married woman shall-

(a) be capable of acquiring, holding, and disposing of, any property; and

(b) be capable of rendering herself, and being rendered, liable in respect of any tort, contract, debt, or obligation; and

(c) be capable of suing and being sued, either in tort or in contract or otherwise; and

(d) be subject to the law relating to bankruptcy and to the enforcement of judgements and orders,

in all respects as if she were a feme sole.

s.2: Property of married women

(1) Subject to the provisions of this Part of this Act all property which-

(a) immediately before the passing of this Act was the separate property of a married woman or held for her separate use in equity; or

(b) belongs at the time of her marriage to a woman married after the passing of this Act; or

(c) after the passing of this Act is acquired by or devolves upon a married woman,

shall belong to her in all respects as if she were a feme sole and may be disposed of accordingly;

s.3: Abolition of husband's liability for wife's torts and ante-nuptial contracts, debts, and obligations

Subject to the provisions of this Act, the husband of a married woman shall not, by reason only of his being her husband, be liable-

(a) in respect of any tort committed by her whether before or after the marriage, or in respect of any contract entered into, or debt or obligation incurred, by her before the marriage; or

(b) to be sued, or made a party to any legal proceeding brought, in respect of any such tort, contract, debt, or obligation.

LTA: Landlord and Tenant (Covenants) Act 1995

s.1

(1) Sections 3 to 16 and 21 apply only to new tenancies.

s.3

(1) The benefit and burden of all landlord and tenant covenants of a tenancy-
(a) shall be annexed and incident to the whole, and to each and every part, of the premises demised by the tenancy and of the reversion in them, and
(b) shall in accordance with this section pass on an assignment of the whole or any part of those premises or of the reversion in them.

(2) Where the assignment is by the tenant under the tenancy, then as from the assignment the assignee-
(a) becomes bound by the tenant covenants of the tenancy except to the extent that-
(i) immediately before the assignment they did not bind the assignor, or
(ii) they fall to be complied with in relation to any demised premises not comprised in the assignment; and
(b) becomes entitled to the benefit of the landlord covenants of the tenancy except to the extent that they fall to be complied with in relation to any such premises.

(3) Where the assignment is by the landlord under the tenancy, then as from the assignment the assignee-
(a) becomes bound by the landlord covenants of the tenancy except to the extent that-
(i) immediately before the assignment they did not bind the assignor, or
(ii) they fall to be complied with in relation to any demised premises not comprised in the assignment; and
(b) becomes entitled to the benefit of the tenant covenants of the tenancy except to the extent that they fall to be complied with in relation to any such premises.

s.5

(1) this section applies where a tenant assigns premises demised to him under a tenancy.

(2) If the tenant assigns the whole of the premises demised to him, he-
(a) is released from the tenant covenants of the tenancy, and
(b) ceases to be entitled to the benefit of the landlord covenants of the tenancy,
as from the assignment.

(3) If the tenant assigns part only of the premises demised to him, then as from the assignment he-
(a) is released from the tenant covenants of the tenancy, and
(b) ceases to be entitled to the benefit of the landlord covenants of the tenancy,
only to the extent that those covenants fall to be complied with in relation to that part of the demised premises.
(4) This section applies as mentioned in subsection (1) whether or not the tenant is tenant of the whole of the premises comprised in the tenancy.

s.6

(1) This section applies where a landlord assigns the reversion in premises of which he is the landlord under a tenancy.

(2) If the landlord assigns the reversion in the whole of the premises of which he is the landlord-
(a) he may apply to be released from the landlord covenants of the tenancy in accordance with section 8; and
(b) if he is so released from all of those covenants, he ceases to be entitled to the benefit of the tenant covenants of the tenancy as from the assignment.

(3) If the landlord assigns the reversion in part only of the premises of which he is the landlord-
(a) he may apply to be so released from the landlord covenants of the tenancy to the extent that they fall to be complied with in relation to that part of those premises; and
(b) if he is, to that extent, so released from all of those covenants, then as from the assignment he ceases to be entitled to the benefit of the tenant covenants only to the extent that they fall to be complied with in relation to that part of those premises.

(4) This section applies as mentioned in subsection (1) whether or not the landlord is landlord of the whole of the premises comprised in the tenancy.

s.8
(1) For the purposes of section 6 or 7 an application for the release of a covenant to any extent is made by serving on the tenant, either before or within the period of four weeks beginning with the date of the assignment in question, a notice informing him of-
(a) the proposed assignment or (as the case may be) the fact that the assignment has taken place, and
(b) the request for the covenant to be released to that extent.

(2) Where an application for the release of a covenant is made in accordance with subsection (1), the covenant is released to the extent mentioned in the notice if-
(a) the tenant does not, within the period of four weeks beginning with the day on which the notice is served, serve on the landlord or former landlord a notice in writing objecting to the release, or
(b) the tenant does so serve such a notice but the court, on the application of the landlord or former landlord, makes a declaration that it is reasonable for the covenant to be so released, or
(c) the tenant serves on the landlord or former landlord a notice in writing consenting to the release and, if he has previously served a notice objecting to it, stating that that notice is withdrawn.
(3) Any release from a covenant in accordance with his section shall be regarded as occurring at the time when the assignment in question takes place.

(4) In this section-
(a) "the tenant" means the tenant of the premises comprised in the assignment in question (or, if different parts of those premises are held under the tenancy by different tenants, each of those tenants);
(b) any reference to the landlord or the former landlord is a reference to the landlord referred to in section 6 or the former landlord referred to in section 7, as the case may be; and
(c) "the court" means a county court.

s.22

After subsection (1) of section 19 of the [1927 c.36.] Landlord and Tenant Act 1927 (provisions as to covenants not to assign etc. without licence or consent) there shall be inserted-

"(1A) Where the landlord and the tenant under a qualifying lease have entered into an agreement specifying for the purposes of this subsection-

(a) any circumstances in which the landlord may withhold his licence or consent to an assignment of the demised premises or any part of them, or

(b) any conditions subject to which any such licence or consent may be granted,

then the landlord - (i) shall not be regarded as unreasonably withholding his licence or consent to any such assignment if he withholds it on the ground (and it is the case) that any such circumstances exist, and (ii) if he gives any such licence or consent subject to any such conditions, shall not be regarded as giving it subject to unreasonable conditions; and section 1 of the Landlord and Tenants Act 1988 (qualified duty to consent to assignment etc.) shall have effect subject to the provisions of this subsection.

(1B) Subsection (1A) of this section applies to such an agreement as is mentioned in that subsection-

(a) whether it is contained in the lease or not, and

(b) whether it is made at the time when the lease is granted or at any other time falling before the application for the landlord's licence or consent is made.

(1C) Subsection (1A) shall not, however, apply to any such agreement to the extent that any circumstances or conditions specified in it are framed by reference to any matter falling to be determined by the landlord or by any other person for the purposes of the agreement, unless under the terms of the agreement-

(a) that person's power to determine that matter is required to be exercised reasonably, or

(b) the tenant is given an unrestricted right to have any such determination reviewed by a person independent of both landlord and tenant whose identity is ascertainable by reference to the agreement,

and in the latter case the agreement provides for the determination made by any such independent person on the review to be conclusive as to the matter in question.

(1D) In its application to a qualifying lease, subsection (1)(b) of this section shall not have effect in relation to any assignment of the lease.

(1E) In subsection (1A) and (1D) of this section-

(a) "qualifying lease" means any lease which is a new tenancy for the purposes of section 1 of the Landlord and Tenant (Covenants) Act 1995 other than a residential lease, namely a lease by which a building or part of a building is let wholly or mainly as a single private residence; and

(b) references to assignment include parting with possession on assignment."

s.25

(1) Any agreement relating to a tenancy is void to the extent that-

(a) it would apart from this section have effect to exclude, modify or otherwise frustrate the operation of any provision of this Act, or

(b) it provides for-

(i) the termination or surrender of the tenancy, or

(ii) the imposition on the tenant of any penalty, disability or liability,

in the event of the operation of any provision of this Act, or
(c) it provides for any of the matters referred to in paragraph (b)(i) or (ii) and does so (whether expressly or otherwise) in connection with, or in consequence of, the operation of any provision of this Act.

s.27
(1) The form of any notice to be served for the purposes of section 8, 10 or 17 shall be prescribed by regulations made by the Lord Chancellor by statutory instrument.

(2) The regulations shall require any notice served for the purposes of section 8(1) or 10(1) ("the initial notice") to include-
(a) an explanation of the significance of the notice and the options available to the person on whom it is served;
(b) a statement that any objections to the proposed release, or (as the case may be) to the proposed binding effect of the apportionment, must be made by notice in writing served on the person or persons by whom the initial notice is served within the period of four weeks beginning with the day on which the initial notice is served; and
(c) an address in England and Wales to which any such objections may be sent.

(3) The regulations shall require any notice served for the purposes of section 17 to include an explanation of the significance of the notice.

(4) If any notice purporting to be served for the purposes of section 8(1), 10(1) or 17 is not in the prescribed form, or in a form substantially to the same effect, the notice shall not be effective for the purposes of section 8, section 10 or section 17 (as the case may be).

(5) Section 23 of the [1927 c.36.] Landlord and Tenant Act 1927 shall apply in relation to the service of notices for the purposes of section 8, 10 or 17.

(6) Any statutory instrument made under this section shall be subject to annulment in pursuance of a resolution of either House of Parliament.

s.28
(1) In this Act (unless the context otherwise requires)-

"assignment" includes equitable assignment and in addition (subject to section 11) assignment in breach of a covenant of a tenancy or by operation of law;

"authorised guarantee agreement" means an agreement which is an authorised guarantee agreement for the purposes of section 16;

"collateral agreement", in relation to a tenancy, means any agreement collateral to the tenancy, whether made before or after its creation;

"consent" includes licence;

"covenant" includes term, condition and obligation, and references to a covenant (or any description of covenant) of a tenancy include a covenant (or a covenant of that description) contained in a collateral agreement;

"landlord" and "tenant", in relation to a tenancy, mean the person for the time being entitled to the reversion expectant on the term of the tenancy and the person so entitled to that term respectively;

"landlord covenant", in relation to a tenancy, means a covenant falling to be complied with by the landlord of premises demised by the tenancy;

"new tenancy" means a tenancy which is a new tenancy for the purposes of section 1;

"reversion" means the interest expectant on the termination of a tenancy;

"tenancy" means any lease or other tenancy and includes-
(a) a sub-tenancy, and
(b) an agreement for a tenancy,
but does not include a mortgage term;

"tenant covenant", in relation to a tenancy, means a covenant falling to be complied with by the tenant of premises demised by the tenancy.

s.30
(4) In consequence of this Act nothing in the following provisions, namely-
(a) sections 78 and 79 of the Law of Property Act 1925 (benefit and burden of covenants relating to land), and
(b) sections 141 and 142 of that Act (running of benefit and burden of covenants with reversion),
shall apply in relation to new tenancies.

MCA: Minors' Contracts Act 1987

s.1: Disapplication of Infants Relief Act 1874 etc.
The following enactments shall not apply to any contract made by a minor after the commencement of this Act-
(a) the Infants Relief Act 1874 (which invalidates certain contracts made by minors and prohibits actions to enforce contracts ratified after majority); and
(b) section 5 of the Betting and Loans (Infants) Act 1892 (which invalidates contracts to repay loans advanced during minority).

MHA: Mental Health Act 1983

s.93: Judicial authorities and Court of Protection
(1) The Lord Chancellor shall from time to time nominate one or more judges of the Supreme Court (in this Act referred to as "nominated judges") to act for the purposes of this Part of this Act.

(2) There shall continue to be an office of the Supreme Court, called the Court of Protection, for the protection and management, as provided by this part of this Act, of the property and affairs of persons under disability; and there shall continue to be a Master of the Court of Protection appointed by the Lord Chancellor under section 89 of the Supreme Court Act 1981.

(3) The Master of the Court of Protection shall take the oath of allegiance and judicial oath in the presence of the Lord Chancellor; and the Promissory Oaths Act 1868 shall have effect as if the officers named in the Second part of the Schedule to that Act included the Master of the Court of Protection.

(4) The Lord Chancellor may nominate other officers of the Court of Protection (in this Part of this Act referred to as "nominated officers") to act for the purposes of this part of this Act.

MatHA 1983: Matrimonial Homes Act 1983

s.1: Rights concerning matrimonial home where one spouse has no estate, etc.
(1) Where one spouse is entitled to occupy a dwelling house by virtue of a beneficial estate or interest or contract or by virtue of any enactment giving him or her the right to remain in occupation, and the other spouse is not so entitled, then, subject to the provisions of this Act, the spouse not so entitled shall have the following rights (in this Act referred to as "rights of occupation")-
(a) if in occupation, a right not to be evicted or excluded from the dwelling house or any part hereof by the other spouse except with the leave of the court given by an order under this section;
(b) if not in occupation, a right with the leave of the court so given to enter into and occupy the dwelling house.

SCA: Supreme Court Act 1981

s.151: Interpretation of this Act, and rules of construction for other Acts and documents
(4) Except where the context otherwise requires, in this or any other Act-

"Criminal Appeal Rules" means rules of court made by the Crown Court Rule Committee in relation to the criminal division of the Court of Appeal;

"Crown Court Rules" means rules of court made by the Crown Court Rule Committee in relation to the Crown Court;

"divisional court" (with or without capital letters) means a divisional court constituted under section 66;
"judge of the Supreme Court" means-
(a) a judge of the Court of Appeal other than an ex-officio judge within paragraph (b) or (c) of section 2(2), or
(b) a judge of the High Court,
and accordingly does not include, as such, a judge of the Crown Court; "official referees' business" has the meaning given by section 68(6); ...

SGA: Sale of Goods Act 1979

s.3: Capacity to buy and sell
(1) Capacity to buy and sell is regulated by the general law concerning capacity to contract and to transfer and acquire property.

(2) Where necessaries are sold and delivered to a minor or to a person who by reason of mental incapacity or drunkenness is incompetent to contract, he must pay a reasonable price for them.

(3) In subsection (2) above "necessaries" means goods suitable to the condition in life of the minor or other person concerned and to his actual requirements at the time of the sale and delivery.

TUR: Transfer of Undertaking (Protection of Employment) Regulations 1981

reg.5: Effect of relevant transfer on contract of employment etc.
(1) [Except where objection is made under paragraph (4A) below,] a relevant transfer shall not operate so as to terminate the contract of employment of any person employed by the transferor in the undertaking or part transferred but any such contract which would otherwise have been terminated by the transfer shall have effect after the transfer as if originally made between the person so employed and the transferee.

(2) Without prejudice to paragraph (1) above [but subject to paragraph (4A) below], on the completion of a relevant transfer-
(a) all the transferor's rights, powers, duties and liabilities under or in connection with any such contract shall be transferred by virtue of this Regulation to the transferee; and
(b) anything done before the transfer is completed by or in relation to the transferor in respect of that contract or a person employed in that undertaking or part shall be deemed to have been done by or in relation to the transferee.

[(4A) Paragraphs (1) and (2) above shall not operate to transfer his contract of employment and the rights, powers, duties and liabilities under or in connection with it if the employee informs the transferor or the transferee that he objects to becoming employed by the transferee.

(4B) Where an employee so objects the transfer of the undertaking or part in which he is employed shall operate so as to terminate his contract of employment with the transferor but he shall not be treated, for any purpose, as having been dismissed by the transferor.]

Vorschriften des dänischen Rechts

Aftl.: Aftalelov (Lov om aftaler og andre retshandler på formuerettens område)

§ 10. Den, som har givet en anden fuldmagt til at foretage en retshandel, bliver umiddelbart berettiget og forpligtet overfor tredjemand ved retshandel, som fuldmægtigen foretager i fuldmagtgiverens navn og indenfor fuldmagtens grænser.

Stk.2. Indtager nogen ifølge aftale med en anden en stilling, som efter lov eller sædvane medfører beføjelse for ham til indenfor visse grænser at handle på den andens vegne, anses han befuldmægtiget til at foretage retshandler, som falder indenfor disse grænser.

§ 11. Har fuldmægtigen ved retshandelens foretagelse handlet i strid med fuldmagtsgiverens forskrifter, er retshandelen ikke bindende for denne, såfremt tredjemand indså eller burde indse, at fuldmægtigen således overskred sin beføjelse.

Stk.2. Er fuldmagten en sådan som omtalt i § 18, og har fuldmægtigen ved foretagelsen af retshandelen overskredet sin beføjelse, er retshandelen ikke bindende for fuldmagtgiveren, selv om tredjemand var i god tro.

§ 25. Den, der optræder som fuldmægtig for en anden, indestår for, at han har fornøden fuldmagt. Oplyser han ikke, at han havde sådan eller at hans retshandel er godkendt af den opgivne fuldmagtsgiver eller af andre grunde er bindende for denne, skal han erstatte den skade, tredjemand lider ved, at retshandelen ikke kan gøres gældende mod den opgivne fuldmagtsgiver.

Aftl.: Vertragsgesetz

§ 10. Derjenige, der einem anderen Vollmacht zur Vornahme eines Rechtsgeschäfts eingeräumt hat, wird durch das Rechtsgeschäft, das der Bevollmächtigte im Namen des Vollmachtgebers und innerhalb der Grenzen der Vollmacht tätigt, unmittelbar gegenüber dem Dritten berechtigt und verpflichtet.

Abs. 2. Nimmt jemand aufgrund einer Vereinbarung mit einem anderen eine Position ein, die aufgrund gesetzlicher Vorschriften oder Gewohnheitsrecht die Befugnis mit sich führt, innerhalb bestimmter Grenzen im Namen eines anderen zu handeln, ist er als zur Vornahme solcher Rechtsgeschäfte bevollmächtigt anzusehen, die sich innerhalb dieser Grenzen halten.

§ 11. Hat der Bevollmächtigte beim Abschluß des Rechtsgeschäfts der Abrede mit dem Vollmachtgeber zuwidergehandelt, wird dieser durch das Rechtsgeschäft nicht gebunden, sofern der Dritte erkannt hat oder hätte erkennen müssen, daß der Bevollmächtigte seine Befugnisse überschritt.

Abs. 2. Handelt es sich bei der Vollmacht um eine solche im Sinne des § 18, und hat der Bevollmächtigte bei der Vornahme des Rechtsgeschäfts außerhalb seiner Befugnisse gehandelt, wird der Vollmachtgeber durch das Rechtsgeschäft auch dann nicht gebunden, wenn der Dritte in gutem Glauben war.

§ 25. Derjenige, der als Bevollmächtigter für einen anderen auftritt, hat für das Vorliegen einer hinreichenden Bevollmächtigung einzustehen. Macht er nicht kenntlich, daß ihm eine solche erteilt wurde oder daß das Rechtsgeschäft von dem potentiellen Vollmachtgeber genehmigt oder aus anderen Gründen für diesen bindend geworden ist, ist er dem Dritten zum Ersatz des

Schadens verpflichtet, den dieser dadurch erleidet, daß das Rechtsgeschäft nicht gegenüber dem potentiellen Vollmachtgeber geltend gemacht werden kann.

Stk.2. Denne bestemmelse kommer ikke til anvendelse, når tredjemand vidste eller burde vide, at den, som foretog retshandelen, ikke havde fornøden fuldmagt. Ej heller kommer den til anvendelse, når den, som foretog retshandelen, handlede i henhold til en fuldmagt, der var ugyldig eller uvirksom af grunde, som han var uvidende om, og som tredjemand ikke kunne påregne, at han vidste besked om.

Abs. 2. Diese Vorschrift findet keine Anwendung, wenn der Dritte wußte oder hätte wissen müssen, daß derjenige, der das Rechtsgeschäft getätigt hat, nicht hinreichend bevollmächtigt war. Auch ist sie nicht anwendbar, wenn derjenige, der das Rechtsgeschäft getätigt hat, unter Bezugnahme auf eine Vollmacht handelte, die aus Gründen, die er nicht kannte, unwirksam war und der Dritte nicht damit rechnen konnte, daß er Kenntnis dieser Gründe hatte.

§ **33**. Selv om en viljeserklæring ellers måtte anses for gyldig, kan den, til hvem erklæringen er afgivet, dog ikke påberåbe sig den, når det på grund af omstændigheder, som forelå, da erklæringen kom til hans kundskab, og hvorom han må antage at have været vidende, ville stride imod almindelig hæderlighed, om han gjorde den gældende.

§ **33**. Obwohl eine Willenserklärung als wirksam angesehen werden müßte, kann derjenige, dem gegenüber die Erklärung abgegeben wurde, sich dennoch nicht auf sie berufen, wenn es aufgrund von Umständen, die bei ihrem Zugang vorlagen, und von denen angenommen werden darf, daß der Empfänger sie kannte, einen Verstoß gegen Treu und Glauben darstellen würde, sich auf sie zu berufen.

§ **36**. En aftale kan ændres eller tilsidesættes helt eller delvis, hvis det vil være urimeligt eller i strid med redelig handlemåde at gøre den gældende. Det samme gælder andre retshandler.

Stk.2. Ved afgørelsen efter stk.1 tages hensyn til forholdene ved aftalens indgåelse, aftalens indhold og senere indtrufne omstændigheder.

§ **36**. Ein Vertrag kann ganz oder teilweise für unwirksam erklärt werden, wenn es unangemessen wäre oder einen Verstoß gegen Treu und Glauben darstellen würde, sich auf ihn zu berufen. Das gleiche gilt für andere Rechtsgeschäfte.

Abs. 2. Bei der Entscheidung gemäß Abs. 1 sind die Umstände bei Abschluß des Vertrages, sein Inhalt und später eingetretene Umstände zu berücksichtigen.

AL: Arvelov

AL: Erbgesetz

§ **26**. Over tvangsarv kan arveladeren ikke råde ved testamente, medmindre undtagelse har særlig lovhjemmel.

Stk.2. En arvelader kan ved testamente give en livsarving fortrinsret til at modtage sin arv i bestemte ejendele. Ægtefællens ret til at overtage aktiver til vurderingsbeløbet berøres ikke heraf.

§ **26**. Über den Pflichtteil kann der Erblasser nicht durch Testament verfügen, sofern nicht etwas anderes gesetzlich bestimmt ist.

Abs. 2. Der Erblasser kann durch Testament einem Abkömmling das Vorzugsrecht einräumen, seinen Erbteil in bestimmten Vermögensgegenständen zu erhalten. Das Recht des Ehegatten, Aktien zum Schätzwert zu übernehmen, wird hierdurch nicht berührt.

§ 39. Den, der er fyldt 18 år eller har indgået ægteskab, kan ved testamente råde over sine ejendele, jf. dog § 26.

§ 39. Derjenige, der das 18. Lebensjahr vollendet hat und die Ehe eingegangen ist, kann testamentarisch über sein Vermögen verfügen, vgl. jedoch § 26.

§ 51. En testamentarisk bestemmelse er ugyldig, såfremt testator ved dens oprettelse på grund af sindssygdom, åndssvaghed, forbigående sindsforvirring eller lignende tilstand manglede evnen til fornuftmæssigt at råde over sine ejendele.

§ 51. Eine testamentarische Bestimmung ist unwirksam, sofern dem Testierenden bei ihrer Errichtung aufgrund einer Geisteskrankheit oder -schwäche, einer vorübergehenden Bewußtseinsstörung oder einem vergleichbaren Zustand die Fähigkeit fehlte, über sein Vermögen zu verfügen.

APSL: Anpartsselskabslov

APSL: Gesetz über die Anteilsgesellschaft

§ 11. Det øverste ledelsesorgan skal anmelde selskabet til registrering senest 8 uger efter, at stiftelsesdokumentet er underskrevet. Er anmeldelsen ikke modtaget i Erhvervs- og Selskabsstyrelsen inden for denne frist, kan registrering ikke finde sted.

Stk.2. Selskabet kan ikke registreres medmindre anmeldelsen ledsages af dokumentation for den fulde indbetaling af anpartskapitalen med tillæg af en eventuel overkurs.

§ 11. Das höchste Organ der Gesellschaft hat die Gesellschaft spätestens 8 Wochen nach Unterzeichnung des Gründungsvertrages zur Eintragung anzumelden. Geht die Anmeldung nicht innerhalb dieser Frist bei der Gewerbe- und Gesellschaftsdirektion des dänischen Gewerbeministeriums ein, kann eine Eintragung nicht erfolgen.

Abs. 2. Die Gesellschaft kann nicht eingetragen werden, ohne daß bei der Anmeldung die vollständige Einzahlung der Stammeinlage nachgewiesen wird.

§ 12. Et selskab, der ikke er registreret, kan ikke som sådant erhverve rettigheder eller indgå forpligtelser. Det kan heller ikke være part i retssager bortset fra søgsmål til inddrævning af tegnet anpartsbeløb og andre søgsmål vedrørende anpartstegningen.

Stk.2. For en forpligtelse, der før registreringen indgås på selskabets vegne, hæfter de, som har indgået forpligtelsen eller har medansvar herfor, solidarisk. Ved registreringen overtager selskabet de forpligtelser, som følger af stiftelsesdokumentet eller er pådraget selskabet efter underskrivelsen af stiftelsesdokumentet.

§ 12. Eine Gesellschaft, die nicht eingetragen ist, kann als solche keine Rechte erwerben oder Verpflichtungen eingehen. Sie kann ebenfalls nicht Partei eines Rechtsstreits sein, abgesehen von Klagen zur Rückforderung von eingezahltem Stammkapital und anderen Klagen betreffend die Einzahlung von Stammkapital.

Abs. 2. Für eine vor der Eintragung der Gesellschaft in deren Namen eingegangene Verpflichtung haften diejenigen Personen, die die Verpflichtung eingegangen sind oder die hierfür die Mitverantwortung tragen, gemeinschaftlich. Mit dem Zeitpunkt der Eintragung gehen die Verpflichtungen, die sich aus der Gründungsurkunde ergeben

Stk.3. Er der før selskabets registrering truffet en aftale, og vidste den anden aftalepart, at selskabet ikke var registreret, kan denne hæve aftalen, hvis anmeldelse ikke er modtaget i Erhvervs- og Selskabsstyrelsen senest ved udløbet af fristen i § 11 eller registrering nægtes. Dette gælder dog ikke, hvis andet er aftalt. Var aftaleparten uvidende om, at selskabet ikke var registreret, kan denne hæve aftalen, så længe selskabet ikke er registreret.

oder die nach Unterzeichnung der Gründungsurkunde zu Lasten der Gesellschaft entstanden sind, auf die Gesellschaft über.
Abs. 3. Ist vor der Eintragung der Gesellschaft ein Vertrag geschlossen worden, und wußte der Vertragspartner von der fehlenden Eintragung, kann dieser den Vertrag aufheben, falls die Anmeldung nicht spätestens innerhalb der in § 11 bezeichneten Frist bei der Gewerbe- und Gesellschaftsdirektion eingeht oder die Eintragung verweigert wird. Dies gilt jedoch nicht, sofern etwas anderes vereinbart wurde. Hatte der Vertragspartner von der fehlenden Eintragung keine Kenntnis, kann dieser den Vertrag aufheben, solange die Eintragung der Gesellschaft nicht erfolgt ist.

Stk.4. Et selskab, der ikke er registreret, skal til sit navn føje ordene „under stiftelse“.

Abs. 4. Eine Gesellschaft, die nicht eingetragen ist, hat ihrem Namen den Zusatz „Gründungsgesellschaft“ hinzuzufügen.

§ **33**. Beslutning om ændring af vedtægterne er kun gyldig, såfremt den tiltrædes af mindst to tredjedele af de afgivne stemmer, medmindre andet er bestemt i vedtægterne.
Stk.2. Dersom et anpartsselskab ikke har en bestyrelse, men efter § 9 stk.2, skal have en sådan, skal forslag om at ændre vedtægterne således, at selskabet skal have en bestyrelse, anses som gyldigt vedtaget, når blot en anpartshaver har stemt for forslaget.

§ **33**. Änderungen des Gesellschaftsvertrages können nur mit zwei Drittel der abgegebenen Stimmen beschlossen werden, sofern der Gesellschaftsvertrag nicht etwas anderes bestimmt.
Abs. 2. Sofern eine Anteilsgesellschaft keinen Vorstand hat, aber gemäß § 19 Abs. 2 einen solchen besitzen soll, soll der Antrag auf Änderung des Gesellschaftsvertrages dahingehend, daß die Gesellschaft einen Vorstand besitzen soll, als angenommen gelten, sofern nur ein Anteilsgesellschafter für den Antrag gestimmt hat.

§ **65**. Et anpartsselskab kan opløses uden likvidation ved overdragelse af selskabets aktiver og gæld som helhed til et andet anpartsselskab eller et aktieselskab. Det samme gælder, når to eller flere anparts- eller aktieselskaber sammensmeltes til et nyt anparts- eller aktieselskab. Bestemmelserne om fusion i aktieselskabslovens kapitel 15 finder anvendelse. Beslutning om fusion træffes i et anpartsselskab med den stemmeflerhed, der kræves til vedtægtsændring, jf. § 33.

§ **65**. Eine Anteilsgesellschaft kann ohne Liquidation durch Übertragung der Aktiva und Passiva als Ganzes auf eine andere Anteils- oder Aktiengesellschaft aufgelöst werden. Das Gleiche gilt, wenn zwei oder mehrere Anteils- oder Aktiengesellschaften zu einer neuen Anteils- oder Aktiengesellschaft verschmolzen werden. Die Vorschriften über die Fusion in Kapitel 15 des Gesetzes über die Aktiengesellschaft finden Anwendung. Der Beschluß über die Fusion ist in einer Anteilsgesellschaft mit der Mehrheit zu treffen, die für eine Änderung des Gesellschaftsvertrages erforderlich ist, vgl. § 33.

ASL: Aktieselskabslov

§ 11. Bestyrelsen skal anmelde selskabet til registrering senest 6 måneder efter datoen for stiftelsesdokumentets oprettelse.

Stk.2. Selskabet kan ikke registreres, medmindre det samlede aktiebeløb, som er bindende tegnet og tildelt, svarer til den i vedtægterne angivne aktiekapital og aktiernes pålydende med tillæg af eventuel overkurs er fuldt indbetalt. Med den i stk.1 omhandlede anmeldelse skal følge bevis for indbetalingen.

Stk.3. Er anmeldelse om stiftelse af et aktieselskab ikke modtaget i Erhvervs- og Selskabsstyrelsen senest ved udløbet af den i stk.1 angivne frist, kan registrering ikke finde sted. I så fald bortfalder aktietegnernes forpligtelser, jf. § 10 stk.1. Det samme gælder, såfremt registrering af andre grunde nægtes.

§ 12. Et selskab, der ikke er registreret, kan ikke som sådant erhverve rettigheder eller indgå forpligtelser. Det kann heller ikke være part i retssager bortset fra søgsmål til indkrævning af tegnet aktiebeløb og andre søgsmål vedrørende aktietegningen.

Stk.2. For en forpligtelse, der før registreringen indgås på selskabets vegne, hæfter de, som har indgået forpligtelsen eller har medansvar herfor, solidarisk. Ved registreringen overtager selskabet de forpligtelser, som følger af stiftelsesdokumentet, eller som er pådraget selskabet efter den konstituerende generalforsamling.

ASL: Gesetz über Aktiengesellschaften

§ 11. Der Vorstand hat die Gesellschaft spätestens 6 Monate nach Unterzeichnung des Gründungsvertrages zur Eintragung anzumelden.

Abs. 2. Die Gesellschaft kann nicht eingetragen werden, sofern nicht das Aktienkapital, das verbindlich gezeichnet und zugeteilt wurde, dem in dem Gesellschaftsvertrag angegebenen Grundkapital entspricht und der Nennwert der Aktien voll einbezahlt wurde. Bei der in Abs. 1 bezeichneten Anmeldung ist Nachweis über die Einbezahlung zu erbringen.

Abs. 3. Geht die Anmeldung über die Gründung der Aktiengesellschaft nicht innerhalb der in Abs. 1 genannten Frist bei der Gewerbe- und Gesellschaftsdirektion ein, kann eine Eintragung nicht erfolgen. In einem solchen Fall entfallen die Verpflichtungen derjenigen Personen, die Aktien gezeichnet haben, vgl. § 10 Abs. 1. Das Gleiche gilt, wenn die Eintragung aus anderen Gründen abgelehnt wird.

§ 12. Eine Gesellschaft, die nicht eingetragen ist, kann als solche keine Rechte erwerben oder Verpflichtungen eingehen. Sie kann ebenfalls nicht Partei eines Rechtsstreits sein, abgesehen von Klagen zur Rückforderung von gezeichnetem Aktienkapital und anderen Klagen betreffend die Zeichnung von Aktien.

Abs. 2. Für eine vor der Eintragung der Gesellschaft in deren Namen eingegangene Verpflichtung haften diejenigen Personen, die die Verpflichtung eingegangen sind oder die hierfür die Mitverantwortung tragen, gemeinschaftlich. Mit dem Zeitpunkt der Eintragung gehen die Verpflichtungen, die sich aus der Gründungsurkunde ergeben oder die nach Unterzeichnung der Gründungsurkunde zu Lasten der Gesellschaft entstanden sind, auf die Gesellschaft über.

Stk.3. Er der før selskabets registrering truffet en aftale, og var medkontrahenten vidende om, at selskabet ikke var registreret, kan medkontrahenten, medmindre andet er aftalt, hæve aftalen, såfremt anmeldelse til registrering ikke er modtaget i Erhvervs- og Selskabsstyrelsen senest ved udløbet af den i § 11, stk.1, fastsatte frist eller registreringen nægtes. Var medkontrahenten uvidende om, at selskabet ikke var registreret, kan denne hæve aftalen, så længe selskabet ikke er registreret.

Stk.4. Et selskab, der ikke er registreret, skal til sit navn føje ordene „under stiftelse".

§ 134 h. Et ophørende selskab anses for opløst, og dets rettigheder og forpligtelser anses for overgået som helhed til det fortsættende selsab, når:
1) fusionen er besluttet i alle de fusionerende selsskaber,
2) betingelserne i stk.5 er opfyldt,
3) krav efter § 134g er afgjort og
4) krav efter § 134f er afgjort, medmindre der er stillet betryggende sikkerhed for kravet og vurderingsmændene har erklæret at deres udtalelser i medfør af § 134c, stk.3 og 4, ikke anfægtes i væsentlig grad. Vurderingsmændene afgør, om sikkerheden er betryggende.

Stk.2. Samtidig med, at betingelserne efter stk.1 er opfyldt, bliver de aktionærer i et ophørende selskab, der vederlægges med aktier, aktionærer i det fortsættende selskab.

Stk.3. Ejer de fusionerende selskaber aktier i et ophørende selskab, ombyttes disse ikke med aktier i det fortsættende selskab.

Stk.4. § 34 finder ikke anvendelse på en kapitalforhøjelse i det fortsættende selskab på grundlag af et ophørende selskabs aktiver og gæld.

Stk.5. Dannes ved fusionen et nyt selskab,

Abs. 3. Ist vor der Eintragung der Gesellschaft ein Vertrag geschlossen worden, und wußte der Vertragspartner von der fehlenden Eintragung, kann dieser den Vertrag aufheben, falls die Anmeldung nicht spätestens innerhalb der in § 11 Abs. 1 bezeichneten Frist bei der Gewerbe- und Gesellschaftsdirektion eingeht oder die Eintragung verweigert wird. Hatte der Vertragspartner von der fehlenden Eintragung keine Kenntnis, kann dieser den Vertrag aufheben, solange die Eintragung der Gesellschaft nicht erfolgt ist.

Abs. 4. Eine Gesellschaft, die nicht eingetragen ist, hat ihrem Namen den Zusatz „Gründungsgesellschaft" hinzuzufügen.

§ 134 h. Eine beendete Gesellschaft ist als aufgelöst anzusehen, und ihre Rechte und Pflichten gelten als vollständig auf die fortsetzende Gesellschaft übergegangen, wenn:
1) die Fusion in allen fusionierenden Gesellschaften beschlossen worden ist,
2) die in Abs. 5 genannten Voraussetzungen erfüllt sind,
3) die Forderungen gemäß § 134g beglichen sind,
4) die Forderungen gemäß § 134f beglichen sind, sofern keine ausreichende Sicherheit für die Forderungen gestellt wurden und die Schätzer erklärt haben, daß ihre Stellungnahmen im Hinblick auf § 134c Abs. 3 und 4 nicht in wesentlichem Umfang angefochten werden. Die Schätzer entscheiden, ob die geleistete Sicherheit ausreichend ist.

Abs. 2. Gleichzeitig mit der Erfüllung der in Abs. 1 genannten Bedingungen werden die Aktionäre einer beendeten Gesellschaft, die mit Aktien abgefunden werden, Aktionäre der fortsetzenden Gesellschaft.

Abs. 3. Besitzen die fusionierenden Gesellschaften Aktien an der beendeten Gesellschaft, werden diese nicht gegen Aktien der fortsetzenden Gesellschaft eingetauscht.

Abs. 4. § 34 findet auf eine Kapitalerhöhung der fortsetzenden Gesellschaft auf der Grundlage der Aktiva und Passiva einer beendeten Gesellschaft keine Anwendung.

Abs. 5. Wird bei der Fusion eine neue Geog foretages valg af bestyrelse og revisor ikke umiddelbart efter, at generalforsamling har vedtaget sammensmeltningen, skal der senest 2 uger derefter afholdes generalforsamling i det nye selskab til valg af bestyrelse og revisor.

sellschaft gegründet, und findet die Wahl des Vorstandes und der Rechnungsprüfer nicht unmittelbar nach dem Beschluß der Hauptversammlung über die Verschmelzung statt, so soll spätestens 2 Wochen später eine erneute Hauptversammlung der neuen Gesellschaft zur Wahl des Vorstands und der Rechnungsprüfer durchgeführt werden.

§ 136. Generalforsamlingen kan med det flertal, der kræves til ændring af aktieselskabets vedtægter, træffe beslutning om spaltning af selskabet. Ved spaltningen overdrages aktiver og gæld som helhed til flere bestående eller nystiftede aktie- eller anpartsselskaber mod vederlag til det spaltede selskabs aktionærer. Generalforsamlingen kan med samme flertal træffe beslutning om en spaltning, hvorved selskabet overdrager en del af sine aktiver og gæld til et eller flere bestående eller nystiftede selskaber. Overdragelserne kan gennemføres uden kreditorernes samtykke.

§ 136. Die Hauptversammlung kann mit der gleichen Mehrheit, die auch für die Änderung des Gesellschaftsvertrages erforderlich ist, einen Beschluß über die Spaltung der Gesellschaft treffen. Bei der Spaltung werden die Aktiva und Passiva gegen Entschädigung an die Aktionäre der gespalteten Gesellschaft als Ganzes auf mehrere bestehende oder neu gegründete Aktien- und Anteilsgesellschaften übertragen. Die Hauptversammlung kann mit der gleichen Mehrheit einen Beschluß über die Spaltung treffen, bei der die Gesellschaft einen Teil ihrer Aktiva und Passiva auf eine oder mehrere bestehende oder neu gegründete Gesellschaften überträgt. Die Übertragung kann ohne Zustimmung der Gläubiger erfolgen.

Stk.2. §§ 6a-6c, 33 stk.1, og 134-134i gælder med de nødvendige tilpasninger for spaltninger.

Abs. 2. §§ 6a-6c, 33 Abs. 1 und 134-134i gelten mit den entsprechenden Anpassungen auch für die Spaltung von Gesellschaften.

Stk.3. Såfremt en kreditor i et selskab, der har deltaget i spaltningen, ikke bliver fyldestgjort, hæfter hvert af de deltagende øvrige selskaber solidarisk for forpligtelser, der bestod på tidspunktet for spaltningsplanens offentliggørelse, dog højst med et beløb svarende til den tilførte eller resterende nettoværdi i det enkelte selskab på dette tidspunkt.

Abs. 3. Sofern ein Gläubiger einer Gesellschaft, die an der Spaltung beteiligt war, nicht befriedigt wird, haften die übrigen beteiligten Gesellschaften für die Verpflichtungen gemeinschaftlich, die zum Zeitpunkt der Bekanntmachung der Spaltung bestanden, jedoch höchstens bis zu dem Betrag, der dem eingetragenen oder verbliebenen Nettowert der einzelnen Gesellschaft zu diesem Zeitpunkt entspricht.

Bkg. Tl.: Bekendtgørelse om tinglysning i tingbogen (fast ejendom)

Bkg. Tl.: Bekanntmachung über die Eintragung in das Grundbuch

§ 9. Pantebreve kan oprettes på fortrykte blanketter.

§ 9. Hypothekenbriefe können auf vorgefertigten Formularen errichtet werden.

Stk.2. Fortrykte pantebrevsblanketter skal på side 1 og 2 indeholde pantebrevets individuelle bestemmelser og på side 3 den pantebrevsformular, der gælder for det pågældende pantebrev. Den individuelle tekst kan om nødvendigt fortsættes på side 4 eller på et særligt vedhæftet ark. Fortrykte pantebrevsblanketter skal udfyldes på maskine.

Abs. 2. Vorgefertigte Hypothekenbriefformulare sollen auf den Seiten 1 und 2 die individuellen Bestimmungen des Hypothekenbriefs und auf Seite 3 das Hypothekenbriefformular, das für den betreffenden Hypothekenbrief gilt, enthalten. Der individuelle Text kann, sofern dies erforderlich ist, auf Seite 4 oder auf einem gesonderten, hinzugehefteten Blatt fortgesetzt werden. Vorgefertigte Hypothekenbriefformulare sind mit Maschinenschrift auszufüllen.

§ 10. Pantebreve, der ikke er oprettet på fortrykte blanketter, skal på de første sider indeholde pantebrevets individuelle bestemmelser. Den eller de sidste sider skal indeholde den pantebrevsformular, der er gældende für det pågældende pantebrev. Pantebrevets sider skal være sammenhæftet, og de beskrevne sider skal være fortløbende nummereret.

§ 10. Hypothekenbriefe, die nicht auf vorgefertigten Formularen errichtet werden, sollen auf den ersten Seite die individuellen Bestimmungen des Hypothekenbriefs enthalten. Die letzte bzw. die letzten Seiten sollen das Hypothekenbriefformular enthalten, das auf den entsprechenden Hypothekenbrief anwendbar ist. Die Seiten des Hypothekenbriefs sind zusammenzuheften, und beschriebene Seiten sind fortlaufend zu numerieren.

Stk.2. Pantebrevet skal være udskrevet eller udfyldt maskinelt og med samme skriftstørrelse i hele teksten. Overskriften, rubrikkerne til de enkelte tekstafsnit, oplysninger om retsafgift, stempelafgift, matrikelnummer og oplysninger om anmelders, kreditors og debitors navn, adresse og telefonnummer samt pantebrevsformularerne kan dog angives med anden skriftsstørrelse.

Abs. 2. Der Hypothekenbrief soll maschinell mit der gleichen Schriftgröße im gesamten Text errichtet oder ausgefüllt sein. Die Überschrift, die Rubriken zu den einzelnen Textabschnitten, die Angaben zu Kosten, Stempelsteuer, Flurstück, zu den Namen, Adressen und Telefonnummern der anmeldenden Person, des Gläubigers und des Schuldners sowie zum Hypothekenbriefformular können jedoch in einer anderen Schriftgröße angegeben werden.

Bkg.Vm.: Bekendtgørelse om værgemål

Bkg. Vm.: Bekanntmachung über Vormundschaft

§ 5. Værgen skal lade en dom efter værgemålslovens § 6 om fratagelse af den retlige handleevne tinglyse i personbogen.

§ 5. Urteile, die eine Aberkennung der rechtlichen Handlungsfähigkeit gemäß § 6 des Vormundschaftsgesetzes beinhalten, sind vom Vormund im Personenbuch eintragen zu lassen.

Stk.2. Hvis den umyndige ejer eller erhverver fast ejendom, skal værgen lade umyndigheden tinglyse på ejendommen i den retskreds, hvor denne er beliggende.

Abs. 2. Sofern der beschränkt Geschäftsfähige unbewegliches Vermögen besitzt oder erwirbt, hat der Vormund die beschränkte Geschäftsfähigkeit in dem Bezirk eintragen zu lassen, in dem das unbewegliche Ver-

Stk.3. Anmeldelsen til tinglysning skal ske straks efter dommen eller erhvervelsen af ejendommen.

§ 6. Værgen skal have statsamtets godkendelse til at
1) erhverve eller afhænde fast ejendom,
2) behæfte den fast ejendom med pant eller usædvanlig servitut eller
3) bortforpagte eller udleje den faste ejendom på usædvanlige vilkår, herunder i usædvanlig lang tid.

§ 7. Værgen skal have statsamtets godkendelse til at stifte gæld udover, hvad der sædvanlig kræves til fyldestgørelse af fornødenhederne for den, der er under værgemål.

§ 8. Værgen skal have statsamtets godkendelse til at yde gaver af indtægten. Godkendelse kræves dog ikke, hvis gaven har en ubetydelig værdi. Er den, der er under værgemål, over 15 år, kan gaven kun gives med den pågældendes samtykke, medmindre denne ikke forstår sagens betydning.

§ 9. Værgen skal have statsamtets godkendelse til at afslå en gave eller give afkald på arv eller legat. Godkendelse kræves dog ikke, hvis gaven, arven eller legatet har en ubetydelig værdi.

§ 10. Værgen skal i øvrigt have statsamtets godkendelse til enhver usædvanlig disposition.
Stk.2. Værgen kan dog indgå forlig uden statsamtets godkendelse, hvis
1) forliget er indgået under en retssag, og

mögen sich befindet.
Abs. 3. Die Anmeldung zur Eintragung hat unverzüglich nach Erlaß des Urteils bzw. nach Erwerb des Eigentums zu erfolgen.

§ 6. Der Vormund bedarf der Genehmigung der Staatskreisbehörde
1) zum Erwerb und zur Veräußerung von unbeweglichem Vermögen,
2) zur Belastung des unbeweglichen Vermögens mit Hypotheken, Grundschulden oder Grunddienstbarkeiten oder
3) zur Verpachtung oder Vermietung des unbeweglichen Vermögens zu ungewöhnlichen Konditionen, unter anderem über ungewöhnlich lange Zeit.

§ 7. Der Vormund bedarf der Genehmigung der Staatskreisbehörde zu Verpflichtungen, die über dasjenige Maß hinausgehen, das zur Deckung des gewöhnlichen Bedarfs des Mündels erforderlich ist.

§ 8. Der Vormund bedarf der Genehmigung der Staatskreisbehörde zu schenkweisen Verfügungen aus dem Einkommen. Die Genehmigung ist jedoch nicht erforderlich, sofern das Geschenk lediglich einen unbedeutenden Wert aufweist. Hat der Mündel das 15. Lebensjahr vollendet, kann die schenkweise Überlassung lediglich mit dessen Zustimmung erfolgen, sofern der Mündel nicht die Bedeutung der Sache verkennt.

§ 9. Der Vormund bedarf der Genehmigung der Staatskreisbehörde zur Ablehnung eines Geschenks oder zur Ausschlagung einer Erbschaft oder eines Vermächtnisses. Die Genehmigung ist jedoch nicht erforderlich, sofern das Geschenk, die Erbschaft oder das Vermächtnis nur von unbedeutendem Wert sind.

§ 10. Der Vormund bedarf der Genehmigung der Staatskreisbehörde im übrigen zu jeder ungewöhnlichen Disposition.
Abs. 2. Der Vormund kann jedoch einen Vergleich auch ohne die Genehmigung der Staatskreisbehörde eingehen, sofern

2) det af retsbogen fremgår, at forliget svarer til rettens forslag, eller at retten i øvrigt anser forliget for at være i den pågældendes interesse.

Stk.3. Har en mindreårig 2 værger, skal begge tiltræde forliget.
Stk.4. Reglerne i stk.2 og 3 gælder også for forlig, der indgås for Tvistighedsnævnet, jf. lov om erhvervsuddannelser.

1) der Vergleich gerichtlicher Natur ist, und
2) aus dem Protokoll ersichtlich ist, daß der Vergleich dem Vorschlag des Gerichts entspricht, oder daß das Gericht den Vergleich ansonsten als im Interesse des Mündels ansieht.
Abs. 3. Hat ein Minderjähriger 2 Vormünder, müssen beide dem Vergleich beitreten.
Abs. 4. Die Bestimmungen in Abs. 2 und 3 finden auch Anwendung auf Vergleiche, die vor der Schlichtungsstelle geschlossen werden, vgl. das Gesetz über die Berufsausbildung.

§ 11. Reglerne i §§ 6-10 finder også anvendelse under skiftebehandling af dødsboer, hvor en person under værgemål er arving eller legatar.

§ 11. Die Bestimmungen in §§ 6-10 sind auch im Rahmen von Nachlaßverfahren anwendbar, in denen der Mündel Erbe oder Vermächtnisnehmer ist.

Bkg. Æi.: Bekendtgørelse om ægteskabets indgåelse

Bkg. Æi.: Bekanntmachung über die Eingehung der Ehe

§ 3. Hver af parterne skal på en særlig blanket, der udleveres af prøvelsesmyndigheden, oplyse:
1) Sit fulde navn, adresse, personnummer samt fødselsregistreringssted.
2) Hvilket efternavn den pågældende ønsker efter vielsen.
3) Sit statsborgerforhold, såfremt dette ikke er dansk.
4) Hvem den pågældende skal giftes med.
5) Om den pågældende er under værgemål efter værgemålslovens § 5 eller under værgemål med fratagelse af den retlige handleevne, jf. værgemålslovens § 6.
6) Om den pågældende og den anden part er beslægtede i ret op- og nedstigende linje eller er hel- eller halvsøskende, og om nogen af dem har været gift med den andens slægtning i ret op- eller nedstigende linje.
7) Om den ene part er adopteret af den anden.
8) Om den pågældende tidligere har indgået ægteskab.
9) Om den pågældende har eller venter børn med en anden mand eller kvinde. Der skal også gives oplysning om adoptivbørn, men ikke om børn, som er bortadopteret.

§ 3. Jeder Partner soll auf einem bestimmten Formular, das bei der Prüfungsbehörde erhältlich ist, Auskunft geben über:
1) Vollen Namen, Adresse, Personalkennzeichen sowie den Ort der standesamtlichen Eintragung der Geburt.
2) Welchen Namen der Betreffende nach der Heirat führen möchte.
3) Seine Staatsangehörigkeit, sofern diese nicht dänisch ist.
4) Wen der Betreffende heiraten möchte.
5) Ob der Betreffende unter Vormundschaft gemäß § 5 des Vormundschaftsgesetzes oder unter Vormundschaft mit Aberkennung der rechtlichen Handlungsfähigkeit steht, vgl. § 6 des Vormundschaftsgesetzes.
6) Ob der Betreffende und sein Partner in gerade auf- oder absteigender Linie miteinander verwandt oder Geschwister oder Halbgeschwister sind, und ob einer der Partner mit Personen, die mit dem anderen Partner in gerade auf- oder absteigender Linie verwandt sind, verheiratet war.
7) Ob der eine Partner von dem anderen adoptiert wurde.
8) Ob der Betreffende zuvor bereits verheiratet gewesen ist.

9) Ob der Betreffende Kinder mit einem anderen Mann oder einer anderen Frau hat oder erwartet. Es ist auch Auskunft über Adoptivkinder zu erteilen, nicht jedoch über Kinder, die zur Adoption freigegeben wurden.

Stk.2. Det skal af erklæringen fremgå, at den anden part er gjort bekendt med denne. Hvis den ene part antager den anden parts efternavn, skal det fremgå af erklæringen, at den anden part har givet sit samtykke dertil.

Abs. 2. Aus der Erklärung soll hervorgehen, daß der Partner von ihrem Inhalt unterrichtet worden ist. Nimmt der eine Partner den Nachnamen des anderen Partners an, so soll aus der Erklärung hervorgehen, daß der andere Partner hierzu seine Zustimmung erteilt hat.

§ 6. Den, som er under værgemål efter værgemålslovens § 5 eller under værgemål med fratagelse af den retlige handleevne, jf. værgemålslovens § 6, skal godtgøre, at værgen samtykker i ægteskabets indgåelse. Værgebeskikkelsen skal forevises for prøvelsesmyndigheden. Samtykket kan afgives på en særlig blanket, der udleveres af prøvelsesmyndigheden.

§ 6. Derjenige, der unter Vormundschaft gemäß § 5 des Vormundschaftsgesetzes oder unter Vormundschaft mit Aberkennung der rechtlichen Handlungsfähigkeit, vgl. § 6 des Vormundschaftsgesetzes, steht, hat nachzuweisen, daß sein Vormund in die Eheschließung eingewilligt hat. Die Bestellung eines Vormunds ist der Prüfungsbehörde nachzuweisen. Die Einwilligung ist auf einem speziellen Vordruck zu erteilen, der bei der Prüfungsbehörde erhältlich ist.

§ 7. Erklæringerne efter §§ 3-4 og 6 skal være udstedt indenfor de sidste 4 uger før indleveringen til prøvelsesmyndigheden. Dette gælder dog ikke, hvis der foreligger særlige grunde til, at indleveringen er blevet udsat, f.eks. at erklæringen har været anvendt ved ansøgning om ægteskabstilladelse.

§ 7. Die Erklärungen gemäß §§ 3-4 und 6 dürfen zum Zeitpunkt ihrer Abgabe an die Prüfungsbehörden nicht älter als 4 Wochen sein. Dies gilt jedoch dann nicht, wenn besondere Umstände dafür vorliegen, daß die Abgabe ausgesetzt wurde, z.B. weil die Erklärung in einem Verfahren zur Zulassung der Ehe verwendet wurde.

Chl.: Checklov

Chl.: Scheckgesetz

§ 11. Den, der tegner sit navn på en check på en andens vegne, for hvem han ikke havde fuldmagt til at handle, bliver selv forpligtet efter checken og erhverver, når han har betalt, de samme rettigheder, som ville have tilkommet den anden. Det samme gælder om den, som har overskredet sin fuldmagt.

§ 11. Derjenige, der mit seinem Namen einen Scheck im Namen eines anderen zeichnet, ohne hierzu bevollmächtigt zu sein, wird selbst entsprechend seines Handelns verpflichtet und erwirbt ab dem Zeitpunkt der vollständigen Zahlung die gleichen Rechte, die dem anderen zugestanden hätten. Das Gleiche gilt für denjenigen, der seine Vollmacht überschritten hat.

Fml.: Forældremyndighedslov (Lov om forældremyndighed og samvær)

§ 1. Børn og unge under 18 år er under forældremyndighed, medmindre de har indgået ægteskab.

§ 4. Er forældrene gift med hinanden ved barnets fødsel, eller indgår de senere ægteskab, har de fælles forældremyndighed. Er forældrene separeret ved barnets fødsel, har moderen dog forældremyndigheden alene, medmindre samlivet mellem ægtefællerne genoptages, eller forældrene har indgået aftale om fælles forældremyndighed efter § 6.

§ 5. Er forældrene ikke gift med hinanden, har moderen forældremyndigheden alene, medmindre forældrene har indgået aftale om fælles forældremyndighed efter § 6.

§ 6. Forældrene kan aftale, at de skal have fælles forældremyndighed. Aftalen er kun gyldig, når den er anmeldt til statsamtet. Er en sag om forældremyndighed indbragt for retten, kan anmeldelse ske her.

§ 20. Har et barn eller en ung, der er under forældremyndighed, jf. § 1, med tilladelse af forældremyndighedens indehaver på egen hånd påtaget sig tjeneste eller andet personligt arbejde, hvorved denne er blevet i stand til selv at sørge for sit underhold, kan den pågældende, hvis denne er fyldt 15 år, selv ophæve aftalen og påtage sig arbejde af lignende art medmindre andet bestemmes af forældremyndighedens indehaver.

§ 21. Aftale om tjeneste eller andet personligt arbejde, som et barn eller en ung på

Fml.: Gesetz über die elterliche Sorge

§ 1. Kinder und Jugendliche unter 18 Jahren stehen unter elterlicher Sorge, außer sie sind die Ehe eingegangen.

§ 4. Sind die Eltern bei der Geburt des Kindes miteinander verheiratet, oder gehen sie zu einem späteren Zeitpunkt miteinander die Ehe ein, kommt ihnen das gemeinsame Sorgerecht zu. Leben die Eltern bei der Geburt des Kindes getrennt, steht der Mutter jedoch das alleinige Sorgerecht zu, sofern die Eltern nicht das Eheleben wieder aufnehmen oder eine Vereinbarung über das gemeinsame Sorgerecht gemäß § 6 getroffen haben.

§ 5. Sind die Eltern nicht miteinander verheiratet, steht der Mutter das alleinige Sorgerecht zu, sofern nicht die Eltern eine Vereinbarung über das gemeinsame Sorgerecht gemäß § 6 getroffen haben.

§ 6. Die Eltern können vereinbaren, daß ihnen das gemeinsame Sorgerecht zusteht. Die Vereinbarung ist nur wirksam, sofern sie der Staatskreisbehörde mitgeteilt wurde. Ist ein Rechtsstreit über die elterliche Sorge bei Gericht anhängig, kann die Anmeldung auch hier erfolgen.

§ 20. Hat ein Kind oder ein Jugendlicher, der der elterlichen Sorge gemäß § 1 untersteht, sich mit Zustimmung des Inhabers der elterlichen Sorge selbständig zu einer Dienstleistung oder einer anderen persönlichen Arbeit verpflichtet, wodurch es / er in der Lage ist, selbst für seinen Unterhalt aufzukommen, kann der Betreffende, sofern er das 15. Lebensjahr vollendet hat, den Vertrag selbst aufheben und sich zu einer vergleichbaren Arbeit verpflichten, sofern der Inhaber der elterlichen Sorge nicht etwas anderes bestimmt.

§ 21. Ein Vertrag über Dienstleistungen oder andere persönliche Arbeit, den ein egen hånd har truffet, kan forældremyndighedens indehaver ophæve, såfremt hensynet til barnets eller den unges opdragelse eller velfærd kræver det. Ophævelsen skal dog så vidt muligt ske med passende varsel, og hvor det findes rimeligt, kan der tillægges den anden part en passende erstatning.

Kind oder ein Jugendlicher selbständig eingegangen ist, kann der Inhaber der elterlichen Sorge aufheben, sofern dies im Hinblick auf die Erziehung oder das Wohl des Kindes bzw. des Jugendlichen geboten ist. Die Aufhebung soll soweit wie möglich mit entsprechender Ankündigung geschehen, und wo dies geboten erscheint, kann der anderen Partei ein angemessener Schadensersatz zugesprochen werden.

Fvl.: Forsikringsvirksomhedslov

§ 157. Vil et selskab overdrage hele sin forsikringsbestand eller en bestemt del af denne til et andet selskab, således at det førstnævnte selskab derved befries for ansvar over for forsikringstagerne, skal det ansøge om Finanstilsynets tilladelse dertil, medmindre forsikringsselskabet i forbindelse med overdragelsen indhenter den enkelte forsikringestagers accept. Ansøgningen om overdragelsen skal ledsages af den overenskomst, der er afsluttet mellem de to selskaber, og af sådanne oplysninger om de to selskaber, som Finanstilsynet finder nødvendige for at kunne bedømme, om overdragelsen er forsvarlig over for forsikringstagerne.

Stk.2. For så vidt angår livsforsikringsvirksomhed, kan der i forbindelse med overdragelsen i det overdragende selskabs forsikringsvilkår kun foretages sådanne ændringer, som af Finanstilsynet skønnes at være en nødvendig følge af overdragelsen, herunder forandring af bonusreglerne.

Stk.3. Med mindre Finanstilsynet på det foreliggende grundlag finder, at tilladelse til overdragelsen bør nægtes, skal Finanstilsynet offentliggøre en redegørelse for den påtænkte overdragelse i Statstidende og i dagblade. Redegørelsen skal indeholde en opfordring til de forsikringstagere, hvis for-

Fvl.: Gesetz über Versicherungstätigkeit

§ 157. Will eine Gesellschaft seinen gesamten Versicherungsbestand oder einen Teil hiervon auf eine andere Gesellschaft übertragen, so daß die erstgenannte Gesellschaft von ihrer Verpflichtung gegenüber den Versicherungsnehmern frei wird, hat sie hierfür die Erlaubnis der Finanzaufsichtsbehörde einzuholen, sofern nicht die Versicherungsgesellschaft im Hinblick auf die Übertragung die Zustimmung sämtlicher Versicherungsnehmer einholt. Das Begehren um die Genehmigung der Übertragung soll begleitet werden von der Vereinbarung zwischen den beiden Gesellschaften und von solchen Erläuterungen zu den Gesellschaften, die die Finanzaufsichtsbehörde zur Beurteilung, ob die Genehmigung der Übertragung den Versicherungsnehmern gegenüber verantwortet werden kann, benötigt.

Abs. 2. Soweit Lebensversicherungen betroffen sind, können die Versicherungsbedingungen der übertragenden Gesellschaft in Verbindung mit der Übertragung nur insoweit geändert werden, als die Änderungen nach Ansicht der Finanzaufsichtsbehörde notwendige Folge der Übertragung waren, unter anderem eine Veränderung der Bonusregeln.

Abs. 3. Sofern nicht die Finanzaufsichtsbehörde auf der vorliegenden Grundlage zu dem Ergebnis kommt, daß die Übertragung versagt werden muß, ist die beabsichtigte Übertragung von der Finanzaufsichtsbehörde im Staatsanzeiger und in den Tageszeitungen bekannt zu machen. Die Besikringer agtes overdraget, til senest 3 måneder efter offentliggørelsen at afgive skriftlig meddelelse til Finanstilsynet, såfremt de har indsigelser mod overdragelsen. Selskabet skal samtidig til de forsikringstagere, hvis adresse er selskabet bekendt, sende en meddelelse om overdragelsen samt tilsynets redegørelse.

kanntmachung hat eine Aufforderung an die Versicherungsnehmer, deren Versicherungen übertragen werden würden, zu ent-halten, eventuelle Einwendungen gegen die Übertragung innerhalb von 3 Monaten nach der Bekanntmachung schriftlich bei der Finanzaufsichtsbehörde einzureichen. Die Gesellschaft hat gleichzeitig an alle Versicherungsnehmer, deren Adresse der Gesellschaft bekannt ist, eine Mitteilung über die Übertragung mitsamt der Bekanntmachung der Finanzaufsichtsbehörde zu versenden.

Stk.4. Efter udløbet af den i stk.3 omhandlede frist træffer Finanstilsynet under hensyntagen til de fremsatte indsigelser beslutning om, hvorvidt forsikringsbestanden kan overdrages i overensstemmelse med det fremsatte forslag. Overdragelsen kan ikke påberåbes som grundlag for at hæve forsikringsaftalen.

Abs. 4. Nach Ablauf der in Abs. 3 genannten Frist fällt die Finanzaufsichtsbehörde unter Berücksichtigung der erhobenen Einwendungen einen Beschluß darüber, inwieweit der Versicherungsbestand gemäß dem eingereichten Antrag übertragen werden kann. Ein Berufen auf die Übertragung als Grund für die Aufhebung eines Versicherungsvertrages ist nicht möglich.

§ 158. Beslutes det at sammensmelte to eller flere forsikringsselskaber til et nyt selskab i henhold til § 16, stk.1, er beslutningen herom ikke gyldig, før Finanstilsynet i overensstemmelse med § 157 har meddelt tilladelse til den i forbindelse med sammensmeltningen nødvendige overdragelse af forsikringsbestanden.

§ 158. Wird die Verschmelzung zweier oder mehrerer Versicherungsgesellschaften zu einer neuen Gesellschaft i.S.d. § 16 Abs. 1 beschlossen, ist dieser Beschluß nicht wirksam, bevor nicht die Finanzaufsichtsbehörde in Übereinstimmung mit § 157 ihre Erlaubnis zu der im Zusammenhang mit der Verschmelzung notwendigen Übertragung des Versicherungsbestandes erklärt hat.

Stk.2. Når Finanstilsynet har truffet beslutning om, at forsikringsbestanden kan overdrages, jf. § 157, stk.4, kan sammensmeltningen uanset § 27, i lov om forsikringsaftaler ikke påberåbes af forsikringstagerne som grundlag for at hæve forsikringsaftalen.

Abs. 2. Wenn die Finanzaufsichtsbehörde beschlossen hat, daß der Versicherungsbestand übertragen werden darf, vgl. § 157 Abs. 4, kann die Verschmelzung unbeschadet § 27 des Versicherungsvertragsgesetzes nicht als Grundlage für die Aufhebung eines bestehenden Versicherungsverhältnisses herangezogen werden.

Stk.3. Vil et forsikringsselskab overdrage sine aktiver og passiver som helhed til et andet forsikringsselskab i henhold til § 161, stk.1, finder stk.1 og 2 tilsvarende anvendelse.

Abs. 3. Möchte eine Versicherungsgesellschaft seine Aktiva und Passiva als Gesamtheit auf eine andere Versicherungsgesellschaft im Hinblick auf § 161 Abs. 1 übertragen, finden Abs. 1 und 2 entsprechende Anwendung.

§ **168 a**. Et forsikringsselskab, der har overdraget hele sin forsikringsbestand til et andet selskab efter reglerne i kapitel 16, skal afvikles som forsikringsselskab. Sker afviklingen på anden måde end ved fusion efter aktieselskabslovens § 134j, stk.1, eller § 134k, ved likvidation eller konkurs, skal afviklingens form, indhold og gennemførelse godkendes af Finanstilsynet.

§ **168 a**. Eine Versicherungsgesellschaft, die ihren gesamten Versicherungsbestand gemäß den Regeln in Kapitel 16 auf eine andere Gesellschaft übertragen hat, ist als Versicherungsgesellschaft abzuwickeln. Findet die Abwicklung auf andere Art und Weise als durch Fusion gemäß § 134 j Abs. 1 oder durch Liquidation oder Konkurs gemäß § 134 k, ist die Form, der Inhalt und die Durchführung der Abwicklung von der Finanzaufsichtsbehörde genehmigen zu lassen.

Stk.2. Ved omdannelse af et forsikringsselskab i medfør af stk.1, 2.pkt., indtræder det overtagende forsikringsselskab i det overdragende forsikringsselskabs rettigheder og forpligtelser uden debitorskifte.

Abs. 2. Bei Umwandlung einer Versicherungsgesellschaft wie in Abs. 1 Satz 2 bezeichnet tritt die übernehmende Versicherungsgesellschaft in die Rechte und Pflichten der übertragenden Versicherungsgesellschaft ohne Schuldnerwechsel ein.

LL: Lejelov

LL: Mietgesetz

§ **72**. Lejeren må ikke uden ægtefællens samtykke foretage fremleje, såfremt dette vil medføre, at det lejede ikke længere kan tjene til fælles bolig eller som grundlag for ægtefællernes eller den anden ægtefælles virksomhed. Er den anden ægtefælle umyndig, meddeler værgen samtykket. Bestemmelserne i § 18, stk.2, og i § 20 i lov nr. 56 af 18. marts 1925 om ægteskabets retsvirkninger finder tilsvarende anvendelse.

§ **72**. Der Mieter darf nicht ohne die Zustimmung seines Ehegatten einen Untermietvertrag schließen, sofern dies zur Folge hätte, daß das Mietobjekt nicht mehr als gemeinsame Wohnung der Familie oder als Grundlage für die Erwerbstätigkeit eines oder beider Ehegatten dienen kann. Ist der andere Ehegatte nicht voll geschäftsfähig, ist die Zustimmung durch den Vormund zu erteilen. Die Bestimmungen in § 18 Abs. 2 und in § 20 im Gesetz Nr. 56 vom 18. März 1925 über die ehelichen Rechtswirkungen finden entsprechende Anwendung.

§ **81**. Er lejeaftalen ikke indgået for et bestemt tidsrum, eller kan det ikke oplyses, hvilken lejetid parterne har aftalt, kan lejeren opsige lejeaftalen.

§ **81**. Ist der Mietvertrag auf unbestimmte Zeit geschlossen worden, oder kann nicht festgestellt werden, welcher Mietzeitraum vereinbart worden ist, kann der Mieter das Mietverhältnis kündigen.

Stk.2. Lejeren må dog ikke uden sin ægtefælles samtykke opsige lejemål om familiens bolig eller om lokaler, hvortil ægtefællernes eller den anden ægtefælles virksomhed er knyttet. § 72, 2. og 3.pkt, finder tilsvarende anvendelse.

Abs. 2. Der Mieter darf jedoch nicht ohne die Zustimmung seines Ehegatten einen Mietvertrag über die Wohnung der Familie oder über Räume, an die die Erwerbstätigkeit eines oder beider Ehegatten geknüpft ist, kündigen. § 72 Abs. 2 und 3 finden entsprechende Anwendung.

LLR: Lov om lønmodtageres retsstilling ved virksomhedsoverdragelse

§ 2. Overdrages en virksomhed eller en del heraf, indtræder erhververen umiddelbart i de rettigheder og forpligtelser, der bestod på overdragelsestidspunktet i henhold til
1. kollektiv overenskomst og aftale
2. bestemmelser om løn- og arbejdsforhold, der er fastsat eller godkendt af offentlige myndigheder, og
3. individuel aftale om løn- og arbejdsforhold.

Stk.2. Bestemmelser i stk.1 finder kun anvendelse på aftaler om lærlingeforhold, uddannelsesaftaler for elever i de erhvervsfaglige grunduddannelser m.v., såfremt virksomheden efter overdragelsen godkendes som lærested eller praktiksted m.v.

Stk.3. Bestemmelser i stk.1 finder ikke anvendelse på lønmodtageres ret til ydelser i forbindelse med alderdom og invaliditet eller ydelser til efterladte i henhold til pensionsordninger.

§ 3. Afskedigelse på grund af overdragelse af en virksomhed eller en del heraf anses ikke for rimeligt begrundet i virksomhedens forhold, med mindre afskedigelsen skyldes økonomiske, tekniske eller organisatoriske årsager, der medfører beskæftigelsesmæssige ændringer.

Stk.2. Opsiges arbejdsaftalen af en lønmodtager, fordi overdragelsen medfører væsentlig ændring af arbejdsvilkårene til skade for lønmodtageren, sidestilles opsigelsen med afskedigelse i retsforhold mellem lønmodtager og arbejdsgiveren.

LLR: Gesetz über die Rechtsposition der Arbeitnehmer bei Unternehmensübertragung

§ 2. Wird ein Unternehmen ganz oder teilweise übertragen, tritt der Erwerber unmittelbar in die Rechte und Pflichten ein, die zum Zeitpunkt der Übertragung im Hinblick auf
1. Tarifverträge,
2. Bestimmungen über Lohn- und Arbeitsverhältnisse, die von staatlichen Behörden festgelegt oder genehmigt wurden, und
3. individuelle Vereinbarungen über Lohn- und Arbeitsverhältnisse bestehen.

Abs. 2. Die Bestimmungen des Abs. 1 finden auf Lehrlingsverträge und Ausbildungsverträge mit Schülern der erwerbsfachlichen Grundausbildungen usw. nur Anwendung, sofern das Unternehmen auch nach der Übertragung als Ausbildungs- oder Praktikumsstätte anerkannt wird.

Abs. 3. Die Bestimmungen des Abs. 1 finden keine Anwendung auf das Recht der Arbeitnehmer auf Zuwendungen im Alter oder bei Invalidität oder Leistungen an Hinterbliebene.

§ 3. Eine mit der ganz oder teilweisen Übertragung des Unternehmens einhergehende Entlassung kann durch die Übertragung nicht als hinreichend begründet angesehen werden, sofern nicht die Entlassung auf wirtschaftliche, technische oder organisatorische Ursachen zurückzuführen ist, die beschäftigungsmäßige Veränderungen mit sich bringen.

Abs. 2. Wird das Arbeitsverhältnis von einem Arbeitnehmer gekündigt, weil die Übertragung eine wesentliche Veränderung der Arbeitsverhältnisse zu Lasten des Arbeitnehmers mit sich führt, wird diese Kündigung im Rechtsverhältnis zwischen Arbeitgeber und Arbeitnehmer der Entlassung gleichgestellt.

Ml.: Myndighedslov (Lov om umyndighed og værgemål)

§ 1. Den, der er under 18 år, er umyndig. Den, der er 18 år eller derover, er myndig, men kan umyndiggøres efter reglerne i § 2.

Stk.2. Personer, der er umyndige på grund af alder, betegnes i loven som mindreårige. Mindreårige og umyndiggjorte betegnes under ét som umyndige.

§ 35. En mindreårig, der har indgået ægteskab, træffer selv bestemmelse om indgåelse og ophævelse af aftale om tjeneste eller andet personligt arbejde.

Stk.2. Har en mindreårig med tilladelse af forældremyndighedens indehaver på egen hånd påtaget sig tjeneste eller andet personligt arbejde, hvorved han er blevet i stand til selv at sørge for sit underhold, kan han, for så vidt han er fyldt 15 år, selv ophæve aftalen og påtage sig arbejde af lignende art, medmindre andet bestemmes af forældremyndighedens indehaver.

§ 36. Aftale om tjeneste eller andet personligt arbejde, som en mindreårig på egen hånd har truffet, kan forældremyndighedens indehaver ophæve, såfremt hensynet til den mindreåriges opdragelse eller velfærd kræver det. Ophævelsen skal dog så vidt muligt ske med rimeligt varsel, og hvor billighed taler derfor, kan der tillægges den anden part en passende erstatning.

Ml.: Gesetz über Geschäftsunfähigkeit und Vormundschaft

§ 1. Derjenige, der das 18. Lebensjahr nicht vollendet hat, ist beschränkt geschäftsfähig. Derjenige, der das 18. Lebensjahr vollendet hat, ist voll geschäftsfähig; er kann jedoch gemäß den Regelungen in § 2 in seiner Geschäftsfähigkeit beschränkt werden.
Abs. 2. Personen, die aufgrund ihres Alters beschränkt geschäftsfähig sind, werden im Gesetz als Minderjährige bezeichnet. Minderjährige und Personen, die in ihrer Geschäftsfähigkeit beschränkt wurden, werden einheitlich als beschränkt geschäftsfähige Personen bezeichnet.

§ 35. Ein Minderjähriger, der die Ehe eingegangen ist, kann selbst über die Eingehung und Aufhebung von Verträgen über Dienstleistungen und andere persönliche Arbeit bestimmen.
Abs. 2. Hat ein Minderjähriger mit Zustimmung des Inhabers der elterlichen Sorge sich selbständig zu einer Dienstleistung oder einer anderen persönlichen Arbeit verpflichtet, wodurch es ihm möglich ist, selbst für seinen Unterhalt aufzukommen, kann er, sofern er das 15. Lebensjahr vollendet hat, das Dienstverhältnis selbständig kündigen und sich zu einer vergleichbaren Arbeit verpflichten, sofern nicht etwas anderes durch den Inhaber der elterlichen Sorge bestimmt wird.

§ 36. Einen Vertrag über eine Dienstleistung oder eine andere persönliche Arbeit, den ein Minderjähriger selbständig eingegangen ist, kann der Inhaber der elterlichen Sorge aufheben, sofern dies im Hinblick auf die Erziehung oder das Wohl des Minderjährigen geboten erscheint. Die Aufhebung soll soweit wie möglich mit entsprechender Ankündigung geschehen, und wo dies geboten erscheint, kann der anderen Partei ein entsprechender Schadensersatz zugesprochen werden.

§ 38. En umyndiggjort træffer, uanset umyndiggørelsen, selv bestemmelse om indgåelse og ophævelse af aftale om tjeneste eller andet personligt arbejde. Dog kan retten, når hensynet til den umyndiggjortes velfærd kræver det, bestemme, at sådan aftale alene skal kunne indgås og ophæves af værgen. Er sådan bestemmelse truffet, kan værgen også ophæve en aftale, som den umyndiggjorte tidligere har indgået. Ophævelsen skal da så vidt muligt ske med rimelig varsel, og hvor billighed taler derfor, kan der tillægges den anden part en passende erstatning.

§ 38. Eine Person, die in ihrer Geschäftsfähigkeit beschränkt wurde, kann hiervon unabhängig selbst über die Eingehung und Aufhebung von Verträgen über Dienstleistungen oder andere persönliche Arbeit bestimmen. Das Gericht kann jedoch, sofern dies im Hinblick auf das Wohl der betreffenden Person geboten erscheint, bestimmen, daß der Abschluß und die Aufhebung einer solchen Vereinbarung nur durch den Vormund vorgenommen werden kann. Hat das Gericht eine solche Bestimmung getroffen, kann der Vormund auch einen Vertrag aufheben, den die beschränkt geschäftsfähige Person bereits zuvor abgeschlossen hatte. Die Aufhebung soll soweit wie möglich mit entsprechender Ankündigung geschehen, und wo dies geboten erscheint, kann der anderen Partei ein angemessener Schadensersatz zugesprochen werden.

Stk.2. Bestemmelse i henhold til stk.1, 2.pkt., kan træffes enten i forbindelse med umyndiggørelsen eller under særlig sag, på hvilken da reglerne i lov om rettens pleje af 11. april 1916 kapitel 43 finder tilsvarende anvendelse.

Abs. 2. Die Bestimmung i.S.d. Abs. 1, Satz 2 kann sowohl im Zusammenhang mit der Beschränkung der Geschäftsfähigkeit als auch in einer eigenen Sache, auf die die Vorschriften des Kapitels 43 der Zivilprozeßordnung vom 11. April 1916 entsprechende Anwendung finden, getroffen werden.

§ 43. Har en umyndig på egen hånd truffet en aftale, som han ikke har haft hjemmel til at slutte, kan den anden part træde tilbage fra aftalen, medmindre denne forinden er godkendt eller er bindende opfyldt fra den umyndiges side.

§ 43. Hat ein beschränkt Geschäftsfähiger selbständig einen Vertrag geschlossen, zu dessen Abschluß er nicht berechtigt war, kann der andere vom Vertrag zurücktreten, sofern dieser nicht bereits genehmigt oder vom beschränkt Geschäftsfähigen erfüllt wurde.

Stk.2. Vidste den anden part, at aftalen blev truffet med en umyndig, og havde han ikke grund til at tro, at denne havde hjemmel til at slutte den, kan han dog først træde tilbage efter udløbet af den tid, som ved aftalens indgåelse blev fastsat til at indhente godkendelse, eller som med rimelighed måtte forudsættes at medgå dertil. Heller ikke kan den anden part træde tilbage fra en aftale om personligt arbejde fra den umyndiges side, så længe denne opfylder aftalen.

Abs. 2. Wußte der andere Teil, daß es sich bei seinem Vertragspartner um einen beschränkt Geschäftsfähigen handelt, und hatte er auch keinen Grund zu vermuten, daß dieser zum Abschluß des Vertrages befugt war, kann er erst nach Ablauf der Zeit, die bei Vertragschluß für die Einholung der Genehmigung vereinbart wurde, oder nach einer angemessen langen Zeit zurücktreten. Auch kann der andere Teil nicht von einer Vereinbarung über persönliche Arbeit des beschränkt Geschäftsfähigen zurücktreten, solange dieser seine Verpflichtung aus dem Vertrag erfüllt.

§ **46**. For så vidt retten skønner, at den umyndiggjorte er ude af stand til selv at drage tilbørlig omsorg for sin person, påhviler dette værgen. Bestemmelse herom kan træffes enten i forbindelse med umyndiggørelsen eller under særlig sag, på hvilken da lov om rettens pleje af 11. april 1916 kapitel 43 finder tilsvarende anvendelse.

§ **46**. Sofern das Gericht der Auffassung ist, daß die Person, die in der Geschäftsfähigkeit beschränkt wurde, außer Stande ist, für sich selbst zu sorgen, obliegt dies dem Vormund. Die Bestimmung hierüber kann sowohl im Zusammenhang mit der Beschränkung der Geschäftsfähigkeit als auch in einer eigenen Sache, auf die die Vorschriften des Kapitels 43 der Zivilprozeßordnung vom 11. April 1916 Anwendung finden, getroffen werden.

§ **49**. Værgen for en umyndiggjort kan med justitsministerens samtykke give den umyndiggjorte tilladelse til på egen hånd at udøve en næring eller anden virksomhed. Denne tilladelse kan tilbagekaldes af værgen med justitsministerens samtykke.

§ **49**. Der Vormund kann der Person, die in der Geschäftsfähigkeit beschränkt wurde, mit Zustimmung des Justizministers die Erlaubnis erteilen, selbständig ein Gewerbe oder ein anderes Unternehmen auszuüben. Diese Erlaubnis kann vom Vormund mit Zustimmung des Justizministers widerrufen werden.

§ **54**. Når det er påkrævet af hensyn til en persons uerfarenhed eller i øvrigt på grund af mangler ved hans legemlige eller sjælelige tilstand, kan han sættes under lavværgemål, såfremt han selv ønsker det.
Stk.2. Lavværgemål kan anordnes med virkning fra det fyldte 18. år.

§ **54**. Wenn es im Hinblick auf die Unerfahrenheit oder den körperlichen oder geistigen Zustand einer Person erforderlich ist, kann eine Pflegschaft eingerichtet werden, sofern die Person selbst es wünscht.
Abs. 2. Die Pflegschaft kann mit Wirkung ab dem vollendeten 18. Lebensjahr angeordnet werden.

§ **55**. Den, der er sat under lavværgemål, kan kun i forbindelse med sin lavværge råde over sin formue og forpligte sig ved retshandler. Dog træffer han selv bestemmelse om indgåelse og ophævelse af aftale om tjeneste eller andet personligt arbejde.

§ **55**. Derjenige, für den eine Pflegschaft eingerichtet wurde, kann nur in Absprache mit seinem Pfleger über sein Vermögen verfügen oder sich durch Rechtsgeschäft verpflichten. Jedoch ist er selbständig zum Abschluß und zur Aufhebung von Verträgen über Dienstleistungen oder andere persönliche Arbeit befugt.

§ **56**. Reglerne i §§ 4, 5, 31-33, 39, stk.1, 40, 43, 44, 50 og 53 finder tilsvarende anvendelse ved lavværgemål.

§ **56**. Die Vorschriften in §§ 4, 5, 31-33, 39 Abs. 1, 40, 43, 44, 50, 53 finden auf die Pflegschaft entsprechende Anwendung.

§ **65**. Har en person, som på grund af sindssygdom, åndssvaghed, forbigående sindsforvirring eller lignende tilstand manglet

§ **65**. Hat eine Person, der aufgrund einer Geisteskrankheit oder -schwäche, einer vorübergehenden Bewußtseinsstörung oder evnen til at handle fornuftsmæssigt, truffet en aftale, er denne ikke bindende for ham, og enhver af parterne skal tilbagelevere, hvad han har modtaget, eller hvis tilbagelevering ikke kan ske, erstatte dets værdi. Den, som manglede evnen til at handle fornuftsmæssigt, er dog kun pligtig at yde sådan erstatning i det omfang, hvori det modtagne er brugt til passende underhold for ham eller i øvrigt skønnes at være kommet ham til nytte.

Stk.2. Var den anden part i god tro, kan der, uanset, om nogen opfyldelse af aftalen har fundet sted, i det omfang, hvori det findes billigt, tillægges ham erstatning for det tab, som aftalen har medført.

eines vergleichbaren Zustands die Fähigkeit fehlt, entsprechend ihrer Vernunft zu handeln, eine Vereinbarung getroffen, wird sie hierdurch nicht gebunden, und die Parteien haben das jeweils Empfangene zurückzugewähren, oder sofern dies nicht möglich ist, dessen Wert zu erstatten. Derjenige, dem die Fähigkeit zu vernunftgemäßem Handeln fehlte, ist jedoch nur insofern zur Erstattung verpflichtet, als das Empfangene zu seinem angemessenen Unterhalt verwendet wurde oder ihm sonst zu Nutzen gekommen ist.

Abs. 2. War der andere Teil gutgläubig, kann ihm - unabhängig davon, ob der Vertrag ganz oder teilweise erfüllt wurde - in angemessenem Umfang Schadensersatz zugesprochen werden.

RVL: Retsvirkningslov (Lov om ægteskabets retsvirkninger)

§ 11. Under samlivet er hver af ægtefællerne i forhold til tredjemand berettiget til på begges ansvar at indgå sådanne retshandler til fydelstgørelse af den daglige husholdnings eller børnenes fornødenheder, som sædvanlig foretages i dette øjemed. Samme ret har hustruen med hensyn til sædvanlige retshandler til fyldestgørelse af sit særlige behov. De her nævnte retshandler anses for indgåede på begge ægtefællers ansvar, hvis ikke andet fremgår af omstændighederne.

Stk.2. En ægtefælle kan uanset mindreårighed selv indgå sådanne retshandler, som omtales i nærværende paragrafs første stykke.

Stk.3. Hvis den, med hvem retshandelen blev indgået, indså eller burde indse, at det, som retshandelen gik ud på, lå udenfor det efter forholdene rimelige, bliver den anden ægtefælle ikke forpligtet. Hvis under samme forhold retshandelen er indgået af en mindreårig bliver denne ej heller selv forpligtet.

RVL: Gesetz über die ehelichen Rechtswirkungen

§ 11. Während des Bestehens der ehelichen Lebensgemeinschaft ist jeder Ehegatte im Verhältnis zu Dritten berechtigt, im Namen beider Ehegatten gewöhnliche Rechtsgeschäfte zur Erfüllung des täglichen Bedarfs der Familie oder der Bedürfnisse der Kinder zu tätigen. Das gleiche Recht steht der Ehefrau im Hinblick auf gewöhnliche Rechtsgeschäfte zur Deckung ihres persönlichen Bedarfs zu. Die hier genannten Rechtsgeschäfte sind als von beiden Ehegatten getätigt anzusehen, sofern sich nicht etwas anderes aus den Umständen ergibt.

Abs. 2. Ein Ehegatte kann ohne Rücksicht auf seine Minderjährigkeit die in Abs. 1 genannten Rechtsgeschäfte tätigen.

Abs. 3. Sofern derjenige, mit dem der handelnde Ehegatte das Rechtsgeschäft abgeschlossen hat, wußte oder hätte wissen müssen, daß der Inhalt des Rechtsgeschäfts außerhalb des nach den Umständen Angemessenen lag, wird der andere Ehegatte nicht verpflichtet. Wurde unter denselben Umständen ein Rechtsgeschäft von einem Minderjährigen getätigt, wird auch dieser nicht verpflichtet.

§ **15**. Alt hvad ægtefællerne ejer ved ægteskabets indgåelse eller senere erhverver, indgår i almindeligt formuefællesskab mellem dem, for så vidt det ikke er gjort til særeje, jf. § 28.

Stk.2. På rettigheder, som er uoverdragelige eller i øvrigt af personlig art, får reglerne om formuefællesskab dog kun anvendelse i den udstrækning, hvori det er foreneligt med de for disse rettigheder særlig gældende regler.

§ **16**. Hver ægtefælle har i levende live rådigheden over alt, hvad han har indført i fællesboet, dog med de indskrænkninger, der følger af reglerne i §§ 17-20.

Stk.2. Ved ægteskabets ophør såvel som i tilfælde af bosondring eller separation udtager hver ægtefælle eller dens arvinger halvdelen af det beholdne fælles bo, medmindre undtagelse har særlig lovhjemmel.

§ **17**. En ægtefælle er pligtig at udøve sin rådighed over fælleseje således, at det ikke utilbørlig udsættes for at forringes til skade for den anden ægtefælle.

§ **18**. En ægtefælle må ikke uden den anden ægtefælles samtykke afhænde eller pantsætte fast ejendom, der er fælleseje, såfremt ejendommen tjener til familiens bolig, eller hvis ægtefællernes eller den anden ægtefælles erhvervsvirksomhed er knyttet til den. Sådan ejendom må heller ikke uden samtykke af den anden ægtefælle bortlejes eller bortforpagtes, såfremt dette vil medføre, at den ikke længere kan tjene til fælles bolig eller som grundlag for erhvervsvirksomheden. Er den anden ægtefælle umyndig, meddeler værgen samtykket.

Stk.2. Har en ægtefælle indgået en sådan retshandel uden fornødent samtykke, kan den anden ægtefælle få den omstødt ved

§ **15**. Alles das, was bei Eingehung der Ehe im Eigentum der Ehegatten steht oder was sie später erwerben, geht als Gesamtgut in die Gütergemeinschaft ein, soweit es nicht zum Vorbehaltsgut bestimmt wurde, vgl. § 28.
Abs. 2. Auf unübertragbare oder sonstige persönliche Rechte finden die Vorschriften über die Gütergemeinschaft jedoch nur soweit Anwendung, als dies mit den für diese Rechte geltenden besonderen Regeln vereinbar ist.

§ **16**. Jeder Ehegatte hat zu Lebzeiten die Verfügungsbefugnis über alles, was er in die Gütergemeinschaft eingebracht hat, jedoch mit den sich aus den §§ 17-20 ergebenden Einschränkungen.
Abs. 2. Bei Beendigung der Ehe sowie bei vorzeitigem Ausgleich oder Trennung entnimmt jeder Ehegatte oder seine Erben die Hälfte des Gesamtguts, sofern nicht etwas anderes gesetzlich bestimmt ist.

§ **17**. Ein Ehegatte ist verpflichtet, seine Verfügungsbefugnis über das Gesamtgut so auszuüben, daß dieses nicht über Gebühr zum Nachteil des anderen Ehegatten verringert wird.

§ **18**. Ein Ehegatte darf unbewegliches Vermögen, das einen Teil des Gesamtguts darstellt, nicht ohne Zustimmung des anderen Ehegatten veräußern oder belasten, sofern das Eigentum als familiäre Wohnung dient, oder sofern es der Erwerbstätigkeit eines oder beider Ehegatten dient. Solches Eigentum darf ohne die Zustimmung des anderen Ehegatten ebenfalls nicht vermietet oder verpachtet werden, sofern dies mit sich führen würde, daß es über längere Zeit nicht als Wohnung der Familie oder als Grundlage für die Erwerbstätigkeit dienen kann. Ist der andere Ehegatte in seiner Geschäftsfähigkeit beschränkt, ist der Vormund für die Erteilung der Zustimmung zuständig.
Abs. 2. Hat ein Ehegatte ein Rechtsgeschäft ohne die erforderliche Zustimmung getätigt, kann der andere Ehegatte es durch Urteil

dom, hvis erhververen eller panthaveren indså eller burde indse, at ægtefællen var uberettiget til at foretage retshandelen. Sag må dog anlægges inden 3 måneder, efter at ægtefællen har fået kundskab om retshandelen, og senest inden 1 år efter dens tinglæsning.

§ 19. En ægtefælle må ikke uden den anden ægtefælles samtykke afhænde eller pantsætte løsøre, der er fælleseje, for så vidt det hører til indboet i det fælles hjem eller til den anden ægtefælles fornødne arbejdsredskaber, eller det tjener til børnenes personlige brug. Selv om ægtefællen er umyndig, kan han afgive samtykke, såfremt han dog ikke er sindssyg eller åndssvag; er dette tilfældet eller kan ægtefællens udtalelse ikke indhentes uden væsentlig vanskelighed eller forhaling, er samtykke unødvendigt.

Stk.2. Har en ægtefælle indgået en sådan retshandel uden fornødent samtykke, kan den anden ægtefælle få den omstødt ved dom, medmindre erhververen eller panthaveren var i god tro. Sag må dog anlægges inden 3 måneder, efter at ægtefællen har fået kundskab om retshandelen, og senest inden 1 år efter genstandens overlevering eller ved underpantsætning efter retshandlens tinglæsning.

§ 20. Nægter den anden ægtefælle eller værgen at give samtykke i de tilfælde, som nævnes i §§ 18 og 19, kan statsamtet på begæring tillade retshandelen, hvis der ikke findes at være skellig grund til nægtelsen.

§ 25. Enhver af ægtefællerne hæfter med den del af fællesboet, hvorover han råder,

aufheben lassen, sofern der Erwerber oder Hypothekengläubiger wußte oder hätte wissen müssen, daß der Ehegatte zur Vornahme des Rechtsgeschäfts nicht berechtigt war. Die Klage ist jedoch innerhalb von 3 Monaten, nachdem der Ehegatte von dem Rechtsgeschäft erfahren hat, und spätestens innerhalb von 1 Jahr nach dessen Eintragung im Grundbuch zu erheben.

§ 19. Ein Ehegatte darf bewegliches Vermögen, das einen Teil des Gesamtguts darstellt, nicht ohne Zustimmung des anderen Ehegatten veräußern oder verpfänden, soweit dies zum Hausrat, zur Einrichtung der Familienwohnung oder zu den benötigten Arbeitsgeräten des anderen Ehegatten gehört oder den Kindern zu ihrem persönlichen Gebrauch dient. Auch ein in seiner Geschäftsfähigkeit beschränkter Ehegatte kann die erforderliche Zustimmung erteilen, sofern er nicht geisteskrank oder geistesschwach ist; ist dies der Fall oder kann die Erklärung des Ehegatten nicht ohne erhebliche Schwierigkeit oder Verspätung eingeholt werden, ist die Zustimmung nicht erforderlich.

Abs. 2. Hat ein Ehegatte ein Rechtsgeschäft ohne die erforderliche Zustimmung getätigt, kann der andere Ehegatte es durch Urteil aufheben lassen, sofern der Erwerber oder Pfandgläubiger nicht in gutem Glauben war. Die Klage ist jedoch innerhalb von 3 Monaten, nachdem der Ehegatte von dem Rechtsgeschäft erfahren hat, und spätestens innerhalb von 1 Jahr nach Übergabe der Sache oder bei Verpfändung nach der gerichtlichen Eintragung des Rechtsgeschäfts zu erheben.

§ 20. Verweigert der Ehegatte die Zustimmung in den in §§ 18 und 19 genannten Fällen, kann die Staatskreisbehörde das Rechtsgeschäft auf Antrag für zulässig erklären, sofern kein begründeter Anlaß für die Weigerung besteht.

§ 25. Jeder Ehegatte haftet mit dem Teil des Gesamtguts, über das er die Verfügungsog med sit særeje for de ham påhvilende forpligtelser, hvad enten de er opstået før eller under ægteskabet.

macht hat, und mit seinem Vorbehaltsgut für seine eigenen Verpflichtungen, unabhängig davon, ob diese vor oder nach der Ehe eingegangen wurden.

§ **28**. Ved ægtepagt kan ægtefæller aftale:
1) at hver ægtefælle ved bodeling efter separation eller skilsmisse beholder, hvad denne ejer, men at der er formuefællesskab ved dødsboskifte (skilsmissesæreje), og
2) i forbindelse med en aftale om skilsmissesæreje, at ejendelene ved dødsboskifte skal forbeholdes en ægtefælle eller dennes arvinger (fuldstændigt særeje).

§ **28**. Durch Ehevertrag können die Ehegatten vereinbaren,
1) daß jeder Ehegatte bei der Auseinandersetzung nach Trennung oder Scheidung diejenigen Gegenstände behält, die in seinem Eigentum stehen, aber daß bei der Nachlaßauseinandersetzung Gütergemeinschaft eintritt (Scheidungsgütertrennung),
2) daß in Verbindung mit einer Vereinbarung über das Scheidungsvorbehaltsgut das Vermögen bei der Nachlaßauseinandersetzung einem Ehegatten oder seinen Erben zusteht (vollständige Gütertrennung).

Stk.2. En aftale efter stk.1 kan angå en del af ægtefællernes ejendele, kan tidsbegrænses og kan træffes alene med henblik på en af ægtefællernes død.

Abs. 2. Eine Vereinbarung gemäß Abs. 1 kann einen Teil des Vermögens der Ehegatten betreffen, kann zeitlich begrenzt sein und kann gesondert im Hinblick auf den Tod eines Ehegatten getroffen werden.

Stk.3. En aftale efter stk.1 omfatter, hvad der træder i stedet for de ejendele, aftalen vedrører, og indtægter af disse ejendele, medmindre andet er bestemt i aftalen.

Abs. 3. Eine Vereinbarung gemäß Abs. 1 umfaßt dasjenige, das an die Stelle der in der Vereinbarung bezeichneten Vermögensgegenstände getreten ist, und die Einkünfte aus diesen Vermögensgegenständen, sofern nicht etwas anderes bestimmt ist.

§ **38**. En ægtefælle kan forlange bosondring:
1) når den anden ægtefælle ved vanrøgt af sine økonomiske anliggender, ved misbrug af sin rådighed over fælleseje eller ved anden uforsvarlig adfærd i væsentlig grad har formindsket den del af fællesboet, hvorover han råder, eller har fremkaldt fare for sådan formindskelse;
2) når den anden ægtefælles bo er kommet under konkursbehandling;
3) når den anden ægtefælle ulovligt ophæver samlivet, og begæring om bosondring indgives inden 1 år efter samlivets ophævelse;
4) når den anden ægtefælle ved indgåelsen af ægteskabet uden hans vidende havde et arveberettiget barn uden for ægteskab eller senere har fået et sådant barn. Kravet må i

§ **38**. Ein Ehegatte kann vorzeitigen Ausgleich verlangen:
1) sofern der andere Ehegatte durch Vernachlässigung seiner wirtschaftlichen Angelegenheiten, durch Mißbrauch seiner Verfügungsmacht über das Gesamtgut oder durch anderes unverantwortliches Verhalten den Teil des Gesamtguts, über das er die Verfügungsmacht besitzt, in wesentlichem Umfang verringert oder eine Gefahr für eine solche Verringerung hervorgerufen hat;
2) sofern über das Vermögen des anderen Ehegatten ein Insolvenzverfahren eröffnet wurde;
3) sofern der andere Ehegatte die eheliche Gemeinschaft böswillig aufhebt, und der Anspruch auf vorzeitigen Ausgleich innerhalb eines Jahres nach der Aufhebung der

dette tilfælde fremsættes inden 6 måneder efter, at han er blevet vidende om forholdet, og kan ikke fremsættes, hvis barnet er afgået ved døden, medmindre det har efterladt sig livsarvinger.

ehelichen Gemeinschaft erhoben wird;
4) sofern der andere Ehegatte zum Zeitpunkt der Eheschließung ohne sein Wissen ein erbberechtigtes uneheliches Kind hatte oder ein solches später bekommen hat. In diesem Fall muß der Anspruch innerhalb von 6 Monaten, nachdem der Anspruchsberechtigte von diesen Umständen Kenntnis erlangt hat, geltend gemacht werden, und kann nicht geltend gemacht werden, wenn das Kind verstorben ist, sofern es keine Erben hinterlassen hat.

TL: Tinglysningslov

§ 1. Rettigheder over fast ejendom skal lyses til tinge for at få gyldighed mod aftaler om ejendommen og mod retsforfølgning.

Stk.2. Den aftale eller retsforfølgning, der skal kunne fortrænge en utinglyst ret, skal selv være tinglyst og erhververen ifølge aftalen være i god tro.

§ 5. Ved god tro forstås i denne lov, at erhververen ikke kender den utinglyste ret og ej heller ved grov uagtsomhed er skyld i sit ukendskab til den. God tro må være tilstede på det tidspunkt, da aftalen anmeldes til tinglysning, og ved overdragelse af pantebreve på overdragelsens tid.

§ 39. Overtager en erhverver af fast ejendom pantegælden i denne efter aftale med overdrageren, og bestemmer pantebrevet, at gælden ikke kan forlanges udbetalt i tilfælde af ejerskifte, er erhververen, når hans adkomst er tinglyst som ubetinget, indtrådt i og overdrageren frigjort for sin forpligtelse over for panthaveren. Dog er denne berettiget til at kræve den tidligere ejer for alle ydelser efter pantebrevet, så længe han ikke har modtaget meddelelse om overtagelsen og den nye ejers tinglysning med fornødent

TL: Grundbuchgesetz

§ 1. Rechte an unbeweglichem Vermögen sind, um Gültigkeit gegenüber Verträgen über das Eigentum und gerichtlicher Rechtsverfolgung zu erlangen, in das Grundbuch einzutragen.
Abs. 2. Der Vertrag oder die Rechtsverfolgung, die ein uneingetragenes Recht verdrängen können soll, muß selbst eingetragen und der Erwerber entsprechend der Vereinbarung in gutem Glauben sein.

§ 5. Unter gutem Glauben ist im Sinne dieses Gesetzes zu verstehen, daß der Erwerber das uneingetragene Recht nicht kennt und diese Unkenntnis auch nicht durch grobe Fahrlässigkeit von ihm selbst verursacht worden ist. Der gute Glaube muß zum Zeitpunkt der Anmeldung der Vereinbarung zur Eintragung bzw. bei der Übertragung einer Hypothek zum Zeitpunkt der Übertragung vorliegen.

§ 39. Übernimmt ein Erwerber von unbeweglichem Vermögen die auf diesem liegende Hypothekenschuld in Absprache mit dem Übertragenden, und bestimmt der Hypothekenbrief, daß die Schuld im Falle eines Eigentümerwechsels nicht ausbezahlt verlangt werden kann, tritt der Erwerber zum Zeitpunkt der Eintragung seines Rechts als unbedingt in die Pflicht gegenüber dem Hypothekengläubiger ein, und der Übertragende wird von dieser Pflicht frei. Der Hypothekengläubiger ist jedoch be-

bevis herfor. Overdrageren kan forlange at der gives pantebrevet en af panthaveren underskreven påtegning om gældsovertagelsen.

rechtigt, den ursprünglichen Eigentümer aus dem Hypothekenbrief in Anspruch zu nehmen, solange ihm der Eigentümerwechsel und die Eintragung des neuen Eigentümers in das Grundbuch nicht mitgeteilt und letzteres nicht hinreichend glaubhaft gemacht wurde. Der Übertragende kann verlangen, daß der Hypothekengläubiger die Übertragung auf dem Hypothekenbrief vermerkt.

Stk.2. I andre tilfælde får gældsovertagelsen først virkning for panthaveren ved en af ham og den nye ejer indgået aftale. Aftalen kan ske ved en påtegning på pantebrevet.

Abs. 2. In anderen Fällen erlangt die Übernahme der Schuld erst dann Wirkung gegenüber dem Hypothekengläubiger, wenn zwischen ihm und dem neuen Eigentümer eine entsprechende Vereinbarung getroffen wird. Diese Vereinbarung kann durch Vermerk auf dem Hypothekenbrief erfolgen.

Stk.3. Gældsovertagelsen behøver ingen tinglysning.

Abs. 3. Die Übernahme der Hypothekenschuld bedarf keiner Eintragung in das Grundbuch.

§ 48. Afgørelser om fratagelse af den retlige handleevne efter værgemålslovens § 6 skal tinglyses for at få gyldighed over for aftaler, der i god tro indgås med den umyndige. Over for aftaler om fast ejendom skal der tillige ske tinglysning efter denne lovs § 1.

§ 48. Entscheidungen über die Aberkennung der rechtlichen Handlungsfähigkeit gemäß § 6 des Vormundschaftsgesetzes sind bekanntzumachen, um Wirksamkeit gegenüber Verträgen, die ein Dritter in gutem Glauben mit dem beschränkt Geschäftsfähigen schließt, zu entfalten. Um Wirksamkeit auch gegenüber Verträgen über unbewegliches Vermögen zu erlangen, ist zusätzlich eine Eintragung gemäß § 1 dieses Gesetzes erforderlich.

Vml.: Værgemålslov

Vml.: Vormundschaftsgesetz

§ 1. Børn og unge under 18 år, der ikke har indgået ægteskab, er mindreårige og dermed umyndige. Unge under 18 år, der har indgået ægteskab, er dog mindreårige og dermed umyndige, hvis statsamtet ved tilladelsen til ægteskabet har fastsat vilkår herom.

§ 1. Kinder und Jugendliche unter 18 Jahren, die nicht die Ehe eingegangen sind, sind minderjährig und somit in ihrer Geschäftsfähigkeit beschränkt. Jugendliche unter 18 Jahren, die die Ehe eingegangen sind, sind weiterhin als minderjährig und somit nur beschränkt geschäftsfähig anzusehen, sofern die Staatskreisbehörde dies bei Zulassung der Ehe bestimmt hat.

Stk.2. Mindreårige kan ikke selv forpligte sig ved retshandler eller råde over deres formue, medmindre andet er bestemt.

Abs. 2. Ein Minderjähriger kann sich durch Rechtsgeschäft nicht selbständig verpflichten oder über sein Vermögen verfügen, sofern nicht etwas anderes bestimmt ist.

Stk.3. For så vidt ikke andet særlig er bestemt, handler værgerne på den mindreåriges vegne i økonomiske anliggender.

Abs. 3. Soweit nichts anderes bestimmt ist, handeln die Vormünder im Namen des Minderjährigen in wirtschaftlichen Angelegenheiten.

§ **2**. For mindreårige er indehaveren af forældremyndigheden værge. Er der fælles forældremyndighed, er indehaverne begge værger.

Stk.2. Under ganske særlige omstændigheder kan indehaveren af forældremyndigheden fritages for værgemålet.

Stk.3. Er der fælles forældremyndighed, og er den ene af indehaverne under værgemål, jf. lovens kapitel 2, eller fritaget for værgemålet eller frataget dette, er den anden værge alene.

Stk.4. Indtræder en af de i stk.2 eller 3 nævnte omstændigheder for den, der har forældremyndighden alene, eller for begge indehavere, beskikkes en værge.

§ **2**. Bei Minderjährigen ist der Inhaber der elterlichen Sorge der Vormund. Wird die elterliche Sorge von beiden Elternteilen gemeinsam ausgeübt, sind sie beide Vormund.

Abs. 2. Unter ganz bestimmten Umständen kann der Inhaber der elterlichen Sorge von der Vormundschaft freigestellt werden.

Abs. 3. Über die Eltern die elterliche Sorge gemeinsam aus, und steht der eine Elternteil unter Vormundschaft gemäß Kapitel 2 dieses Gesetzes oder ist von der Vormundschaft freigestellt oder von dieser entbunden, ist der andere Teil alleine Vormund.

Abs. 4. Tritt einer der in Abs. 2 oder 3 genannten Umstände in der Person desjenigen ein, dem die elterliche Sorge allein zusteht, oder in den die elterliche Sorge ausübenden Personen ein, wird ein Vormund bestellt.

§ **3**. Er der to værger for en mindreårig, handler de i forening på dennes vegne.

Stk.2. Den ene værge kan give den anden fuldmagt til at varetage værgemålet alene. Fuldmagten kan begrænses i tid eller til at angå bestemte anliggender. Den kan når som helst tilbagekaldes.

Stk.3. Den ene værge kan med virkning i forhold til tredjemand modtage og kvittere for beløb, som en værge lovligt kan modtage, medmindre den anden værge har meddelt tredjemand, at dette ikke kan ske.

Stk.4. Er den ene værge midlertidigt forhindret, kan den anden træffe beslutninger, som ikke uden ulempe kan udsættes.

Stk.5. Er værgerne uenige, træffes afgørelse af statsamtet.

§ **3**. Hat ein Minderjähriger zwei Vormünder, handeln diese gemeinsam im Namen des Minderjährigen.

Abs. 2. Der eine Vormund kann den anderen bevollmächtigen, die Vormundschaft allein auszuüben. Die Vollmacht kann zeitlich oder auf bestimmte Angelegenheiten begrenzt werden. Sie kann jederzeit widerrufen werden.

Abs. 3. Ein Vormund kann mit Wirkung gegenüber Dritten Beträge entgegennehmen und quittieren, die ein Vormund zulässigerweise entgegennehmen kann, sofern nicht der andere Vormund dem Dritten mitgeteilt hat, daß dies nicht erfolgen darf.

Abs. 4. Ist der eine Vormund zwischenzeitlich verhindert, kann der andere Vormund solche Entscheidungen allein treffen, die nicht ohne Nachteil verschoben werden können.

Abs. 5. Besteht keine Einigkeit zwischen den Vormündern, ist die Entscheidung von der Staatskreisbehörde zu treffen.

§ 5. Der kan iværksættes værgemål for den, der på grund af sindssygdom, herunder svær demens, eller hæmmet psykisk udvikling eller anden form for alvorligt svækket helbred er ude af stand til at varetage sine anliggender, hvis der er behov for det.

Stk.2. Der kan iværksættes værgemål for den, der på grund af sygdom eller stærkt svækket tilstand er uegnet til at varetage sine økonomiske anliggender, og som selv anmoder herom, hvis der er behov for det i stedet for samværgemål efter § 7.

Stk.3. Værgemålet kan begrænses til at angå økonomiske forhold, herunder bestemte aktiver eller anliggender. Det kan også begrænses til at angå personlige forhold, herunder bestemte personlige anliggender.

Stk.4. For så vidt ikke andet særlig er bestemt, handler værgen på den pågældendes vegne i anliggender, der er omfattet af værgemålet.

Stk.5. Personer, der er under værgemål efter denne bestemmelse, er myndige, medmindre de tillige er frataget handleevnen efter § 6.

§ 6. I forbindelse med værgemål efter § 5, der omfatter økonomiske forhold, kan den retlige handleevne fratages, hvis dette er nødvendigt for at hindre, at den pågældende udsætter sin formue, indkomst eller andre økonomiske interesser for fare for at forringes væsentligt, eller for at hindre økonomisk udnyttelse. Fratagelsen af den retlige handleevne kan ikke begrænses til at angå bestemte aktiver eller anliggender.

Stk.2. Den, der er frataget handleevnen, er umyndig og kan ikke selv forpligte sig ved

§ 5. Derjenige, der aufgrund von Geisteskrankheit, unter anderem schwere Demenz, oder aufgrund einer verzögerten psychischen Entwicklung oder einer anderen Form von erheblich geschwächter Gesundheit nicht in der Lage ist, seine Angelegenheiten wahrzunehmen, kann unter Betreuung gestellt werden, sofern dies erforderlich ist.

Abs. 2. Eine Betreuung kann auch für denjenigen eingerichtet werden, der aufgrund einer Krankheit oder einer erheblich geschwächten Gesundheit ungeeignet ist, seine wirtschaftlichen Angelegenheiten wahrzunehmen, und der dies selbst wünscht, sofern hierfür anstelle der Betreuung gemäß § 7 Bedarf besteht.

Abs. 3. Die Betreuung kann auf wirtschaftliche Angelegenheiten beschränkt werden, hierunter auf bestimmte Vermögenswerte oder Angelegenheiten. Sie kann auch auf die persönlichen Angelegenheiten begrenzt werden, hierunter auch auf bestimmte persönliche Angelegenheiten.

Abs. 4. Soweit nichts anderes bestimmt ist, handelt der Betreuer im Namen des Betreuten in den von der Betreuung umfaßten Angelegenheiten.

Abs. 5. Personen, die gemäß dieser Vorschrift unter Betreuung stehen, sind voll geschäftsfähig, sofern ihnen nicht die rechtliche Handlungsfähigkeit gemäß § 6 aberkannt wurde.

§ 6. In Verbindung mit der Betreuung gemäß § 5, die wirtschaftliche Angelegenheiten umfaßt, kann die rechtliche Handlungsfähigkeit aberkannt werden, wenn dies notwendig ist um zu verhindern, daß der Betreffende sein Vermögen, sein Einkommen oder andere wirtschaftliche Interessen der Gefahr einer wesentlichen Verringerung aussetzt, oder daß er wirtschaftlich ausgenutzt wird. Die Aberkennung der rechtlichen Handlungsfähigkeit kann nicht auf bestimmte Vermögenswerte oder Angelegenheiten begrenzt werden.

Abs. 2. Derjenige, dem die rechtliche Handlungsfähigkeit aberkannt wurde, ist beretshandler eller råde over sin formue, medmindre andet er bestemt.

schränkt geschäftsfähig und kann sich durch Rechtsgeschäft nicht selbst verpflichten oder über sein Vermögen verfügen, sofern nicht etwas anderes bestimmt ist.

Stk.3. Afgørelser om fratagelse af handleevne tinglyses, jf. tinglysningslovens § 48.

Abs. 3. Entscheidungen über die Aberkennung der rechtlichen Handlungsfähigkeit sind bekanntzumachen, vgl. § 48 des Grundbuchgesetzes.

§ 7. Der kan iværksættes samværgemål for den, der på grund af uerfarenhed, svækket helbred eller anden lignende tilstand har behov for hjælp til at administrere sin formue eller varetage andre økonomiske anliggender, og som selv anmoder herom.

§ 7. Für Personen, die aufgrund von Unerfahrenheit, schwacher Gesundheit oder eines anderen vergleichbaren Zustands Hilfe bedürfen, um ihr Vermögen zu verwalten oder andere wirtschaftliche Angelegenheiten wahrzunehmen, kann eine Betreuung eingerichtet werden, sofern diese Personen dies selbst wünschen.

Stk.2. Samværgemålet kan begrænses til at angå bestemte aktiver eller anliggender.

Abs. 2. Die Betreuung kann auf bestimmte Vermögenswerte oder Angelegenheiten begrenzt werden.

Stk.3. Samværgen og den pågældende handler i forening i anliggender, der er omfattet af værgemålet.

Abs. 3. Der Betreuer und der Betreute handeln in Angelegenheiten, die von der Betreuung umfaßt sind, gemeinsam.

Stk.4. Personer, der er under værgemål efter denne bestemmelse, er myndige.

Abs. 4. Personen, die dieser Vorschrift zufolge unter Betreuung stehen, sind voll geschäftsfähig.

Stk.5. Reglerne i § 25, stk.2, 2. og 3. pkt., §§ 26-30, § 32, stk.1, 2.pkt., og stk.2, og §§ 33-45 gælder ikke ved samværgemål.

Abs. 5. Die Bestimmungen in § 25 Abs. 2 Satz 2 und 3, §§ 26-30, § 32 Abs. 1 Satz 2 und Abs. 2 und §§ 33-45 finden auf die in dieser Vorschrift genannte Betreuung keine Anwendung.

§ **13**. Statsamtet eller retten træffer afgørelse om værgemål efter §§ 5-10.

§ **13**. Die Staatskreisbehörde oder das Gericht entscheidet über die Anordnung der Betreuung gemäß §§ 5-10.

Stk.2. Statsamtet træffer afgørelse om værgemål efter § 5 og §§ 7-10, medmindre det findes betænkeligt at behandle sagen administrativt, herunder når den, der begæres sat under værgemål, protesterer mod, at der træffes afgørelse om værgemål.

Abs. 2. Die Staatskreisbehörde ist für die Entscheidung über die Betreuung gemäß § 5 und §§ 7-10 zuständig, sofern es nicht bedenklich erscheint, die Sache auf dem Verwaltungsweg zu entscheiden, unter anderem dann, wenn derjenige, der unter Betreuung gestellt werden soll, hiermit nicht einverstanden ist.

Stk.3. Retten træffer afgørelse om fratagelse af handleevne efter § 6 og i sager, som statsamtet i medfær af stk.2 har oversendt til retten til afgørelse.

Abs. 3. Das Gericht ist für die Entscheidung über die Aberkennung der rechtlichen Handlungsfähigkeit gemäß § 6 und in Sachen zuständig, die die Staatskreisbehörde aufgrund bestehender Bedenken gemäß Abs. 2 an das Gericht abgegeben hat.

Stk.4. Statsamtets beslutning om, hvem der skal afgøre sagen, kan ikke indbringes for højere administrativ myndighed.

Abs. 4. Wegen der Entscheidung der Staatskreisbehörde darüber, wer zur Entscheidung in der Sache befugt ist, können übergeordnete Behörden nicht angerufen werden.

§ 21. Statsamtet eller retten kan træffe en foreløbig afgørelse om værgemål, hvis betingelserne i § 5 eller § 7 skønnes opfyldt, og der er et øjeblikkeligt behov herfor. Under samme betingelser kan retten træffe en foreløbig afgørelse om fratagelse af den retlige handleevne efter § 6. Statsamtet eller retten beskikker samtidig en forløbig værge for den pågældende.

§ 21. Die Staatskreisbehörde oder das Gericht kann eine vorläufige Entscheidung über die Betreuung treffen, sofern die Voraussetzungen des § 5 oder des § 7 erfüllt zu sein scheinen, und hierfür ein dringendes Interesse besteht. Unter denselben Voraussetzungen kann das Gericht eine vorläufige Entscheidung über die Aberkennung der rechtlichen Handlungsfähigkeit gemäß § 6 treffen. Die Staatskreisbehörde oder das Gericht bestellt gleichzeitig einen vorläufigen Betreuer für den Betreffenden.

Stk.2. I sager efter stk.1 anvendes reglerne i § 18, stk.2 og 3, § 19 og § 20 kun i det omfang, det er foreneligt med den forløbige afgørelses karakter.

Abs. 2. In Fällen des Abs. 1 sind die in § 18 Abs. 2 und 3, § 19 und § 20 genannten Vorschriften nur in dem Umfang anwendbar, als dies mit dem vorläufigen Charakter der Anordnung vereinbar ist.

Stk.3. En foreløbig afgørelse om værgemål og en foreløbig værgebeskikkelse efter stk.1 gælder, indtil der er truffet afgørelse eller afsagt dom i sagen efter §§ 5-7, eller indtil den forløbige afgørelse ophæves.

Abs. 3. Eine vorläufige Entscheidung über die Betreuung und eine vorläufige Bestellung eines Betreuers gemäß Abs. 1 behält solange ihre Wirksamkeit, bis über die Anordnung der Betreuung i.S.d. §§ 5-7 eine Entscheidung erlassen oder ein Urteil gefällt oder die vorläufige Anordnung aufgehoben wird.

Stk.4. Statsamtets afgørelse efter stk.1 under værgemålssager efter §§ 5 eller §§ 7-10 kan indbringes for retten, der da også færdigbehandler sagen. § 22, stk.2 og 3, finder tilsvarende anvendese.

Abs. 4. Die Entscheidung der Staatskreisbehörde gemäß Abs. 1 in Betreuungssachen gemäß § 5 oder §§ 7-10 kann bei dem Gericht eingebracht werden, das eine endgültige Entscheidung in der Sache trifft. § 22 Abs. 2 und 3 sind entsprechend anwendbar.

§ 24. Værgen skal inden for hvervets omfang varetage interesserne for den, der er under værgemål.

§ 24. Der Vormund hat im Rahmen seines Auftrags die Interessen desjenigen wahrzunehmen, der unter Vormundschaft steht.

§ 25. Værgen skal sørge for, at formuen bevares og giver rimeligt udbytte.

§ 25. Der Vormund hat dafür zu sorgen, daß das Vermögen erhalten bleibt und angemessenen Gewinn abwirft.

Stk.2. Værgen skal sørge for, at indtægterne anvendes til gavn for den, der er under værgemål. Forældre kan som værger an-

Abs. 2. Der Vormund hat dafür zu sorgen, daß die Einkünfte zum Vorteil des Mündels eingesetzt werden. Eltern können als Vorvende barnets indtægter til dets underhold i passende omfang og under hensyntagen til deres og barnets stilling jf. lov om forældremyndighed og samvær § 2, stk.3. Er indtægterne ikke tilstrækkelige, kan værgen under hensyn til værgemålets karakter bruge af formuen i passende omfang med statsamtets godkendelse, jf. § 39.

mund die Einkünfte des Kindes in angemessenem Umfang und unter Berücksichtigung ihrer und des Kindes Verhältnisse für dessen Unterhalt verwenden, vgl. § 2 Abs. 3 des Gesetzes über die elterliche Sorge. Reichen die Einkünfte nicht aus, kann der Vormund unter Berücksichtigung der Art der Vormundschaft in angemessenem Umfang und mit Zustimmung der Staatskreisbehörde Rückgriff auf das Vermögen des Mündels nehmen, vgl. § 39.

Stk.3. Hvis værgen finder det forsvarligt, at den, der er under værgemål, sørger for sine egne behov, kan værgen overlade denne penge til egen rådighed til dette formål.

Abs. 3. Falls es aus Sicht des Vormunds verantwortlich erscheint, daß der Mündel für seine eigenen Bedürfnisse selbst Sorge trägt, kann der Vormund ihm dieses Geld zu diesem Zweck zur eigenen Verfügung überlassen.

§ **39**. Værgen skal have statsamtets godkendelse til forbrug af formue, der er omfattet af et værgemål. Dette gælder uanset, hvorledes aktiverne forvaltes.

§ **39**. Der Vormund bedarf der Zustimmung der Staatskreisbehörde zum Verbrauch von Vermögen, das von der Vormundschaft umfaßt ist. Dies gilt unabhängig davon, wie die Vermögenswerte verwaltet werden.

§ **42**. Umyndige råder selv over,
1) hvad de har erhvervet ved eget arbejde, efter at de er fyldt 15 år, eller efter at de er frataget den retlige handleevne,
2) hvad de har fået til fri rådighed som gave eller som friarv ved testamente, og
3) hvad værgen har overladt dem efter § 25 stk.3.

§ **42**. In der Geschäftsfähigkeit beschränkte Personen können selbst darüber verfügen,
1) was sie durch eigene Arbeit selbst erworben haben, nachdem sie das 15. Lebensjahr vollendet oder nachdem ihnen die rechtliche Handlungsfähigkeit aberkannt wurde,
2) was sie als Geschenk oder aufgrund testamentarischer Erbfolge zur freien Verfügung erhalten haben, und
3) was der Vormund ihnen gemäß § 25 Abs. 3 überlassen hat.

Stk.2. Rådigheden omfatter også indtægter af det erhvervede, og hvad der træder i stedet herfor. Den medfører ikke adgang til at påtage sig gældsforpligtelser.

Abs. 2. Die Verfügungsbefugnis umfaßt auch Erträge der Einkünfte und die an ihre Stelle getretenen Surrogate. Sie führt nicht zur Zulässigkeit der Eingehung von Verbindlichkeiten.

Stk.3. Værgen kan med statsamtetes godkendelse fratage den umyndige rådigheden, hvis det er nødvendigt af hensyn til dennes velfærd.

Abs. 3. Der Vormund kann dem beschränkt Geschäftsfähigen mit Zustimmung der Staatskreisbehörde die Verfügungsbefugnis entziehen, sofern dies im Hinblick auf dessen Wohlergehen erforderlich ist.

§ **43**. Værgen for en umyndig, der er fyldt 15 år, kan med statsamtets godkendelse til-

§ **43**. Der Vormund eines beschränkt Geschäftsfähigen, der das 15. Lebensjahr volllade, at denne på egen hånd udøver næring eller anden virksomhed.

Stk.2. En umyndig, der har tilladelse til at udøve næring eller virksomhed, kan på egen hånd indgå de retshandler, som falder inden for virksomhedens område.

Stk.3. Værgen kan med statsamtets godkendelse tilbagekalde tilladelsen. Tilbagekaldelsen får kun virkning for tredjemand, hvis denne kendte eller burde kende den.

§ 44. Har en umyndig indgået en aftale på egen hånd uden at være berettiget dertil, kan den anden part træde tilbage fra aftalen, medmindre den forinden er godkendt eller bindende opfyldt. Tilbagetrædelse kan meddeles til den umyndige.

Stk.2. Vidste den anden part, at aftalen blev indgået med en umyndig, og havde den anden part ikke grund til at tro, at denne havde hjemmel til at indgå aftalen, kan parten dog først træde tilbage efter udløbet af den frist, som ved aftalens indgåelse blev fastsat til at indhente godkendelse, eller som med rimelighed måtte forudsættes at medgå hertil.

Stk.3. Så længe den umyndige opfylder en aftale om personligt arbejde, kan den anden part ikke træde tilbage fra aftalen.

§ 45. Bliver en aftale ugyldig efter § 44, fordi den ene part er umyndig, skal parterne tilbagelevere, hvad de har modtaget, eller, hvis dette ikke er muligt, erstatte dets værdi. Den umyndige skal dog kun yde erstatning i det omfang, det modtagne skønnes at være kommet denne til nytte.

endet hat, kann dem Mündel mit Zustimmung der Staatskreisbehörde erlauben, selbständig ein Gewerbe oder ein anderes Unternehmen zu betreiben.

Abs. 2. Ein beschränkt Geschäftsfähiger, dem die Erlaubnis, ein Gewerbe oder ein Unternehmen zu betreiben, erteilt wurde, kann diejenigen Rechtsgeschäfte, die in den Bereich des Unternehmens fallen, selbständig tätigen.

Abs. 3. Der Vormund kann die Erlaubnis mit Zustimmung der Staatskreisbehörde widerrufen. Der Widerruf der Erlaubnis entfaltet nur dann Wirkung gegenüber Dritten, wenn diese den Widerruf kannten oder hätten kennen müssen.

§ 44. Hat ein beschränkt Geschäftsfähiger selbständig einen Vertrag geschlossen, ohne hierzu berechtigt zu sein, kann der andere Teil vom Vertrag zurücktreten, sofern dieser nicht bereits genehmigt oder bindend erfüllt wurde. Der Rücktritt kann dem beschränkt Geschäftsfähigen gegenüber erklärt werden.

Abs. 2. Wußte der andere Teil, daß es sich bei seinem Vertragspartner um einen beschränkt Geschäftsfähigen handelt, und hatte er auch keinen Grund zu vermuten, daß dieser zum Abschluß des Vertrages befugt war, kann er erst nach Ablauf der Frist, die bei Vertragschluß für die Einholung der Genehmigung vereinbart wurde, oder nach einer angemessen langen Frist zurücktreten.

Abs. 3. Sofern der beschränkt Geschäftsfähige die ihm aus einem Vertrag über persönliche Arbeit obliegende Leistung erbringt, kann der andere Teil vom Vertrag nicht zurücktreten.

§ 45. Ist ein Vertrag aufgrund der beschränkten Geschäftsfähigkeit einer Partei unwirksam, sind die empfangenen Leistungen von beiden Parteien zurückzugewähren und, sofern dies nicht möglich ist, ihr Wert zu erstatten. Der beschränkt Geschäftsfähige ist jedoch nur insoweit zur Erstattung verpflichtet, als die empfangene Leistung ihm zugute gekommen ist.

Stk.2. Har den umyndige givet urigtige oplysninger om sin berettigelse til at indgå en aftale og derved forledt den anden part til at indgå aftalen, kan det, uanset om nogen opfyldelse af aftalen har fundet sted, i det omfang det findes rimeligt, pålægges den umyndige at erstatte det tab, som aftalen har medført.

Abs. 2. Hat der beschränkt Geschäftsfähige unrichtige Angaben über seine Befugnis, das Rechtsgeschäft eingehen zu dürfen, gemacht und hierdurch den anderen Teil dazu verleitet, die Vereinbarung zu treffen, kann ihm, unabhängig davon, ob die vertraglichen Pflichten bereits erfüllt wurden, die Verpflichtung zur Zahlung eines angemessenen Schadensersatzes auferlegt werden.

Stk.3. Har den umyndige ved aftalens indgåelse gjort sig skyldig i strafbart forhold, gælder de almindelige erstatningsregler.

Abs. 3. Hat der Minderjährige sich bei Vertragsabschluß strafbar gemacht, finden die normalen Schadensersatzvorschriften Anwendung.

§ **46**. En aftale er ikke bindende, hvis det må antages, at den er indgået af en person, der på grund af sindssygdom, herunder svær demens, hæmmet psykisk udvikling, forbigående sindsforvirring eller en lignende tilstand, manglede evnen til at handle fornuftmæssigt.

§ **46**. Ein Vertrag entfaltet keine Bindungswirkung, wenn anzunehmen ist, daß er von einer Person geschlossen wurde, der aufgrund von Geisteskrankheit, unter anderem schwerer Demenz, einer verzögerten psychischen Entwicklung, vorüber-gehender Bewußtseinsstörung oder eines vergleichbaren Zustands die Fähigkeit fehlte, der Vernunft entsprechend zu handeln.

Stk.2. Ved opgøret mellem parterne gælder § 45 stk.1.

Abs. 2. Auf die Auseinandersetzung zwischen den Parteien findet § 45 Abs. 1 Anwendung.

Stk.3. Var den anden part i god tro, kan der, uanset om nogen opfyldelse af aftalen har fundet sted, i det omfang det findes rimeligt, tillægges parten erstatning für det tab, som aftalen har medført.

Abs. 3. War der andere Teil in gutem Glauben, kann, unabhängig davon, ob die Pflichten aus dem Vertrag bereits erfüllt wurden, ein angemessener Schadensersatz für die Unwirksamkeit des Vertrages zugesprochen werden.

Vxl.: Veksellov

Vxl.: Wechselgesetz

§ **8**. Den, der tegner sit navn på en veksel på en andens vegne, for hvem han ikke havde fuldmagt til at handle, bliver selv forpligtet efter vekslen, og erhverver, når han har betalt, de samme rettigheder som ville have tilkommet den anden. Det samme gælder den, som har overskredet sin fuldmagt.

§ **8**. Derjenige, der mit seinem Namen einen Wechsel im Namen eines anderen zeichnet, ohne hierzu bevollmächtigt zu sein, wird selbst entsprechend seines Handelns ver-pflichtet und erwirbt ab dem Zeitpunkt der vollständigen Zahlung die gleichen Rechte, die dem anderen zugestanden hätten. Das Gleiche gilt für denjenigen, der seine Vollmacht überschritten hat.

ÆL: Ægteskabslov (Lov om ægteskabets indgåelse og opløsning)

§ 1. Den, som er under 18 år, må ikke indgå ægteskab uden statsamtets tilladelse. Statsamtet kan ved meddelelse af tilladelse til indgåelse af ægteskab til en ung under 18 år fastsætte vilkår om, at den unge trods ægteskabet fortsat er mindreårig og dermed umyndig indtil det fyldte 18 år.

§ 3. Den, som er under værgemål efter værgemålslovens § 5 eller under værgemål med fratagelse af den retlige handleevne, jf. værgemålslovens § 6, må ikke indgå ægteskab uden værgens samtykke.

§ 4. Nægtes samtykke efter §§ 2-3, kan statsamtet give tilladelse til ægteskabet, hvis der ikke er rimelig grund til nægtelsen.

ÆL: Gesetz über die Eingehung und die Beendigung der Ehe

§ 1. Derjenige, der unter 18 Jahre alt ist, darf die Ehe nicht ohne Zustimmung der Staatskreisbehörde eingehen. Die Staatskreisbehörde kann bei der Bewilligung der Eheschließung bezüglich einer Person unter 18 Jahren bestimmen, daß der Jugendliche trotz der Heirat weiterhin als minderjährig anzusehen und er somit bis zur Vollendung seines 18. Lebensjahres beschränkt geschäftsfähig ist.

§ 3. Derjenige, der unter Vormundschaft gemäß § 5 des Vormundschaftsgesetzes oder unter Vormundschaft mit Aberkennung der rechtlichen Handlungsfähigkeit, vgl. § 6 des Vormundschaftsgesetzes, steht, darf die Ehe nicht ohne Zustimmung seines Vormunds eingehen.

§ 4. Wird die Zustimmung gemäß §§ 2-3 verweigert, kann die Kreisstaatsbehörde die Zustimmung zur Eheschließung erteilen, wenn kein hinreichender Grund für die Verweigerung besteht.

Principles of European Contract Law (PECL)

Art.3:201: Express, implied and apparent authority

(1) The principal's grant of authority to an agent to act in its name may be express or may be implied from the circumstances.

(2) The agent has authority to perform all acts necessary in the circumstances to achieve the purposes for which the authority was granted.

(3) A person is to be treated as having granted authority to an apparent agent if the person's statements or conduct induce the third party reasonably and in good faith to believe that the apparent agent has been granted authority for the act performed by it.

Art.3:202: Agent acting in exercise of its authority

Where an agent is acting within its authority as defined by Article 3:201, its acts bind the principal and the third party directly to each other. The agent itself is not bound to the third party.

Art.3:204: Agent acting without or outside its authority

(1) Where a person acting as an agent acts without authority or outside the scope of its authority, its acts are not binding upon the principal and the third party.
(2) Failing ratification by the principal according to Article 3:207, the agent is liable to pay the third party such damages as will place the third party in the same position as if the agent had acted with authority. This does not apply if the third party knew or could not have been unaware of the agent's lack of authority.

Art.3:207: Ratification by principal

(1) Where a person acting as an agent acts without authority or outside its authority, the principal may ratify the agent's acts.
(2) Upon ratification, the agent's acts are considered as having been authorised without prejudice to the rights of other persons.

Art.3:208: Third party's right with respect to confirmation of authority

Where the statement or conduct of the principal gave the third party reason to believe that an act performed by the agent was authorised, but the third party is in doubt about the authorisation, it may send a written confirmation to the principal or request ratification from it. If the principal does not object or answer the request without delay, the agent's act is treated as having been authorised.

Art. 13:101: Substitution of debtor

(1) A third person may undertake with the agreement of the debtor and the creditor to be substituted as debtor, with the effect that the original debtor is discharged.

(2) A creditor may agree in advance to a future substitution. In such a case the substitution takes effect only, when the creditor is given notice by the new debtor of his agreement with the original debtor.

(3) The new debtor cannot invoke against the creditor any rights or defences arising from his relationship with the old debtor.

(4) The discharge of the original debtor also extends to any security of the original debtor given to the creditor for the performance of the obligation, unless the security is over an asset which is transferred as part of a transaction between the original and the new debtor.

(5) Upon discharge of the original debtor, a security granted by any person other than the new debtor for the performance of the obligation is released, unless that other person agrees that it should continue to be available to the creditor.

(6) The new debtor may invoke against the creditor all defences of which the original debtor could have availed himself against the creditor.

Art.13:102: Transfer of contract

(1) A party to a contract may agree with a third person that such person shall be substituted as the contracting party. In such a case the substitution takes effect only where as a result of the other party´s assent the first party is discharged.

(2) To the extent that the substitution of the contracting party involves a transfer of rights, the provisions of chapter 12 apply; insofar as burdens are transferred, Article 13:101 applies.

Stichwortverzeichnis

W

Z

INTERNATIONALRECHTLICHE STUDIEN
Beiträge zum Internationalen Privatrecht,
zum Einheitsrecht und zur Rechtsvergleichung

Herausgegeben von Ulrich Magnus

Band 1 Birgit Reimers-Zocher: Beweislastfragen im Haager und Wiener Kaufrecht. 1995.

Band 2 Lenja Vespermann: Schadensersatz bei Beeinträchtigung rechts- oder sittenwidriger Interessen im deutschen und französischen Recht. 1996.

Band 3 Peter Cypra: Die Rechtsbehelfe im Verfahren der Vollstreckbarerklärung nach dem EuGVÜ unter besonderer Berücksichtigung der Ausgestaltung in Deutschland und Frankreich. 1996.

Band 4 Brigitta Lurger: Regulierung und Deregulierung im europäischen Privatrecht. 1997.

Band 5 Uta Gutknecht: Das Nacherfüllungsrecht des Verkäufers bei Kauf- und Werklieferungsverträgen. Rechtsvergleichende Untersuchung zum CISG, zum US-amerikanischen Uniform Commercial Code, zum deutschen Recht und zu dem Vorschlag der Kommission zur Überarbeitung des deutschen Schuldrechts. 1996.

Band 6 Stefan Abel: Die Qualifikation der Schenkung. Zur Methode der Qualifikation im Internationalen Schuldvertragsrecht. 1997.

Band 7 Daniel Kötz: Verkäuferpflichten und Rechtsbehelfe des Käufers im neuen norwegischen Kaufrecht vom 13. Mai 1988 Nr. 27 im Vergleich zum UN-Kaufrecht vom 11. April 1980 (CISG). 1997.

Band 8 Olaf Beier: Grundsätze eines europäischen transportmittelübergreifenden Schadensrechts für den Gütertransport. Eine rechtsvergleichende Untersuchung unter besonderer Berücksichtigung der CMR, der ER/CIM 1990, des WA/HP und der HVR. 1999.

Band 9 Ulrich Krüger: Modifizierte Erfolgshaftung im UN-Kaufrecht. Die Haftungsbefreiung bei Lieferung vertragswidriger Ware gemäß Art. 79 CISG. 1999.

Band 10 Wolf-Henning Hammer: Das Zurückhaltungsrecht gemäß Art. 71 CISG im Vergleich zu den Kaufgesetzen der nordischen Staaten unter Einbeziehung transportrechtlicher Aspekte. Eine rechtsvergleichende Studie. 1999.

Band 11 Ulrich Quay: Der Consulting-Vertrag im Internationalen Privatrecht. 2000.

Band 12 Axel Halfmeier: Die Veröffentlichung privater Tatsachen als unerlaubte Handlung. Eine rechtsvergleichende Untersuchung. 2000.

Band 13 Stephanie Scholz: Lohngleichheit durch Verfahren. Eine Studie zur Förderung der Lohngleichheit durch verfahrensrechtliche Ansätze. 2000.

Band 14 Tarık Cebecioğlu: Stellung des Ausländers im Zivilprozeß. Eine rechtsvergleichende Untersuchung des türkischen und deutschen Rechts. 2000.

Band 15 Gunnar Straube: Sozialrechtliche Eingriffsnormen im Internationalen Privatrecht. 2001.

Band 16 Daniela de Lukowicz: Divergenzen in der Rechtsprechung zum CISG. Auf dem Weg zu einer einheitlichen Auslegung und Anwendung? 2001.

Band 17 Mohamed Hassan Fadlalla Ali: Das islamische Ehe- und Kindschaftsrecht im Sudan. Mit Hinweisen zu den Lehren der Islamischen Rechtsschule, der anwendbaren Familienrechtsvorschriften für Nichtmuslime im Sudan und im deutschen Familienrecht. 2001.

Band 18 Ole Lando / Ulrich Magnus / Monika Novak-Stief (Hrsg./eds.): Angleichung des materiellen und des internationalen Privatrechts in der EU. Harmonisation of Substantive and International Private Law. 2003.

Band 19 Florian Schulz: Der Ersatzlieferungs- und Nachbesserungsanspruch des Käufers im internen deutschen Recht, im UCC und im CISG. Eine rechtsvergleichende Untersuchung unter Berücksichtigung der Schuldrechtskommission, der EG-Richtlinie 1999/44/EG und des Diskussionsentwurfs eines Schuldrechtsmodernisierungsgesetzes. 2002.

Band 20 Ingo Janert: Die Aufrechnung im internationalen Vertragsrecht. 2002.

Band 21 Armin Jentsch: Die Erhaltungspflichten des Verkäufers und des Käufers im UN-Kaufrecht im Vergleich zum US-amerikanischen Uniform Commercial Code und zum deutschen Recht. 2002.

Band 22 Martin Taschner: Arbeitsvertragsstatut und zwingende Bestimmungen nach dem Europäischen Schuldvertragsübereinkommen. Einheitliche Auslegung. 2003.

Band 23 Klaus Bitterich: Die Neuregelung des Internationalen Verbrauchervertragsrechts in Art. 29a EGBGB. 2003.

Band 24 Sascha J. Morgenroth: Umsetzung der Verbrauchsgüterkaufrichtlinie in Spanien und Deutschland. Umsetzung der Richtlinie 1999/44/EG des Europäischen Parlaments und des Rates vom 25. Mai 1999 zu bestimmten Aspekten des Verbrauchsgüterkaufs und der Garantien für Verbrauchsgüter in Spanien und Deutschland. 2003.

Band 25 Markus Renfert: Über die Europäisierung der ordre public Klausel. 2003.

Band 26 Henning Mordhorst: Die Behandlung vertraglicher Mobiliarsicherheiten im US-amerikanischen und deutschen Insolvenzrecht. 2003.

Band 27 Hans Markus Wulf: UN-Kaufrecht und eCommerce. Problembereiche bei der Anwendung des Wiener Übereinkommens auf Internet-Verträge. 2003.

Band 28 Julia Kaiser: Freiheit oder Schutz? Die Scheidungsfolgenvereinbarung im deutschen und im englischen Recht. 2003.

Band 29 Astrid Hillebrenner: Die private Zustimmung zu Rechtsgeschäften Dritter im englischen, dänischen und deutschen Recht. 2004.

FSC
www.fsc.org
MIX
Papier | Fördert
gute Waldnutzung
FSC® C083411

Kolibri 360 GmbH
Ferdinand-Jühlke-Straße 7
99095 Erfurt, Deutschland
produktsicherheit@kolibri360.de

Druck:
CPI Druckdienstleistungen GmbH
im Auftrag der
Kolibri 360 GmbH
Ferdinand-Jühlke-Str. 7
99095 Erfurt